苏　州　大　学
苏州广大投资集团有限公司合作共建之苏州大学社会发展研究院成果

地方政府社会治理:实践创新与理论检视

芮国强　高祖林　乔耀章　等著

苏州大学出版社

图书在版编目(CIP)数据

地方政府社会治理：实践创新与理论检视 / 芮国强等著. —苏州：苏州大学出版社，2014.9
苏州大学、苏州广大投资集团有限公司合作共建之苏州大学社会发展研究院成果
ISBN 978-7-5672-1048-6

Ⅰ.①地… Ⅱ.①芮… Ⅲ.①地方政府-社会管理-创新管理-研究-中国 Ⅳ.①D625

中国版本图书馆 CIP 数据核字(2014)第 191232 号

书　　名：地方政府社会治理：实践创新与理论检视

作　　者：芮国强　高祖林　乔耀章　等著
责任编辑：刘　海
策划编辑：周建国

出版发行：苏州大学出版社(Soochow University Press)
社　　址：苏州市十梓街 1 号　邮编：215006
印　　刷：苏州工业园区美柯乐制版印务有限责任公司
网　　址：www.sudapress.com
邮购热线：0512-67480030
销售热线：0512-65225020

开　　本：787mm×1092mm　1/16　印张：22.75　字数：512 千
版　　次：2014 年 9 月第 1 版
印　　次：2014 年 9 月第 1 次印刷
书　　号：ISBN 978-7-5672-1048-6
定　　价：68.00 元

本书获得以下项目资助：

国家社科基金重点项目“大时空视域中的中国政治发展道路特色问题研究”（项目批准号：14AZZ001）

江苏省社科基金重点项目“中国特色社会主义政治发展道路研究”（项目批准号：13ZZA001）

江苏省软科学研究计划项目“以文化科技融合促进江苏新兴文化产业发展的制度创新研究”（项目批准号：BR2013020）

江苏省优势学科“政治学”

江苏高校协同创新中心“新型城镇化与社会治理协同创新中心”

江苏省决策咨询研究基地“苏南政府治理与社会治理现代化研究基地”

江苏高校哲学社会科学研究重点项目“江苏创建沿江全国文明城市带的战略思考及政策研究”（项目批准号：2012ZDIXM009）

苏州大学社会发展研究院资助项目“苏州社会建设与社会管理实证研究”

《地方政府社会治理:实践创新与理论检视》

编 委 会

序

Preface

党的十六大特别是党的十六届四中全会以来，作为社会建设的重要内容，社会管理和社会管理创新被上升至构建社会主义和谐社会的国家战略高度而提出，并被提上了党和国家的重要议事日程。随着理论上从社会管理格局到社会管理体制的转型，总体布局上从"三位一体"到"五位一体"的转变，我国政府与社会的关系得到进一步改善，随之社会管理创新也在全国各地全面展开。

2010 年，适值苏州大学 110 周年华诞之际，苏州广大投资集团有限公司和苏州大学合作组建了以社会建设和社会发展为主要研究对象的专业性学术研究机构——苏州大学社会发展研究院，旨在发挥苏州大学在公共政策、公共管理、心理学、社会学等学科领域的优势，着重围绕江苏省、苏州市社会发展过程中出现的重大理论与实践问题联合攻关，深入研究、积极寻求化解方案，为苏州市、江苏省社会建设和社会发展提供咨询服务和智力支持。

成立之初，研究院即确立了以发展社会学、发展经济学为理论基础，以地方政府与社会治理、社会组织与社会工作、社会文明与文化、城乡一体化发展为主要研究方向。根据形势的发展及研究的进展，研究院将研究方向调整为：政府转型与公共治理、社会治理与社会服务、流动人口与社区治理、区域治理与生态文明、社会文化与文明创建、城乡一体化与新型城镇化六个方面。

研究院成立以来，苏州广大投资集团有限公司共捐资 200 万元资助了 41 项项目开展研究工作，其中 2011 年 9 项，2012 年 15 项，2013 年 17 项；重点项目 12 项，一般项目 24 项，委托项目 5 项。从项目研究的内容来看，涉及城乡一体化发展、新型城镇化、社会建设与社会治理、群众路线与群众工作、生态文明建设、农民工市民化、文化—金融—科技融合等当前社会关注的热点和难点问题。在此推动下，获研究院项目资助的研究人员先后取得国家级项目 3 项，省部级项目 12 项，市厅级项目 29 项；发表与研究课题相关的专著 4 部、论文近 200 篇。其中，一类核心期刊论文 9 篇，且其中 1 篇被 EI 检索收入；二类核心期刊论文 47 篇；三类核心期刊论文 10 篇；其他刊物论文 41 篇。研究报告 13 篇，其中，1 篇调研报告被教育部《专家建议》采用并上报党和国家领导人参阅，1 篇调研报告在《光明日报》"光明调查"全文刊登，1 篇调研报告获致公党江苏省委优秀调研报告奖，1 篇调研报告获江苏省老龄委鉴定，3 篇调研报告被苏州市人民政府研究室《调研通报》采用并报市领导参阅，1 篇调研报告提交张家港市人民政府参阅，产生了积极而广泛的影响。

为了更好地传播和交流苏州大学社会发展研究院所取得的成果，我们决定从众多研究成果中遴选优秀成果汇集出版。根据"论文必须是正式公开发表的，而研究报告则必须是得到政府采用或通过项目鉴定的"这一标准，我们共遴选 40 篇论文、3 篇调研报告或研究报告，按照政府转型与公共治理、社会治理与社会服务、流动人口与社区治理、区域治理与生态文明、社会文化与文明创建、城乡一体化与新型城镇化六个研究方向汇编成册。论文及调研报告或研究报告的作者在书中都已清晰标明，这既是为了做到文责自负，更是为了彰显他们在相关课题研究中所做出的贡献。

从总体社会转型的主体内容分析，中国社会转型大致可以划分为三个阶段，即以经济改革为主体的阶段、以社会改革为主体的阶段和以政治改革为主体的阶段。当前，中国已经进入以社会改革为主体的阶段，这是中国迈向现代社会不可或缺、至为重要的承上启下的阶段。党的十八届三中全会通过的《中共中央关于全面深化改革若干重大问题的决定》强调，“全面深化改革的总目标是完善和发展中国特色社会主义制度，推进国家治理体系和治理能力现代化”。国家治理体系，是党领导人民管理国家的制度体系，包括经济、政治、文化、社会、生态文明和党的建设等各领域的体制、机制与法律法规安排，也就是一整套紧密相连、相互协调的国家制度。在《中共中央关于全面深化改革若干重大问题的决定》中，国家治理、社会治理和政府治理的概念被多次提及，这标志着中国社会管理的又一次转型。国家治理现代化赋予了社会治理创新以全新的性质，规定了未来中国式社会治理的新体系。社会治理已经成为中国国家治理现代化进程中非常重要的组成部分和关键性的环节。为此，十八届三中全会对创新社会治理方式做出了全面部署，提出了“四个治理”原则，即“坚持系统治理，加强党委领导，发挥政府主导作用，鼓励和支持社会各方面参与，实现政府治理和社会自我调节、居民自治良性互动。坚持依法治理，加强法治保障，运用法治思维和法治方式化解社会矛盾。坚持综合治理，强化道德约束，规范社会行为，调节利益关系，协调社会关系，解决社会问题。坚持源头治理，标本兼治、重在治本，以网格化管理、社会化服务为方向，健全基层综合服务管理平台，及时反映和协调人民群众各方面、各层次利益诉求”。“四个治理”内容丰富，体现了一系列有机结合：刚性治理与柔性治理相结合、社会服务与社会治理相结合、社区治理与社会治理相结合、政府主导与多方参与相结合、科学精神与人文关怀相结合、治标与治本相结合等等。“四个治理”在宗旨要求和目标指向上具有统一性，诚如《中共中央关于全面深化改革若干重大问题的决定》强调指出的：“必须着眼于维护最广大人民根本利益，最大限度增加和谐因素，增强社会发展活力，提高社会治理水平，全面推进平安中国建设，维护国家安全，确保人民安居乐业、社会安定有序。”这表明，“四个治理”的出发点与归宿，是实现好、维护好、发展好最广大人民的根本利益。

十八届三中全会关于创新社会治理体制和治理方式的战略部署，即将带来新一轮地方政府社会治理创新的积极探索。作为以问题研究、对策研究为己任的学术研究机构，苏州大学社会发展研究院将积极跟踪实践的进展，并从理论的高度对实践创新进行检讨和审视，以降低社会转型、治理变革和实践创新可能带来的成本与伤害。这也是我们将此成果集定名为《地方政府社会治理：实践创新与理论检视》的初衷之所在。需要说明的是，这本书只是苏州大学社会发展研究院2010年以来围绕相关主题或方向研究的一个阶段性总结，带有很强的探索性，我们衷心希望能同更多的研究者与实务界专家直面并交流基层社会治理体系及治理能力现代化这一当代中国的重大问题。

朱昌宁　王卓君

2014年5月18日

苏州大学114周年华诞于东吴园

目　录
Preface

第一部分　政府转型与公共治理

第二部分　社会治理与社会服务

第三部分 人口流动与社区治理

第四部分 区域治理与生态文明

第五部分 社会文化与文明创建

第六部分　城乡一体化与新型城镇化

第一部分

政府转型与公共治理

政府服务质量影响政府信任的实证研究[①]

芮国强　宋　典

一、前言

政府信任是指公众在期望与认知之间对政府运作的一种归属心理和评价态度。政府信任或政府不信任产生的深层次原因在于公众对于政府的期望与认知之间的落差大小。政府信任的因变量包含三个层次：对特定政府工作人员的信任、对特定政府机构实体的信任和对一般意义上的制度环境的信任[②]。政府信任不仅是政府合法性的基石[③]，更是政治稳定的前提[④]：一个值得信任的政府可以有效提升社会信任，促进社会和谐与合作，降低所有社会、经济和政治关系的执行成本[⑤]。中国共产党十七大明确提出了“提高政府工作透明度和公信力”的要求，这表明政府信任受到党和国家的高度重视。那么哪些变量会让公民更加信任政府呢？相关研究表明，政府的效率、政府官员的道德、公平、透明化、政策开放性是影响公众对政府信任的主要因素，而导致公众对政府的信任日益下降的一个原因就是公众不满意公共服务，认为公共服务质量下降[⑥]。正因如此，我国各级政府正在积极建设服务型政府，通过提升服务质量和办事效率提升公众对政府提供的公共产品与公共服务的满意度或认可度，以提升社会公众对政府信任的水平。

尽管服务型政府建设与服务质量提升在我国已经取得了较大的成效，但当前学术界的研究多聚集于服务型政府构建的策略及意义方面，研究服务型政府构建对于社会公众的心理和行为的作用路径的并不多，这导致服务型政府的研究缺乏微观理论基础[⑦]。服务型政府构建的根本目的是提升服务质量，强化公众认可，提升公民对政府的信任，降低政府行政运行的成本。所以政府信任应是评价构建服务型政府的核心指标，必须从理论与实证视角

---

① 本文刊发于《学术界》2012 年第 9 期。

② 李砚忠. 论政府信任的概念内涵、形成因素与政治功能[J]. 行政论坛，2007(3)；李砚忠. 政府信任的理论解读[J]. 中共天津市委党校学报，2007(3).

③ 唐铁汉. 提高政府公信力，建设信用政府[J]. 中国行政管理，2005(3).

④ 肖唐镖，王欣. “民心”何以得或失——影响农民政治信任的因素分析：五省(市)60 村调查(1999—2008)[J]. 中国农村观察，2011(6).

⑤ Putnam, R. D. Making Democracy Work: Civie Traditions in Modern Italy[M]. Pinceton, N. J.: Princeton University Press, 1993。

⑥ Peters B. G. American Public Policy: Promise and Performance[M]. New York: Chatham House, 1999.

⑦ 李玉洁. 政府、公众、媒体三方信息公开测评体系研究[J]. 新闻与传播研究，2011(2).

分析服务型政府构建对政府信任的作用机制与实际效果。为此本文将主要研究两个问题：第一，服务型政府构建对政府信任作用的原理和中间路径；第二，服务型政府提升政府信任的实证研究。对此两个问题的探讨既有助于从社会公民心理和行为的角度去深化对构建服务型政府本质的理解与认识，也有助于深化对政府信任的形成机制的认知。

二、政府服务质量与政府信任概念的界定

1. 政府服务质量

政府服务是指在服务型政府理念的指导下，政府部门为了满足社会及公众的公共需求而提供的公共产品与公共服务的总称。2004 年 2 月 21 日，温家宝总理在中央党校省部级主要领导干部"树立和落实科学发展观"专题研究班结业式上的讲话中，提出了"努力建设服务型政府"的要求，指出：公共服务就是提供公共产品和服务，包括加强城乡公共设施建设，发展社会就业、社会保障服务和教育、科技、文化、卫生、体育等公共事业，发布公共信息等，为社会公众生活和参与社会经济、政治、文化活动提供保障及创造条件。研究表明，政府公共服务能力的高低是由服务质量的优劣来体现的①。行政学自从成为一门学科以来，政府服务质量就受到了关注，威尔逊、怀特等人早期均对政府服务质量有所阐述。20 世纪 90 年代以企业化为导向的政府再造运动开展以来，政府服务质量概念更是受到了更多的关注，越来越多的学者开始尝试将政府服务对象作为"顾客"，试图通过提高服务质量来优化流程和改革政府。我国政府服务质量的相关研究虽然起步较晚，但已在政府服务质量的内涵、维度，政府服务质量的现状及评估模式等相关方面取得了一定的成果，为我国政府提高服务质量奠定了理论基础。

国内学界对政府服务质量内涵的界定主要有以下三种视角：一是期望与需求的视角。张成福和党秀云指出：在政府中，所谓质量，是指民众第一次及每一次接受政府服务时，该服务均能满足民众的期望和需求②。类似地，林尚立把政府公共服务质量定义为民众每次接受政府服务时，该服务所能满足民众的期望与需求的程度③。二是公众满意度视角。蔡立辉指出：政府服务质量是政府部门提供服务过程中的态度、所使用的方法与手段、所表现出的管理能力与社会效果以及公众对政府服务满意程度的总称④。金青梅则认为，政府服务质量是公众对政府所提供的公共产品和公共服务的满意度或认可度，是公众感知的公共服务质量与预期公共服务质量之间的差距⑤。陈文博认为，公共服务质量是公共部门或第三部门在提供公共服务的过程中，满足公众需求及提升公众满意程度的总和⑥。丁辉侠把公共服务质量界定为公共服务满足公众公共服务需求的程度，体现为公众对公共服务的满意度或认可度。这种满意度或认可度是以公众的需求是否满足为前提条件，主要取决于公

① 周志忍. 公共部门质量管理：新世纪的新趋势[J]. 国家行政学院学报，2000(2).

② 张成福，党秀云. 公共管理学[M]. 北京：中国人民大学出版社，2001：311.

③ 林尚立. 国内政府间关系[M]. 杭州：浙江人民出版社，1998：29.

④ 蔡立辉. 论当代西方政府公共管理及其方法[J]. 中山大学学报（社会科学版），2003(2).

⑤ 金青梅. 政府服务质量的概念界定与基本理论分析[J]. 集团经济研究，2007(1).

⑥ 陈文博. 公共服务质量评价与改进：研究综述[J]. 中国行政管理，2012(3).

共服务提供的数量是否充足、结构是否合理、服务过程中态度是否良好、服务产品标准是否合格等①。三是公众感知的视角。吕维霞等认为,政府服务质量是指公众作为单位代表或个人在到政府机关办理事务的过程中,所感知到的政府服务表现和实际绩效水平,是公众对政府服务水平的总体评价②。徐小佶认为,政府公共服务的“生产”与顾客(公众)的参与是不可分割的,同时公共服务存在无形性的特征,因而政府公共服务质量应包括以下内容:(1)政府服务质量是政府机构与公众接触过程中的“真实瞬间”(True Moment)实现的;(2)政府服务质量的提高需要内部形成有效沟通管理和支持系统;(3)公共服务质量是顾客(公众)感知的对象③。赵晏、邢占军、李广则给出了综合性的界定,他们把政府服务质量界定为:政府使用公共权力和公共资源向社会公众提供公共产品与服务,为其生活和参与社会经济、政治、文化活动所提供的各种保障对于公众需求的满足程度。它不仅包括对政府公共服务客观水平的测量,也包括公众主观满意度的评价④。

澳大利亚的斯考特等学者开发了测评地方政府的质量维度,它们分别是公众与公务员之间的人际互动、互动的速度、政府的可接近性、扩展的服务提供、咨询的开发、计划导向和商业发展等七个维度⑤。国内学界对于政府服务质量测评维度的研究主要有以下代表观点:张成福认为,可从可靠性、回应性、能力、服务通道、服务礼貌、沟通、可信度、安全感、善解人意和有形性等十个维度来测评政府服务质量⑥。陈振明、李德国指出,公共服务质量是指终端使用者获得、享用公共服务的实际水平、可获得性、及时性、经济性、准确性和响应性等⑦。罗晓光认为,SERVOUAL 模型的五个维度适用于政府服务质量的评价,即有形性、可靠性、反应性、保证性、关怀性⑧。张宏艳认为,政府服务质量是指外在公众对政府机构感知到的有形性、可靠性、反应性、保证性、关怀性、信息性、监督性等内容⑨。张金成、吕维霞主张在我国的政府服务质量测评中突出便利性、响应性、透明性、守法性、可靠性和实效性六个维度⑩;吕维霞、王永贵则认为,公众感知行政服务质量包括六个维度,即便利性、响应性、透明性、守法性、实效性和保证性⑪。

综上,基于 Gronroos 的服务质量模型,我们可以将政府服务质量分解为两个维度,即服务结果质量和服务过程质量⑫:服务结果质量表示服务给公众带来的根本利益,它是服务质

---

① 丁辉侠.公共服务质量评价体系构建思路分析[J].商业时代,2012(7).

② 吕维霞.公众感知政府服务质量影响因素实证研究[J].国家行政学院学报,2010(5).

③ 徐小佶.关于政府服务质量管理若干问题的思考[J].福建行政学院福建经济管理干部学院学报,2001(2).

④ 赵晏,邢占军,李广.政府公共服务质量的评价指标测度[J].重庆社会科学,2011(10).

⑤ Don Scott, David & Shieff. “Service Quality Components and Group Criteria in Local Government”[J]. International Journal of Service Industry Mangement, 1993, 4(4).

⑥ 张成福,党秀云.公共管理学[M].北京:中国人民大学出版社,2001:313–314.

⑦ 陈振明,李德国.基本公共服务的均等化与有效供给——基于福建省的思考[J].中国行政管理,2011(1).

⑧ 罗晓光,张宏艳.政府服务质量 SERVQUAL 评价维度分析[J].行政论坛,2008(3).

⑨ 张宏艳.政府服务质量 SERVQUAL 评价研究[D].哈尔滨理工大学硕士学位论文,2008.

⑩ 张金成,吕维霞.论“顾客导向”的政府服务质量测评[J].南开学报(哲学社会科学版),2008(2).

⑪ 吕维霞,王永贵.公众感知行政服务质量对政府声誉的影响机制研究[J].中国人民大学学报,2010(4).

⑫ Gronroos C. Service Management and Marketing: Managing the Moments of Truth in Service Competition[M]. Lexington, M.A.: Lexington Books, 1990.

量的技术维度(What);服务过程质量反映公众对服务提供过程的评价,它是服务质量的功能维度(How)。前者是指政府服务的客观质量,即政府服务本身的产出质量和结果质量;后者是指政府服务的主观质量,主要通过公民的满意度和感知质量来评价①。政府服务主观质量可借鉴由 Parasuraman, Zeithaml &Berry 开发、广泛应用于美国政府部门的 SERVQUAL 测评工具进行评价②。从这个角度来看,政府服务质量是指社会公众对政府提供服务的有形性、可靠性、反应性等方面的主观评价③。政府服务质量有其独特性:第一,它是一种无形的过程与行为;第二,生产和消费同时进行;第三,具有主观动态性,从本质上而言,它是公众的一种期望与实际提供之间的差距。

2. 政府信任

在西方国家,政治信任受到的关注越来越多,主要是因为西方国家公民对政治信任的水平越来越低。随着新公共管理理论的兴起,新的政府要成为一个"能胜任的"政府,就必须构建一个值得信任的政府。一般认为,高的政府信任可以带来保持行政管理体制稳定④、公民更加愿意遵从政治规章制度⑤、更愿意支持政府行动去实现目标⑥和公民会更加认同行政决策⑦等好处。尽管政府信任的重要性已得到广泛认同⑧,但由于信任指向的不同,对政府信任的界定也不一样⑨。当前对政府信任的界定有两种导向:第一种导向是公民对全面的政治体系制度或政权表现的评价,如对地方政府的某个部门;第二种导向是公众针对独立政治领导人而言的信任。前者称为制度信任,后者则称为人格信任。Cleary & Stokes 认为,人格信任是传统政府信任的内核,制度信任是现代政府信任的根本,公共权力运行的确定性与可信性主要依靠制度的规范和约束。政府信任正在由人格信任走向制度信任,通过制度建设促进政府信任也是当代政府管理的必然趋势,由此他们认为当代政府信任研究中制度信任更为重要⑩。考虑到政府信任是在公民与政府直接或间接互动的基础上形成的,

---

① 吕维霞.论公众对政府公共服务质量的感知与评价[J].华东经济管理,2010(9);吕维霞,钟敬红.论信息公开对政府公共服务质量的影响[J].情报科学,2010(11).

② Parasuraman A. ,Xeithaml Valarie A. & Berry Leohard L. Reassessment of Expectations as a Comparison Standard in Measuring Service Quality[J]. Journal of Marketing,1994(58).

③ [美]珍妮特·V.登哈特,罗伯特·B.登哈特.新公共服务:服务而不是掌舵[M].丁煌,译,北京:中国人民大学出版社,2004:42 -162.

④ Sofie Marien & Marc Hooghe. Does Political Trust Matter? An Empirical Investigation into the Relation between Political trust and Support for Law Compliance[J]. European Journal of Politcal Research,2011(50):267 -291.

⑤ Tyler T. Why People Obey the Law(2nd ed.)[M]. Princeton, N. J.: Princeton University Press,2006.

⑥ Chanley V. ,Rudolph T. & Rahn, W. The Origins and Consequences of Public Trust in Government: a Time Series Analysis[J]. Public Opinion Quarterly,2000,64(3).

⑦ Grimes M. Consent, Political Trust and Compliance: Rejoinder to Kaina's Remarks on Organizaing Consent[J]. Eurepean Journal of Political Research,2008,47(4).

⑧ Lewis D. J. & Weigert A. Trust as a Social Reality[J]. Social Foreces,1985(63);Jay B. , Barney & Mark H. Hansen. Trustworthiness as a Source of Competitive Advantage[J]. Strategic Management Journal,1994(15).

⑨ Mayer R. C. ,Davis J. H. & Schoorman F. D. An Integrative Model of Organizational Trust[J]. Academy of Management Review. 1995(20).

⑩ Cleary R. M. & Stokes C. S. Democracy and the Culture of Skepticism: Political Trust of Argentina and Mexico[J]. Russell Sage Foundatio,2006(4).

是公民对政府相信、托付和期待的一种政治心理[①],Citrin & Muste 将政府信任界定为公民对政府机构的公正、平等、诚实、效率和对社会诉求的响应速度,从本质上而言政府信任是公众对社会政治权威遵从社会规则,并且愿意为公众利益服务的信心(Confidence)。Miller 认为政府信任是公众对政府的基本评价和情感取向,他将政府信任定义为公众对政治权威或政治机构是否按照期望运作的评价。

三、服务质量对政府信任影响的原理及路径分析

根据 SERVQUAL 模型,政府服务质量的有形性(Tangibles)是指政府部门服务过程中设备、工具、环境与工作人员精神面貌等方面的情况,如等候区的环境、设施先进程度和工作人员衣着等方面的情况;可靠性(Reliability)是指政府部门工作人员的专业化水平,是否能够准确、专业性地回答社会公众的问题,主要用于测量政府部门工作人员对政府相关法律制度理解的程度;反应性(Rcsponsiveness)是指政府部门是否能够理解社会公众的意愿,是否能够对迅速回答社会公众的咨询,是否能够及时帮助他们解决问题等;保证性(Assurance)是指政府部门廉洁行政、在承诺规定时间内提供服务的水平和行为等方面可信赖的程度;关怀性(Empathy)则是指政府部门能否依据差异化的需求,提供差别化的服务,并且在服务过程中换位思考,给予社会公众个性化的关怀。

沃伦指出,当一个政府的所作所为增加了民众的福祉,民主制度的运行获得了民众的首肯,同时政府的腐败行为也得到了控制,那么政府或者制度的可信性就会导致人们对政府或政治制度信任的增加。反之则反是[②]。从这个角度来看,政府服务质量可以通过让社会公众获得福祉,进而提升他们对政府机构的信任。具体而言:政府服务质量的有形性维度则表明行政机构在向社会公众提供服务的过程中保持专业性的礼貌水平,让他们感受到服务的真诚性,让他们认识到行政机构愿意为公众利益服务的信心。政府服务质量的可靠性维度能够较好地解决社会公众所面临的问题,而且能够有详细的记录,这可以提升社会公众对行政机构专业知识、技术和能力的信任。政府服务质量的反应性维度则可以快速地帮助社会公众应对面临的问题,这可以提升社会公众对行政机构为社会公众服务具备真诚态度和良好意愿的认识,可以让社会公众对行政机构有着乐观的心理预期。政府服务质量的保证性维度则可以让社会公众感知到行政机构的廉政情况,而廉政一直被认为是影响政府信任的重要因素,如果社会公众认为行政机构的工作人员职业道德规范较好,那么服务对象对其就会有着更多的期望,社会公众对他们的信任水平会更高。布兰登的研究表明,通过电子政务,可以减少政府雇员的腐败机会,可以促使其更负责地处理事务,社会公众对其信任水平也就会越高[③]。政府服务质量的关怀性维度则可以让社会公众认识到行政机构主动为社会公众服务的态度和信心,让社会公众感觉到政府机构真诚服务的意愿,对政府机构有着良好的期望,进而提升社会公众的政府信任水平。据此,可以认为政府的服务质

① 上官酒瑞.从人格信任走向制度信任——当代中国政治信任变迁的基本图式[J].学习与探索,2011(5).

② [美]马克·E.沃伦:民主与信任[M].吴辉,译,北京:华夏出版社,2004(72).

③ 佩里·K.布兰登.在21世纪建立政府信任——就相关文献及目前出现的问题进行讨论[J].庞娟,译.经济社会体制比较,2008(2).

量水平越高，社会公众对行政机构能力、善意和正直等方面持有的积极性评价倾向也会越高，社会公众对政府的信任水平也会越高。

这个结论也得到了部分研究的佐证，戴维·斯文德尔(David Swindell)和珍妮特·M.凯莉(Janet M. Kelly)对政府的绩效与公民满意进行了调查，初步得出结论：公民满意与政府的服务绩效是相关的①。Mayer，Davis & Schoorman 的研究表明，能力、善意和正直这三个因素是影响被信任者与信任者关系的关键变量，它也间接表明服务质量可以积极提升政府信任水平。特雷弗·布朗(Trevor Brown)通过服务类型和服务经验对公民对公共服务满意的影响进行研究，发现当公民对服务有选择时，对服务质量的评估是正面的；当被迫接受某些服务时，对服务质量的评估是负面的②。而马克·A.格莱瑟和罗伯特·B.丹哈特则对公民如何看待政府绩效进行了详细的分析，他们将公民对政府的评价分为政府可控的部分和政府不可控的部分。可控的部分包括促进沟通、回应性、对政府的了解、同政府直接接触和合作；不可控的部分为经济状况、种族关系和生活质量。通过这些维度的调查，了解了公民眼中的政府绩效状况③。综上所述，我们提出以下假设：

H1：服务质量与政府信任正相关；

H1a：政府服务的有形性与政府信任正相关；

H1b：政府服务的可靠性与政府信任正相关；

H1c：政府服务的反应性与政府信任正相关；

H1d：政府服务的保证性与政府信任正相关；

H1e：政府服务的关怀性与政府信任正相关。

四、信息公开对政府信任影响的实证研究

1. 研究样本

本文采用问卷调查的方式收集数据，政府信任测评的对象为江苏省苏州工业园区20个政府部门，调研对象是这些部门的服务对象，并据此在企业内部选择与这些部门直接联系的工作人员。为此，共发放问卷420份，最后回收问卷372份，删除无效问卷后的有效问卷数为289份，问卷有效回收率为68.81%。调查时间为2011年5月至2011年12月。调查对象中，男性187人，占64.71%；女性102人，占35.29%。年龄在18—25岁之间人员93人，约占32.18%；26—45岁之间人员136人，约占47.06%；45岁以上的52人，约占18%；没有标明年龄的8人，约占2.8%。本区居民124人，约占42.9%；外地户籍在本区工作者164人，约占56.7%；有1人未标明户籍，约占0.3%。

2. 变量的定义与测度

为确保测量工具的信度和效度，调查问卷的设计主要应用国内外已被使用过且被认为

---

① Cave，Martin，Maurice K. & Roberts. Output and Performance Measurement in Government：the State of the Art[M]. London：Jessica Kingsley Publishers ltd，1990：179－187.

② 商红日.国家与政府概念的再界定[J].北方论丛，2001(3).

③ David S. & Jane K. Linking Citizen Satisfaction Data to Performance Measures：A Preliminary Examination[J]. Pubic Performance Management Review，2000(9).

有效性较高的问卷。当前对政府信任研究方面的最大问题是测评,最有影响的问卷是 NES 问卷,此问卷包括四项题目:在多长时间内你认为可以信任政府?你认为政府是由少数利益集团所掌握还是为了所有人的利益?你认为政府浪费了纳税人的钱吗?你认为政府人员会有不正当行为吗?有研究表明,NES 具有较强的政党和在职者导向的作用。Martin (2010)对信任的测量则以政府的在职者为对象,他问的问题是:一般认为,你是否认为在职者是经常考虑他们自己利益的?[①] 本课题借鉴与采用 NES 问卷,并对此进行了修改,以适合中国情境下的应用。具体四道题目如下:在很长时间内政府是可以信任的、政府的决策与行为是为了多数人的利益、政府部门很少浪费纳税人的钱、政府人员无不正当行为。政府服务质量的问卷采用了张宏艳研究开发的量表,有形性包括 4 道题目,可靠性包括 2 道题目,反应性包括 4 道题目,保证性包括 4 道题目,关怀性包括 2 道题目[②]。上述所有变量均采用 Likert 5 级衡量,1 表示完全不同意,5 表示完全同意。

3. 信度与效果检验

本文以 Cronbach's α 系数来检验变量的信度,各变量的信度值均大于 0.7,在可接受范围内。由于政府信任各个变量都是单维度变量,没有进行验证性分析;服务质量是个五维度结构,验证性因子分析显示各题目载荷度较好,且五因素模型比一因素模型要好,因此选择五因素模型。为此,问卷的信度与效度均达到要求,分别见表 1:

表 1　数据信度与效度分析

变量	α	变量	α	验证性分析	五因素	一因素
服务质量	0.922	关怀性	0.796	GFI	0.993	0.997
有形性	0.774	政府信任	0.885	CFI	0.999	0.999
可靠性	0.694			RMR	0.03	0.0797
反应性	0.844			RMSEA	0.071	0.143
保证性	0.834			x^2/df	229.71/94	530.57/77

五、数据分析与研究结论

1. 数据分析

上述数据分析表明,本研究各变量的信度、收敛效度与区别效度均达到可接受的水平,各变量均值、标准差见下表:

① Aaron Martin. Does Political Trust Matter? Examing Some of the Implications of Low Levels of Political Trust in Australia [J]. Australian Journal of Political Science, 2010, 45(4).

② 有形性的 4 道题目分别是政府的总体印象,现代化设施的完善程度,工作场所干净、舒适的程度,工作人员着装的整洁程度;可靠性的 2 道题目分别是工作人员的业务水平,政府的政策法规的合理程度;反应性的 4 道题目分别是工作人员的服务态度,工作人员的办事效率,工作人员主动解决群众困难的程度,工作人员及时响应群众要求的水平;保证性的 4 道题目分别是工作人员廉洁行政的程度,工作人员在承诺规定时间内提供服务的水平,工作人员保留工作记录的水平,工作人员的行为举止可信赖的程度;关怀性的 2 道题目分别是政府对群众的关怀程度,政府办公地点的合理程度。详见张宏艳. 政府服务质量 SERVQUAL 评价研究[D]. 哈尔滨理工大学硕士学位论文,2008.

表2　各变量的均值、标准差和各因素之间的相关关系

变量	平均值	标准差	(1)	(2)	(3)	(4)	(5)	(6)	(7)	(8)	(9)	(10)
性别(1)	1.35	.479	1	-.094	.007	-.034	-.077	-.009	-.116	.008	.006	.076
年龄(2)	1.80	.759		1	-.226**	-.016	.024	-.027	.000	-.011	-.028	.061
户籍(3)	1.56	.504			1	.107	.053	.060	.126*	.111	.110	.038
服务质量(4)	3.79	.591				1	.732**	.809**	.842**	.852**	.840**	.658**
有形性(5)	3.87	.553					1	.628**	.511**	.533**	.477**	.479**
可靠性(6)	3.77	.727						1	.600**	.564**	.536**	.472**
反应性(7)	3.75	.740							1	.661**	.618**	.565**
保证性(8)	3.77	.746								1	.729**	.608**
关怀性(9)	3.76	.819									1	.586**
政府信任(10)	3.73	.803										1

$^{*}P<0.1$, $^{**}P<0.05$, $^{***}P<0.01$, 2-tailed

由表2可以看出，服务质量与政府信任正相关，有形性、可靠性、反应性、保证性和关怀性等服务质量各维度均与政府信任正相关，且相关系数显著，所有假设初步得到验证。为了进一步对假设进行验证，应用回归分析的方法对各假设进行验证。

表3　政府服务质量对政府信任的回归分析结果

变量	方程1(假设1)	方程1b(假设1b)	方程1d(假设1d)
	服务质量	可靠性	保证性
政府信任	0.658***	0.472***	0.608***
R^{Δ}	0.431	0.220	0.368
F值	195.89	79.71	159.08
变量	方程1a(假设1a)	方程1c(假设1c)	方程1e(假设1e)
	有形性	反应性	关怀性
政府信任	0.479***	0.655***	0.341***
R^{Δ}	0.227	0.317	0.586
F值	81.29	130.20	145.52

$^{**}P<0.10$, $^{**}P<0.05$, $^{***}P<0.001$, 2-tailed.

由回归分析方程可知，所提假设均得以验证。

2. 研究结论

本研究基于意愿、能力和真诚等角度探讨了服务质量对政府信任的影响，在文献回顾和理论分析的基础上，以我国苏州地区的部分政府机构作为实证研究对象，通过应用回归分析的方法，主要得到以下结论：

（1）政府服务质量会积极提升社会公众对政府机构的信任水平，影响系数达到0.658，这再次表明建设服务型政府、提升服务质量的必要性和重要性。为此，政府要继续进行质量革命的活动，可以开展以下工作：第一，教育和引导政府各部门及其工作人员树立质量意识，深化其对以社会公众为服务焦点的理解，端正其对自身角色和职责的认识，增强公共部门及其工作人员的公共精神，提高服务品质；第二，健全制度，在各公共部门建立质量改进小组，通过建立服务承诺和服务质量问责制等相关制度确保服务质量的持续提升；第三，以公民为本，在与服务对象充分互动、沟通与交流的基础上，积极应用现代信息技术与管理手段优化、再造办事流程，为服务质量持续提升提供技术基础。

（2）在服务质量各维度当中，反应性和保证性维度对政府信任的影响系数较大，它对建设服务型政府有着重要意义。长期以来，我国相关政府部门缺乏积极主动为社会公众服务的意识，不能及时解决社会公众亟待解决的问题。本研究结论表明，如果政府机构能够迅速知晓并满足社会公众的需求，社会公众就认为政府服务质量比较高，对政府信任水平也就会比较高。相反，如果政府机构不能够及时响应社会公众的需求，对群众关心的问题推诿与拖延，这将大大影响社会公众对政府服务质量的评价，降低社会公众对政府机构的信任。另外，保证性维度表明，政府机构行政人员的真诚、知识、品德会大大影响社会公众对政府服务水平的评价。为此，应当提升行政人员的服务态度，并对他们进行广泛的培训，提升他们解决社会公众问题的能力；同时，要向他们宣传全心全意为人民服务的理念，在服务过程中要做到廉政勤政，在工作过程中坚决杜绝“吃、拿、卡、要”等现象。

3. 研究结论的意义

到目前为止，多数学者从理论上证明了政府信任的重要性，它受到的关注也越来越多。但当前对影响政府信任的前因变量探讨较少，而且在部分探讨政府信任前因变量的文献中，以理论性研究为主，通过数据调研进行实证性研究的文献并不多。本文通过对289名社会公众的调查，证明服务质量对政府信任有着积极影响。这个结论表明政府应当进一步通过人员素质提升、信息公开和制度建设等渠道构建服务型政府，提升政府机构服务质量，提升社会公众对政府的信任，降低政府行政的成本。

六、结语

尽管本研究的假设多数得以验证，但研究仍然存在部分问题：（1）尽管调研所采用的问卷较为权威，但所获得的数据主要是主观数据，没有能够获得客观数据。（2）样本主要来自于江苏省苏州市，研究结论在其他地区的有效性尚待进一步的验证。未来可以在以下方面进一步深入研究：服务质量影响政府信任的效果初步得以验证，但没有对其中间机制进行深入探讨，未来可以以公众心理等相关变量为中介变量，探讨政府服务质量对政府信任的促进作用，进一步深化对政府信任的形成机制研究。

信息公开影响政府信任的实证研究[①]

芮国强　宋　典

一、前言

政府信任是指公众在期望与认知之间对政府运作的一种归属心理和评价态度。政府信任或政府不信任产生的深层次原因在于公众对于政府的期望与认知之间的落差大小。政府信任的因变量包含三个层次：对特定政府工作人员的信任、对特定政府机构实体的信任和对一般意义上的制度环境的信任[②]。政府信任不仅是政府合法性的基石[③]，更是政治稳定的前提[④]：一个值得信任的政府可以有效提升社会信任，促进社会和谐与合作，降低所有社会、经济和政治关系的执行成本[⑤]。

政府信息公开制度不仅是扩大公共事务的社会公众参与、监督政府、实现法律赋予公民和其他社会主体知情权的基本途径，更是政府有意识地推进自身从管制型政府向服务政府、有限政府、责任政府顺利转型的一项重要的公共政策[⑥]。政府信息公开的思想由来已久，早在1685年，英国学者洛克就在《政府论》中指出：权力的实施必须通过明确、公开的法律；只有法律公开，才能保障统治者不肆意妄为。现代国家理论认为主权在民，“行政权力的受任者绝不是人民的主人，而只是人民的官吏”[⑦]。如果作为权力所有者的社会公众难以获知行政权力的各项信息，则不仅难以实现社会公众参政议政的目的，而且会危及政治的合法性。参与理论认为公众不信任政府的主要原因在于政府透明度不高[⑧]，为了促进公众

---

① 本文刊发于《中国行政管理》2012年第11期。

② 李砚忠. 论政府信任的概念内涵、形成因素与政治功能[J]. 行政论坛，2007(3)；李砚忠. 政府信任的理论解读[J]. 中共天津市委党校学报，2007(3).

③ 唐铁汉. 提高政府公信力，建设信用政府[J]. 中国行政管理，2005(3).

④ 肖唐镖，王欣. “民心”何以得或失——影响农民政治信任的因素分析：五省（市）60村调查（1999—2008）[J]. 中国农村观察，2011(6).

⑤ Putnam R. D. Making Democracy Work: Civic Traditions in Modern Italy[M]. Princeton, N. J.: Princeton University Press, 1993.

⑥ 莫于川. 经由阳光政府走向法治政府——《政府信息公开条例》的理念、制度与课题[J]. 昆明理工大学学报（社科版），2007(7)：14-20.

⑦ [法]卢梭. 社会契约论[M]. 北京：商务印书馆，1980：132.

⑧ Tolbert C. J. & Mossberger K. The Effects of E-government on Trust and Confidence in Government[J]. Public Administration Review, 2006, 66(3): 354-369.

信任政府,应该建设透明政府,加强政府与公众互动,促进公众参与政府监督管理[①]。Levi & Stoker 的研究表明,当政策制定者向公众披露更多的信息时,公众的政府信任水平会更高[②]。因而,世界各国无不将建设透明政府作为提高公民知情权、提升政府信任度的重要途径。改革开放以来,我国的透明政府建设经历了一个由下到上、由地方创新到政府制度建设的历程,政府信息公开的形式和内容都产生了明显的变化。2008 年 5 月 1 日,《中华人民共和国政府信息公开条例》(下文简称《公开条例》)的正式实施,标志着我国政府信息公开进入了一个法制化、制度化的阶段,信息公开的范围、方式和程序,公民知情权的监督和保障拥有了基本的规范。目前,我国基本上形成了以《公开条例》为核心,以国务院所属机构的行政规章和地方性行政法规以及地方政府的行政规章为重要支撑的政府信息公开制度体系[③]。

虽然政府信息公开制度的实施及其效果是理论界和实务界一直关注的热点问题[④],但当下对政府信息公开效果的评价多数以实施的情况为主,一定程度上忽视了信息公开对社会公众心理和行为的作用[⑤]。而信息公开的根本目的在于让政府权力的行使接受社会公众的监督,强化公众认可,提升公民对政府的信任,降低政府行政运行的成本。所以政府信任应当是评价政府信息公开的关键指标,必须从理论和实证两个层面分析信息公开对政府信任的作用机制与实际效果。为此,本文主要研究以下两个问题:第一,信息公开提升政府信任的原理和中间路径;第二,信息公开提升政府信任的实证研究。对这两个问题的探讨既有助于从公民心理和行为的角度深化对信息公开制度本质的理解与认识,也有助于深化对政府信任的形成机制的认知。

二、信息公开与政府信任的概念界定

1. 信息公开

信息公开最早起源于瑞典,二战后在美国得到制度化、系统化和规范化的发展。随着改革开放和社会主义民主的发展,政府信息公开在我国受到的关注度也越来越高,政府对信息的管理呈现由封闭到透明、由神秘到公开的态势。一般认为,政府信息公开是指国家行政机关和法律、法规以及规章授权与委托的组织,在行使国家行政管理职权的过程中,通过法定形式和程序,主动将政府信息向社会公众或依申请而向特定的个人或组织公开的制度[⑥]。在中国语境下,它往往是指行政机关、政党和其他政治性组织为推进社会主义民主,保障公民的政治权利,而将行政决策、执行过程向公众公布,而且将行政政策的执行效果向

---

① Tolbert C. Direct Democracy and Institutional Realignment in the American States[J]. Political Science Quarterly. 2003,118(3):467 -489.

② Margaret Levi. & Laura Stoker. Political Trust and Trustworthiness[J]. Annual Review Political Science,2000(3):475 -507.

③ 吴文革. 论政府信息公开环境下档案开放制度的完善[J]. 图书情报工作,2009(3).

④ 莫于川. 政府信息公开法制的若干现实问题——以《公开条例》的认知和实施为研讨样本[J]. 中国法律,2010(1).

⑤ 李玉洁. 政府、公众、媒体三方信息公开测评体系研究[J]. 新闻与传播研究,2011(2).

⑥ 刘恒. 政府信息公开制度[M]. 北京:中国社会科学出版社,2004,2.

社会披露,以促进社会公民对政府权力行使过程的参与和监督。2007 年 1 月 17 日国务院第 165 次常务会议讨论通过的《公开条例》以行政立法的形式,明确了政府信息公开的方式与途径,在国家层面上确立了政府信息公开的初步框架:《公开条例》第二章规定了信息公开的范围与内容。第三章规定了信息公开的方式和程序,要求行政机关应当将主动公开的政府信息通过政府公报、政府网站、新闻发布会以及报刊、广播、电视等便于公众知晓的方式公开。同时规定各级人民政府应当在国家档案馆、公共图书馆设置政府信息查阅场所,配备相应的设施、设备,为公民、法人或者其他组织查阅、获取政府信息提供方便。第四章要求各级人民政府应当建立健全政府信息公开工作考核制度、社会评议制度和责任追究制度,定期对政府信息公开工作进行考核、评议。可见,政府信息公开主要包括内容、渠道和效果三个方面的内涵。

2. 政府信任

在西方国家,政府信任受到的关注越来越多,主要是因为西方国家公民对政府信任的水平越来越低。随着新公共管理理论的兴起,新的政府要成为一个“能胜任的”政府,就必须构建一个值得信任的政府。一般认为高的政府信任可以带来保持行政管理体制稳定①、公民更加愿意遵从政治规章制度②、更愿意支持政府行动去实现目标③和公民会更加认同行政决策④等好处。尽管政府信任的重要性已得到广泛认同⑤,但由于信任指向的不同,对政府信任的界定也不一样⑥。当前对政府信任的界定有两种导向:第一种导向是公民对全面的政治体系制度或政权表现的评价,如对地方政府的某个部门作评价;第二种导向是公众针对独立政治领导人而言的信任。前者称为制度信任,后者则为人格信任。Cleary & Stokes 认为,人格信任是传统政府信任的内核,制度信任是现代政府信任的根本,公共权力运行的确定性与可信性主要依靠制度的规范和约束。政府信任正在由人格信任走向制度信任,通过制度建设促进政府信任也是当代政府管理的必然趋势,由此他们认为当代政府信任体系中制度信任更为重要⑦。考虑到政府信任是在公民与政府直接或间接互动的基础上形成的,是公民对政府相信、托付和期待的一种政治心理⑧,Citrin & Muste 将政府信任界定为公民对政府机构的公正、平等、诚实、效率和对社会诉求的响应速度,从本质上而言,政府信任

---

① Sofie Marien & Marc Hooghe. Does Political Trust Matter? An Empirical Investigation into the Relation betwenn Political Trust and Support for Law Compliance[J]. European Journal of Politcal Research,2011(50):267 -291.

② Tyler T. Why People Obey the Law(2nd ed.)[M]. Princeton,NJ:Princeton University Press,2006.

③ Chanley V.,Rudolph T. & Rahn W. The Origins and Consequences of Public Trust in Government:a Time Series Analysis[J]. Public Opinion Quarterly,2000,64(3):239 -256.

④ Grimes M. Consent, Political Trust and Compliance: Rejoinder to Kaina's Remarks on Organizaing consent[J]. Eurepean Journal of Political Research,2008,47(4):522 -535.

⑤ Lewis D. J. & Weigert A. Trust as a Social Reality[J]. Social Foreces. 1985(63):967 -985;Jay B., Barney & Mark H. Hansen. Trustworthiness as a source of competitive advantage[J]. Strategic Management Journal,1994(15):175 -190.

⑥ Mayer R. C.,Davis J. H. & Sehoorman F. D. An Integrative Model of Organizational trust[J]. Academy of Management Review,1995(20):709 -734.

⑦ Cleary R. M. & Stokes C. S. Democracy and the Culture of Skepticism: Political trust of Argentina and Mexico[J]. Russell Sage Foundatio,2006(4).

⑧ 上官酒瑞. 从人格信任走向制度信任——当代中国政治信任变迁的基本图式[J]. 学习与探索,2011(5).

是公众对社会政治权威遵从社会规则，并且愿意为公众利益服务的信心（Confidence）。Miller认为政府信任是公众对政府的基本评价和情感取向，将政府信任定义为公众对政治权威或政治机构是否按照期望运作的评价。这些定义均是从被信任者的角度对政府信任进行的界定，本文借鉴Mayer，Davis & Schoorman等学者的定义，将政府信任界定为公民对某个具体行政部门可靠性、可预测性和能力的信任，与Citrin & Muste的政府信任内涵相仿。

三、信息公开影响政府信任的原理与研究假设

Homans认为，人类社会的一切社会活动，无论是物质的，还是非物质的活动，其本质都是一种交换活动，无论这种活动是有形的，还是无形的，是有报酬的，还是有代价的[①]。Blau进而指出社会交换行为必须具备两个条件：一是该行为的最终目标只有通过与他人互动才能达到；二是该行为必须采取有助于实现这些目的的手段。当然，社会交换不仅仅可以发生在个体之间，也可以发生在个体与群体、群体与群体之间，可以用它来解释人类社会的普遍行为。在社会交换过程中，互惠和公正原则起着主导作用：互惠是指交换主体间应当维持互惠的义务，如果一方违反交换关系中的互惠义务，信任就无法产生；公正则指人们建立的交换关系越多，就越有可能受到"公平交换"（规范的制约），双方间的信任度也就越高[②③]。从这个意义上说，支配人们之间交往的基本社会过程根源于基本的心理过程，比如那些支撑个体间吸引的情感及其对各种回报的渴望。

政府信任作为信任的一种类型，是社会公众对某具体行政部门可靠性、可预测性和能力的预测。这种信任往往是在与政府部门长期互动交往过程中形成的，如果政府部门主动地进行信息公开，事实上体现了政府部门对社会公众的一种责任投入，如果在此过程中社会公众的信息诉求能够被政府机构满足，政府部门就会被证明自己是值得信赖的。如果政府部门能够圆满履行他们的义务，就是在证明自己值得社会公众进一步信任，双方都会从稳定的交换关系中获益。与此同时，也可以看出在信息公开过程中，政府与社会公众之间的交往并不是强调的"代价—报酬"，更多的是双方对行动者目的和预期效果的检验，这种交往行为更多的与社会交往行为的特征相匹配，而不是一般的经济交往行为。从这一意义上说，社会交换理论适用于政府信息公开对政府信任影响机制的研究。具体而言，信息公开对政府信任的影响可以从三个方面来看：第一，从信息公开内容来看，如果政府可以将其决策过程、执行过程等多个方面的行政信息向社会公开，社会公众对行政决策的各种信息会了解更多，也会更加客观地评价政府行为，对政府行政管理方面公正性的信任就会越高，这是因为社会交换理论认为如果一方感觉到了另一方行为的公正性，双方间的信任水平就会提高。由于政府信息不公开而导致政府信任水平差的事例也有很多，如华南虎事件和动车事件。所以在公众对政府信任的形成过程中，信息作为信任关系建立的基础可谓至关重要。信息是"人选择行为时做出评价的基础和依据"[④]。一种政治制度，如果不信任在其中

---

① George C. Homans. Social Behavior as Exchange[J]. American Journal of Sociology，1958(63)：597－606.

② 刘效广，王艳平. 基于社会交换理论的组织承诺形成机制实证研究[J]. 软科学，2008(11).

③ [美]彼得·M. 布劳. 社会生活中的交换与权力[M]. 李国武，译，北京：商务印书馆，2008：149－150.

④ 张明杰. 开放的政府：政府信息公开法律制度研究[M]. 北京：中国政法大学出版社，2003.

容易被表达和听到,而且其假定的理由容易被客观公正地评价为有效或者被驳倒,那么由于这种透明性给公民们提供的保证,它就值得信任[①]。据此,可以推断政府信息公开的内容越多,政府信任水平越高。第二,从信息公开的渠道角度来看,信息公开的渠道越多,政府与社会公众之间的互动就会越多,社会公众从政府获得的信息也会越多,社会公众的信任水平也就会越高。相关研究表明,信息公开渠道越多,政府与社会公众之间交流的平台就会越好,社会公众参与政府管理的机会也就越多,社会公众对政府行政决策、执行过程的参与行为也就越多,在互动过程中社会公众就可以提出更多的建议,被政府采纳的概率也就越多,双方之间交往互惠的义务也会越高,从而双方间信任水平也会越高。史天健、吕杰的研究就表明接触媒体的频率与社会公众对政府的评价之间呈反向关系[②]。第三,从信息公开的效果来看,政府通过各种渠道将政务信息全面、真实、准确地予以公开,社会公众因此可以根据掌握的政府信息来了解和监督政府和行政人员的工作,这对于政府树立诚信形象和增强公众对政府的信任感将起到举足轻重的作用。卢汉桥的研究表明,政府信息的不全面或虚报等行为都使公众对政府资信持怀疑态度,直接导致了政府公信力的下降和工作的被动[③]。叶育登则指出,“因为信息不透明而导致政府公信力弱化就会使政府与公众之间无法建立起相互信任的合作机制”[④]。

综上所述,政府与社会公众之间的良性互动,必然要求政府在行政管理过程中为社会公众参与提供更多表达利益与愿望的机会。公开是参与的前提,没有政府的信息公开,就不可能有大众的参与,社会公众与政府之间的信任就无法建立。通过信息公开可以促进社会公众与政府之间的互动,社会公众才有可能通过制度内的途径参与国家事务和社会公共事务,并对公共权力的运行实行监督,维护自身权利,社会公众与政府之间才有可能实现互惠与公正交往,社会公众的政府水平也才会越高。Thomas 认为,促进公众信任政府的机制主要有过程基础的信任机制和制度基础的信任机制,前者强调的是政府与社会公众之间反复的互动与交流,后者强调的是制度能力而非互动效果[⑤]。Thomas 认为,符合公众期望的制度可以改善政府形象[⑥],符合公众期望的制度的有效实施则可以增强公众对政府的信任。据此,本文提出以下假设:

H1:政府信息公开与政府信任正相关

H1a:政府信息公开内容与政府信任正相关

H1b:政府信息公开渠道与政府信任正相关

---

① [美]马克·E. 沃伦. 民主与信任[M]. 吴辉,译,北京:华夏出版社,2004:72.

② 史天健,吕杰. 中国政治信任的持续与变迁(1993—2002)[C]//“经济全球化进程中的和谐社会建设与危机管理”国际学术研讨会论文(重庆),2007.

③ 卢汉桥,等. 提升政府公信力,建设公信政府[J]. 湖南行政学院学报,2004(4).

④ 叶育登. 信息的透明度 政府的公信力 社会的凝聚力——从政府对禽流感信息发布工作说起[J]. 中国行政管理,2004(4).

⑤ Thomas C. W. Maintaining and Restoring Public Trust in Government Agencies and their Employees[J]. Administration & Society,1998,30(2):166 - 193.

⑥ Tolbert C. J. & Mossberger K. The Effects of E-government on Trust and Confidence in Government[J]. Public Administration Review,2006,66(3):354 - 369.

H1c:政府信息公开效果与政府信任正相关

四、信息公开对政府信任影响的研究设计

1. 研究样本

本文采用问卷调查的方式收集数据,政府信任测评的对象为江苏省苏州工业园区的20个政府部门。苏州工业园区的政府机构设置更多地借鉴了新加坡的经验,政府机构部门较少,多数人员采用的是聘任制。工业园区政府机构的运行强调公开、透明,通过网络与公民参与的方式积极践行透明公开的要求;强调以公民导向,强调为企业提供服务,每年都开展以"顾客为导向"的政府效能评估。苏州工业园区政府部门的管理模式不仅典型地反映了服务型政府的特点,而且在一定程度上体现了中国政府部门改革的方向。基于这些判断,本次调查选择了苏州工业园区政府部门作为调研对象。调研对象是这些部门的服务对象,并据此在企业内部选择与这些部门直接联系的工作人员。为此,共发放问卷420份,最后回收问卷372份,剔除无效问卷后的有效问卷数为289份,问卷有效回收率为68.81%。调查时间为2011年5月至2011年12月。调查对象中,男性187人,占64.71%;女性102人,占35.29%。年龄在18—25岁之间人员93人,约占32.18;26—45岁之间人员136人,约占47.06%;45岁以上的52人,约占18%;没有标明年龄的8人,约占2.8%。本区居民124人,约占42.9%;外地户籍在本区工作者164人,约占56.7%;有1人未标明户籍,约占0.3%。

2. 变量的定义与测度

为确保测量工具的信度和效度,调查问卷的设计主要应用国内外已被使用过且被认为有效性较高的问卷。当前对政府信任研究方面的最大问题是测评,最有影响的问卷是NES问卷,此问卷包括四项题目:在多长时间内你认为可以信任政府?你认为政府是由少数利益集团所掌握,还是为了所有人的利益?你认为政府浪费了纳税人的钱吗?你认为政府人员是否会有不正当行为?有研究表明NES具有较强的政党和在职者导向。Martin对信任的测量则以政府的在职者为对象,他问的问题是:一般而言,你是否认为在职者经常考虑他们自己的利益?① 本课题借鉴与采用NES问卷,并对此进行了修改,以适合中国情境下的应用。具体四道题目如下:在很长时间内政府可以信任的、政府的决策与行为是为了多数人的利益、政府部门很少浪费纳税人的钱、政府人员无不正当行为。信息公开的问卷主要题目如下:行政职能、权限范围、机构设置的公开;政务(信息)公开内容更新及时;公开电话和电子信箱的开通与服务情况;公示栏、电子屏幕、网站的公开;政务(信息)公开内容醒目,易懂,便于了解。上述所有变量均采用Likert 5级衡量,1表示完全不同意,5表示完全同意。

3. 信度与效果检验

本文以Cronbach's α系数来检验变量的信度,各变量的信度值均大于0.7(由于内容只有一道测评题,信度没有计算),在可接受范围内。由于政府信任是个单维度变量,没有进

① Aaron Martin. Does Political Trust Matter? Examing some of the Implications of Low Levels of Political Trust in Australia [J]. Australian Journal of Political Science, 2010, 45(4): 705-712.

行验证性分析。信息公开是个三维度结构，对此结构的验证采用结构方程模型来显示，应用 Lisrel 软件来运行。评价模型的参数标准主要是 GFI、CFI、RMR 和 RMSEA，一般认为前两个参数的标准要大于0.9，RMR 要小于0.04，而 RMSEA 要小于0.08。三维度结构验证性因子分析的结果如表1，由此可知三因素模型的数据分析均达到理想标准，而且各题目载荷度较好。同时，与一因素模型相比，三因素模型比一因素模型要好，因而选择三因素模型。为此，问卷的信度与效度均达到要求，分别见表1：

表1　数据信度与效度分析

变量	α	验证性分析	三因素	一因素
信息公开	0.826	GFI	0.991	0.993
内容	0.774	CFI	0.999	0.999
渠道	0.736	RMR	0.03	0.043
更新	0.703	RMSEA	0.026	0.129
政府信任	0.864	X^2/df	2.39/2	28.95/5

五、数据分析与研究结论

1. 数据分析

上述数据分析表明，本研究各变量的信度、收敛效度与区别效度均达到可接受的水平，各变量均值、标准差见下表：

表2　各变量的均值、标准差和各因素之间的相关关系

变量	平均值	标准差	(1)	(2)	(3)	(4)	(5)	(6)	(7)	(8)
性别(1)	1.35	.479	1	-.094	.007	-.146*	-.183**	-.140*	-.062	.011
年龄(2)	1.80	.759		1	-.226**	.034	-.034	.052	.053	.011
户籍(3)	1.56	.504			1	-.080	-.014	-.037	-.142*	-.106
信息公开(4)	3.79	.621				1	.812**	.864**	.850**	.541**
内容(5)	3.89	.726					1	.559**	.505**	.402**
渠道(6)	3.74	.722						1	.625**	.524**
动态性(7)	3.77	.769							1	.460**
政府信任(8)	3.79	.786								1

* $P<0.1$, ** $P<0.05$, *** $P<0.01$, 2-tailed

由表2可以看出，苏州工业园区政府信息公开的整体平均值是3.79，折合成百分制约为75.8分；信息公开内容的平均值为3.89，折合成百分制约为77.8分；信息公开渠道的平均值为3.74，折合成百分制约为74.8分；信息公开动态性的平均值为3.77，折合成百分制约为75.4分；政府信任的平均值为3.79，折合成百分制约为75.8分。从数据情况来看，信息公开内容的得分最高，动态性得分最低。这也反映了当前很多政府部门注重一般信息内容的公开,而不重视信息内容的更新。从数据来看,样本单位的信息公开与政府信任数据得分似乎并不是很高,但与国外公民对公共部门信任情况的评价相比,其得分还是较好的。由表2同样可以看出信息公开与政府信任正相关,信息公开内容、渠道和动态性等信息公开各维度均与政府信任正相关,且相关系数显著,所有假设初步得到验证。为了进一步对假设进行验证,应用回归分析的方法对各假设进行验证。

表3 信息公开对政府信任的回归分析结果

变量	方程1(假设1)	方程1a(假设1a)	方程1b(假设1b)	方程1c(假设1c)
	信息公开	公开内容	渠道	动态性
政府信任	0.541***	0.402***	0.524***	0.460***
R^{Δ}	0.291	0.158	0.272	0.209
F值	114.92	54.41	106.32	75.3

** $P<0.10$, ** $P<0.05$, *** $P<0.001$, 2-tailed.

由回归分析方程可知,整体信息公开对政府信任的影响系数为0.541($P<0.001$),信息公开内容对政府信任的影响系数为0.402($P<0.001$),信息公开渠道对政府信任的影响系数为0.524($P<0.001$),信息动态性对政府信任的影响系数为0.460($P<0.001$),而且这四个方向的整体检验均显著,所提假设均得以验证。

2. 研究结论

本研究基于社会交换理论,探讨了政府信息公开对政府信任的影响,通过理论回顾和文献探讨,以我国苏州地区的部分政府机构作为实证研究对象,主要得到以下结论:

(1)政府信息公开会积极影响社会公众的政府信任水平,信息公开对政府信任的影响系数是0.541,这再次验证了政府信息公开的必要性与重要性。国内其他学者的研究也得到了与本研究相同的结论,即公众对政府的信任与政府透明度正相关,政府透明度越高,公众信任政府程度越高①。熊美娟对澳门居民的研究发现,澳门居民感受到的政治透明度越高,则政治信任度也越高②。为此,一是各单位要严格按照标准和规范做好政府信息公开目录与指南的更新,做好政府信息的日常维护,对内容发生变化的要及时更新和完善;二是要构建政府公开信息考核监督机制,对内容更新慢的政府部门进行通报批评,或者规定年底不能参与各类先进的评比,同时动员社会居民、企业、人大代表等相关社会群体强化对各部门信息公开的监督管理。

(2)在政府信息公开维度当中,政府信息公开的渠道与政府信任的相关性系数最高,这表明政府在信息公开管理过程中,应尽可能多地增设一些政务信息互动交流栏目,在充分利用现有信息公开渠道的基础上,拓宽沟通渠道(如加开微博、在线交流、及时新闻发布),让社会公众能及时获知最新政务信息,并且重点围绕社会公众关心的热点、难点问题,适时开通在线访谈栏目,邀请有关部门领导在线解答,真正发挥政府信息为民服务的作用。

① 何玉,唐清亮.公共服务、政府透明度与公众对政府的信任:影响机理与经验证据[J].华东经济管理,2012(4).
② 熊美娟.社会资本与政治信任——以澳门为例[J].武汉大学学报(哲学社会科学版),2011(4).

（3）政府信息公开主要通过影响社会公众对政府机构能力、品德等方面的感知而提升政府水平的，据此，政府应当在信息公开管理过程中加强与社会公众多方面的直接交流。

3. 研究结论的意义

到目前为止，多数学者从理论上证明了政府信任的重要性，政府信任受到的关注越来越多。但当前对影响政府信任的前因变量探讨很少，而且学术界的研究多数侧重于理论研究，通过调查进行实证分析的研究并不多。本文通过对289名社会公众的调查，证明信息公开对政府的信任有着积极影响。这个结论表明：通过信息公开，让权力在阳光下运行，有助于提升社会公众对政府的信任，降低政府行政的成本。但2012年5月14日在北京大学召开的“中国政府信息公开年度会议”披露的信息表明，《政府信息公开条例》实施4年来，完成率尚不足两成；已经公开的信息有很多是老百姓并不需要的，而老百姓真正关注、需要的信息，却因诸多原因并未被公开。与会者感到：公开什么，不公开什么，决定权似乎仍在政府官员而不在法律规定，《政府信息公开条例》实施4年来，执行过程似乎变成了挤牙膏式的“信息施舍”①。政府信息公开在中国的实践还未发挥制度创设时的预期功效，相反却障碍重重，陷入困境，主要表现在意识局限、制度缺陷、操作梗阻、救济乏力等四个方面②。所以我国政府应当进一步加强对政府信息公开的管理。

六、结语

尽管本论文的研究多数得以验证，但本研究仍存在不足：（1）尽管调研所采用的问卷较为权威，但所获得的数据主要是主观数据，没有能够获得客观数据。（2）样本主要来自江苏省苏州市，研究结论在其他地区的有效性尚待进一步的验证。未来可以在以下方面进一步深入研究：信息公开影响政府信任的心理中介变量有很多，未来可以以心理安全等为中介变量，探讨信息公开对政府信任的影响，进一步深化对政府信任的形成机制研究。

---

① 周兼明. 不应让《政府信息公开条例》变成废纸[J]. 凤凰周刊，2012(16).

② 黄仕红. 政府信息公开价值、困境及路径选择[J]. 学习与实践，2011(3).

公共信息服务质量问题研究

——基于建立政府与公民信任关系的目标[①]

周　毅

自2008年《政府信息公开条例》施行以来，普遍化的信息公开服务在我国已有大面积实践，个性化的信息增值开发服务也已起步。但是，从总体上看，公众对政府提供的公共信息服务满意度并不高，甚至对政府提供的某些公共信息服务内容(如食品安全标准信息、"三公"经费信息等)产生了一定的信任危机。这表明重视并提升我国公共信息服务质量已成为政府转型的重要内容之一，它对重建政府与公众之间的信任关系具有重要意义。

一、问题的提出及相关研究进展

服务质量作为复杂的结构变量，是管理领域中众多被研究的结构变量之一。国内外研究者较认同的结论是，服务质量是用户期望服务和感知服务之间的差距，是用户对服务的一种感知评价。以此为基础，研究者们提出了所谓服务质量的差异范式模型、GAP模型和SERVQUAL模型以及层次模型[②]。虽然这种关于服务质量内涵及模型的研究并不是针对公共信息服务而言，但它们对认识公共信息服务质量问题具有重要借鉴意义。

胡昌平在借鉴世界标准化组织(ISO)社会化服务质量评价要素的基础上，将ISO信息服务的技术质量评价体系归纳为3个方面[③]：服务技术条件与设施质量(人员条件、设施条件、技术条件、资源条件、环境质量等)、服务过程质量(组织质量、管理质量、服务态度、业务水平)和服务效用质量(及时性、有效性、可用性、完备性、经济性等)。此外，也有学者在研究网络信息服务质量时，对信息资源类网站的用户满意度评价模型进行了设计，认识到在网络信息服务质量中，便捷性、信息内容质量、站点美学、个性化和帮助支持等是影响用户整体满意度的决定因素[④]。在以往的研究中笔者曾在多篇文献中论及信息服务质量问题[⑤]，这些研究成果对形成关于公共信息服务质量的系统性认识具有重要帮助。

---

① 本文刊发于《情报理论与实践》2014年第1期。

② 王志鹏，于秀明. 信息技术服务质量模型研究[J]. 信息技术与标准化，2012(6)：27－30.

③ 胡昌平，辛春华，张立. 信息服务的社会监督[J]. 情报学报，2001(1)：18－25.

④ 焦玉英，雷雪. 基于用户满意度的网络信息服务质量评价模型及调查分析[J]. 图书情报工作，2008(2)：81－84；卢涛，雷雪. 网络信息服务质量评价及实证研究[J]. 图书情报知识，2008(1)：35－40.

⑤ 周毅. 论信息服务中的用户满意[J]. 情报理论与实践，2001(2)：98－100；周毅. 政府信息开放的标准研究[J]. 中国图书馆学报，2005(5).

二、公共信息服务质量及其对政府信任的影响

（一）公共信息服务质量的内涵

（1）公众满意是公共信息服务质量评价的中心。公共信息服务是在一定时空范围内针对公众信息需求进行的，公众无疑是评价公共信息服务质量的主体。用户的个体差异致使公共信息服务质量因人、因地而异，即难以用统一的尺度衡量公共信息服务质量的优劣。这说明公共信息服务质量的衡量需要有一个相对统一的标准，公共信息服务质量也一定是与一定时期内公众信息需求特点或规律相呼应的相对质量。考察我国公众信息需求的一般特点和发展趋势，可以发现当前我国公众信息需求表现出由数量需求向质量需求的转型。表现在：①公众的信息需求正由普遍性信息公开服务需求向个性化信息增值开发服务需求转变，即公众的信息需求已经不满足于公共信息的一般公开，而是要求公共信息服务向针对性、个性化、专题化、系统化等方向转变。②公众的信息需求正由“知政”需求向“参政”需求转变，即在公共信息服务形式上由公共部门的信息单向传递向公共部门与公众的即时性信息互动式交流转变。③公众的信息需求正由功能性需求向形式性需求转变，即公众获取公共信息可能并没有特定的功利性目的，其目的可以就只是知悉与获取公共信息过程本身。在这一过程中，公众可以获得因享受公共信息服务而带来的体验，也可以因实现了公民权利并得到应有尊重而收获愉悦。在研究设计公共信息服务质量的评价标准和改善对策时应充分认识到公众信息需求的上述特点与变化趋势。

（2）公共信息服务全程是公共信息服务质量评价关注的内容。由于公共信息服务涉及公共信息服务生产、提供和消费等环节，并涉及公共信息服务生产者、公共信息服务的供方及需方在特定条件下的服务交互过程，因此，对公共信息服务质量标准的分析与评价也应涉及上述诸多环节。鉴于公共信息服务既可以由公共部门直接提供，也可以是公共部门通过委托或政府购买等方式由非营利组织或企业单位进行提供，这就决定了公共信息服务的供方涉及服务人员、实现技术、管理水平、服务平台、信息源、信息产品设计开发等服务质量要素，对上述服务质量要素的全面关注将决定着公共信息服务的质量水平。而作为公共信息服务的终端，公众所能感知到的公共信息服务也与其自身信息素养密切相关，在与供方的服务互动中，公众的信息素养有时对公共信息服务质量也发挥着决定性作用。在我国政府信息公开服务的实践中，因公民不明政府信息所属机关而发生的申请公开对象机关错误，这事实上已经转化为对公共信息服务质量的负面评价。对供方主体来说，加强公共信息服务中的信息导航，可以在一定程度上减少因错误申请而发生的服务质量负面评价。但如何通过公民信息素养教育提升其对公共信息服务的认知和理解也是一个重要任务。

（3）公众期望的与所感知的质量差距是公共信息服务质量评价的重点。在公共信息服务全程中，事实上存在着以下5种类型的质量：管理者的质量标准、服务人员实际提供的服务质量、公共部门对外宣传的服务质量、公众期望的服务质量、公众实际感知的服务质量。对公共信息服务质量的评价是一种对公众感受与期望之间所进行的差距感评价，并不是对公共信息服务绝对质量本身的评价，这表明公共信息服务质量评价重点关注的是相对

质量。这提示我们,在上述5种类型的质量中,最具有意义的是公众期望的服务质量和公众实际感知的服务质量。管理者的质量标准、服务人员实际提供的服务质量、公共部门对外宣传的服务质量等均应考虑到公众对公共信息服务的期望或实际感受,公众期望的与实际所感受的质量差距应成为公共信息服务质量评价的重点。

(二) 公共信息服务质量对政府与公民信任关系的影响

考察公共信息服务及其质量提升,不仅应看到它是充实服务型政府公共服务内容的一种实际存在,而且应看到它对重建政府与公民的信任关系具有重要意义。

政府与公民的信任关系是建立在公众对政府的合理期待以及政府回应基础上的一种互动、合作的关系。近50年来,世界范围内出现了普遍的政府信任衰落现象①。西方国家为了重建政府与公民信任关系,尝试了以公民为中心的公共服务、公共服务质量运动、反腐败运动、扩大公民参与、公开与透明、放松管制、绩效改进措施等种种重建信任关系的方法。这些重建政府与公民信任关系的具体措施事实上都与公共信息服务质量有着千丝万缕的联系。公共信息服务本来就是公共服务的应有之义,建设以公民为中心的公共信息服务体系,不断提高公共信息服务质量就成为政府执政为民的重要责任。政府信息作为公共信息的重要组成部分,其开放服务程度决定着政府公开与透明的水平,预防了政府在黑箱运作中可能产生的腐败,也影响着公民参与的程度(参与的前提是公开,即在“知政”的基础才可能“参政”)和政府服务绩效的改进。

事实上,近年来我国也不同程度地出现了政府信任危机,这种信任危机既来源于对公共信息服务及时性、客观性和全面性的质疑,也来源于我国回应型、互动型、追踪型的公共信息服务没有到位。虽然自2008年5月以来我国已经施行《政府信息公开条例》,但政府信息公开服务的水平和进程并不理想。据北京大学公众参与研究与支持中心在2012年9月28日发布的《中国行政透明观察报告(2011—2012)》显示,我国县级政府行政透明度的及格率只有三成,依申请的信息公开仍是各级机关的软肋。依申请公开的信息加入了公民的个人利益、兴趣与价值偏好,甚至与公共问题具有关联。而这恰恰是政府没有很好地制作保存、不愿提供或害怕提供的信息。信息不存在、影响社会稳定、涉及国家秘密等语焉不详、牵强附会的理由均成了拒绝公开的借口。专家们认为,目前部分政府机关在公共信息服务上表现出的“无底气、无所谓、无热情”现象值得警惕②。2010年的一项调查显示,我国网民对省、市、县三级政府网站满意度分别仅为18.4%、12.1%和2.8%。我国政府网站目前的服务水平和服务能力与网民对政府网上公共服务的强烈需求之间形成巨大的反差,并已成为我国政府在网络社会中行使公共服务职能的瓶颈。很多政府网站开通的部门信箱、在线投诉等政民互动渠道,网站部门与业务部门难以很好协调,或开通之后置之不理,或答复内容与业务工作脱节,或部门之间相互推诿,导致栏目用户满意度普遍不高③。上述种种现实状况表明,公众在一定程度上已经对政府的公共信息服务产生了信任危机。

---

① 张成福,孟庆存.重建政府与公民的信任关系[J].国家行政学院学报,2003(3):79-82.

② 天津网.http://www.tianjinwe.com/tianjin/tbbd/201209/t20120929_6469140.html.

③ 国际在线网.http://gb.cri.cn/27824/2013/01/27/2625s4003684_1.htm.

另一个对公共信息服务不信任的极端案例是，公众对政府发布的食品安全或标准等信息的可靠性与科学性普遍质疑，这种对食品安全或标准信息的质疑已经演化为对有关政府部门公信力的质疑。我们并非要否认食品安全信息在科学上的可信性及其相关信息发布者的政治可靠性，而只是在思考这种可信性与可靠性是否充分的问题①。政府与公众的信任关系是建立在一种双方互动、合作的基础上，只有在互动与合作中突出公众话语权，给予公众表达观点的空间，并允许代表经验型技能的知识介入，食品安全或标准信息的权威性才能得到公众的广泛认可。这种对信息权威性的认可实质上是建立在互动型公共信息服务过程的基础之上，没有公众参与，就没有社会认可的公共信息服务。近年来媒体上频繁曝出的“房姐”或“房叔”事件、“表哥”或“表叔”事件、官员处分后的异地复出事件等，均不同程度地引发了公众对有关政府部门的质疑。事实上，产生种种不信任均与有关政府部门的回应型公共信息服务不到位有关，它们已不同程度地对政府公信力产生了消极影响。除公共信息的主动公开服务之外，公共部门能否有效地开展应公众申请的信息公开服务、让公众参与信息互动服务、及时实现回应型信息服务以及组织专题型的信息增值开发服务等，均对政府与公众的信任关系建立产生重要影响。政府与公众只有在频繁的信息服务互动中才能逐步建立起信任关系。

与以公民为中心的公共信息服务相关联的另外一项重要措施是公共信息服务质量运动。从信任的角度考察，公共信息服务质量的改善有助于改善公众对政府的态度。公众作为政府信任的主体，其对政府的信任基于结果和过程这两个主要因素。结果导向的信任是公众基于从政府公共信息服务中得到的利益（可以是物质利益也可以是精神利益），来决定其对政府的满意和信任；过程导向的信任是指公众由于对政府公共信息服务提供过程的满意而产生对政府的信任，公民会将政府公共信息服务过程的公平性、开放性、参与性、及时性、便利性等纳入到政府信任的思考中。因此，对公共信息服务质量的评价既要关注公共信息服务的结果，也要关注公共信息服务的过程。

三、公共信息服务质量评价模型

在实践中，信息服务质量评价方法多种多样，传统方法有投入评估法、职业标准评估法、任务评估法等，而目前则出现了综合评估法、系统评估法、资料包络分析法、标杆评估法等多种方法。几种主流的信息服务质量评价体系如下②。

（1）SERVQUAL 模式。在众多服务质量度量方法中，SERVQUAL 评价模型得到了服务业界的广泛认可。SERVQUAL 模型是 20 世纪 80 年代末由美国市场营销学家 Parasuraman，Zeithaml 和 Berry 依据全面质量管理（Total Quality Management，简称 TQM）理论提出的一种服务质量评价体系，其理论核心是服务质量差距分析模型：服务质量 = 服务满意度 = 所提供的服务 - 所期望的服务 = 感受到的服务 - 所期望的服务。该模型面向用户主观意识，服

① 赵喜风，蔡仲. 食品安全的“可信性”：基于公众参与的分析[J]. 科学学研究，2012(8)：1128 - 1133.

② 吴华意，等. 地理信息服务质量的理论与方法[M]. 武汉：武汉大学出版社，2011；李吉梅，宋铁英. 信息系统服务质量评价研究综述[J]. 情报杂志，2007(4)：26 - 30；汪锦军. 公共服务中的公民参民模式分析[J]. 政治学研究，2011(4)：50 - 58.

务质量评估采用差异比较分析法进行，使得服务组织能够利用其有限资源优先改进最关键的服务属性。十余年来，该模型已被服务管理者和学者广泛接受和采用，并被广泛用于测量信息系统服务质量。

（2）ISO 信息服务质量评价体系。由于信息服务属于社会服务的范畴，因此，ISO 将包括信息服务在内的社会化服务的质量评价要素归纳为 3 个方面：①服务技术设施、服务能力、服务人员素质、服务条件和材料消耗。②服务提供的过程、时效和作用。③服务的方便性、适用性、可信性、准确性、完整性、服务信用和用户沟通渠道。ISO 关于信息服务评价体系的基本思路具有普遍意义。胡昌平根据这一思路，结合我国的具体情况，采用目前普遍适用的层次分析法，将 ISO 基本内容在目标层中反映出来，形成了详细的指标体系。

（3）网络信息服务质量评价。网络的发展完全拓展了传统意义上服务的外延与内涵，不少学者对 SERVQUAL 在网络环境下的适应性进行了广泛的研究和探讨，并归纳出 11 个评估维度：可靠性、响应性、可获取性、灵活性、易导航性、效率、保证性、安全（隐私）性、价格信息、站点美学、个性化。

（4）用户满意度指数模型。相关研究认为，信息服务质量用户满意度模型是由六个潜变量构成的结构方程模型。6 个潜变量包括：期望质量、感知质量、感知价值、用户满意度、用户抱怨和用户忠诚度。有学者则提出，便捷性、信息内容质量、站点美学、个性化和帮助支持是影响用户整体满意度的决定因素。这 5 个因素与用户整体满意度之间均存在正相关关系，上述评价模型或方法虽然并不是针对公共信息服务质量评价进行的设计，但它们对公共信息服务质量评价同样具有借鉴意义。对公共信息服务质量评价模型的设计既要关注服务过程，也要关注服务结果，更要重视公共信息服务产品本身的质量。公共信息服务质量评价模型见图 1。

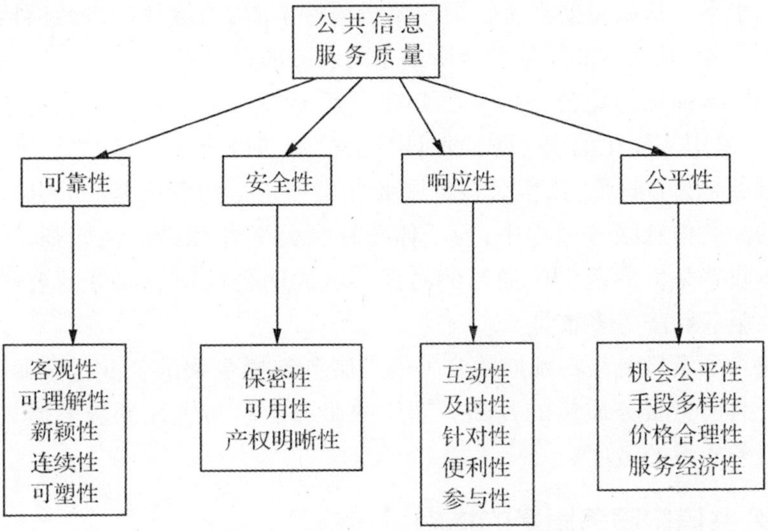

图 1　公共信息服务质量评价模型

公共信息服务质量模型由可靠性、安全性、响应性和公平性等质量要素构成。为了将公共信息服务质量评价落实到可操作的层面，可以将上述质量要素分解为若干质量特性。

可靠性质量要素强调的不仅是公共信息服务在内容上真实客观、便于公众理解并能反映出公共管理活动的最新进展，而且强调公共部门可靠、准确地履行公共信息服务承诺的能力（可靠的公共信息服务行为是公众所期望的）。在当前公共信息服务中，因例外信息分割导致信息内容不完整、专业语言过多，导致信息内容无法理解，更新不及时导致信息内容失效和对公众误导，信息管理失当导致无法进行信息的回溯性查找，主客观原因无法履行对公众的信息服务承诺等，这些均是公共信息服务质量不佳的典型表现。因此，在公共信息服务中结合供需双方特点具体明确上述质量特性，可以极大地改善公共信息服务质量。

安全性质量要素强调公共信息服务在内容上不能侵犯各类秘密信息，在载体或保存方式上必须长期可用，并能有效保护公共信息服务产品生产者或供给者的信息产权。公共部门在履行公共管理职能中形成的公共信息不仅会涉及国家秘密，而且会因公务需要大量采集企业或个人秘密信息。因此，公共信息服务的内容安全不仅强调其不能泄露国家机密，而且也要注意对商业秘密和个人秘密的保护，并处理好公共信息服务与上述三类信息保护之间的平衡关系。由于公共信息越来越多地是以电子方式存在，这就要求公共部门应从保证公共信息长期可用和连续性服务的目标出发，采取有效措施维护电子类公共信息的可读可用。国际合作研究中诸如InterPARES（即永久保护真实的电子文件国际研究计划）等电子信息长期保存项目之所以引起世界各国的普遍关注就是基于这一原因。公共信息虽然不具有知识产权，但公共信息开发的产品具有相应产权（包括知识产权）。为了鼓励更多社会组织或企业进入公共信息服务领域，保护其生产者的合法权益就是扩大公共信息产品供给水平，并提高公共信息服务质量的基本要求。

响应性质量要素强调公共信息服务在形式上必须针对多样化的信息需求，开展个性化和针对性的服务，注重服务过程中的公众参与和便利性，并给用户必要的帮助服务，以提高公众的质量感知水平。从质量要素所强调的质量属性上看，当前我国以政府网站为平台所进行的公共信息服务，显然不能满足公众所期望的服务质量需求。

公平性质量要素强调的是公共信息服务在形式上必须兼顾各类不同主体的信息需求特点和信息能力，采用多样化的服务手段保证社会公众获得公共信息的机会平等和价格合理。公共信息服务是公益性服务，但公益性服务并不一定是免费服务。公共部门在开展差别化和个性化的公共信息服务过程中，为了体现社会公平性和经济性原则，实行部分公共信息服务的成本收费是世界范围内通行的做法。这表明公共信息服务的公平性具有机会公平、价格合理、服务经济等多重含义。

公众从上述4个质量要素将预期的公共信息服务和接受到的公共信息服务相比较，最终形成自己对公共信息服务质量的判断。期望的服务质量与感知的服务质量之间的差距就是公共信息服务质量的量度。

四、提升公共信息服务质量的措施

对照公共信息服务质量评价模型所涉及的相关质量要素和当前我国公共信息服务的实际状况，提升我国公共信息服务质量可以采取以下措施。

（1）进一步丰富公共信息服务的形式与内容。依不同标准对公共信息服务进行分类，在形式上可以将其分为公开型信息服务与开发型信息服务，或者引导型信息服务与回应型信息服务等类型。公开型信息服务是以提供公共部门的原始信息为主要特征，它一般只对公共信息进行形式上的加工；开发型信息服务则是在对公共信息进行内容上的分析加工后，向公众提供增值形态的信息。无论是原始信息提供还是增值信息提供，它们均可能表现为引导型或回应型等不同类型。引导型公共信息服务是以公共部门的权力彰显和主动与普遍服务为特点，而回应型公共信息服务则是以公共部门对公民的信息需求做出响应并提供个性化服务为特点，它突出了公民的权利意识与权利实现这一中心。目前我国公共信息服务是以公开型、引导型信息服务为主，开发型、回应型信息服务明显不足。《中国行政透明度观察报告（2011—2012）》显示，依申请信息公开已成为我国各级政府机关的软肋，这在一定程度上已经影响了我国公共信息服务的总体质量。因此，在公共信息服务的形式上，推进回应型的信息公开和信息开发服务的实现，就成为提升我国公共信息服务质量的关键举措。此外，对社会普遍关注的"三公"经费信息、官员财产信息、民生信息、网络举报追踪信息等内容，也应加大回应型信息的公开与开发力度，通过这种公共信息服务的过程互动来改变公众对公共信息服务的感知评价。

（2）进一步吸纳公众参与公共信息服务的全过程[①]。公众参与公共信息服务的过程具体可以分为告知型参与、决策型参与、改善型参与、评估型参与等。政府在一些公共信息服务政策或方法的制定和执行中，如果在政策与方法出台之前，通过召开座谈会等方式，让公民参与到相关政策与方法的讨论中。这种讨论一般不会对最终的公共信息服务政策出台产生实质性的影响，但这种参与对于公共信息服务政策的推行具有宣传作用。它通过公民参与和相互沟通，获得民众的理解和支持，这种参与便是告知型参与。在公民意识的指引下，当前我国公民的政治参与热情也得到了激发，尤其是在互联网环境下人们已越来越不甘心被动地下载——获得信息服务，而是更加热衷于积极的上传——参与信息服务，公众期望直接并充分地参与公共信息服务的决策、公共信息服务规则的制定、公共信息服务产品的生产与提供。因此，有关部门可以有限吸纳公民关于公共信息服务的意见，并将其吸收进公共信息服务决策或公共信息服务过程之中，这种参与被视为决策型参与。改善型参与的理念在于，公共信息服务的提供并不只是公共部门的事情，其服务对象的参与对公共信息服务质量的改进具有重要影响。因此，改善型参与通过寻求来自公民关于公共信息服务的建议或意见，最大限度地改进公共信息服务质量。评估型参与就是由公民对公共信息服务的绩效、质量和水平等进行评估，从而对公共信息服务质量进行监督。

（3）进一步拓展公共信息服务的供给渠道。公共信息服务是公益性服务，但公益性服务不一定必须是由公共部门提供的服务。根据新制度主义的物品属性与制度安排理论和世界银行有关社会服务制度安排理论，可以得出这样一种结论：首先，信息资源属于收费物品，若从资源本身价值实现的最大化上看，最为理想的服务途径是政府和社会组织从事的公益性开发；其次是一般非营利组织进行的开发，若从开发的动机看，由于信息资源具有很强的排他性特点，因而企业也具有很强的开发动机，因而，无论是企业、社会非营利组织、政

① 汪锦军．公共服务中的公民参民模式分析［J］．政治学研究，2011（4）：50－58．

府，还是三者结合的某种形式，都能从事信息资源的开发服务工作，政府、市场和社会三种机制均为公共信息服务的可能途径。若考虑到信息资源的配置效率，则政府、社会机制比市场机制更具有优势；而考虑到公共信息服务项目的操作性，则社会机制比政府机制更为有效。因而，公共信息服务应主要采用社会机制，政府在该领域主要起辅助作用，而市场机制则只适用于某些特殊的（如易于定价的）公共信息服务工作。从当前我国公共信息服务供给的现实渠道看，社会机制和市场机制的作用明显缺乏。由于缺少不同供给主体之间的相互竞争，公共信息服务质量就很难得到保障。因此，发挥社会机制和市场机制在公共信息服务领域的作用，进一步增强公共信息服务的供给能力和供给质量，就成为今后一段时期内提升我国公共信息服务质量的重要措施。

五、结束语

公众对公共部门的公共信息服务及其质量期望已经成为影响政府与公众之间信任关系的重要因素。我国各级公共部门应通过多种途径提高公共信息服务的运作水平，进一步增强公众对其公共信息服务运作水平的认知。只有这样，和谐的政府与公众信任关系才会有效建立。

公共治理和政治民主：我国政府预算透明问题研究①

孙文基

一、问题的提出

20 世纪 90 年代以来，在新公共管理运动的推动下，政府预算公开成为一股强大的国际潮流。推动世界各国财政管理的民主化改革，实现政府预算透明，已成为实现良好公共治理和政治民主的应有之义。国际社会对于政府预算透明的实践直接推动了我国政府预算公开的进程。1999 年 6 月，国家审计署代表国务院在第九届全国人大常委会第十次会议上所做的《关于 1998 年中央预算执行情况和其他财政收支的审计工作报告》是我国实现预算公开的首要事件。之后，我国相继进行了部门预算改革、国库集中收付制度改革、政府预算收支分类改革、推行政府采购制度和定期出版《中华人民共和国财政文告》等一系列政策措施，从不同侧面推进了我国政府预算公开、透明的进程。2008 年，国务院颁布实施了《中华人民共和国政府信息公开条例》（以下简称《政府信息公开条例》），随后，财政部出台相关政策对政府预算公开和透明做了具体规定。虽然我国政府预算透明取得了一定的成绩，但与国际货币基金组织的《财政透明度手册》、经济合作与发展组织的《预算透明度最佳做法》相比，我国政府预算透明度还是比较低的，还有很长的路要走。

我国对预算透明度问题的研究起源于 2001 年财政部科研所引进的国际货币基金组织《财政透明度手册》，之后国内掀起了预算公开、透明的研究热潮，从现有的研究文献看，研究主要集中在政府预算透明的定义和必要性、我国政府预算透明的现状、存在的主要问题、原因和完善的思路等几个方面，但相关研究还不完善、不系统。本文在对我国政府预算透明取得的成绩、存在的问题和原因分析的基础上，提出完善我国政府预算透明的对策建议。

二、我国政府预算透明的现状分析

我国政府预算经历了从国家机密到逐步公布于众的历史进程，从 2008 年《政府信息公开条例》实施以来，我国政府预算透明进入了一个历史新阶段，取得了一定的成绩，但也存在需要解决的问题。

1. 我国政府预算透明取得的成绩

（1）政府预算信息公开的范围不断扩大、内容不断细化。

---

① 本文刊发于《财经问题研究》2013 年第 8 期。

《政府信息公开条例》出台以后，财政部通过其网站公开了财政体制、预算管理制度、相关政策规章、预算报告及全国财政收支决算表等。从2008年9月开始，财政部主动公开月度财政收支执行情况。2009年，首次向社会公开了经全国人大批准后的中央财政收入预算表、中央本级财政支出预算表、中央对地方税收返还和转移支付预算表等4张报表，受到媒体和网民的广泛关注与好评。2010年，预算公开又取得新突破，预算透明度进一步增强，中央财政预算公开的范围也进一步扩大，主动公开了报送全国人大审议通过的中央本级支出预算、中央财政国债余额、中央政府性基金收支预算、国有资本经营预算等12张中央政府预算表，且将公开的中央本级支出预算细化至23类123款。2011年，中央本级支出预算表按款级科目进行了细化，一部分已经细化到项级科目①。2012年3月26日，国务院召开的第五次廉政工作会议强调，要全面推进政府预算公开，报送全国人大审查部门预算的国务院部门与单位要公开全部预算和决算表格，教育、医疗卫生、社会保障和就业、保障性住房支出、"三农"等预算和决算要细化到项级科目。此外，为方便社会各界更加深入地了解预算有关数据及编制情况说明，财政部官方网站比较详细地解释了中央财政预算编制的主要依据和有关数据的增减变化情况，力求使人民群众更好地了解党和国家的方针政策、预算支持重点和政策导向。

（2）积极推进部门预算公开。

2008年初，财政部与审计署联合印发了《关于2008年部门预算公开试点的通知》，选择科技部、监察部和卫生部等11个部门进行了部门预算内部公开试点，将部门预算通过张贴、查阅等形式在单位内部进行公开。2011年，国土资源部、财政部等74个中央部门陆续公开了部门预算收支总表和财政拨款支出预算表，占中央部门总数的43%②。2012年，公开的部门预算进一步扩大，已有92个中央部门公开了部门预算，90个中央部门公开了部门决算。

（3）不断推进地方预算公开。

2010年3月，财政部下发《关于进一步推进财政预算信息公开的指导意见》后，地方各级财政部门公开了财政体制、预算程序、预算政策等预算制度和决算报告，其中部分省（市）还向社会公开了公共财政预算和政府性基金预算报表。2011年1月，财政部出台《关于深入推进基层财政专项支出预算公开的意见》，进一步明确地方政府要加大财政专项支出的公开力度，特别提出要重点公开与人民群众利益密切相关的教育、医疗卫生、社会保障和就业、保障性住房支出以及"三农"等方面的财政专项支出，按照"谁分配、谁公开、分配到哪里、公开到哪里"的原则，将财政专项资金公开到户③。

2. 存在的主要问题

经过多年的努力，虽然我国在政府预算透明方面取得了一定的成绩，但与公共治理规范对政府预算信息公开的要求和市场经济国家政府透明的程度相比，与人民群众的期望相

① 本刊评论员. 推进预算公开　打造阳光财政[J]. 中国财政，2011(6)：1－2.
② 本刊评论员. 推进预算公开　打造阳光财政[J]. 中国财政，2011(6)：1－2.
③ 本刊评论员. 推进预算公开　打造阳光财政[J]. 中国财政，2011(6)：1－2.

比，与党中央和国务院对政府预算透明的要求相比，我国的政府预算透明体制还不完善，政府预算透明体制化程度较低，主要存在以下五个方面的问题。

（1）预算透明度低。

一是省级预算透明度低。上海财经大学公共政策研究中心对全国31个省份省级政府的预算透明度状况跟踪调查研究的结果表明：2009—2012年，我国省级预算透明度实际上变化不大，按百分制计算，各省平均得分从2009年的21.71分提高到2012年25.00分，仅提高了3.29分；2012年，没有一个省份得分超过50.00分，最高的湖北省也只有45.20分①，预算透明度还处于低水平徘徊阶段。从省级政府各部门预算透明的情况看，其透明度也比较低。上海财经大学公共政策研究中心发布的"中国省级行政支出透明度部门排行榜（2010）"②对我国大陆地区的31个省（直辖市、自治区）的11个部门机关的省本级行政支出及相关信息进行了评估，从各部门的最终评分看，得分都比较低。二是中央各部门预算透明度也较低。根据上海财经大学公共政策研究中心对2012年中央各部门预算透明度的评估，按百分制计算，没有一个中央部门预算透明度的得分超过50.00分，得分最高的环境保护部只有43.80分③。三是市级财政透明度也较低。清华大学2012年5月发布的《中国市级政府财政透明度》报告显示，根据对全国283个地级市中的81个城市的财政透明度进行评估，在选取的81个市级政府中，达到全国财政透明度平均水平的仅占43%，即使将平均水平作为及格线，也有多数城市不及格，如果按照60分为及格线，则仅有7个城市及格，及格率仅为8.64%④。

（2）政府预算透明的法制体系不健全。

继2008年实施《政府信息公开条例》之后，财政部陆续制定颁布了《财政部政务公开规定》《财政部机关〈政府信息公开条例〉实施暂行办法》《财政部关于进一步推动地方财政部门政务公开工作的意见》和《财政部关于进一步推动驻各地财政监察专员办事处政务公开工作的实施意见》。我国已初步形成了政府预算透明的制度规范。然而，这些制度规范还相当不健全、不完善，主要体现在：一是作为政府预算管理基本法律的《预算法》对政府预算透明未做出明确的规定，对预算公开只字不提，使普通公民、社会组织和权力机关对预算信息的知情权无法可依，也就无从实现。二是现有制度规范所确定的应公开的政府预算信息内容不够完善，没有明确规定公开的预算信息应包括公共财政预算、政府性基金预算、国有资本经营预算和社会保障基金预算。三是现有的制度没有规定政府预算透明的质量要求，没有对信息的完整性、真实准确性、及时性以及相关报告制度等提出明确而具体的质量标准。四是没有完整地规定政府预算信息公开的违规责任，导致制度没有任何约束力。五是信息公开制度不符合委托—代理的要求。信息公开是委托—代理中的信息报告和公告的制度规则，受托者必须向委托者反映履行职责情况的信息，并规定对不公开信息和所公开的信息不符合要求的行为进行处罚，但现行的政府预算透明制度在法律性质上只是政府部

① 姚建莉，许冉.财政透明度报告：无一省份及格[N].21世纪经济报道，2012-05-30.

② 刘小兵.中国财政透明度报告[M].上海：上海财经大学出版社，2010.

③ 姚建莉，许冉.财政透明度报告：无一省份及格[N].21世纪经济报道，2012-05-30.

④ 中国市级政府财政透明度研究课题组.中国市级政府财政透明度研究报告[R].2012-05-30.

门如何进行信息公开的一个操作规程，虽然具有自我约束性，但不是严格意义上代表公共意志对受托者（政府）进行强制约束的法律制度。

（3）公开的政府预算信息质量低。

一是政府向权力机关提供的政府预算信息不完整。我国实行复合预算，政府预算由公共财政预算、政府性基金预算、国有资本经营预算和社会保障基金预算所组成，但到目前为止，政府还没有提供完整的预算收支情况。以《2012 年预算执行情况与 2013 年预算草案报告》为例，政府向人民代表大会提供比较详细的预算仅是公共财政预算，且仅提供政府性基金预算、国有资本经营预算的收支总额情况，还没有提供社会保障基金预算收支情况。二是仅公布政府预算支出的功能分类而不公布经济分类。我国预算收支分类有功能分类和经济分类两类，功能分类反映预算的钱用于哪些方面，经济分类则具体反映钱是如何花的，目前我国仅仅公布功能分类而不公布经济分类，无法反映支出的具体用途。三是没有公布全部收入情况。财政部制定的《2013 年政府收支分类科目》规定财政收入分为税收收入、社会保险基金收入、非税收入、贷款转贷回收本金收入、债务收入和转移性收入 6 类，这 6 类收入可以全面反映政府收入的来源和性质。但到目前为止，政府向人大提供的预算报告还没有提供贷款转贷回收本金收入和社会保险基金收入情况。四是政府向公众提供的政府预算信息十分有限。公众是公共资源的终极所有者，所有政府预算信息应该且必须向社会公开，接受各方监督。然而，我国目前公开的政府预算信息相当不完整。目前，只有省级以上财政部门有以财政部门名义出版的《财政年鉴》，且在其网站上可以查询到年度预算及决算数据的信息，而省级以下财政部门大多没有以财政部门名义出版的《财政年鉴》。

（4）公布的政府预算信息难以为信息使用者有效使用。

一是当前公开的信息比较粗略。以 2010 年财政部门公开的预算为例，我们可以看到的信息包含按类级科目编制的政府预算收支总表，按类、款两级科目编制的收支预算表，以及对于这两张报表中所含科目的解释说明。根据我国 2006 年开始实施的新的收支分类体系，部分预算应该细化到项级科目，但目前仅有广州市等少数地区公布到项级支出。二是政府预算收支科目不尽合理。虽然我国于 2007 年全面推进政府预算收支分类科目改革，改革后的科学性和细致性都有了较大改进，但是与发达国家科学合理的政府预算收支科目相比，现行的政府预算收支科目有待进一步细化、明确和完善。

（5）政府预算信息公开监督机制不完善。

根据委托代理理论，受托者具有隐瞒履行职责信息的偏好和倾向，这就需要对委托者实施有效监督以保证受托者忠实履行职责，财政信息正是其重要基础和核心要素。然而，我国目前政府预算信息质量及公开行为的监督体系中，权力机关监督力不强，公众和社会中介机构的监督尚处于起步阶段，现阶段主要依赖于审计部门的审计监督。遗憾的是，作为主要力量的审计监督在我国具有较大的局限性：一是《审计法》第 36 条规定，“审计机关可以向政府有关部门通报或者向社会公布审计结果”。从措辞来看，可以体现的是一种权力并非义务，也就是说，审计机关有权自行决定公开或者不公开。二是审计公开受到我国保密制度的限制。《审计法》第 36 条规定，“审计机关通报或者公布审计结果，应当依法保守国家秘密和被审计单位的商业秘密，遵守国务院的有关规定”。某些部门或单位正是以

"国家机密"作为挡箭牌向审计部门施压,抵制信息公开。三是从行政隶属上分析,审计部门隶属于同级政府,经费来源于政府,人事任免也要受到政府控制,这就使得政府审计监督缺乏强制力和权威性,难以实现独立审计[①]。

3. 原因分析

我国政府预算透明度不高既有客观原因,也有主观原因。从客观方面讲,我国政府预算编制的历史比较短,1949 年才开始编制第一个政府预算,其透明度当然不能与已有几百年发展历史的、成熟的市场经济国家水平相比。从主观方面讲,原因有如下四点:一是思想观念没有转变到位。受我国长期封闭政治文化的影响,多数官员对信息公开较为排斥且服务观念不强,他们把自己手中掌握的信息作为一种特权,不愿公开相关信息。二是公众参与意识薄弱。受我国长期处于封建社会的影响,大多数公民没有参与政治决策的要求,认为政府如何花钱与自己无关,对政府预算透明的要求比较低。三是部门利益、地方利益和既得利益的影响。长期以来,我国政府预算分配中存在不合理、不公正、不公平的现象,一旦公开政府预算,政府就会受到公众的批评,成为社会关注的焦点,影响部门利益、地方利益和各利益集团的利益。为了避免这类问题的发生,最好的办法就是不公开,这就影响了政府预算透明度。四是技术手段的制约。没有现代信息与通信技术的支持,就无法实现政府预算透明。从目前的情况看,虽然金财工程建设已经取得较大的成绩,但与实现政府透明的要求相比还有较大的差距,远远不能满足政府预算透明的要求。

三、完善我国政府预算透明的对策

根据我国国情和政府预算透明的实践,应明确我国政府预算透明的目标。本文认为,其目标应是实现政府预算信息公开透明的制度化,确保政府预算所有收支、部门预算的所有内容规范、全面、真实并及时向社会公开。

1. 充分宣传政府预算透明的重要意义

公开财政不仅要提供公共产品、满足社会公共需要,同时还要信息公开、满足公众参与预算管理的要求。这就要求在公共财政的建设中,将政府预算信息公开、透明作为完善我国公共财政的重要内容,以体现人民当家做主的社会主义民主政治的要求,体现公共财政的本质要求。

2. 大力推进政府预算透明法律法规建设

完善的法律法规体系是确保政府预算透明的制度保障。目前,要做好以下三个方面的工作:一是在《预算法》修订工作中要专门对政府预算透明问题进行规范,明确财政信息以"公开为原则、不公开为例外"的原则;明确政府预算公开的主体、内容及详细程度,为政府预算透明提供法律支撑;明确政府相关部门有主动或依申请向公民提供预算信息的责任和义务,使预算透明贯穿预算编制、修改、审议和执行的全过程;明确相关法律责任,不仅应该为确保预算透明设置具体的、可操作性的规定,同时应当对阻碍预算公开和透明的行为规定明确的法律责任,从而能使法律的规定得到真正落实。二是继续修订《保密法》。实现预

① 王晟. 我国财政信息公开的制度构建研究[J]. 财政与税务,2011(7):35-38.

算透明仅仅靠《预算法》修订来完成是不现实的,相关法律法规的完善同样重要。2010 年 10 月 1 日,修订后的新《保密法》开始实施。新《保密法》虽加强了政府信息保密的规定和措施,但对如何保证政府信息公开却没有做出任何实质性的规定,因此,需要进一步修订,特别要对国家秘密事项做出明确规定。至于政府预算信息,应规定凡是不涉及国家安全的,皆不应被列为国家秘密,一律公开,避免出现制度冲突和矛盾,避免"国家秘密"成为预算透明的挡箭牌。三是提升《政府信息公开条例》的法律层次,使其成为经权力机关批准的政府信息公开法。该法律应明确规定政府应当公开的政府信息的内容、披露方式、范围和步骤,并对其发布信息的真实性、完整性和及时性负责,完善问责机制,以提高政府预算透明度,推进包括政府信息在内的政府预算信息公开。

3. 提高政府预算透明的质量

为了提高政府预算透明度的质量,应采取如下相应措施:一是加快建立完整的预算体系,政府预算应包括公共财政预算、国有资本经营预算、政府性基金预算和社会保障基金预算在内的所有预算,以反映政府预算的全部内容。目前,要尽快完成社会保障基金预算的试编工作并尽快向社会公布。二是细化政府预算内容,预算由目前的按类级科目报送细化为按项级、款级科目,项下按重点列示,政府预算支出科目分别按功能分类和经济分类进行报告,使公众看得懂、算得清。

4. 加强监督,有效保证政府预算公开透明

良好的监督机制有助于更好地促进政府预算透明,反过来,政府预算透明则能保证监督的有效运行。目前,可做以下四个方面的工作:一是加强宣传教育,提高公众对政府预算的监督意识。二是充分发挥各级人大的作用,赋予人大预算修正权,使人大参与政府预算的程度和水平得到实质性的保障与提升,由目前的形式审查为主提升到实质性审查为主。三是积极扩大公众对政府预算的参与,发挥广大人民群众的智慧。四是加强审计部门的监督作用,改变审计部门从属于政府的现状,提升审计部门的独立性,将审计机关隶属于人大,使其成为人大强有力的政府预算监督主体,保证其独立性和权威性。

5. 推进金财工程建设以提供技术保障

提高政府预算透明度需要现代信息和技术手段的支持,目前,要进一步加强金财工程建设,以实现政府预算信息的准确、及时和全面,实现政府预算信息渠道畅通、信息资源共享。因此,加强金财工程建设对实现政府预算透明具有重要意义,其目标是使金财工程这个平台实现政府预算数据即时可取、即时可见,达到政府预算信息"横到边、纵到底"的要求,使之成为政府预算透明的强有力的支撑。

6. 加强政府信息公开文化建设

在政府官员层面的文化建设方面,一是构建责任性文化,政府官员要认识到信息公开绝不是基于自己道德的一种恩赐,而是一种应尽的义务。二是建设服务性文化。政府官员要树立现代服务理念,改变传统垄断信息的官本位观念,把全心全意为人民服务的意识内化为公务员的意识并付诸实践,为民众提供良好的信息服务。

7. 引入公民参与机制

公民参与国家政治经济活动是现代税收国家、公民社会的重要特征。预算的公开和透

明不是目的，而是借此来约束国家的财政预算活动，真正做到取之于民、用之于民。为了保证公民参与，在预算公开时要考虑以下四点：一是建立政府预算公告制度。政府财政部门应将预算、决算及其他相关信息公正、及时和完整地公布在官方网站上，以便社会公众查阅和监督，以促进政府预算透明度的提高。二是要考虑到相当多的公众对预算专业知识的缺乏，因此，在公布相关政府预算信息时要提供详细的说明，便于公众理解政府预算信息。三是建立公众参与预算的渠道，通过听证会或座谈会的形式，对相关预算信息进行沟通，切实保障公民参与权的实现。四是加强舆论和媒体的监督作用。把预算信息传递给社会公众只是政府预算透明的必要条件而非充分条件，只有充分发挥舆论和媒体的作用，通过充分讨论、各种观点的交锋，才能发现其中的问题，提高公众参与政府预算的积极性，进而有助于提高政府预算透明度。

总之，进一步完善我国政府预算透明是一个庞大的系统工程，需要多方努力才能提高我国政府预算透明度，才能真正保证广大人民群众的知情权、参与权、表达权和监督权。

现代国家构建视域下的中国地方政府治理转型①

何华玲 张 晨

作为当前政治学领域的一个热点议题，国家构建②(State-building)问题正日益为更多人所关注。现代国家构建，是指现代化过程中以民族国家为中心的制度与文化整合措施、活动及过程，其基本目标是要建立一个合理化的、能对社会与全体民众进行有效动员与监控的政府或政权体系③。杜赞奇认为，现代国家构建的进程意味着“政权的官僚化与合理化，为军事和民政而扩大财源，乡村社会为反抗政权侵入和财政榨取而不断斗争以及国家为巩固其权力与新的‘精英’结为联盟”④。弗朗西斯·福山则直接将国家构建的维度确立为国家职能的范围和国家力量的强度两个方面，并认为国家构建的成败是影响国家治理绩效的关键变量⑤。总体而言，现代国家构建意味着两个层面的过程：一是国家权力本身产生、存在、使用和更替的制度化、合理化过程；二是国家—市场—社会三者关系合理化的过程，即政治权力与社会权力、经济权力之间关系构建的合理化过程，其核心是现代国家制度的构建，其目标是国家政治生活的理性化和民主化，合理定位国家—市场—社会三者的关系。

国家构建主要表现为政权的官僚化、渗透性、分化以及对下层控制的巩固和资源汲取能力的提高，实质上也是政治现代性逐步确立的过程；而现代化则是一个社会逐渐理性化和专业化的过程，也是公共精神成为社会共识的过程。因此，国家构建就是国家本身的理性化和民主化过程。在中国自1978年改革开放以来的这一过程中，中央与地方权力体系的互动与协调、国家权力与社会力量的互动与平衡，引发了当代中国地方政府与地方治理的转型，构成了国家构建的基本主题。这一转型过程从地方政府角色、地方政府功能、地方政府体制和地方政府运行等四个维度展开，中国地方政府治理的改革由此得以深入，呈现了中国现代国家全方位的成长图景。

---

① 本文刊发于《领导科学》2013年4月中。

② Charles Tilly. The Formation of National States in Western Europe[M]. Princeton N. J.:Princeton University Press, 1975.

③ 龙太江. 乡村社会的国家政权建设：一个未完成的历史课题——兼论国家政权建设中的集权与分权[J]. 天津社会科学，2001(3):101-105.

④ [美]杜赞奇. 文化、权力与国家：1900—1942年的华北农村[M]. 王福明，译. 南京：江苏人民出版社，1996:1-2.

⑤ [美]弗朗西斯·福山. 国家构建：21世纪的国家治理与世界秩序[M]. 黄胜强，许铭原，译. 北京：中国社会科学出版社，1997:11.

一、地方政府的角色变迁

1. 计划经济体制下的地方政府角色——管制型政府。从1949年中华人民共和国成立到1957年,我国逐步建立起高度集中的中央集权的计划体制,实行资源的中央计划配置,中央垄断资源并对社会进行严密控制。同时,在组织制度上建立起与之配套的从中央到地方的中国共产党组织系统,对国家事务实行党的一元化领导,通过马克思主义意识形态教化实行思想领导,通过一整套自上而下的包括单位、户口等在内的制度和政策实现对整个社会的控制。在这一时期内,总体来说,地方政府的主体意识并不明显,根据其特征,可以将地方政府角色概括为管制型政府,其主要职责是对中央政策的执行:既不具备独立的利益主体的地位,又缺乏经济管理权力和资源配置的功能,"是中央到乡镇整条行政链条上的中介,是中央政策的传声筒"①。

2. 改革开放初期的地方政府角色——发展型政府。高度集中的中央集权体制带来的是地方政府能动性的低下和社会成长的低效。特别是伴随着全球化进程加快,国内外竞争日趋激烈,以及科学技术日新月异的发展,以传统的官僚体系为基础的政府定位已经难以回应社会发展的需求,跟不上理论创新的步伐。1978年以后,中央政府开始了新一轮的行政性分权,赋予地方政府一定的自主权,开始了中央与地方关系的制度性调整。这一系列改革在事实上承认了地方政府利益,从而使得地方政府具有了双重的身份特征:一方面,它依然是中央政府在地方的代表,是中央政府政策得以贯彻执行的代理者;另一方面,它又是地方利益的代表者,要维护地方利益、促进地方发展。地方政府自主权的扩大,促使其为了寻求本地利益最大化,采取保护市场的策略,实施恰当的产业政策;同时,竞相加大各自公共基础设施建设的力度,改善区域环境,增强对生产要素的集聚能力,并和其他地方展开竞争,以及加强在基础设施实施规划和建设等方面的合作。这种"地方政府公司主义"②的兴起,客观上推动了经济的发展,起到培育市场的积极作用,帮助市场从无到有,实现快速发育。

3. 建设社会主义和谐社会阶段的地方政府角色——服务型政府。以发展型政府为主导的经济社会发展模式,从本质上说,是在高度集权的管制型政府遭遇合法性危机的情况下,不得已试图通过经济绩效来补偿民主赤字的方式缓解政府压力的一种手段。实践证明,在相关法律、配套制度、社会资本和文化观念缺场的情况下,以政府强力推行的经济市场化,在一定程度上确实能够取得积极成效。但随着经济快速膨胀、资本高速集中、城市急剧扩张,在发展型政府时期遗留下来的一系列问题日益凸显,诸如"三农"问题、社会弱势群体的生存发展问题、环境污染问题等,社会关注的核心回到了最初对基本发展理念的争论上,即如何维护和实现社会的公平正义。换言之,在我国构建社会主义和谐社会的大背景下,对地方政府的角色有了新定位。

党的十六大以来,以服务型政府为目标的政府改革思路越来越明晰。2002年,经济调

---

① 徐邦友.中国政府传统行政的逻辑[M].北京:中国经济出版社,2005:343.

② 温铁军.解读苏南[M].苏州:苏州大学出版社,2011.

节、市场监管、社会管理和公共服务被提出作为政府职能的四项内容。2004 年,温家宝在中央党校省部级领导干部“树立和落实科学发展观”专题研究班结业式上正式提出建设服务型政府。党的十八大再次明确了行政体制改革的目标在于:“深入推进政企分开、政资分开、政事分开、政社分开,建设职能科学、结构优化、廉洁高效、人民满意的服务型政府。”①尽管目前学术界对如何构建服务型政府的理论准备还不充分,服务型政府作为一种理念体系尚不完整,作为一种制度变迁的目标模式尚未成型和成熟,但这种模式要求政府集中精力去关注如何实现更好的社会管理,如何提供更好的公共产品和公共服务。面对更为直接的公众需求,政府就需要具有更强的回应性、责任性以及在程序上的参与性。

二、地方政府功能:从“地方层级”到“地方国家”

新中国成立后,随着高度的中央集权体制的建立,中央政府居于国家统治的中心,与之对应的则是地方政府权力阙如。改革开放以前,地方政府虽建立了完善的组织体系和科层结构,在形式上具备了一级政府的所有特征,但功能上相对独立的地方政府并不存在。地方政府的权力来源于中央政府的授权,其主要职责是完成中央政府交代的各项任务尤其是政治任务,只能被动消极地接受中央政府的命令。在这种体制下,地方政府并不是地方的政府,而只是中央政府在某一区域范围内的特定在场方式。相应地,层层委托代理的关系注定了这种体制维系的成本十分高昂。

改革开放以来,伴随着中央地方关系调整的不断制度化,我国地方政府功能呈现出三大趋势:利益诉求的制度化、角色行为的自主化以及职能面向的市场化和社会化。首先,以分权让利、分税制改革和构建公共财政体系的一整套系统政策为核心,地方政府开启了利益诉求的制度化进程。通过 20 世纪 70 年代开始的财政体制改革,地方政府获得了相对独立的经济主体地位的制度性承认,税收分配和支出责任的分权化实现了中央与地方的“分灶吃饭”,地方政府在经济决策、财政税收、制度供给、资源配置等方面拥有了一定支配权,为地方经济发展提供了强劲动力。其次,在推行改革的进程中,中央政府往往以强有力的“第一行动者”角色开启改革,并通过行政力强制以实现改革目标。在实践中,地方政府的角色自主性主要表现为两方面,一方面是政绩考核制和行政责任制下文件的执行,即通过启动行政力量来组织完成地方政府改革的实施过程;另一方面是在中央默许的框架内实行的地方创新,即通过在地方上的政府创新做出成绩后,得到中央追认许可,再经过调研、论证和试点,逐步推广实行的改革步骤,地方政府实际上获得了一定程度的“弹性改革权”。再次,由于传统社会结构日渐松动,公民社会中各种利益群体获得成长空间,面对多样化的群体利益诉求,各级地方政府职能也开始向市场化和社会化转变。这种转变与我国选择以市场经济改革为先导的渐进式改革道路有密不可分的关联。从体制外入手,绕开改革难点,降低改革成本,维持稳定和速度之间的平衡,是我国改革的突出特点。这在减少改革阻力的同时,也给地方政府职能转变带来了重要影响,突出表现为地方政府职能在纵向和横

① 胡锦涛. 坚定不移沿着中国特色社会主义道路前进为全面建成小康社会而奋斗——在中国共产党第十八次全国代表大会上的报告[R]. 北京:人民出版社,2012:28.

向两个维度的分化。地方政府部分职能向外部如中介组织、社会团体和公有事业法人转移,而另一部分政府职能经由街道到社区向下转移。地方政府职能的分化与转移,以一种新模式实践着从发展型政府向服务型政府的转变。因此,在引导社会资本存量不断增加的同时,地方政府也推动了"第三部门"的发育成长。

随着"全能主义"模式的式微,地方政治职能转移从"地方层级"发展为"地方国家"的过程,展现了鲜明的统合主义色彩。事实上,强调追求和谐一致社会秩序的统合主义为中国等后发国家开启了新的发展路径。所谓统合主义,即在地方政府启动改革之前,中央政府预先设定改革目标、改革规程、改革策略和组织过程,甚至由中央制定统一的技术性操作机制和标志性模式标准,使改革各项具体措施在全国范围内得以层层推进。在中央统合主义改革策略的引导下,我国财政上通过20世纪90年代初实行的分税制改革,机制上通过先试点后推广的模式,从而在制度上回应地方政府利益诉求。一方面,中央在集权和放权之间摇摆不定;另一方面,改革使原来的刚性体制出现松动,社会生态发生巨大改变。地方政府"带着镣铐跳舞",形成了"悬浮式"单向度改革①的发展态势。改革俨然成了政府的"独角戏",民众往往成为改革舞台上的"列席者"和观众,这种情形随着改革的不断深入、民众利益诉求的发展和公民意识的觉醒而发生变化,迫使地方政府在转变职能过程中面向市场、面向社会。

中央与地方关系的不断调整,客观上带来地方政府功能从"地方层级"到"地方国家"的全面转型,地方政府日益从中央政府在地方的代理者向地方公共物品供给者和服务者转变。如何提高驾驭复杂局势和市场经济的能力,是摆在各级地方政府面前的挑战,迫使地方政府不断寻求创新与职能转变。

三、地方政府体制:集权的动员型体制——分权的压力型体制——民主合作型体制

新中国成立后的最初30年,国家构建过程一方面延续了革命期间的动员体制,另一方面深受苏联集权体制的影响,因此,地方政府的运行体制也体现出集权的动员体制特征:在由国家控制和配置一切资源的"总体性"社会中,各级地方政府没有合法的独立地位,不能公开追求自己的利益,与上级政府之间只存在行政性强制控制下的服从与命令关系。1978年以后,一方面,中国现代化和市场化的后发地位,决定了由政府推动社会经济发展必须承担巨大压力;另一方面,在集权体制基本框架仍然存在的情况下,"放权让利"改革开始承认地方利益,为调动地方政府的积极性提供了激励,同时出现权力分化的趋势。因此,围绕以经济增长为中心的各项发展指标,市场化分权和行政化集权相结合,形成了分权压力型体制②,并且造成了地方政府间的锦标赛③态势。分权压力型体制是通过地方政府自主性的提

① 参考文献:所谓"悬浮式"单向度改革,是指整个改革过程中,改革的动力机制基本脱离社会领域,"悬浮"于公民与社会之外。具体表现为改革的过程依靠组织化的力量,通过官僚体系自上而下地传递,民众对改革成果只能被动接受。改革被视为政府机关的事情,而社会力量无法通过体制内的渠道参与到改革中去。

② 荣敬本.从压力型体制向民主合作体制的转变:县乡两级政治体制改革[M].北京:中央编译出版社,1998.

③ 周黎安.中国地方官员的晋升锦标赛模式研究[J].经济研究,2007(7):36-50.

升，实现以市场化和社会化为基础的新的替代性资源与配置方式，使各级地方政府和组织作为一种行为主体，其独立利益得到制度化确认，从而提供新的强大的行动力，通过责任的层层分解，使交换关系合法化、博弈关系明显化、自由裁量制度化的一种过渡型政府运行体制。这种分权压力型体制充分发挥了地方政府在国家建设过程中促进地方社会经济发展的"扶助之手"的作用，这是其带来的积极影响。然而20世纪90年代末以来，这一体制潜在的问题日益凸显，如片面追求GDP而漠视生态破坏的代价、地方垄断的兴起、与民争利、民贫官富等现象的出现，使"扶助之手"向"掠夺之手"蜕化[①]的态势日显，一些地方官商利益日渐纠缠，进而蜕化为阻遏进一步改革的特殊利益集团，这也使得人们对深化地方政府体制改革的呼声日益迫切。

随着中国社会转型的深化，分权压力型体制的内在悖论在当前的转型关键期，越发体现出对客观形势的不适应性。近年来，基于快速城镇化、市场化所引发的社会不公、利益纠纷等各类群体性事件频繁发生，加上网络媒体加快了信息的传播，分权压力型体制的危机管理模式频频遭遇挑战，不良后果甚至直接影响和削弱了政府公信力与执政形象。全球化进程中，后发国家面临的现代性与现代化的双重风险，以及网络信息化时代政府运行的客观规律，要求建立一套扁平化的组织机构，实现危机管理的常态化与制度化，因此，公开、透明、参与的民主合作型体制[②]呼之欲出。与分权压力型体制相比，民主合作型体制在评价主体、职责关系与运行逻辑三个方面具有的特点更加符合时代特征和社会发展需求。尽管地方政府在分权压力型体制下具有更强烈的行为动力、更丰富的行动资源和更宽松的行动空间，然而，一方面，由于始终没有摆脱单一制下集权体制的基本框架，其评价主体仍然主要来自上级政府；另一方面，由于缺乏相应的制度规范，中央和地方之间的职责关系不明确，讨价还价的博弈成本相对较高，更容易产生非此即彼的"零和博弈"现象。而民主合作型体制则能有效规避这些问题。首先，民主合作型体制强调地方政府既要对上负责，也要对下负责，其评价主体是各级地方人民代表大会及其常务委员会。其次，民主合作型体制在理顺央地关系、党政关系、政企关系、政事关系和政资关系的基础上，明确各自职责、权利与义务，为合作创造了必要条件。再次，民主合作型体制运行的基本逻辑更加凸显参与各方共享合作收益的价值理念，这与分权压力型体制存在着本质上的差异。现代国家构建的历史逻辑必然要求地方政府体制完成对分权压力型体制的超越，实现中央政府、地方政府、公民社会以及市场多元主体之间的良性互动与合作。

四、地方政府运行：从地方政府管理到地方治理

改革开放后，随着社会主义市场经济体制的确立和各类社会组织的发育，地方社会自主性不断提升。这些新生主体性力量要求打破传统的政府主导的一元化管理模式，与地方政府形成适度平衡和建设性互动关系的多元结构，亦要求从一元化管理走向多元主体共

① 陈抗，Arye L. Hillman，顾清扬. 财政集权与地方政府行为变化——从援助之手到攫取之手[J]. 经济学(刊)，2002(1)：111－130.

② 荣敬本. 从压力型体制向民主合作体制的转变：县乡两级政治体制改革[M]. 北京：中央编译出版社，1998：83.

治,构建以公民发展为中心、面向公民需要、积极回应环境变化、使地方充满发展活力的新型社会管理格局——良善的地方治理。这意味着今后地方治理的结构,将是一种包容政府、企业、社会团体、专家、公民个人等所有涉及相关公共事务的利益相关者共同参与的网络结构,其中包括了政策制定者、政策执行者、政策受益者以及可能的政策牺牲者。这也意味着今后的地方治理将建立在所有利益相关者的利益充分展开和博弈以及责任明确界定的基础上,形成多元主体共同参与和互动合作的网络状治理机制(参见图1)。

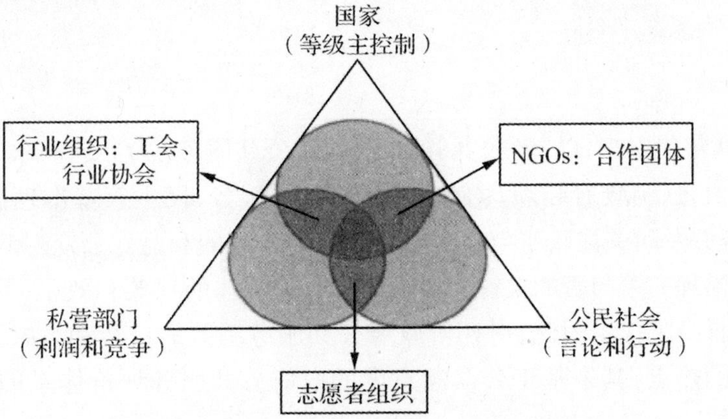

图1 多元主体共同参与和互动合作的网络

资料来源:世界银行.1997年世界发展报告:变革世界中的政府[M].蔡秋生,译.中国财政经济出版社,1997.

地方治理最为显著的特征是治理主体的多元化,这意味着地方公共事务中政府不再是唯一的管制中心,第三部门组织甚至是私人部门都能介入地方公共事务中,成为地方治理的主体。这也意味着地方政府权力的扩散和转移。就政府自身而言,地方政府的权力外移是对于行政成本过高的自然反应;就政府—社会的互动关系而言,地方政府在引进多元主体参与地方治理的过程中,其自身所拥有的权力必然受到限制,形成多元主体对政府的监督,因而政府在权力转移过程中并不一概愿意,尤其是在利益攸关的问题上更是如此。但是公民社会的日益成熟已对此造成强大的压力,政府放松对一些社会领域的管制已是大势所趋。当然,社会自组织能力的发育不足和公共监督机制的缺位,也使得当前第三部门存在"失败"的可能。如何规避社会权力转移过程中的"内卷化"风险,同样需要我们审慎面对。

政府公众满意度测评问题研究的进展与展望[①]

何华玲　张　晨

20世纪90年代以来，以“新公共管理”和“新公共服务”为导向的政府改革，要求重构政府职能和价值，强调政府必须具有回应性、责任、服务、民主等基本理念，需要对公众负责，为公众服务并及时关注政府与社会的关系以及公众的利益。公众对政府服务的满意度成为检测政府治理完善与否的关键。通过评价政府工作的绩效和效率，可以促进政府职能部门不断完善自身工作。因此，对评价政府公共服务绩效的途径和方式开展研究，逐渐成为学术界研究的热点，其中基于公众满意度的政府公共服务评价体系的构建与应用备受关注。

一、政府公众满意度测评研究的兴起和进展

（一）国外公共管理领域政府公众满意度测评的兴起

政府公众满意度测评最早源自于企业绩效测评中的顾客满意理念（CS），即通过分析影响顾客满意状态的各种因素，从所获得的信息中析取和建立顾客满意度指标体系，对管理过程和经营方法进行测评，有针对性地提出解决方案，将其应用在企业的具体经营管理中。随着“新公共管理”和“政府再造”运动的开展，“顾客满意度指数模型”（简称CSI）在政府部门得以普遍应用——1989年瑞典建立了世界上第一个全国性顾客满意度指数模型。随后美国、加拿大、韩国以及我国台湾等20多个国家和地区先后建立了全国或地区性的CSI模型，其中美国的顾客满意度指数模型（简称ACSI）最为普遍。奥斯本和盖布勒等代表人物更是倡导建立“受顾客需要而不是官僚政治需要”[②]的顾客导向型政府，顾客满意度评价体系作为改革后政府行政效率的测评模型应运而生。

（二）国内政府公众满意度测评研究的进展

作为政府绩效管理的分支领域，我国对政府公众满意度测评的研究远远不够。根据CNKI的资料表明，我国较早关注到政府满意度评价的文献是左然在1994年翻译的英国学者约翰·鲍恩的《如何评估中央政府的工作绩效》。约翰提出包括“公众参与途径”在内的政府绩效评价的五个途径，但他同时认为公众参与途径无法提供详细的评估方法，因此并

---

① 本文刊发于《桂海论丛》2013年第2期。

② 奥斯本，盖布勒. 改革政府——企业精神如何改革着公营部门[M]. 上海：上海译文出版社，1996：107.

无详细阐述。

根据1994年以来CNKI数据库中的期刊文献统计,到了2004年,我国才开始对“政府公众满意度”的相关主题有所关注。近五年来,随着我国政府改革实践探索的深入开展,“政府公众满意度”的研究也呈快速上升的趋势,2006—2011年“政府公众满意度”的相关研究文献年均发表16篇以上。

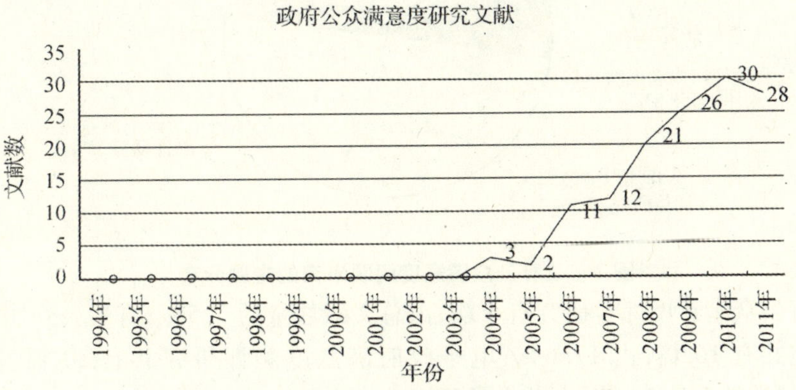

图1 CNKI“政府公众满意度”研究文献统计

我国于2004年前后开始关注ACSI测评模型,将公众满意度作为政府绩效评估重要的价值取向纳入测评指标体系之中,另有不少学者通过在层次分析法(简称AHP)的基础上借鉴ACSI模型建立政府绩效评价指标体系。以往的政府绩效测评,多由政府自身作为测评主体,往往由于政府自身“运动员”“裁判员”身份兼具,并不能客观、真实地反映民意;政府主导的测评面临群众敷衍了事,不透露真实想法的窘境①。2007年11月13日,广东省《新快报》独家公布了由独立第三方完成的《2007广东省市、县两级政府整体绩效指数研究红皮书》,从5个领域40个具体指标构建了政府政绩测评框架,引发了各界的强烈关注。由于第三方具有中立性或独立性,有利于保证群众满意度测评的公正性、考核结果的可信性,并能够逐步建立以群众为利益核心的中立性测评模式②,因此,这一模式正越来越多地被倡导,呈现出较快的发展趋势。

二、政府公众满意度测评问题研究的主题和内容分析

(一)研究主题

如前所述,自ACSI模型引入中国以来,众多学者在其基础上对“政府公众满意度”研究的不同侧面进行了更加详细和具体的深入分析。本文根据中国期刊网CNKI数据库检索并经筛选后所得的91篇相关文献进行分类整理,最终归纳出14个主题,如图2所示:

① 郑方辉,雷比璐.基于公众满意度导向的地方政府绩效评价[J].中国特色社会主义研究,2007(3):47-52.
② 于秀琴,陈通,李贵炳.第三方测评政府绩效的群众满意度模式研究——以烟台市为例[J].中国行政管理,2009(4).

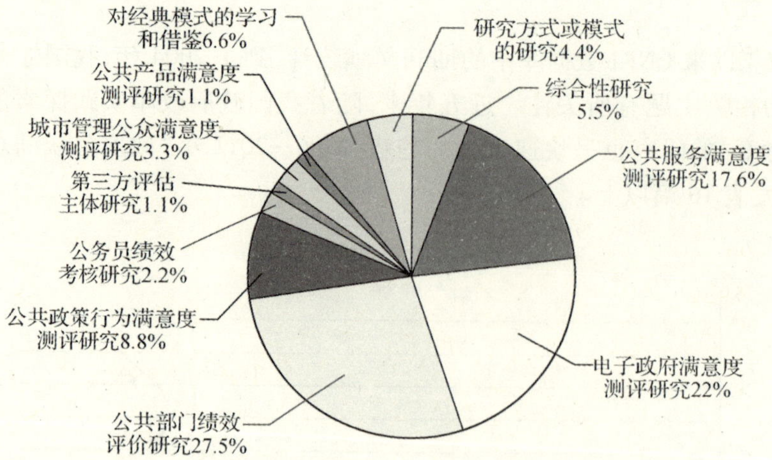

图2　政府公众满意度问题研究的主题分布

其中政府公众满意度综合研究有 5 篇，占总文献数量的 5.5%；有关公众服务满意度测评模式的研究共有 16 篇，占 17.6%；电子政府满意度测评研究共有 20 篇，占文献量的 22%；公共部门绩效评价 25 篇，占总文献量 27.5%；关于公共政策/行为满意度的研究有 8 篇，占研究总数的 8.8%；对公务员绩效考核研究的占 2.2%，共计文献 2 篇；公共产品满意度测评和第三方评估主体的研究各仅有 1 篇，分别占文献量的 1.1%；运用在城市管理上的公众满意度测评达到 3 篇，占总数的 3.3%；对经典模式的学习和借鉴的有关文献有 6 篇，其中包括对英国和我国港台地区的政府公众满意度模式的分析和介绍，占总量的 6.6%；有关研究方法和模式的研究则有 4 篇，占文献数量的 4.4%。

（二）研究内容分析

上述 14 个主题分别根据政府公共服务、物品的提供，公共政策的制定以及对政府公众满意度的评价主体和评价方法从不同侧面和具体领域进行分析。可以归为如下几类：

表1　政府公众满意度问题研究的文献分类

类别	主题	文献数
1. 综合	1. 政府公众满意度综合研究	5
2. 公共服务满意度分析	2. 公众服务满意度测评	16
	3. 电子政府满意度测评	20
	4. 公共部门绩效评价	25
	6. 公务员绩效考核	2
3. 公共物品满意度分析	7. 公共产品满意度测评	1
4. 公共政策满意度分析	5. 公共政策/行为满意度测评	8
	8. 城市管理公众满意度测评	3
5. 评价主体分析	9. 第三方评估主体	1
6. 对策分析	10. 对经典模式的学习和借鉴	6
	11. 研究方法和模式	4

1. 政府公众满意度综合研究

在此部分的研究中，学者们多从“新公共管理”和政府改革的新模式对政府职能的要求出发，对公众满意度与政府部门运作之间的关系进行理论和逻辑推导，最终得出企业部门的顾客满意度测评模型适合于政府公众满意度评价这一结论。有学者把当前我国地方政府公众满意度测评的实践归结为企业评政府的“甘肃模式”、传统万人评议的“珠海模式”和网上评政府的“辽宁模式”等，但这些实践都尚不成熟，还有待完善①；也有学者通过对近年来地方政府公众满意度测评实践的跟踪研究，指出当前各地方政府公众满意度测评的实践存在着测评工具化、封闭化、简单化等困境，相关运作机制也有待进一步完善②。

2. 公众服务满意度分析

学者们在借鉴 ACSI 模型的核心概念基础上提出了中国政府服务的公众满意度测评模型 CPSSI，该模型由接受者期望、感知质量、接受者满意、接受者抱怨和接受者信任等结构变量构成。该模型通过了解政府职能部门的工作是否与公众预期相符所导致的不同结果，即接受者抱怨或者接受者信任来评价政府部门的政府公众满意度③。其中部分学者将 ACSI 模型具体至对社区服务公众满意度的测评，在考虑社区服务相关特征的前提下选取潜在变量，建立社区服务公众满意度测评的因果关系概念模型，其中包括前因变量、公众满意、结果变量，并将前因变量进一步细化至 7 个，最后将变量整合建立测评指标体系④；还有部分学者则将视野放在运用 ACSI 模型对电子政府用户满意度的测评上，将 ACSI 模型中的由价格耐受力和“再购买”意图组成的“顾客忠诚度”对应于公共部门进行调整，强调顾客期望和感知质量两个满意度驱使的重要因素⑤；也有学者尝试构建了政府信息公开公众满意度测评体系，政府形象、公众期望、信息质量、信息服务、感知易获取、感知质量、公众满意和公众信任⑥。而作为施政主体，政府自身也在积极谋求改进，特别体现在政府门户网站评价指标体系的建立与完善上。

3. 公共产品满意度分析

有的学者从政府供给论入手，认为政府存在的意义是为公众提供公共产品，因此将关注的重点放在政府提供的公共产品和服务中，认为公众对于政府的满意度完全可以由公众对于公共产品供给的评价或满意度来表现。换言之，公众对于各类公共产品的评价就构建了公众满意度的结构。

4. 公共政策/行为满意度分析

有的学者则站在现代政府职能的角度，将 ACSI 模型引入对公共政策/行为的评估：2004 年尤建新将“顾客满意”的理念引入城市管理⑦，以此为基础，有学者针对城市管理中

① 高源. 国内公众满意度测评实践借鉴[J]. 人民论坛，2010(10)：62－63.
② 陈俊星. 地方政府公众满意度测评的困境与出路[J]. 东南学术，2011(4)：103－110.
③ 曾莉. 基于公众满意度导向的政府绩效评估[J]. 学术论坛，2006(6)：48－51.
④ 邹凯，马葛生. 社区服务公众满意度测评研究[J]. 中国软科学，2009(3)：62－67.
⑤ 朱国玮，黄珺. 电子政府用户满意度测评研究[J]. 科研管理，2006(5)：104－110.
⑥ 朱红灿，喻凯西. 政府信息公开公众满意度测评研究[J]. 图书情报工作，2012(3)：130－134.
⑦ 尤建新，邵鲁宁，杨森. 公众满意理念及公众满意度评价[J]. 上海科学管理，2004(2)：59－61.

“公民共享和非盈利化”的特殊性，对ACSI模型进行改进，建立了一个开放的城市管理公众满意度指数模型UMPSI（图3），用“公众参与”变量代替了ACSI模型中“顾客忠诚”变量，并取消了“感知价值”变量①。相比ACSI模型，UMPSI更注重分析影响公众满意度分析判断的因素而非通过权重比较直接指出城市政府的重点工作。

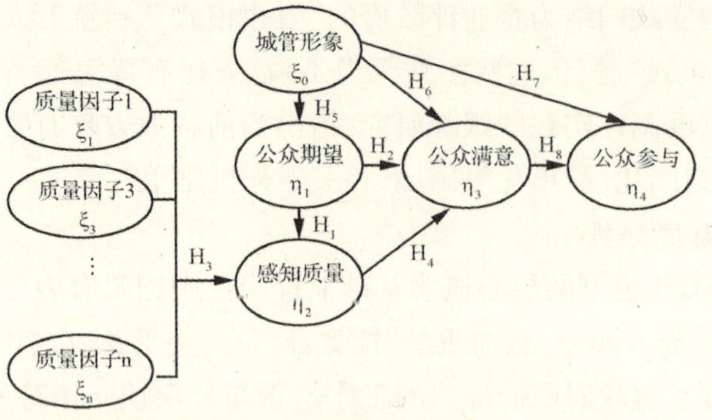

图3　城市管理公众满意度指数模型（UMPDI）

资料来源：应瑛，寿涌毅，吴晓波. 城市管理公众满意度指数模型实证分析[J]. 城市发展研究，2009（1）.

5. 评价主体分析

2007年就有学者提出“政府和公共部门的顾客满意度指数研究和测评工作可由第三方学术机构牵头，联合质量管理部门和行政监督机构共同完成，通过对各个层次政府和公共部门提供公共产品和公共服务的质量水平和公共满意度进行客观测评，将结果反馈给被评价的组织单位，促使其进一步改善产品质量，提高服务水平”。《2007年广东省市、县两级政府整体绩效指数研究红皮书》中，将“促进经济发展、维护社会公正、保护生态环境、节约运作成本”4个客观类指标领域层和“达致公众满意”1个主观类指标领域层结合，一起形成“5个领域层40个具体指标”的地方政府绩效评价指标体系②。在该体系中，主观类和客观类的指标领域层以确立因果关系的方法达到吻合。

表2　公众满意度指标及与客观类指标领域层的关系

公众满意	1. 对个人及家庭收入的评价	经济发展领域层
	2. 对工作及就业机会的评价	
	3. 对社会治安的评价	社会公正领域层
	4. 对医疗保障的评价	
	5. 对执法公正性的评价	
	6. 对政策稳定性的评价	政府成本领域层（侧重政府服务）
	7. 对公务员廉洁的评价	
	8. 对政府部门服务能力的评价	
	9. 对政府部门服务态度的评价	
	10. 对生活的自然环境的评价	生态环境领域层

资料来源：郑方辉，吴轶. 地方政府绩效评价中的公众满意度调查[J]. 市场研究，2007（3）.

① 应瑛，寿涌毅，吴晓波. 城市管理公众满意度指数模型实证分析[J]. 城市发展研究，2009（1）：102－108.

② 于秀琴，陈通，李贵炳. 第三方测评政府绩效的群众满意度模式研究——以烟台市为例[J]. 中国行政管理，2009（4）.

如表2所示,主观类中的"公众满意"一项通过对客观类中的收入、就业、社会保障、政府职能部门服务能力等具体指标的评价得出,主观类和客观类指标并不各自独立成项,而是通过因果和衍生关系达成一致。

另一些学者用矩形阵的方法构建出测评中国政府公众满意度的体系。他们通过矩形阵对不同层级政府以及地方官员推行政策的总体满意度和一些特定公共品与公共服务的满意度做出测评,并确立"重要"和"满意"两个维度,形成政府绩效评价矩阵①。用矩形阵的方式确定出政府施政的成功和不足之处,同时表明了政府角色转变和施政的方向。

表3　政府服务满意度/重要性矩阵

区域D 很重要,但不满意 (工作质量差亟待改善)	区域A 很重要,很满意 (工作质量高,应该作为优先政策)
区域C 不重要,也不满意 (工作质量差但不需要立即改善)	区域B 不重要,但很满意 (工作质量高,但不重要)

资料来源:Tony Saich. 对政府绩效的满意度:中国城市和农村的民意调查[M]北京:清华大学出版社,2006.

6. 对策分析

学者们不断寻求将ACSI模型结合中国具体国情重新创造或将ACSI模型与其他模型进行整合以更好地实现对策优化的途径,其中运用较为广泛的是层次分析法(AHP)与ACSI模型的结合应用。一般来说,对AHP的利用有助于站在更宏观的角度评价政府绩效,如政府运作需考虑的成本、规范以及如何与地方实际进行更好的结合,而不仅是从公众满意度的视角进行阐述。但在评价体系中,公众满意度往往仍是构成体系的重点,一些学者敏锐地关注到了这一点,进而将AHP和ACSI模型有机结合,将"顾客满意"作为一级指标进行元素分解。他们指出,在ACSI模型中,满意度CSI是最重要的指标,因此公众满意可作为公众满意程度模型的一级指标;感知质量、公众期望、公众抱怨等可作为二级指标;根据公共部门的不同特点和不同的服务与产品,又可以把二级指标继续细化到每一种不同类别的部门、产品和服务中去,形成三级指标;在此基础上根据测评的需要继续细化,形成四级甚至五级指标②。另有学者结合AHP和ACSI模型建构出我国政府公众满意度指标体系,将"政策接受者满意"分为"公众期望、服务质量、感知价值、公众抱怨、公众信任"等五个组成元素,然后进行更细致的元素划分,核心变量"公众满意度"或者"顾客满意度"成为新体系的一级指标,公众期望、预期质量、感知质量、感知价值、顾客抱怨和顾客忠诚等结构变量通常作为新体系的二级指标,两者结合使模型更具层次,划分更加科学,因而在更多的实证性研究中被普遍应用。

① Tony Saich. 对政府绩效的满意度:中国农村和城市的民意调查[M]. 北京:清华大学出版社,2006:214.

② 蒋冬青,姜原成. 政府公众满意度测评——基于层次分析法和模糊评价的综合评价[J]. 中南财经政法大学研究生学报,2009(1):76-82.

表 4 政府公众满意度指标体系

一级指标	二级指标	三级指标	评语集			
			满意	比较满意	基本满意	不满意
政府公众满意度	公众期望	1 优质服务				
		2 高效服务				
		3 低廉服务				
	服务质量	4 科教教育服务				
		5 文化卫生服务				
		6 社会保障服务				
	感知价值	7 物质生活质量				
		8 精神文化生活				
		9 社会需要满足程度				
		10 自我价值认定程度				

资料来源：蒋冬青，姜原成. 政府公众满意度测评——基于层次分析法和模糊评价的综合评价[J]. 中南财经政法大学研究生学报，2009(1).

三、政府公众满意度评价模式研究的反思与探讨

如前所述，当下的国内学界开始越来越多地关注对政府公众满意度测评模式的研究，但是当对理论和实践联系要求越来越紧密的时候，相关研究也存在一些不足和局限：

（一）理论研究起步较晚，文献积累有限。

随着公民意识的觉醒，公民的政治参与越来越多样化并更具广泛性，但与此相对应的政府公众满意度研究起步较晚，在国外已经开始进行量化分析时，我国还在对"百万市民评政府""万人评机关"的测评活动进行描述性研究。虽然 ACSI 模型在全球普及之初我国尚有学者能够敏锐地对这一领域予以关注，但在随后的发展中这一研究却一直处于缺失的状态，从 1994 年开始至今的 18 年间，我国有关政府公众满意度的研究仅百余篇，而且无论是研究的数量还是研究的深度和广度都有很大局限。

（二）理论研究分布不均，理论建构缺失。

在现有文献中，相关研究的地区分布情况，东部地区的研究人员居于首位，其中长三角和珠三角地区的研究最多，而整个西部加起来不过 5 篇，研究人员分布极其不均衡。另外，对国外以及我国港台地区先进经验的借鉴只有 4 篇，相关研究也相当不足。总体而言，大部分的政府公众满意度研究仍处于探索阶段，一方面缺乏专门探讨 ACSI 模型和相关模型的基础理论的文章，另一方面由于缺乏对 ACSI 模型基础理论的研究，一些学者对 ACSI 模型的改造尚不成熟，创新不足，多有重复。

（三）研究领域有偏重，研究范围有待拓展。

从研究内容上看，我国政府公众满意度的研究主题多集中在对政府职能实现程度进行

测评，而对政府运行效率、测评方法、测评主体的研究相当不足。单就前者而言，学者们的关注点仍聚焦在对公共服务的满意度分析上，却忽略了对公共服务的承担者即公务员工作水平评价的研究，而且对公共产品和公共政策的满意度测评关注更少。另外，对于 ACSI 模型在其他公共领域的应用，政府公众满意度测评主体的确定以及测评方法研究等方面，学者们甚少触及，更无法形成系统的体系。

（四）学科整合匮乏，研究方法规范性有待加强。

如前所述，政府公众满意度的测评十分复杂，其影响因素涉及多个学科领域的知识，不是仅靠某一个学科的知识就能够尽善尽美地解决，也不是一两门学科知识的简单综合就可以实现的。客观上要求鼓励更多不同学科背景的学者参与其中，加强各学科的交流，尤其是管理学、政治学、社会心理学之间更应加强整合。而目前的研究者们仅从公共管理学或者政治学的角度着手，研究局限在某一领域，视野狭窄。从研究方法来看，目前的研究方法规范性程度较低。在现有 91 篇文献中明确采取研究方法的研究仅有 31 篇，这些研究中采用个案研究的仅有 8 篇，采取定量研究的文献不过 9 篇，比较研究则只有 4 篇。目前我国关于政府公众满意度的研究大部分为实证性研究，但是研究方法的创新性不足使得现有文献以描述性研究为主，仅停留在对顾客满意度模型或者相近模型的简单介绍，解释性研究和探索性研究偏少，远远不能满足我国实践的需要。

表 5　政府公众满意度问题研究的研究方法分类

研究方法	文献数	所占比例
案例研究	12	34%
定量研究	15	
比例研究	4	

四、政府公众满意度研究的趋势与展望

（一）政府公众满意度研究的趋势

对政府服务的公众满意度进行测评，其目的是对政府公共服务做出明晰的把握，从而推动政府部门在公共事务中提高效率。我国已有的对政府公众满意度评价的实践，类似“万人评政府”的初步探索为当下的研究积累了一定的经验，国外的经典测评模型也为当下的研究提供了可学习的范本。展望未来 10 年，相关研究将呈现出如下趋势：

1. 实践需求紧迫，研究前景广阔

随着我国公民意识的觉醒和政府改革的不断推进，公民对政治参与的需求不断增加，公民需要对政府的相关回应做出系统科学的测评，政府公众满意度测评的应用将迎来飞速发展。因此，在未来的实践发展中，该领域的研究前景非常广阔。

2. 研究领域进一步拓展，理论水平进一步提高

今后的研究中，对测评模式的基础理论、研究主体多样性、测评模型在不同公共领域内的具体应用将成为主要的研究内容，而有关领域中的研究进一步深入之后，相对应的理论

体系也将进一步成熟,对经典测评模式的应用也将更加适合于我国具体国情,理论水平将不断获得提高。

3. 学科整合与研究方法规范化程度进一步加强

目前的研究成果之所以稍显数寡,是因为各学科之间的整合程度尚低,研究角度和模式受限。今后的研究中社会学、管理学、政治学等学科将从专门走向综合,从单一视角走向多种视角,从局部走向整体,不断从新的角度拓宽研究的范围。

(二) 政府公众满意程度研究展望

随着我国自新世纪以来以构建服务型政府为基本导向的政府改革思路的确立,对政府如何行使行政权力,如何在制定政策和执行政策过程中保持与社会的密切联系等问题提出了新的要求。经济发达国家在20世纪80年代就开始进行顾客满意度的研究和实践。我国作为政府公众满意度研究的后发国家,拥有很多可学习的范本,但社会制度的不同,带来政策制定(经济制度、教育制度等)以及生产生活方式等各个层面的不同,中西方国家具体的行为模式和办事程序的不同,国情和民族文化的不同都客观存在,因此,我们在对国外的先进经验进行借鉴时需经过改造,才能与我国实践进行有机结合。而随着我国非政府组织的发展,各类NGO组织不断兴起,第三方作为群众满意度测评主体的方法在当下具备了实现的物质基础,逐渐成为发展迅速的模式。总体而言,我国的政府公众满意度研究在早期实践的基础之上,利用西方的量化模型对政府公众满意度体系进行构建和雕琢,在发展过程中涌现出不同的评价主体,最终将逐渐形成具有中国特色的政府公众满意度评价体系。

五、结论

我国政府公众满意度研究只是一个开端,还需要今后长期的深入探索才能建立起本土化的政府公众满意度指标体系。当下我国的现状是,社会公民意识尚不是很成熟,在一个公民社会基础薄弱的国家里还面临着更多的心理和技术问题。在这种情况下,社会评价本身也容易趋于简单化、平面化和以偏概全,难以形成理性共识。因此,理论界所关注的应不仅仅是模式自身的完善和提升,还应该通过促进民主进程,加强公民意识,完善市场经济制度和推动政府改革等措施来解决模式实践中所面临的窘况。

论政府治理城市转型中突发公共事件的策略[①]

张劲松

改革开放三十多年来，中国城市进入了一个时间、空间和社会的三维转型期。从时间的角度来看，三十多年的中国城市发展史就是一部经济崛起史，大多数城市经历了抑或正在经历工业化、现代化阶段，还有一部分城市甚至超越这一阶段进入了后工业社会阶段；从空间的角度来看，城市的"生态足迹"[②]日益扩展，出现了"摊大饼"式的向外发展，现代科技的运用，高速运输业的出现，超大城市、城市群、城市带不断出现，中国城市进入了空间暴发期。围绕着城市时空的转型，城市社会也进入了转型期。时间—空间—社会三重转型的叠加，共同构成了一个现代复杂的城市社会。这个复杂的城市社会遭受日益频发的突发公共事件困扰，城市能否可持续发展，取决于城市政府是否有能力妥善应对突发公共事件。因此，研究政府在突发公共事件中采用何种治理策略，具有时代意义。

一、城市转型过程中突发公共事件频发

城市的时间、空间转型和社会转型，都伴随着突发公共事件的发生。

(一) 城市时间转型与突发公共事件

城市时间转型，是指城市进入了以快速工业化、现代化为最典型特征的新的历史发展阶段，同时，快速后工业化也是这一阶段的重要特征。快速工业化和现代化是当前中国大多数城市的现状，大规模的工业化生产和日益精细的社会化分工，使城市基础设施的现代化越来越完备，传统农业社会占主导地位的生活方式被工业社会城市化的生活方式所取代，半数以上的人口向城市集中。大工业化、现代化的生产方式使城市性质发生了巨大的变化，原来的消费型城市变成了生产型的城市，劳动人口成为城市人口的主力，大量的具有劳动力的农民以"农民工"的身份进入城市的生产单位，成为城市发展的重要动力。工业化过程在短短的三十多年里完成，农村变成小镇，小镇变成小城市，小城市变成大城市，大城市变成超大城市乃至城市群。整个中国遍地城市化，遍地发展工商业区。中国三十多年的城市化过程，完成了西方发达国家几百年才完成的城市化过程。中国的城市化取得了伟大

---

① 本文刊发于《苏州大学学报(哲学社会科学版)》2012 年第 2 期。

② 生态足迹(Ecological Footprint)就是能够持续地提供资源或消纳废物的、具有生物生产力的地域空间。其含义就是要维持一个人、地区、国家或者全球的生存所需要的或者能够涵纳人类所排放的废物的、具有生物生产力的地域面积。

成就，同时又有大量的不稳定因素隐藏于成就之中。

在城市不断工业化的同时，东部沿海地区部分发达城市正开始超越工业化阶段。就全国来说，目前已经进入工业化的中期，工业增加值占 GDP 的比重在 40% 以上，而东部沿海一些城市已经进入后工业化时期，产业结构已调整为“三二一”。

中国从农业社会向工业社会、后工业社会的这种时间（历史）转型发生得太快，三十多年的改革开放实现了城市化、现代化，经济的快速发展与社会稳定之间并不一定呈正相关。正是因为发展太快，一种社会状态的均衡还没有实现，新的不均衡又出现了。社会发展越快，不均衡越成为常态。城市社会不均衡状态是突发公共事件频发的重要原因，“政治动乱的产生，不是由于缺少现代性，而是由于试图获得现代性。如果贫穷国家不稳定，那并非是因为他们贫困，而是因为他们力图致富”①。城市社会的现代化程度越来越高，快速发展的社会将各种矛盾累积了起来。西方国家现代化、城市化是在几百年时间内完成的，中国在三十几年内基本上完成了西方国家在几百年内完成的发展任务。西方国家城市发展阶段的转型是将社会矛盾逐步消解的，这与中国的发展道路差异极大。中国在快速发展中，前一个矛盾还没有妥善解决，新的社会矛盾又已出现。社会发展的均衡状态不断地被打破，没有给政府解决社会矛盾留下太多的时间。许多突发公共事件，就是在这样的时代背景下发生的。

（二）城市空间转型与突发公共事件

城市的空间转型有两个特征：扩散与聚集。城市空间的扩散性转型是指城市以原有的城区为中心，不断地向周边扩散。城市通过“摊大饼”方式急剧地向周边扩张，并使周边的乡村逐步城市化，成为城市的一部分。转型的结果是，农民向城市居民转型，农村社区向城市社区转型，农业用地向工业用地转化。城市生态足迹迅猛增加，城市对自然资源的消耗在过去三十多年里持续增长，现在已经超过了城市及其周边所能持续供给的能力，而且还在不断地超量消耗；城市空间的聚集性转型是指城市将周边区域的人、财、物不断向城市聚集，城市像一个无底洞不断汲取城市之外的人、财、物，城市与周边乡村之间的不平衡加剧。空间的聚集既是城市化过程中的必然现象，也与中国城市周边高铁、高速公路、航空、水运越来越发达有关。在交通日益发达的今天，区域间的空间压缩，不仅城市数量迅速增加，大城市、城市群也发展很快，城市跨区域聚集已成为现实。

城市空间的扩散性转型，是当前突发公共事件频发的直接原因。三十多年来，中国的城市空间一般来说都是成倍地扩张。城市如此快的扩张速度，将具有异质性的城郊乡村变成了城市的一部分，耕地被占用、房屋拆迁是这一过程中常见的现象。异质性的城郊乡村还没有来得及适应城市生活，就已面临着日益强大的市场经济的挤压。农民失去土地、失去房屋就相当于失去了生活的根本，因此，在获得城市生存能力前，失地失房的农民需要获取令其满足的物质利益。“修建大道、运河、创建交通和管理系统，清理土地及类似的东西，都提出了明确按照议事日程创造运输和交通的空间的问题。由这样的投资形式的空间关

① 亨廷顿．变革社会中的政治秩序［M］．李盛平，杨玉生，译．北京：华夏出版社，1988．

系方式的任何变化,毕竟会不平衡地影响到经济活动的赢利能力,并由此导致财富和权力的再分配。"[①]财富和权力的再分配在城市转型中体现为异质性群体的利益再分配,在城市整体利益和异质性群体利益不一致的冲突,往往在非常偶然的"星星之火"下爆发成大的社会冲突行动。因此,在城市空间扩散性转型后,"空间母体必须始终如一地得到巩固,而且有必要,必须得到重构,这就是说,空间性必须由社会再生产,而且这一再生产是冲突和危机长流不息的源头"[②]。克服突发公共事件,需要从源头上想办法。

城市空间的聚集性转型,也是当前突发公共事件频发的原因之一。城市空间发展不平衡具有必然性,城市聚集性转型促进了城乡发展的进一步不均衡,即使当下城市不断地向农村转移支付,不均衡的趋势并未减慢,这是因为流向农村的转移支付最终通过城市的聚集效应又回流到了城市。同时,城市化的过程实际上是个移民的过程,大多数工人不是来自城市,而是从农村来的,当城市完成工业化后城市的聚集效应后,将农村的人、财、物吸引到了城市。"价值的地理转移就是一种机制或过程。依凭这种机制或过程,在一个地方、地区或区域生产的价值一部分就会在另一个地方、地区或区域得到实现,增加受益区域地方化的积累基础。"[③]大量的劳动力来到城市,他们从农村转移到城市,成为城市的一部分。从长远来说,中国的城市化将会吸纳更多的农民进入城市,政府最近的目标是达到65%的人口生活在城市。然而城市并没有做好吸纳农民工的准备,农村人、财、物可以向城市聚集,但是,城市并没有给予所有工作和生活在城市的人均等的权利与服务。这种城市空间聚集性的转型,形成了一个悖论:城市吸纳了农民工的创造力,却拒绝将其变为城市的一分子。正因为这种悖论的存在,只要有一点导火线,就可能引发群体性的突发事件。

(三)城市社会转型与突发公共事件

城市除了时空转型外,还有更为复杂的社会转型。自改革开放以来,城市进入了全面的社会转型期,"社会转型的主体是社会结构,它是指一种整体的和全面的结构状态过渡,而不仅仅是某些单项发展指标的实现。社会转型的具体内容是结构转换、机制转轨、利益调整和观念转变。在社会转型时期,人们的行为方式、生活方式、价值体系都会发生明显的变化"[④]。具体来说,城市社会转型体现为如下几个方面:一是经济增长方式由粗放型向集约型转变;二是经济形态由计划经济体制向社会主义市场经济体制转变;三是上层建筑由高度集权的传统政治体制向民主政治体制转变;四是思想文化由自然半自然经济和计划经济体制的精神文化向反映社会主义市场经济的现代精神文化转变。城市社会转型是多重转型,这是西方国家没有经历过的。短短的三十余年时间,城市政府要实现多重转型目标,这就意味着,城市市场经济在缺少正常的自然历史积累的前提下,仍然要不断地跨越式发展。这种跨越式发展成为了一系列社会问题的根源,具体来说容易引发如下几个方面的突发公共事件:

---

① 哈维. 后现代的状况[M]. 阎嘉,译. 北京:商务印书馆,2003.
② 苏贾. 后现代地理学[M]. 王文斌,译. 北京:商务印书馆,2004.
③ 苏贾. 后现代地理学[M]. 王文斌,译. 北京:商务印书馆,2004.
④ 李培林. 另一只看不见的手:社会结构转型[J]. 中国社会科学,1992(2).

其一,为了快速"致富",某些生产者失去了应有的社会道德底线,于是,食品安全、生态危机频繁出现,社会群体的生存受到严重的威胁。如毒奶粉、瘦肉精、塑化剂等,造成严重的社会危害,引发群体性的社会安全事件。

其二,城市社会转型期,整个社会骚动不安,不稳定的因素大大增加。"社会转型不仅具有整体性和复杂性的特征,而且是一个漫长的过程,具有长期性的特征。"①城市社会转型不能急于求成,急于过渡,而应该遵循社会转型的规律,循序渐进地进行。然而,总有一部分人,要么以中国GDP总量为依据盲目地自信,以为可以完全实现发达国家花数百年时间所达到的目标;要么以人均GDP太低为由,追求大干快上。这种急躁变成一股潮流后,就像传染病一样在全社会蔓延,只要发生一星点的社会不公正事件,就会引爆"火药桶",众多的人群会不自觉地参与其中,引发大规模的公共事件。

其三,在社会转型期,"现代化由于开创了新的财源和权力渠道而容易产生腐化,因为占统治地位的传统规范并没有对它们与政治的关系加以界定,而界定这种关系的现代规范又未被主要社会集团所认可"②。因此,城市社会转型中政府官员最容易出现明显的腐败现象,动用手中的权力搞寻租活动。而腐败历来为社会所诟病,更不被社会主义意识形态所容忍。转型期频繁出现的腐败让一部分社会成员迁怒于政府,他们对政府行政行为稍有不满就指责政府腐败,进而鼓动更多的人参与到反对政府的行动中,突发公共事件往往就这样发生了。

二、城市转型中的突发公共事件挑战政府治理

城市时空和社会转型中频发突发公共事件,这对政府治理提出了全面的挑战。

(一)城市转型中的突发公共事件挑战政府的治理理念

首先,城市转型中的突发公共事件,挑战政府追求城市空间发展"大而全"的治理理念。城市空间上大而全的发展使社会由简单向复杂转型,而中国人口数量庞大更是加大了中国城市社会的复杂性。"复杂社会的成长经历了一个嬗变过程——从内部单一、几乎无阶层差别的小型群体(以资源优势平等、领导短期执政和动荡政局为特点),到异质性强、内部差别甚多、阶级结构和阶层控制的大型社会(以生存资源完全不可能平等分配为特点)。这后一种社会是我们今天最为熟知的、也是历史上最为怪异的一种社会形态,一个一经出现便需要不断合法化建设和强化建设的社会形态。"③正像许多发达国家一样,城市空间上大而全地发展起来后,维持一个高度复杂社会的正常运转,需要政府不断加强合法化建设,以防止复杂社会的崩溃。但是,即便在中国共产党领导下不断地加强政府合法化建设,一些人口学家认为人类社会仍然可能发生"崩溃"现象,他们甚至认为:"在公元2050年会发生'人口崩溃'。原因是严重饥荒,极度污染,社会动乱,传染病和慢性病引起的高死亡率,保卫和

---

① 郭德宏.我们该怎样看待社会转型[N].北京日报,2003-02-24.

② 亨廷顿.变革社会中的政治秩序[M].李盛平,杨玉生,译.北京:华夏出版社,1988.

③ 泰恩特.复杂社会的崩溃[M].邵旭东,译.海口:海南出版社,2010.

攫取资源战争，极低的出生率等等。”[①]当前频繁出现的突发公共事件，正是社会转型中促使复杂社会崩溃的重要因素，如果政府不能有效地从源头上消除突发公共事件，超大型复杂城市未来的走向实在令人忧虑。

其次，城市转型中的突发公共事件，挑战政府追求社会公共服务均等化的治理理念。区域发展不平衡是资本主义国家城市化过程中的一般规律，“区域性的不充分发展，是延伸的抑或扩大的再生产不可分割的一部分，由此带来大量的劳动力储备和补充性市场，有能力回应资本主义生产力的间歇性和矛盾性发展”[②]。资本主义的发展也离不开这种不均衡，“资本主义存在本身就是以地理上的不平衡发展的支撑性存在和极其重要的工具性为先决条件的”[③]。资本主义国家这种不均衡，不利于实现最终的均衡，“在差异化和均等化之间的这种辩证的紧张关系，是地理上平衡发展的潜在动力”[④]。当然，资本主义国家实现均衡发展花了几百年才基本达到目标。中国政府提出公共服务均等化的治理理念，的确代表了广大群众的利益，但是，正如资本主义国家城市发展必然要经历不均衡发展阶段一样，中国也不可能跨越这一阶段，而且不均衡发展阶段将会持续很长时间。中国在短期内就达到均衡是不现实的，一些地方政府在不具备条件的前提下，就要实现公共服务的均等化，这如同画饼充饥。目标很诱人，现实做不到，这就很容易吊足公众的胃口。一旦有一定数量的公众对政府公共服务或管理不满，他们常常以制造成参与突发公共事件的方式来表达诉求。

最后，城市转型中的突发公共事件，挑战政府效率优先、兼顾公平的治理理念。改革开放以来，政府允许一部分人先富起来，也允许一部分地区先富起来，这一治理理念推行下去的结果是的确一部分人、一部分地区先富起来了，如果从地域上看，这一部分人主要集中在城市，这一部分地区也主要是城市。由此可见，先富的过程也就是城市化的过程。城市化的一个基本要义，就是把农民变成市民，但是，城市社会转型的过程对农民形成了事实上的双重剥夺。一方面，农村向城市源源不断地提供初中以上学历的合格劳动力，但这些进城的农民工却得不到与城市就业人群平等的待遇，干最脏最累的活，工资待遇却是最低的，缺乏最基本的社会保障；另一方面，中国的城市化在很大程度上变成了圈地化，没有使农民比较公平地享受到土地增值的收益，从而引发了大量的群体性事件。[⑤] 多年的城市化过程，就是农民不断为城市奉献的过程。如果政府治理理念不能高举“公平”的大旗，就无法杜绝突发公共事件。

（二）城市转型中的突发公共事件挑战政府的治理能力

综观城市转型中的突发公共事件，一般具有三个特性：群体的组织性、通信的便捷性和阶层的认同性。这三个特性对政府的治理能力提出了挑战。

城市转型中有两种主要原因促使社会群体具有组织性。一是农民工群体性地进城市务工，自20世纪80年代以来，农民到城市务工往往是一人带一家族甚至一社区的劳动力，

---

① 殷京生．绿色城市[M]．东南大学出版社，2004.

② 苏贾．后现代地理学[M]．王文斌，译．北京：商务印书馆，2004.

③ 苏贾．后现代地理学[M]．王文斌，译．北京：商务印书馆，2004.

④ 苏贾．后现代地理学[M]．王文斌，译．北京：商务印书馆，2004.

⑤ 汪玉凯．当前社会转型有哪些特性[N]．北京日报，2010－09－13.

集中地在某一城市区域内务工，经过近三十年的人口聚集，这些“熟人”所形成的群体凝聚力很强，组织性也很强。一人有事，群体帮助。一旦涉及这些族群、老乡群体的利益纠纷，群众性的冲突很容易产生；二是城市由中心向周边发展的圈地运动，将城郊分散的农民聚集在了城乡过渡的社区中，大量的城郊失地农民被集中安置在新城市的社区中，城市转型让这些群体具有了更严密的组织，凡涉及这些群体的安置、拆迁问题，总是被这些群体共同关注，群体组织性越强大，对抗政府的力量也就越强大，如果政府不能满足这些群体的利益，或政府只满足了群体中部分人的利益，都有可能导致突发公共事件的发生。由此可见，群体组织性越强，对城市政府治理能力的要求越高。

在城市向后工业社会转轨的过程中，现代通信业取得了迅猛的发展。网络和手机的普及，让城市大众拥有了便捷的通信手段。长期以来，作为官僚制组织的政府都有力求通过对知识和意图的保密来增强其专业上的优越地位的愿望，职业秘密可以说是官僚制的独特发明。但是信息社会通信的便捷化，打破了政府对信息的垄断，政府再也无法通过控制媒体来控制信息了。在便捷化的通信手段下，政府如果在实施涉及相关人利益的行政行为时，不实现政务公开，将导致谣言的迅速传播。一些突发公共事件的发生，就与一些城市政府想将事态“捂住”有关，最终事与愿违，导致冲突加剧。

城市在扩散和聚集的过程中，吸纳了大量的外来者，城市原来的社会阶层迅速分化，“原来的‘两个阶级一个阶层’的社会结构发生了显著的分化，一些新的社会阶层逐渐形成，各阶层之间的社会、经济、生活方式及利益认同的差异日益明晰化，以职业为基础的新的社会阶层分化机制逐渐取代过去的以政治身份、户口身份和行政身份为依据的分化机制”①。城市转型中出现的阶层的分化，很容易让人产生身份认同感，如农民工、新生代农民工、穷二代、房奴、车奴等。一些群体的身份认同感，又会让这些群体认为自己是弱势群体，他们平时被压抑着，在城市社会生活中遭受的不公正对待，如果出现诸如暴力拆迁、干部腐败、富二代醉驾等事件，这些群体就会自觉不自觉地认同政府治理不公，或其群体已被社会边缘化，他们不愿去了解真相，更愿意“义愤填膺”地参与到事件中去。这些突发公共事件对政府治理提出了严峻的挑战，许多突发公共事件的发生并非真的由于政府治理不公，其中多数是由于社会转型过程中社会矛盾平时被压抑着，由于一些偶然的事件，引发了公众的身份认同，进而大面积地参与，最终形成了突发公共事件。然而，不管事件是否由于政府治理不公引发，仍然需要政府应对，这对政府治理能力的挑战是不言而喻的。

（三）城市转型中的突发公共事件挑战政府的治理方式

城市在转型过程中日益变得庞大，城市政府的治理投入也日益增长，“社会政治组织时常面临需要投资的各种问题，而结局仅仅是为了维持现状。这种投资通常表现为以下形式：官僚政体规模的扩大、官僚政体专业化程度的增加、渐进积累的组织解决方案、合法化活动成本的增加、攘内安外成本的增加。社会必须承担所有这些重负，办法是将更多的费用分摊在平头百姓身上，而且通常不见任何收益的增长。组织性投资的数目和成本在增

① 陆学艺．当代中国社会阶层的研究报告[R]．北京：社会科学文献出版社，2002.

加,用于未来经济增长的社会投资预算必然下降”①。城市越扩张,政府维持城市运转的成本则随之增加,然而政府投入增加,效率却未必同比增长,反而时常会出现边际效应,政府在应对城市转型中的突发公共事件时尤其如此。

城市转型中的突发公共事件属于人民内部矛盾。这些突发公共事件体现的是部分群体的利益,他们在与政府进行利益博弈时,发现利益“大闹快解决,小闹小解决,不闹不解决”,为了获取更大的利益,部分群体常以群体性行为与政府博弈。而当前,政府在应对城市转型中的这类突发公共事件时,其治理策略大多乏善可陈。其原因是自上而下都以“维稳”为最重要的目标,当社会群体争取利益采取强硬的群体性行动时,政府治理的相应博弈策略往往是“妥协”,最终导致政府治理“投入越多,收益越少”的“维稳怪圈”,越维越不稳定。

政府治理城市转型中的突发公共事件具有示范效应,政府采用妥协、让步的治理方式来应对,示范的结果是公众一旦有利益诉求,往往不是通过法律手段,而是通过群体性行动,来最快最大限度地争取利益。可见现行的治理手段,已经不能适应当前城市转型的现实了,改革和完善政府治理方式势在必行。

三、城市转型中突发公共事件的政府治理策略

政府应对城市转型中的突发公共事件,应该从治理意识、治理能力和治理方式等三个方面着手。

(一)合作治理:应对城市转型中突发公共事件的政府治理意识提升

城市从工业社会向后工业社会转型,政府应对这种时间转型过程中的突发公共事件,其治理意识也应相应提升。“如果说与农业社会相适应的是王朝垄断的治理的话,那么,工业社会所拥有的则是民主框架下的精英治理,而与后工业社会相适应的,将是多元治理主体的合作治理。”②合作治理是城市政府提升治理意识的重要途径。

合作治理并不抹杀差异,“在合作社会中,社会治理者不仅不会去刻意追求整个社会的普遍的和集体的认同,相反,却要积极地鼓励差别和不同,所要努力做到的只是,让差别和不同成为社会互动的动力又不会演化成对立和冲突,在差别和不同的人群之间谋求有效的理解和充分的尊重”③。城市迅猛转型产生了巨大的差异,有短期内从农业社会过渡到工业社会、后工业社会的差异,有从简单社会转变为大而全的复杂社会的差异,有先富与贫困的差异,有城市社区与农村(城郊)社区公共服务不均等的差异,所有这些加起来都需要城市政府在治理理念上全面提升。

既要追求均衡发展、均等化公共服务,这些是政府治理的基本目标,又要看清发展前景的曲折;既要追求效率,又要有公平做基础,在一定时间和空间内可能效率应优先,而在另一时间和空间公平可能更要优先,失去了公平,也就失去了维稳的基础;既要有工业化要求

---

① 泰恩特.复杂社会的崩溃[M].邵旭东,译.海口:海南出版社,2010.
② 张康之.社会治理中的合作问题[J].社会科学研究,2009(2).
③ 张康之.社会治理中的合作问题[J].社会科学研究,2009(2).

的城市扩张，又要防止城市病、生态危机的爆发，城市的生态足迹在空间上并不能无限扩张。

一个拥有13亿人口，又要在自己的国土内化解工业化与现代化进程所带来的各种矛盾和难题的国家，政府要有效地治理突发公共事件，靠的是什么？靠的是与公众合作，建立一个合作性的社会。这种合作是真诚地依赖多元主体的支持，并让城市转型中的公众不断地获取实实在在的利益，让公众从改革开放的成就中获得相当的收益。如果公众对城市没有归属感，对政府治理不认同，这样的城市发展道路是不可取的，也是不可持续的。合作治理可以让公众对城市产生归属感，它是政府不断加合法性资源的重要途径，也是政府治理突发公共事件的全新的理念。

（二）包容他者：应对城市转型中突发公共事件的政府治理能力增强

所谓包容他者，哈贝马斯的解释是“共同体对所有的人都是开放的，包括那些陌生的人或想保持陌生的人”[①]。这个共同体应具有的特点是：共同体“没有任何本质规定，处于透明和开放状态，并且还有不断扩大。这种道德共同体的结构原则就是要消除一切歧视和苦难，包容一切边缘群体，并且相互尊重。这样建构起来的共同体不是一个迫使一切成员用各自方式都彻底趋于同化的集体”[②]。包容他者思想为政府应对城市转型中突发公共事件的治理能力提升指出了方向。

一个城市转型通常会导致社会和地域割裂的增大，大部分新来到城市的移民居住在那些不正规的区域，那里一般来说服务糟糕、交通不便、基础设施差而安全性低，如都市中的“城中村”抑或是城郊结合部，然而，“要想建设一座包容的、能够与社会可持续发展相适应的城市，就必须为那些生活在这一城市辖区的人们提供最基础的服务、提供体面和价格适中的住房，并提供自由和便捷的公共交通”[③]。增强移民（尤其是农民工）对城市的认同，克服其失落感和边缘化存在方式，逐步将这些群体包容进城市社会体系之中，让城市发展的成果惠及所有人，这是从源头上减少突发公共事件的重要治理形式，它体现了政府治理能力的增强。

无论是城市扩散性的空间转型，还是聚集性的空间转型，政府治理都要体现出包容性：在城市转型中的发展机会，要开放性地、公平地包容到所有人；根据城市社会实现持久经济发展的需求，必须同环境与生态的基本规律和承受能力相包容；在市场效率与社会公平之间、在充分尊重个人的全面发展与共促社会和谐发展之间，努力寻求综合平衡的包容。此外，城市空间发展具有不均衡性，它更需要政府采取具有包容性的治理策略。城市空间发展的不均衡是其主要特性，而“空间上的各种障碍只有通过创造特殊的空间（铁路、公路、机场、远程运输等）才能被减少。此外，生产、流通和消费在某个时刻的空间上的合理化，最终或许不会适应未来某个时刻资本积累的情况。空间结构的创造、重建和增长是一桩极成问题且花费昂贵的事情，要受到不可移动的物质基础设施方面的巨大投资的阻碍，而社会基

---

① 哈贝马斯. 包容他者[M]. 曹卫东，译. 上海：上海人民出版社，2002.

② 哈贝马斯. 包容他者[M]. 曹卫东，译. 上海：上海人民出版社，2002.

③ 皮埃尔·雅克，等. 看地球2010：城市改变发展轨迹[M]. 潘革平，译. 北京：社会科学文献出版社，2010.

础设施的变化始终都很缓慢"①。主城与城市周边发展的差异性,尤其是其中的阶层强烈分化,需要以包容的心理做准备。政府治理过程中包容了他者,才能被他者所包容。互相之间的包容对于治理突发公共事件无疑是一帖良药。

(三)有利有节:应对城市转型中突发公共事件的政府治理方式改进

政治治理城市转型中的突发公共事件采用"妥协"策略,诚然不可缺少,但仅有一套策略是不够的,维稳怪圈的出现就是例证。政府还应采用有利有节的博弈策略。

大多数城市转型中的突发公共事件都表现为公众的利益诉求,体现为公众与政府之间的利益博弈。"工业化、经济增长、资本主义积累的基础等方面主要是受到或通过城市化空间社会生产的影响。城市化空间的社会生产是由日益增大的国家权力规划和协调的,并扩展到包括越来越多的世界人口和资源。受到这种当代关注的城市社会运动基本上是植根于这样一些人的政治反应,他们受到了这种日益全球性的空间规划过程的各种特征的征服、边缘化和剥削。"②城市化的空间生产过程既涉及一部分群体的利益,又关系其生存和发展的地位和身份。不管是否真实,"被剥夺""被边缘化"的可能是这些群体的共同感受,争取最大化的利益是其必然选择。从整体来说,部分群体的利益诉求与政府利益是一致的,因为政府代表城市整体利益,部分群体的利益是城市整体利益的一部分。因此,政府采取双方都"有利"的治理策略,具备了前提条件。

然而,有利的策略也是有限度的,因为整体利益与局部利益并非总是达成一致。城市发展规划不仅偏好大城市,一直以来,国家无论是在产业投资还是在基础设施或公共服务方面,都偏向行政级别高的城市;而且,城市规划还偏好城市群与中心城市。"过于重视中心城市,而忽视了区域内部边缘城市;过于重视城市群发展,而忽视了非城市群的发展"③,城市发展不均衡是必然的,利益差异也是必然的,因此,城市转型中政府与参与群体性事件的群体利益差异也是必然的。加上在市场经济前提下,追求利益的最大化是不同集团的共同选择。在利益分化的城市转型期,政府治理不可能满足所有社会成员的利益,单纯地采用妥协策略只会产生不利于长久治理的仿效效应,甚至会产生投入增多效益递减的维稳怪圈。在无法满足所有社会群众利益的前提下,政府治理应做到"有节"。有节的依据是法治,依法进行。对待人民内部矛盾应该根据法律,有节制地处理矛盾和冲突,这是改进政府治理方式的重要途径。

① 哈维. 后现代的状况[M]. 阎嘉,译. 北京:商务印书馆,2003.
② 苏贾. 后现代地理学[M]. 王文斌,译. 北京:商务印书馆,2004.
③ 倪鹏飞,魏劭琨. 中国城市发展的过度倾斜值得关注[N]. 中国社会科学报,2011-05-05.

第二部分

社会治理与社会服务

论社会治理原理与原则[①]

乔耀章

在我国，注重社会管理和社会建设问题是自1978年改革开放特别是进入21世纪以来的事。然而，在党的十八届三中全会通过的《中共中央关于全面深化改革若干重大问题的决定》（以下简称《决定》）中，却有不少新的表述、新的思想和新的观点，譬如在第一部分、第四部分和第十三部分，分别指出"推进国家治理体系和治理能力现代化""科学的宏观调控，有效的政府治理""创新社会治理体制""改进社会治理方式"等等，这在改革开放以来的党政重要文献中使用"治理"概念还是第一次。特别需要指出的是，《决定》中使用了"国家治理""政府治理""社会治理"三个很有定力的政治术语，各有其所侧重的意旨：国家治理——重在推进；政府治理——重在增效；社会治理——重在创新。本文侧重于研究"社会治理"，兼涉社会统治、社会管理，不刻意区分社会统治、管理、治理的词义，也不刻意在论及社会管理和治理主体时区分政党、国家和政府的先后词序。学术界研究社会治理问题已经有多年，并且取得了较为丰硕的研究成果，现在决策部门接受了社会治理概念，并将"社会治理"概念写入《决定》中，也在一定程度上体现出了学术研究对于现实政治的影响力。那么，什么是"社会治理"？它与人们相对熟悉的"社会管理"是什么关系？社会治理或社会管理有没有规律可循？有没有或有哪些相关的基本原理？社会治理或社会管理有没有或要遵循哪些基本原则？本文拟就这些问题做初步的探讨和研究。

一、社会治理中的统治与管理

社会治理的时代正向我们扑面而来。与"社会治理"概念相联系，比社会治理更为古老或久远的概念还有"社会统治""社会管理"等，我们可以把这几个概念整合为两个相关的问题，即：社会和统治，管理、治理及其相互关系。无论是社会统治还是社会管理，抑或是社会治理，人们首先都要基于对有关"社会"的认知。党的十一届三中全会以来特别是党的十八大以来，关于什么是社会，重新认识社会，重新发现社会，重新认识和重新发现中国社会，什么是中国，什么是真实的中国，如何读懂中国，等等，已日益成为人们关注的话题。因此，我们要研究社会统治、社会管理和社会治理问题，就应当首先认识和正确处理社会之一般与中国社会之个别的关系问题。

关于社会之一般。一般地说，凡有人的地方，必有社会，反之亦然。而人与社会又是同

① 本文刊发于《阅江学刊》2013年第6期。

自然(自在的或人化的)融为一体的,都是自然的产物。马克思主义认为,社会是一个历史的范畴,社会和人是相共生的,是人们交互作用的产物,人们的社会历史始终只是他们个体发展的历史,而不管他们是否意识到这一点。社会是相对于自然的一种实存现象,是人们在生产、消费、生活过程中结成的有机的时空共同体。从时间维度看,人类社会可分为原始社会、奴隶社会、封建社会、资本主义社会、社会主义社会和未来的共产主义社会,等等。从空间维度看,人类社会可分为"实体社会"和"虚拟社会"。其中,实体社会可分为东方社会、西方社会,或阶级社会、无阶级社会,或地区社会、区域社会(如我国的东部、西部、南部、北部、中部社会)、领域社会(如经济、政治、文化社会),或异质性社会、多质性社会、差异性社会,或资本社会、市民社会、公民社会、民生社会,或生产型社会、消费型社会、生活型社会,等等;虚拟社会亦可视为时空实体交织的网络社会。随着科学技术的进步特别是信息技术的快速发展和广泛运用,一个对现实世界发生重大影响的虚拟社会已经形成。虚拟社会极大地推进了全球一体化、促进了人类社会的发展进步,同时也带来了许多新的社会问题,这就需要我们将现实社会和虚拟社会作为一个整体来把握,把对现实世界管理与对虚拟社会管理结合起来。①

人类社会是一个非常复杂的有机体,人类在其产生、存续和发展的历史过程中,自始至终都存在着两大关系或矛盾,一是人类同自然即天人的关系或矛盾;二是人与人即人类本身的社会关系或矛盾。由此构成为唯一的科学或历史科学,一方面是自然史(表现为人改造自然),一方面是社会史(表现为人改造人)。马克思恩格斯认为,自然史和人类史这两方面不应当是对立的,而是密切相连的,只要有人存在,自然史和人类史就相辅相成、相互制约。② 有文字记载以来的历史已经证明并且还将继续证明,人类对自然的狭隘的功利关系引发了人与人之间的社会冲突关系,而人与人之间的这种社会冲突关系又妨碍了人类与自然界的共生关系。究其复杂的原因,其中之一大体上与人或人类对社会及自然的统治或管理的失度有关,其出路可能有赖于人或人类对社会及自然的适度的治理。

关于中国社会之个别。毛泽东曾经说过,中国应当对于人类有较大的贡献。确实,中国曾经在几千年的历史中对于人类的存续与发展做出过重要贡献,改革开放以来的中国还仍然继续对当今世界的人类社会进步事业做着不竭的贡献。我们主张对因历史悠久而特别复杂的中国社会的解读要基于三种时态,即过去时、现在时和未来时。

首先是对作为过去时的中国社会历史的认知。要对历史抱有珍惜和敬畏之心,回顾中国社会是从何而来的。如果从时间维度历时态地解读中国社会是属于过渡性或转型社会,可以以三个时间点为参照系:其一是以 1840 年为界,是由传统中国向现代中国转型,此次转型是从封建社会向半殖民地半封建半资本主义社会转型,如果从其所有制私有性质来看,是属于"同质性的社会大转型";其二是以 1949 年为界,是由旧中国开始向新中国转型,此次转型是从半殖民地半封建半资本主义社会向新民主主义社会转型,其社会性质大体属于从一种社会向另一种社会的"异质性社会的中转型";其三是以 1978 年为界,是由新中国向

① 马凯. 在"2011 中欧社会管理论坛"上的致辞[J]. 行政管理改革,2012(1).

② 马克思恩格斯选集:第 1 卷[M]. 北京:人民出版社,1995:66.

"新新中国"或向新中国新发展阶段的转型,此次转型是从新民主主义社会向中国特色社会主义初级阶段或"后新民主主义社会"的转型,其社会性质大体属于"同质性社会的不同历史发展阶段的小转型"。改革开放这种独特的"社会转型"形式,恰好从历史的层面上验证了当时我国通过"改造"以实现"消灭"生产资料私有制这种历史实践行为在多大程度上符合历史的规律性、合理性及合情性。这种验证过程与其说是"社会转型",倒不如说是一种"自我调适"或"自我修正"的过程,是在探寻走新中国自己的历史必由之路。

其次是对作为现在时的现实中国社会的认知。要对现实坚持正视和公道之心,体认中国社会现在所处的社会方位。我国的宪法和党政正式文献确认中华人民共和国是社会主义国家,我国现处在并仍将长期处在社会主义初级阶段。然而实际上,如果不单从价值层面而是从事实层面上看,现今中国社会是一个名副其实的"多质态共存的社会",不可能属于某种纯粹的社会形态。正是基于这种多质态的现实社会基础,所以才提出构建和谐社会的现实要求,所以才提醒着人们要理性地处理好各种主义之间的关系,主要是理性地处理好社会主义同国内外的封建主义、资本主义的关系,理性地处理好社会主义初级阶段与新民主主义社会的关系。从现实的价值取向上看,各种主义之间所呈现的不是简单的"断裂"而是某种"撕裂"开着的一种具有命运共同体性质的历史画面,这种画面显示出它同新民主主义社会有割不断理还乱的关系。所以,笔者认为,可以用"后新民主主义社会"来描述作为中国特色社会主义初级阶段的另一种表达法,它不是也不可能是对"新民主主义社会"的历史回归,而是对新民主主义社会的历史性"穿越"与在新的历史起点上的重新建构。正是基于此,笔者坚持认为,今日之中国,如果没有马克思主义的科学社会主义的指导,中国是不完整不真实的中国;同样,如果没有适度的非社会主义因素的存在,中国也是不完整不真实的中国。尤其重要的是,应告别各种各样的教条(洋教条、古教条、马教条、土教条)主义,坚持走中国特色社会主义道路。①

再次是对作为未来时的明天中国社会的认知。要有勇于和善于开拓未来的清醒头脑和自信心,展望未来中国将向何处去。虽然新中国成立以来我们选择了以社会主义为定向的发展道路,因为只有社会主义才能救中国;虽然三十五年来的改革开放完善和发展着中国特色社会主义制度,因为只有改革开放才能发展中国、发展社会主义、发展马克思主义,但是,由于现实中国正面临着社会转型,可能会面对各种各样的"转型陷阱"(预设的、他设的、甚至一不小心自设的);又由于现实中国是多质态并存的社会,各种质态的主义、力量之间的矛盾、竞争、冲突、较量甚至激烈斗争是不以人们的意志为转移的,亦即难以避免的,等等。正因为如此,我们对社会主义的历史选择不可能是一劳永逸的事,会有各种变数影响和制约着我们在与资本主义的竞争中赢得中国特色社会主义初级阶段的比较优势。因此,我国全面深化的改革开放仍然将在新的长征途中艰难地跋涉!

无论是社会之一般,还是社会之个别,都离不开一定形式的统治、管理和治理,如何在适度的社会统治、社会管理、社会治理中谋求社会秩序和全面可持续发展,这的确需要党和全国各族人民的大智慧与正能量!然而,在我国似乎有一种比较流行并潜在的见解或观

---

① 乔耀章.社会转型陷阱生成的政治生态分析[J].中共四川省委省级机关党校学报,2012(6).

点，即认为“社会统治”充满着政治色彩，往往与“阶级”“斗争”相联系，应该而且已经成为“过去时”，现在的中国社会已经不需要或应当告别“统治”，以为“社会管理”则是一个比较“中性”的可以接受的概念，而且，随着社会治理时代的到来，社会“管理”亦已渐行渐远，也日益从“现在时”变为“过去时”，认为“社会治理”的理念和概念已成为日益时尚的“现在进行时”和“将来时”。其实，这些见解或观点是值得商榷的。统治(Control；Rule；Dominate)一词由“统”与“治”构成，本有统率治理、支配、控制等意思。一般用以指称阶级统治或政治统治。统治中的“统”有统一、统率、总括、全部、统管等等含义，统治通常是建立在外在的强制力量基础上的控制方式，当社会秩序的维护者运用强制性的手段迫使他人去遵守规范时就表现为统治，统治表现在社会生活的各个方面，在阶级社会里，主要是表现为政治统治。政治统治是一个非常复杂的现象和过程，它主要包括国家统治和阶级统治两方面。其中，国家统治是统治阶级运用国家机器对被统治阶级进行的统治；阶级统治是统治阶级运用本阶级的一切力量，并运用各种手段对被统治阶级实行控制和压迫。统治侧重于强制性的“统”或“一体性”，社会文明进阶愈是相对落后，往往统治就愈加强烈。在现代社会中，虽然基于阶级对立的国家其阶级统治并不那么明显，但是只要阶级、国家存在，那种基于阶级、国家的统治就不可能真正退出历史舞台，只是以新的表现形式寓统治于社会管理或社会治理过程之中。在我国，愈是强调社会主义初级阶段的历史定位，使愈要明确这方面的统治意识。

管理(Manage)一词由“管”与“理”构成，通常是相对于统治而言。一般用以指称企业管理等，较少用于社会管理，在统治成为强势话语的社会情境中尤其如此。管理中的“管”既含有疏通、引导、促进、肯定之意，又含有限制、规避、约束、闭合之意；管理中的“理”字本义为剖析，含有道理、规律、合理、顺理之意。所以，管理就是一种合理地疏与堵的思维与行为过程。广义的管理是指应用科学的手段安排组织社会经济、政治、文化、社会活动；狭义的管理是指为保证组织的全部活动而实施的一系列计划、组织、协调、控制以及决策、执行、监督、评估等活动。管理的基本要素包括管理主体、管理客体、管理目的、管理环境或管理条件等，其要回答的主要问题是谁来管理、管理什么、为什么要管理以及在什么条件下进行管理等。

治理(Governance)一词是由“治”与“理”构成。治理中的“治”本有统治、管理、处理、整理、惩罚、从事等含义。有研究表明，“治理”一词在西方最早可追溯到14世纪末，当时英格兰国王亨利四世就用“治理”一词来表明上帝授予国王对国家的统治之权。16—18世纪法国的启蒙学者用“治理”表达政府与市民社会结合的要素。1955年《牛津英汉词典》把治理定义为“统治的行为与方式，被管理的状态”。20世纪八九十年代，治理的学术定义出现在国际关系和公共行政领域。在政治学领域，治理通常是指国家治理、政府治理、地方治理、社区治理等，有各种各样的形式和模式，如元治理、协商治理、科层治理、市场治理、网络治理、公共治理、合作治理、全球治理、运动式治理、综合治理、系统治理等等。与治理相关联的概念是“善治”(Good Governance)，其本意是指良好的治理，是使公共利益最大化的社会管理过程。国内学者俞可平先生比较早地引进和推介了治理与善治术语，并对治理和善治的词源、西方治理和善治兴起的原因、基本特征、基本要素及其实现的条件等都作了比较系统的研究。[1] 其中,善治要体现出十大要素,即:合法性、法治性、透明性、责任性、回应性、有效性、参与性、稳定性、廉洁性和公正性。可见,不是所有的治理都值得称道,治理不一定就是善治,好的治理才是善治,善治是治理的升级版或理想状态(特别提请注意的是,所谓的"善治"有一定的意识形态色彩)。由治理与善治的关系能否给我们以某种启示,即可以联想到统治也不是绝对的"坏",也有"好的统治"或"善的统治",我们主张不能过分远离"统治"和"管理"的原义或引申义来对"治理"做出随意性的解释。

我们通过对"统治""管理""治理"概念的简单梳理可见,社会统治、社会管理、社会治理模式的嬗变归根结底是由社会及其社会变迁的情境决定的。如果将人类社会的发展史划分为前工业社会、工业社会和后工业社会这三种社会发展阶段,那么大致说来,与前工业社会相适应的主要侧重于社会统治,与工业社会相适应的主要侧重于社会管理,与后工业社会相适应的则主要侧重于社会治理。但这丝毫并不意味着前工业社会就没有社会管理和社会治理,工业社会就没有社会统治和社会治理,后工业社会就没有社会统治和社会管理。历史的事实往往是:前工业社会的管理和治理寓于社会统治之中,是一种统治性的管理和统治性的治理;工业社会的统治和治理寓于社会管理之中,是一种管理性的统治和管理性的治理;后工业社会的统治和管理寓于社会治理之中,是一种治理性的统治和治理性的管理。因此,当今人类的社会统治还远没有完全成为过去时,社会管理也还远没有完全从现在时转为过去时,社会治理也还远没有完全成为现在时或现在进行时。从特定意义上说,随着人类社会的变迁和发展,传统的社会统治与社会管理的形式和模式正在日益淡出,从而被新的社会统治与社会管理的形式和模式所替代,这种新的形式和模式之一或者趋势就是社会治理。从纵向历史的时间维度看,"治理"可以解释为是统治的"治"和管理的"理"的历史进阶与组合,治理的外延包含着统治和管理,但是,无论是统治还是管理都不能涵盖治理。由此看来,社会治理是人类的社会统治和社会管理模式的当代最新版,其治理方式或模式演进的基本线路图是:从社会统治—经过社会管理—再走向社会治理。再从横向历史的空间维度看,特定社会的统治、管理和治理往往表现为一种分层次的双向互动的共时态存在。如果我们把社会划分为上层(高层、顶层)社会—中层社会—基层(底层)社会,那么我们可以认为,上层社会主要侧重于社会统治(全局性、系统性、总体性、整体性的管理或治理),中层社会主要侧重于社会管理(既承上又启下,既"通天"又"接地"),基层社会则主要侧重于社会(区)治理。俗语说得好,基础不牢,地动山摇。最美丽的花朵盛开在基层社会的社区治理。从社区治理着手,这是一切关于社会治理亦即社会统治和社会管理问题的出发点和归宿点。不同层次社会治理合力的重心将有不断下沉(废止劳动教养制度、健全社区矫正制度就是最典型的实例之一)的发展趋势,这将有利于总体社会的可持续性成长和长治久安。

二、互补不对称:社会治理原理

社会治理是有其规律的。社会治理规律是社会规律的有机组成部分和具体体现。那

---

① 俞可平.治理与善治[M].北京:社会科学文献出版社,2000.

么，社会治理规律、社会治理原理有哪些或是什么呢？这在学术界还是一个探求不多、知之甚少的问题。

在我国，学术界早于政界开始关注和研究社会管理、社会治理问题。在研究中较少关涉社会统治而较多研究社会管理、社会治理，大致存在着两方面倾向。一方面，较多地把社会管理解读为政府（广义的大政府）单向度的对社会实施行政管制和政治控制；另一方面，较多混用社会管理、公共管理、公共服务、社会治理等概念，似乎治理优于管理，似乎社会治理好于社会管理。我国政界关注社会管理是进入新世纪以来的事。2003 年党的十六届三中全会就将政府的职能定位为经济管理、市场监督、社会管理和公共服务四个方面，这里的社会管理准确地说是“政府社会管理”。2004 年，党的十六届四中全会提出建立“党委领导、政府负责、社会协同、公众参与的社会管理格局”，表现为认知的进步性主要在于从对社会管理由“一元”的政府到“多元”的党委、政府、社会和公众。2005 年 2 月，胡锦涛总书记在中央政治局集体学习会议上，强调要深入研究社会管理规律，更新社会管理观念，推进社会建设社会管理的改革与创新，建构社会管理体制。在此后的主要领导人有关讲话以及相关文献中有不少论述，强调要不断提高社会管理科学化水平。党的十七大尤其是党的十八大又将对社会管理的认识提到了新的高度，对社会管理有了新的定位、新的提法、新的出发点、新的目标、新的要求、新的路径等。特别是把社会管理格局由党委领导、政府负责、社会协同、公众参与发展为“党委领导、政府负责、社会协同、公众参与、法制保障”的社会管理格局，强调要加快形成政社分开、权责明确、依法自治的现代社会组织体系，加快形成源头治理、动态管理、应急处理相结合的社会管理机制。此后，在党的十八届三中全会的《决定》中强调，要在全面深化改革中推进国家治理体系和治理能力的现代化，增强有效的政府治理，创新社会治理体制。由此我们可以有理由认为，自党的十八大特别是十八届三中全会以后，我国社会管理的重心将由“一元”的管理转向“多元”的治理。我们可以从中进一步揭示社会管理或社会治理的主要原理。

近年来，笔者先后发表了《从治民到官民互治——行政现代化的历程分析》《论政府社会管理中的政府、社会、公民三者关系》《对中国特色社会主义社会管理问题的新认识——在论政府社会管理中的政府、社会、公民三者关系》等文章，对“社会管理”的主客体及其相互关系做过大致的梳理，认为“社会管理”概念可以转换成“管理社会”“管理社会管理”“社会管理社会”等，由此形成几种管理模式。

模式之一，由政党、国家、政府（三合一或三位一体）作为社会管理主体的“独家管理”。通常人们认为所谓的“社会管理”实质上是“管理社会”，管理的主体是执政党、国家和政府三位一体，社会包括公众是被政党、国家、政府管理的客体、对象，常常通过自上而下的单向度控制、统制途径的方法和手段管理社会，出现较为明显的位势差。很显然，这种“管理社会”的情景已经不再是原来意义上的“社会管理”了。但是，这种独家管理在特定的历史阶段是不可或缺的。随着社会的发展，这种传统的由政党、国家、政府三位一体为主体的“独家管理”的局面将越来越成为过去时。

模式之二，以社会作为管理的主体，把社会管理理解为社会自我管理，称为“社会自理”或“社会自治”。其实，在未来一个相当长的历史时期内，这种模式还只是一种设想或理想，还远不可能是现实的，未来的趋势限于条件还并不就是当下的。虽然从传统的社会统治、社会管理、社会治理走向社会自理与社会自治，是社会发展的自然历史过程和必然趋势，但是必须坚持一切以时间、地点和条件为转移，防范某种极化思维，走向具体国家特定历史阶段具有某种不可或缺的“独家管理”现实的另一极端，避免无国家、无政党、无政府、历史虚无主义之嫌。还应当指出的是，如果仅把“社会”作为社会管理的主体之一，把社会管理理解为社会治理或社会自治也是不够全面的，因为除了原来由国家、政党、政府处理的社会公共事务可以转由社会自理和社会自治外，国家、政党、政府作为社会的生成物也应当成为接受“社会”主体的管理和治理的对象。这是下面模式之四需要进一步探讨的问题。

模式之三，由社会管理的“一元”主体发展到“多元”主体的“合作管理”“共同管理”“共同治理”。在人类社会的发展过程中，共同管理的思想源远流长，如20世纪初泰罗倡导的科学管理思想，就主张工人与雇主之间以合作为主的“精神革命”，以提高企业的生产经营效率。又如，尤其是旨在坚持以社会主义道路为发展方向的国家，更应该彰显共同管理的思想。20世纪60年代毛泽东就把干部参加劳动、工人参加管理，改革不合理的规章制度，将工人群众、领导干部和技术人员结合的“两参一改三结合”的管理模式称为“鞍钢宪法”，虽然这是一种企业治理，但它同样对国家治理也具有启发意义。再如，联合国环球治理委员会在1995年发布的《我们的全球伙伴关系》研究报告中，明确将治理界定为各种公的或私的个人和机构管理其公共事务的诸多方式的总和。据此可见，社会管理的本质就是共同管理、共同治理，其基本特征就是表现在主体间（际）的多元性、客体或对象的共同性、治理的过程性及其协调性。在国家与社会层面，共同管理特别强调的是政府包括国家、政党和社会组织、社会团体、社会公众对国家与社会公共事务的合作管理、合作治理。这种合作管理和治理既是政府向社会提供公共服务、并依法对有关社会事务进行规范与调节的过程，也是社会自我服务并依据法律和道德进行自我规范与调节的过程。亦即既强调政府服务社会规范社会，又强调社会的自我服务和自我规范。当然，这种模式注重不同管理或治理的主体对于他们面对的共同客体或对象而展开的共同管理或治理的行动，而比较疏忽各种主体之间同样需要相互管理或治理这一客观事实，这就需要加强、创新、完善管理和治理。

模式之四，在理想和现实条件有机结合的基础上，逐步形成国家、政党、政府与社会之间的“互管”（相互管理）、“互治”（相互治理）。这种模式与以上三种模式不仅有“管理”和“治理”的联系（人们一般把管理视同治理总是相互的），而且更为重要的是强调“相互”与“共同”或“合作”的区别。

其一，社会管理中的“社会”是指实体社会，可指整体或总体社会、领域社会、区域社会、层级社会等，是“管理”的主体。这个主体归根结底要是指社会组织、社会团体、社会公众，可称之为“原生性主体”；国家、政党、政府等则是社会原生性主体的“生成性主体”或“派生性主体”。作为社会的原生性主体，其管理的客体或对象大致有两类，一类是一般性的社会公共性事务，另一类是特殊性的社会自身的生成性或派（衍）生性主体。从学理上说，原来意义上的“社会管理”首先是指原生性的社会主体对一般性社会公共事务的管理，其次是原生性主体对其自身派生性主体的管理，就如同教育者必须首先受教育（或治国先治吏）的道理一样，即作为派生性主体的国家、政党、政府要对社会及其公共事务的管理，首先应当接受社会对其自身的管理，哪有管理社会者不接受管理的？至少得接受观念、法律、制度的规约。但是，由于原生性主体与派生性主体具有主体与客体的二重性或不对称、不平等性，又由于原生性主体一直处于相对弱势地位而呈现“主体缺位”现象，所以既往的和现实中的社会管理所呈现的恰恰是派生性主体的“越位”对原生性主体及其一般性社会公共事务的管理，由“社会管理”嬗变为名副其实的“管理社会”。

其二，管理社会中的“社会”则异位为客体和对象，其管理的主体则是源自社会的派生性主体的国家、政党和政府，这三位一体对整体或总体社会的经济、政治、文化、社会生活进行全领域、全方位、全过程的管理。上文所论及的“模式之一”就是如此，从这个意义上说，与其说是“政府社会管理”，倒不如说是“政府（包括政党、国家）管理社会”更为确切。将社会管理与管理社会叠加就成为“管理社会管理”。其中的“社会”是词干，管理成为社会的前缀与后缀，管理作为“社会管理”的前缀和修饰语，限定社会管理，揭示管理社会管理的主体是国家、政党和政府；管理作为社会的后缀，表明社会及其社会管理成为国家、政党和政府管理的客体与对象。这是不争的事实。

其三，社会管理社会中的“管理”是词干，管理前的社会是管理的前缀和主体，其主体既指原生性主体又指派生性主体，管理后的社会是管理的后缀和客体或对象，其客体或对象主要是指原生性主体和一般性社会公共事务。总体说来，社会管理社会的理想状态表现为社会的“五自”：社会自觉、社会自主、社会自管、社会自理和社会自治。它所呈现的是一种社会管理社会化的趋势。这种趋势是否能够实现及其实现程度，不仅取决于社会自身的自觉性及其程度，同时也取决于国家、政党和政府的自觉性及其程度。一方面，国家、政党和政府不但要自觉地接受社会的管理（主要是指宪法、法律、制度的规约），还要自觉、自律管理好自身；另一方面，国家、政党和政府还要自觉地管理好社会，既要自觉培育、引导社会管理国家、政党和政府，又要自觉培育、引导社会管理社会。在我国，这是政党、国家、政府的历史担当和神圣使命。

可见，有关社会统治、社会管理和社会治理的主体、客体各方之间实际上是不对称、不平等、不平衡或不守恒的。从社会管理，经管理社会、管理社会管理，到社会管理社会，是一个良性的闭合系统，该系统在与其生态环境的互动过程中不断地进行着社会管理和管理社会主体与客体之间的相互转换，实现国家、政党和政府与社会相互管理、相互治理，进而在政党、国家和政府与社会之间相互管理和治理的历史过程中逐步实现优势互补的理想境界。由此，我把这种社会治理的理想境界称为社会治理的“互补原理”或社会治理的“互补不对称理论”①，它是社会统治、社会管理和社会治理基本规律的理论表现。有如习近平总书记在关于党的十八届三中全会通过的《决定》的说明中指出的，经济、政治、文化、社会、生态文明各领域改革和党的建设改革紧密联系、相互交融，任何一个领域的改革都会牵动其他领域，同时也需要其他领域改革密切配合。如果各领域改革不配套，各方面改革措施相

① 笔者提出关于社会治理“互补原理”或“互补不对称理论”是受到了“宇称不守恒理论”的启发。1956 年杨振宁和李政道合作，通过实验并未证明弱相互作用中宇称守恒理论，他们提出弱相互作用中宇称不守恒的实验途径，这一理论预见在 1957 年得到吴健雄小组的实验证实。因此，杨振宁和李政道获得 1957 年诺贝尔物理学奖。我在本文中所提出的社会治理的“互补原理”或“互补不对称理论”，在人文社会科学中能否成立，还要求教于方家。

互牵扯甚至制约,全面深化改革就很难推进下去,即使勉强推进,效果也会大打折扣。虽然这段话主要精神讲的是改革的"互动互补"问题,但我认为对社会管理、社会治理同样具有指导意义,社会管理、社会治理也同样需要互动互补。

互补(Complementary)本意是指补足或补充,相互补充,可以弥补对方的缺陷,共同增值。合适的互补,能够使系统的功能高倍放大。对于社会系统而言,影响系统功效的因素是多方面的,系统内部的结构和机制与系统外部的环境因素及其相互作用直接决定了系统功效的高低。笔者之所以把"互补"作为社会管理、社会治理的基本原理,主要是因为互补性原理对于社会的统治、管理、治理来说,不仅是必要的而且也是可能的。

首先看必要性。人类社会之所以需要统治、管理和治理,是因为人类社会的存续和发展需要社会秩序使然(秩序的对立面是"无序",秩序分自然秩序和社会秩序,分别受自然规律和社会规律支配。当今中国的话语之一就是稳定压倒一切)。正如恩格斯在《家庭、私有制和国家的起源》一书中指出的,什么是国家?为什么需要国家?国家是社会在一定发展阶段上的产物,国家是承认这个社会陷入了不可解决的自我矛盾,分裂为不可调和的对立面而又无力摆脱这些对立面。而为了使这些对立面以及这些经济利益互相冲突的阶级不致在无谓的斗争中把自己和社会消灭,就需要有一种表面上凌驾于社会之上的力量,这种力量应当缓和冲突,把冲突保持在"秩序"的范围内;这种从社会中产生但又自居于社会之上并且日益同社会相异化的力量,就是国家。[①] 既然国家的产生与存在是为了社会秩序,那么同样可以认为,社会统治、社会管理和社会治理也是为了社会秩序,而且这种社会秩序往往只有在社会统治、社会管理和社会治理的各方具有优势互补的情境中才有可能达致。

其次看可能性。社会统治、社会管理和社会治理的互补性有赖于社会分工与协作及其分工与协作的程度。社会分工协作程度往往同社会统治、社会管理和社会治理所具有的互补性程度成正相关关系。只有在有效的社会分工与协作的基础上,才能增进社会统治、社会管理和社会治理的互补性,才能营造有效的社会秩序。从某种意义上说,正是由于社会分工与协作的程度不同,才决定了社会统治、社会管理和社会治理这些概念的出现及其彼此差别的形成。一般说来,前工业社会的社会分工与协作程度较低,制约着社会统治;工业社会的分工与协作程度较高,决定着社会管理;后工业社会的分工与协作程度极大提高,呼唤着社会治理。其侧重点从社会统治—到社会管理—再到社会治理的演变,也勾勒出互补性由弱到强的基本历史脉络。中共十七大报告就强调要加强基层政权建设,完善政务公开,实行政府行政管理与基层群众自治的有效衔接和良性互动。党的十八届三中全会《决定》中指出,创新社会治理体制的措施之一就是要加快实施政社分开,所涉及的就是社会分工与协作治理的问题。如果没有各参与治理主体的相对"自立独处",就谈不上真正有效的社会管理和社会治理。如果没有真正的政社分开,就难以有真正有效的政社互动。早在2008年,苏州市就在全国率先提出以"政社互动"为核心的社会管理创新模式,目前太仓市

① 马克思恩格斯选集:第4卷[M].北京:人民出版社,1995:170.

社会管理中政社互动的成功经验正在向全省全国推广。①

有必要指出的是,在实际的社会管理和社会治理过程中,各参与主体之间互动是非常重要和必要的,如果没有互动便没有互补。但是,互动并不能等于互补,互动的不一定是互补的,互补的一定是互动的,只有那些积极的良性的互动才有可能是互补的。就笔者的初步研究表明,社会管理、社会治理过程中互补性原理的实际运用大致有八种情形:国内治理互补、国际治理互补、国内外治理互补、治理主体间(际)互补、治理客体间(际)互补、强强治理互补、弱弱治理互补以及强弱治理互补等,这些情形有待于我们展开深入的研究。

三、共同但有区别:社会治理原则

俗语说得好,没有规矩何成方圆?规矩也即一种原则(Principle),本意是指人们看问题、分析问题、解决问题所依据的准则。原则是从自然界和人类历史中抽象出来的,正确反映自然和社会客观规律的原则才是正确的。然而,原则只能被依据和遵循,但不能用来作为出发点。社会生活有多少领域就有多少种管理,有多少种管理就有多少种管理原则。企业有企业管理原则,法国古典管理理论家亨利·法约尔曾总结出14项管理原则。公司治理有其治理的原则。一般企业管理和公司治理的原则对于社会管理和治理来说有一定的借鉴作用,但是社会管理和社会治理究竟要遵循哪些原则,学术界尚未见到有较为权威的系统研究。本文也只是初步提出问题,还不能解决这个问题,还有待于学界展开深入的研究。

党的十八届三中全会《决定》中指出,创新社会治理,必须着眼于维护最广大人民根本利益,最大限度增加和谐因素,增强社会发展活力,提高社会治理水平,全面推进平安中国建设,维护国家安全,确保人民安居乐业、社会安定有序。这些内容可视为总的原则和总的要求,但是在具体的社会管理和社会治理层面上需要加以细化。

1992年,联合国制定了《联合国气候变化框架公约》,该公约对于全球气候治理具有权威性约束力。我国也应当模范遵守这项公约,建设生态文明,建设美丽中国。该公约的核心内容是:提出了"共同但有区别的责任原则"。我们可以从这个原则解读出两方面的内容:一是共同责任原则,一是区别责任原则。前者,人类只有一个地球,每个国家都要承担起应对气候变化的义务,即共同担当的原则;后者,考虑到各个国家经济发展水平、历史责任和当前人均排放上存在差异,即有区别的原则:发达国家要对其历史排放和当前的高人均排放负责,他们也拥有应对气候变化的资金和技术,发达国家应率先减排,并给发展中国家提供资金和技术支持;而发展中国家仍在以经济和社会发展及消除贫困为首要和压倒一切的事项,它们在得到发达国家技术和资金支持下,采取措施减缓或适应气候变化。在此公约精神的启发下,笔者认为,"共同但有区别"应当成为我国社会管理、社会治理的一项基本原则。

关于"共同"性原则。这是相对于差异性的社会管理和社会治理的现实存在而言的,这一原则要求做到异中求同。为了社会秩序和国家的长治久安,应当对在社会管理和社会治

① 刘松汉,苗成斌,周兴年."政社互动"引领社会管理变革——太仓社会管理经验综述[N].学习时报,2011-09-05.

理过程中必须遵循的共同性原则达成基本的共识，虽然人们认识的切入点各有侧重。对此，笔者认为，中国特色社会主义社会管理必须遵循的共同性原则有四个方面，即：共同的领导力量——中国共产党；共同的理论基础——马克思列宁主义毛泽东思想中国特色社会主义理论；共同的核心价值——只有社会主义才能救中国；共同的思想路线——一切从实际出发，理论联系实际，实事求是，在实践中检验真理和发展真理。① 现在，我们的认识应当统一到中央文献中来。十八届三中全会的《决定》的第十三部分提出了四个坚持，即：坚持系统治理，加强党委领导，发挥政府主导作用，管理和支持社会各方面参与，实现政府治理和社会自我调节、居民自治良性互动；坚持依法治理，加强法制保障，运用法治思维和法治方式化解社会矛盾；坚持综合治理，强化道德约束，协调社会关系，解决社会问题；坚持源头治理，标本兼治，重在治本，以网络化管理、社会化服务为方向，健全基层综合服务管理平台，及时反映和协调人民群众各方面及各层次利益诉求。这四个坚持强调的是系统治理、依法治理、综合治理和源头治理，应当成为我国社会管理和社会治理必须遵循的共同性原则。这些共同性原则还将在社会治理实践中不断发展与完善。

关于"区别"性原则。共同性原则是一种抽象，它要体现在区别性原则的具象之中。区别性原则要求从差异性社会管理和社会治理的实际出发，谋求有效的社会管理和社会治理，做到同中求异，以免社会管理和社会治理中的简单雷同现象。区别性原则与共同性原则既有联系又有差异。区别性原则不应当远离共同性原则，而应当是共同性原则的具体化、细化或落实。所谓区别性原则可以表现在多方面，譬如：本文论及的社会统治、社会管理、社会治理严格说来应当遵循不同的原则；不同的社会形态（如不同的社会制度）应当遵循不同的管理或治理原则；不同的社会发展阶段（如新中国成立以来的不同发展阶段）应当遵循不同的管理或治理原则；不同的社会领域（如经济、政治、文化、社会、生态）应当遵循不同的管理或治理原则；不同的社会区域（如农村社区、城市社区、转型社区）应当遵循不同的管理或治理原则；不同国家（如东方国家、西方国家、中国）应当遵循不同的管理或治理原则；同一国家的不同地域（如我国的东部、中部、西部、南部、北部）应当遵循不同的管理或治理原则；不同的层级（如高层、中层、基层）应当遵循不同的管理或治理原则；等等。区别性原则所体现的是多种多样的社会管理和社会治理的规律，它们既不能相互替代，也不能相互割裂，互为条件，互为目的，共同体现社会管理和社会治理共同原则的生机与活力。遵循共同但有区别的原则，有利于我们在中国特色社会主义社会管理和社会治理的历史进程中，坚持道路自信、理论自信和制度自信，防范各种各样的或形形色色的教条主义、历史虚无主义等倾向，确保我国有效的社会管理和社会治理。

① 乔耀章. 多质态社会管理中的共同性与差异性[J]. 甘肃社会科学，2012(4).

多质态社会管理中的共同性与差异性[①]

乔耀章

从人与社会的产生、存在、发展的全过程来审视人与社会的关系，二者有着极其高密度的互联性。没有社会的人或没有人的社会同样是不可想象的。但是，也正如著名管理学家德鲁克所说的，没有人可能脱离社会而生存，然而有人的地方却未必有社会。他以笔下的沉船与恐慌为世人展示了一幅因无秩序而导致"社会崩溃"的图景。可见，社会是需要管理的，没有管理就没有社会。然而认知社会却是社会管理或管理社会的前提与基础。大体说来，有什么样的社会就可能有什么样的管理。我以为当今中国的社会管理诸多问题中居首的问题是要对我国多质态的社会进行认识、再认识，然后才能在其基础上，遵循"共同但有区别"的原则（转引自《联合国气候变化框架公约》）进行有效的管理或治理，才能做到事半功倍，进而在常态有序的范围内把每个人的价值理念凝聚到社会价值观念上来，真正过好作为人的事实（而并非只是价值）层面的生活。社会管理说到底是对人的管理，人是异化于社会管理的。社会管理社会化必将是社会管理的发展趋势和未来情景。

一、何谓多质态社会

所谓"质态"，一般是指事物的性质、本质、特质的状态或表现形态。"多质态"一般不同于"等质态""同质态"，它是指事物包含着多性质、多本质、多特质的状态或表现形态。所谓"多质态社会"或"社会多质态"，是指某一个特定社会由多种性质、多种本质、多种特质和状态构成的极其复杂的社会有机体。按照马克思、恩格斯的观点，社会是人们相互作用的产物。在一定生产力基础上由生产关系的总和构成所谓的社会关系，构成所谓社会，构成在一定历史阶段上的社会。社会不是一个固定的结晶体，而是一个能够变化且在不断变化的有机体，社会变化进程及其方向取决于社会生产方式的矛盾运动。多质态社会或社会多质态，归根结底是由具体人的本质的差异性和具体人居的自然、地理及其历史的差异性决定的。"多质态社会"或"社会多质态"的另一种表达法是"异质态社会""异质性社会"，关涉特定社会形态的"社会纯净度"问题。根据马克思、恩格斯关于社会形态基本思想和理论，我以为所谓多质态社会或社会多质态问题可体现在以下三个层面上：

其一，整个人类社会的多质态性。马克思对人类社会形态及其更替规律的发现，终于揭开了人类历史之谜，实现了人类历史观的伟大变革。然而，马克思社会形态理论的核心

① 本文刊发于《甘肃社会科学》2012 年第 4 期。

内容包括一个问题的两个方面，这就是：既强调各个民族的社会形态从低级向高级发展的规律是共同的，又强调各个民族的具体发展道路和模式是千差万别的。其中，前者强调五种社会形态是一种总的历史趋势、总的历史规律或人类普遍性规律，这可视为一种“共同性的多质态”；后者强调各个民族具体发展道路不是单一的、直线的和绝对的，在特定的时空条件下，会不乏超常规的历史跨域，也不免有历史性的倒退或退却，这可视为一种“差异性的多质态”。这就要求人们在对待人类社会的多质态问题上，学会处理好客观规律性与历史选择性、普遍性与特殊性、渐进性与跳跃性、统一性与多样性的辩证统一关系①。

其二，西方社会和东方社会的多质态性。如果说整个人类社会多质态性具有抽象性，那么西方社会的多质态性和东方社会的多质态性则具有具象性。一方面，前者的多质态寓于后者的多质态之中，有其共同性和差异性；另一方面，后者的多质态则是前者多质态的具体体现，只是西方社会的多质态与东方社会的多质态也有其共同性和差异性。我国主流的学术、理论研究，注意到了马克思的社会形态理论并不只局限于西方社会，也涵盖东方社会在内；注意到了在马克思看来西方社会的“马尔克制度”与东方社会的“亚细亚所有制”在本质上的相通性，以及在此后发展进程中表现出的差异性；注意到了马克思对西欧资本主义起源的历史概述对于东方社会来说并不具有一般发展道路的历史哲学理论的意义；等等。但是，这些研究一般未从多质态社会的视角切入，而且往往出现两极化思维倾向，即：要么过多强调西方社会，比较忽略东方社会；要么过多强调东方社会，比较忽略西方社会；要么过多强调东、西方社会的共同性，比较忽略东、西方社会的差异性；要么过多强调东、西方社会的差异性，比较忽略东、西方社会的共同性。概言之，这种两极化思维倾向都是在西方的资本主义发展道路和东方的非资本主义亦即社会主义发展道路问题上非此即彼，其实，真实的西方社会不完全是资本主义，真实的东方社会也不完全是非资本主义或社会主义。这就把极其复杂的问题简单化了，因而是值得商榷的②。

其三，我国现实社会的多质态性。在人类社会多质态的视阈中，无论是与西方社会的多质态相比还是与东方其他社会的多质态相比，中国社会更具有鲜明的多质态特质。如果从历时态和共时态同时考究我国的社会，就会发现我国社会呈现着由过去的遗迹、现实的基础和未来的萌芽三种社会质态共存或并存的局面，仿佛人类社会的五种社会形态（原始社会、奴隶社会、封建社会、资本主义社会、社会主义社会、未来共产主义社会）的各种质态要素都聚集在我国的现实社会之中，尤其是社会主义质态和资本主义质态共生并存。我曾经将此景比喻为犹如“活的人类历史博物馆”或“大熔炉”，因此，“社会纯净度”较低。其中，作为现实基础的社会质态是至关重要的，它既是社会历史质态发展的结果，又是未来社会质态发展的母体。一种社会形态或性质之所以是“这种”社会形态或性质，而不是“那种”社会形态或性质，主要是由它的作为现实基础的社会质态决定的。本文所论及的多质态社会，主要是指作为我国社会现实基础的多质态性，因为它决定和制约着我国目前社会质态的性质和未来社会质态发展的路径与方向。笔者经过多年的思考和研究，初步提出和论证

① 王伟光，靳辉明，洪光东，等. 社会形态理论与历史价值观笔谈及会议综述[J]. 中国社会科学，2011(1).
② 王伟光，靳辉明，洪光东，等. 社会形态理论与历史价值观笔谈及会议综述[J]. 中国社会科学，2011(1).

了"后新民主主义社会"问题,认为它是"中国特色社会主义初级阶段的另一种表达法"①,认为需要在相当长的历史时期内,在经济、政治、文化、社会等各个领域继续完成新民主主义社会应该完成而没有完成的历史任务。在我国,理想的合格的社会主义还是尚未实现的未来情景,实现的还不是理想的合格的社会主义,所以我们要坚持社会主义,改革社会主义,建设社会主义,发展社会主义,完善社会主义。如果这方面的认知能够成立,那将既有利于我们防范对马克思主义关于社会形态理论的教条主义倾向,又有利于我们防范非"资"即"社"或非"社"即"资"的两极思维倾向,在整个中国特色社会主义改革、开放、建设的历史进程中,既防止"左",又警惕"右",还真实中国社会多质态共时并存之本来面目。

由此可见,当今中国是建立在多质态的社会现实基础之上的。无论是没有社会主义特质的中国还是没有资本主义特质的中国,都不是现实的真实的中国。现实的中国向何处去,最为关键的问题是,是否始终坚持以社会主义核心价值为导向,这是至关重要并决定一切的。我国的社会管理应从多质态社会这个最基本的"社情"出发。

二、社会管理中的共同性

一般说来,"共同性"是与"同一性""统一性"或"一元性"等紧密联系在一起的,它有别于"共质性""同质性""雷同性",其对立面概念是"差异性"。社会管理中的共同性是由"社会"所具有的共同性和"管理"所具有的共同性决定的,可从多视角或多方面来进行审视和分析,本文的视角关注面只是其中之一,侧重于我国多质态社会的差异性管理中的共同性问题。

人类社会实质上是一个命运共同体。社会本是自然的生成物。自然永远是彼岸的,以其规律支配着此岸的社会。无论哪种社会形态、何种社会发展阶段或社会发展层次,人类要生存,就必须有生产、分配、交换、消费等,于是就有了生产管理和管理生产、分配管理和管理分配、交换管理和管理分配、消费管理和管理消费等。人类要过经济生活、政治生活、文化生活以及社会生活,于是就有了经济管理和管理经济、政治管理和管理政治、文化管理和管理文化以及社会管理和管理社会。人类及其社会既然是"自然之子",除了自我管理和管理自我以外,还要"管理自然",如人类不在管理自然中求得存续和发展,就会在破坏自然而遭到自然规律的惩罚(可称之为"自然管理"或"彼岸管理")中自我毁灭,这并不是非此即彼,而是二者必居其一。这便是对所谓"社会管理中的共同性"问题的一种至上性认知。这个层面社会管理的共同性问题,无论是对于人类社会还是对于具体的民族国家社会都是如此。

人类社会的共同命运需要各民族国家来共同担当,形成社会管理中的相对共同性。大体说来,西方社会自资本原始积累和资本主义制度确立以后的相当长的历史进程中,普遍奉行古典自由主义的"大社会,小政府"的管理理念。到 20 世纪 30 年代资本主义世界的大危机,西方社会又普遍改奉行笔者所称的"凯罗主义",加强政府对经济的普遍干预。再到

---

① 乔耀章. 中国社会特色纵横谈[M]. 苏州:苏州大学出版社,1996;乔耀章. 中国社会特色纵横谈[J]. 江苏科技大学学报,2008(1).

20 世纪七八十年代，新古典自由主义重新崛起，西方社会又普遍奉行社会治理理念，使社会管理更加具有包容性和解释力。相比之下，东方社会承袭“亚细亚生产方式”的历史传统，一直奉行“大政府，小社会”的管理理念，形成相对集(极)权、专制、单向度的社会管理传统。应当指出的是，东西方两种类型社会管理所具有的共同性，是指两者各自所具有的共同性。东西方社会管理与其说是共同性倒不如说是差异性更为确切，无论哪种类型的社会管理都不可能具有作用于对立面社会管理的“普世价值”。但是，一方面，在全球一体化的历史进程中，无论是使“西方社会管理的东方化”，还是使“东方社会管理的西方化”，都是不现实的。另一方面，在全球化的普遍交往、学习、借鉴中，东西方的社会管理更趋“相互嵌入”的态势。以笔者所见，这种相互嵌入态势也是一种社会管理中的共同性，并且，这种“嵌入性共同性”往往不是非此即彼，而是亦此亦彼。

我国的社会管理属于东方社会管理类型中的一种。对于人类社会管理、西方社会管理和东方社会管理来说，我国的社会管理更具个性或差异性特色。然而，从全国一盘棋的全局观点来看，我国多质态的社会管理必须在其内容上呈现出一般性、共同性特色，这是历史的选择，也是现实的选择，还是未来的选择与定向。其共同性表征在多方面，最主要体现在两个方面。首先，我国多质态社会管理中必须坚持领导力量和指导思想的共同性。新中国成立初期，毛泽东就高瞻远瞩地指出：领导我们事业的核心力量是中国共产党，指导我们思想的理论基础是马克思列宁主义。当今中国社会客观存在着多元政治主体、多元思想理论并存的局面。在我国多质态的社会管理过程中，必须坚持中国共产党的统一、正确、科学的领导，必须坚持马克思列宁主义毛泽东思想及其最新发展成果——中国特色社会主义理论——邓小平理论、“三个代表”重要思想、科学发展观的统一、正确、科学的指导。其次，我国多质态社会管理中必须坚持核心价值和思想路线的共同性。其中，关于核心价值，在新中国成立初期，还是毛泽东高瞻远瞩地指出：只有社会主义才能救中国。这是中华民族忧患意识在现当代的凝结，是关于社会主义核心价值思想的最初表达。社会主义救中国具体表现在三种时态：过去，赢得民族独立、国家政权和统一，建立新中国，依靠点之一是社会主义；现在，维护民族独立、国家主权和统一，巩固人民民主专政，建设富强、民主、文明、和谐的中华人民共和国，依靠的也是社会主义；未来，实现中华民族的伟大复兴和现代化，对人类做出更大贡献，依靠的依然是社会主义。在建设中国特色社会主义的整个历史进程中，应始终坚持社会主义的根本制度，这既是坚持领导力量和指导思想的共同性的必然要求，也是坚持以社会主义为核心价值的具体体现。关于思想路线。所谓“思想路线”是指中国共产党的思想路线。早在 1941 年毛泽东在《改造我们的学习》一文中就对“实事求是”的内涵作了科学的解释，后来在此基础上逐步形成发展成为中国共产党的思想路线。最初思想路线的基本内容是：一切从实际出发，理论联系实际，实事求是，在实践中检验真理和发展真理。1978 年十一届三中全会重新确立了这一思想路线，并载入党章。在多质态社会管理中坚持从我国不同层级、不同领域、不同区域的社会实际出发，避免社会管理过程中的简单模仿或雷同现象，进行有效的社会管理，进而形成中国特色社会主义社会管理的整体特色或总体特色。

当今中国的社会管理要在两个层面上处理好社会管理共同性的问题：其一，处理好中国特色社会主义社会管理同人类社会、西方社会、东方社会的共同性问题；其二，处理好中国特色社会主义社会管理内部或自身不同层级、不同领域、不同区域社会管理的共同性问题。在这两个层面上，都应当处理好继续深化全面改革、全面开放、全面建设的共同性关系。对于中国特色社会主义社会管理来说，其领导力量、理论基础、核心价值、思想路线等共同性特质都是历史地形成的，尤其值得珍惜和重视，我们只是要在与时俱进中始终坚持，并使其更加科学、更加正确，进一步挖掘其自身已有的理论潜力、制度潜力、体重潜力、机制潜力，努力做到言行一致，表里一致，名实相符，而不是抛弃历史，改弦更张，另起炉灶。

三、社会管理中的差异性

社会管理差异性或"差异性社会管理""异质性社会管理"是以社会管理的共同性价值为前提的，如果没有社会管理的共同性，便无社会管理的差异性，社会管理的共同性寓于社会管理的差异性之中。

迄今为止，由于人类社会还长期处在从资本主义向社会主义过渡的历史时期内，当今中国是以社会主义为核心价值、为定向性发展的社会，同西方资本主义社会相比在本质上属于异质性社会。因此，中国特色社会主义社会管理在本质上既有别于封建社会的管理，也有别于资本主义的社会管理，还有别于未来理想的合格的社会主义的社会管理。正是从这个意义上说，中国特色社会主义社会管理是一种"多质态的社会管理"或"异质态的社会管理"，是一种"综合性社会管理""公共性社会管理"或"和谐性社会管理"。亦即在当今中国多主义、多质态并存的社会中，除了社会主义的质态需要社会主义的社会管理、非社会主义的质态需要非社会主义的社会管理以外，还需要超乎或介于社会主义与非社会主义之间或之上的那种社会管理，这是一种中国独具的社会管理，它不是"非资即社"式的社会管理，也不是"非社即资"式的社会管理，而是"亦社亦资"式的社会管理。多质态社会，差异性社会，必然要求综合性、公共性、和谐性的社会管理。既然如此，中国特色社会主义社会管理决不能简单照搬西方式的社会管理，就如同西方社会不能搬用中国特色社会主义社会管理一样，这是基于不同社会性质或社会价值导向的缘故，它们所体现的是共同但有区别的社会管理原则。如果能够在实际应用或事实层面可以简单地搬用、趋同、雷同西方的社会管理模式或做法，那么，所谓异质性社会管理的本质区别就值得另当别论。

我们直面多质态社会、异质态社会的现实，进行差异性、异质性、和谐性社会管理，不仅需要勇气，而且还需要大智慧，需要创新。目前，对我国社会管理中的差异性或差异性、异质性社会管理的认知还存在歧义，包括社会管理的体制机制、主客体、手段和目的、内容形式以及学科的差异性等，需要达成相对共识。本文主要从层级管理差异性、领域管理差异性、区域管理差异性以及管理格局差异性等方面进行初步的考究。

关于层级管理差异性。社会是分层的。社会层级是社会结构理论与实践的具有刚性的组成部分。在常态性社会管理中，层级差异性是比较明显的。一般人们把社会分为上层社会、中层社会、下层或底层社会，把政府分为中央政府、地方政府、基层政府。所谓社会管理的层级差异性主要体现在：上层中央政府"顶天"，从事宏观决策性管理，谋全局，顶层设计，不谋全局者不足以谋一域。下层基层政府"立地"，从事落实性管理，对上层决策落实、落实、再落实，所谓最美丽的花朵在基层。中层政府，从事执行性管理，既“顶天”又“立地”，既要“忠诚地上传”又要“创造性地下达”，不做“顶门杠”。在层级性的差异性社会管理问题上，自上而下呈现出从宏观到中观再到微观的层级递减趋势。层级管理差异性要求我们应注重构建和谐层级社会管理，注意防范纵向社会管理中的雷同倾向，以及改革和调整社会管理体制上的“职责同构”现象①。

关于领域管理差异性。从社会是与自然界相对应、也同民族国家的范围相重合视角看，社会及其管理是一个巨系统工程，包括经济子系统、政治子系统、思想文化子系统、社会生活子系统在内的整个社会大系统的管理。社会领域管理的差异性寓于全面社会管理之中。如果没有全面的社会管理，就体现不出社会领域管理的差异性。社会领域管理差异性是基于社会分工产生的。不同领域的社会管理各自有其特定的内容、形式及其规律，发挥着各自的功能与作用。虽然不同领域的社会管理可以以具体的时间、地点、条件为转移，分轻、重、缓、急进行有效的领域管理，但是不同领域的社会管理之间是互为条件、互为目的的，既不能相互替代，也不能相互割裂。领域管理差异性要求我们应注重构建和谐领域社会管理，注意防范横向社会管理中的雷同倾向，以及克服和纠正非全面社会管理、非平衡社会管理等顾此失彼的现象。

关于区域管理差异性。区域或地域是构成社会和国家最基本的空间要素。区域管理的差异性是中国特色社会主义社会管理的题中应有之义。我国幅员辽阔，各地域、区域之间的自然条件、政治、文化、经济社会发展水平差异很大，中国特色社会主义在各个地区的实践必然会因为地域条件的差异而存在差异。长期非均衡发展或梯度（如东、中、西部，东、西、南、北、中，沿海、沿江、边疆）发展，使中国特色社会主义逐步形成区域模式和地区样态，彼此之间具有相当大的差异。一方面，这些差异既是原区域社会差异使然，又是区域社会管理差异性助推的结果；另一方面，这些差异都有浓郁的区域社会特色和鲜明个性，共同展示着中国特色社会主义的无限生机与活力。区域社会管理差异性要求我们应注重构建和谐区域社会管理，注意防范和克服区域社会管理中的雷同倾向，即不能照搬照抄国外的社会管理经验和模式，避免犯“洋教条”错误，也不能照抄照搬国内的区域社会管理经验和模式，避免犯“土教条”错误，正确对待以往乃至现在依然坚持的“典型引路”的管理工作路线，因为区域社会管理的经验和模式往往不可以无条件复制的。

关于管理格局差异性。社会管理格局受制于基本的社会结构，有什么样的社会结构，就可能形成什么样的社会管理。梁漱溟先生在《中国文化要义》一书中认为中国的社会结构是“伦理本位”或“关系本位”，有别于西方的“团体格局”。费孝通先生在《乡土中国》一书中用“差序格局”来指称中国社会结构的特点。显然这是与社会管理说到底是对人的管理，本质上需要集体行动、合作精神、公共规则等价值引领是相悖的。所谓管理格局差异性主要有两个方面：一是指不同社会制度、不同社会结构管理格局的差异性；二是指同一社会制度、社会结构的不同阶段管理格局的差异性，以及管理格局中各组成要素其地位、功能、作用的差异性，本文从后者。改革开放以来，我国新的社会管理基本格局正在逐步形成。

---

① 朱光磊，张志红. 职责同构批判[J]. 北京大学学报（哲学社会科学版），2005(1).

2003 年中共十六届三中全会提出政府社会管理问题,2004 年中共十六届四中全会提出“建立”党委领导、政府负责、社会协同、公众参与的社会管理格局,2006 年中共十六届六中全会又将“建立”改为“健全”,并强调政府在服务中实施管理,在管理中体现服务。这说明我国正在形成并健全过程中的社会管理格局有四大基本要素构成,这就是党委、政府、社会和公众,由此构成“合力”社会管理格局,说明社会管理不仅仅是其中任何一方的事。但是,社会管理格局中的四大要素不是静态的、无差异的、均等的。其中,党委领导是前提,政府负责是根本,社会协调是依托,公众参与是基础,这是终于被发现的能够保证人民当家做主的有效实现形式。社会管理格局差异性要求我们应注重构建和谐社会管理格局,处理好社会管理格局中多种主客体之间的关系①,逐步改革现存的“党政一体化”社会管理观念和社会管理体制、机制,在管理者必须接受管理的理念中,由党政“直接”管理社会到党政“间接”管理社会将是一个必然趋势。

在整个中国特色社会主义初级阶段的历史时期内,多质态并存的社会现实将不会有根本改观,由此决定着社会管理问题上共同性和差异性存在的长期性、复杂性与可变性、多变性。如何将中国特色社会主义的改革、建设、发展和完善维持在良好的秩序范围内,我们确实需要有大智慧。其中,以社会为本,进而以人为本的科学、民主、法制、道德的全面社会管理是须臾不可或缺的。我们是否可以从“政府规范市场,市场引导企业”(政府—市场—企业)的理论与实践中得到某种极其有益的启示:在党委和政府“一体化”(一家)体制尚未达到治本性优化的前提下,通过党政自觉并合力培育社会组织(公民社会),让成长着的社会组织或公民社会及其公众学会由间接到直接管理社会,即由社会管理社会(党政—社会组织—管理社会),逐步实现社会管理社会化的理想境界!

① 乔耀章.对中国特色社会主义社会管理问题的新认识——再论政府社会管理中的政府、社会、公民三者关系[J].湖北行政学院学报,2012(2).

对中国特色社会主义社会管理问题的新认识

——再论政府社会管理中的政府、社会、公民三者关系①

乔耀章

笔者2004年曾在《湖北行政学院学报》发表《论政府社会管理中的政府、社会、公民三者关系》一文,相对于本文,它可称之为"一论"。该文在国内虽然不是最早也算是较早论述社会管理,特别是政府社会管理的文章。自此,笔者对社会管理问题的拷问一直挥之不去。自拙文"一论"发表8年以来,无论是政界还是学界都非常关注社会管理问题的理论与实践,出台了许多相关文件,出版和发表了海量的调查、研究成果。概其要旨,这些相关文件与成果,都十分关注和重视社会问题、矛盾、风险或危机的解决、化解与应对,都十分强调政府应该加强、创新和完善对社会的管理,为我们进一步面对、思考、研究、应对和解决社会问题提供了丰富的文献与现实的基础。本文以社会管理的一般为逻辑起点,对中国特色社会主义初级阶段社会管理的概念、社会形态及其所处的社会历史方位、社会管理主客体的相互关联三个问题进行再认识。笔者认为,社会管理不仅是对狭义社会的管理,而且是对整个社会的经济、政治、文化和社会的管理;认为"社会管理"可分为社会管理、管理社会、社会管理社会、管理社会管理这样几个概念;认为要从时间与空间、实体与虚拟的维度对我国社会主义初级阶段社会管理中的"社会"进行再认识,认为"后新民主主义社会"是中国特色社会主义初级阶段的另一种表达法,我国的社会管理应当从这个最大的国情、最大的实际出发;在社会管理的主客体及其相互关系问题上,针对"传统"的政府、国家、执政党的"独家管理",针对现实社会中比较流行的社会自我管理、社会自治以及根据治理理念所主张的政府、国家、执政党与社会的"共同管理""合作管理",笔者初步提出并论证了社会与政府、国家、执政党"相互管理"的理论观点,特别是社会对政府、国家、执政党的管理(如监督、制约等),这是中国特色社会主义初级阶段社会管理的课题中应有之义,是中国特色社会主义民主政治建设和发展的必然要求。管理者(机构、组织和人员)必须首先接受管理,没有超然于被管理之外不受管理的管理者。笔者认为,对社会管理的概念、社会性质以及主客体相互关系进行再认识,也是对加强、创新和完善社会管理的一种理论尝试,对全面推进我国的社会建设,构建中国特色社会主义初级阶段的和谐社会,具有理论意义和学术价值。

一、关于"社会管理"概念的相关解析

管理同人及社会与生俱来,并同人类社会共始终。换言之,社会管理是人类社会十分

---

① 本文刊发于《湖北行政学院学报》2012年第2期。

重要的管理活动，成为人类社会的永恒课题。人类要生存，社会要发展，就要形成和保持良好的社会秩序，就必须有一定形式的社会管理。然而，不同的社会，不同的国家，不同社会和国家的不同发展阶段有着不同的社会管理。尤其是在今天全球化背景下的现代社会中，社会管理的地位与作用日益重要。然而，正如2011年10月24日在北京召开的“2011中欧社会管理论坛”上，中欧公共管理项目一期项目组长哈里·李斯特在“社会治理与公共管理者的作用”发言中所说的那样，“社会管理”在各个国家有不同的表述，比如说在欧盟，很少用“管理”，而一般用其他的词，比如“良政”。他自己就不用“社会管理”，而用“社会治理”“公共管理”“公共服务”等。国内也有学者认为，当今我们所探讨的“社会管理”是一个颇具中国特色的概念，它是基于当今中国正处于社会问题、社会矛盾和社会风险凸显期、高发期的特定背景相关联的。由此可以推见，目前我国政界、学界和社会生活中日益成为热门话题的“社会管理”问题，既是一个理论问题，更是一个棘手的现实实际问题。社会管理概念的提出和广为使用是出于政治需要，带有某种程度的“被动性”和“应景性”。基于这种认知，在实践中就有可能不同程度地将社会管理理解为政府单向度的对社会实施行政管制、政治控制。这里就关涉对社会管理原初含义的理解或界定。

在政界，我国注重社会管理问题是进入新世纪以来的事。早在2003年党的十六届三中全会，就将政府的职能定位为经济管理、市场监管、社会管理、公共服务这四个方面。这里明确不过地表明社会管理是政府职能之一。由“社会管理”变成“政府社会管理”，实际上就是“政府管理社会”。其中，政府是主体，社会是客体、是对象，管理是政府与社会的中介、桥梁和纽带。

2004年，党的十六届四中全会提出“建立党委领导、政府负责、社会协同、公众参与的社会管理格局”。其进步性的表现之一在于，对社会管理主体的认知从“一元”的政府到“多元”的党委、政府、社会、公众。他们在社会管理中处于不同的地位，发挥不同的作用。

2005年2月，胡锦涛总书记在中央政治局集体学习会议上指出，要深入研究社会管理规律，更新社会管理观念，推进社会建设和管理的改革创新，尽快形成适应我国社会发展要求和人民群众愿望、更加有效的社会管理体制。这就高屋建瓴地强调要研究社会管理规律，更新观念，改革创新，建构社会管理体制问题。温家宝总理在十届人大三次会议的政府工作报告中指出，政府社会管理职能“主要包括政府承担的管理和规范社会组织、协调社会矛盾、保证社会公正、维护社会秩序和稳定、保障人民群众生命财产安全等方面的职能”。他在报告中再次强调了社会管理中的政府的主体性。

2006年，党的十六届六中全会所做的《决定》指出，加强社会管理，维护社会稳定，是构建社会主义和谐社会的必然要求。必须创新社会管理体制，整合社会管理资源，提高社会管理水平，健全党委领导、政府负责、社会协同、公众参与的社会管理格局，在服务中实施管理，在管理中体现服务。这在社会管理问题上认知的进步性显而易见。

2011年，胡锦涛总书记在省部级主要领导干部社会管理及其创新专题研讨班开班式上的讲话中特别强调“三个最大”，即最大限度激发社会活力、最大限度增强和谐因素、最大限度减少不和谐因素，以解决影响社会和谐稳定突出问题为突破口，提高社会管理科学化水平。

至此,中央领导及相关文献对于社会管理的主体、对象、内容、目标的认知已很清晰。现在的问题就是要全面而准确地理解和坚决地贯彻执行。

在学界,对社会管理理论与实践的研究已有海量的成果,但对社会管理的定义还未形成统一的认识。陆文荣先生在其《社会管理:作为实践和概念》一文中对学界研究社会管理的定义作了梳理,列举了具有代表性的四种观点。从所引文献的时间序列看,最早研究社会管理并对其界定的是王康主编的《社会学词典》(1988),认为社会管理是对社会生活的运转机制进行规划、指导、组织、调节、控制的总称。其中心是协调经济发展与整个社会发展的关系。后来,李程伟在《社会管理体制创新:公共管理学视角的解读》(2005)一文中提出,社会管理分为广义和狭义:广义的社会管理是对于整个社会的管理,即包括对政治、经济、思想文化、社会生活子系统在内的整个社会大系统的管理;狭义的社会管理侧重于对与政治、经济、思想文化各个子系统并列的社会子系统的管理。其后,郑杭生主编的《中国社会发展研究报告2006——走向更讲治理的社会:社会建设与社会管理》(2006)一书,认为社会管理主要是政府和社会组织为促进社会系统协调运转,对社会系统的组成部分、社会生活的不同领域以及社会发展的各个环节进行组织、协调、服务、监督和控制的过程。再其后,丁元竹在《中国社会管理的理论建构》(2008)一文中指出,社会管理是指在一定的共同价值基础上,人们处理社会事务和提供社会公共服务的过程。其目的是实现社会公平、公正以及社会效率,其对象是社会事业、社会事务和社会价值,其主体是社会组织和政府,他们通过综合决策建立社会管理模式。在此基础上,陆文荣自己给出的定义是:社会管理是政府、市场和社会组织为了满足人类的各种需求,维持社会秩序,促进社会进步而通力合作对社会生活系统的组成部分进行组织和协调的过程,它以秩序、公平、效率、服务为基本价值取向,在不同的发展阶段表现出不同的主导价值①。

客观地说来,以上五种关于社会管理的定义各有千秋,他们没有也不可能穷尽对社会管理的界定。这些界定主要有两点值得商榷:其一,这些界定中恒定的管理主体少不了政府,似乎政府是没有或不受任何管理和制约的;其二,这些界定大都从社会学角度认定的,存在一些学科的缺位现象。其实,社会管理问题是多学科聚焦的,包括自然科学、社会科学、生命科学,如哲学、法学、社会学、经济学、政治学、管理学、公共管理学、人学、心理学等等。无论哪个学科给出社会管理的定义,其体现的原则都应当是一致的,即社会管理都应当以社会为本,进而以人为本,因为社会的逻辑起点是人的生命存在。笔者认为,作为理论,社会管理不应当是某一学科的"独唱",而应当是多学科的"合唱";作为实践,社会管理不应当出手"单拳",而应当出手"组合拳"。

需要说明的是,本文关于"'社会管理'概念的相关解析",不是"'社会管理'的相关概念解析",也就是说,不是指对诸如社会理论、社会实践、社会政策、社会运动、社会制度、社会理想、社会和谐、社会结构、社会过程、社会建设、社会改革、社会发展、社会文明、社会治理、社会服务、社会价值、社会纪律、社会权利、社会组织等等相关概念的解析,而是主要侧重于对"社会管理"概念进行字面解读、辨析,揭示其新生成概念的转换性含义。"社会管理"概

① 陆文荣.社会管理:作为实践和概念[J].社会科学管理与评论,2011(2).

念可转换为“管理社会”“社会管理社会”“管理社会管理”等。如此看起来近乎是在玩“社会管理”概念或字面游戏、玩社会管理的“概念魔法”,其实不然。笔者认为,如果玩好“社会管理”这一“概念魔方”,既有利于加强或强化社会管理,也有利于创新社会管理,还有利于完善社会管理。具体内容可见下文解析。

二、关于对社会管理中“社会”的再认识

提及社会管理,人们往往直奔社会现实问题如何管理的主题,似乎“社会”已是地球人都知道而无须再费口舌或笔墨了,其实不然。一定社会之所以存在堆积如山的问题以及如何对解决这些问题进行有效管理,都与人们对他们自己赖以存在的那个社会的认知及其程度有着密切的关联度。

一般说来,社会是同人与生俱来的,都是自然界的产物。社会是相对于自然的一种实存现象,是人们生产、消费、生活过程结成的有机共同体。凡社会问题除了自然因素以外都是人为因素造成的,也都需要人、需要管理去解决。由此可见,社会是管理的载体,是管理的前提与基础,管理是为了社会的存在和可持续发展。一切事物的存在都是时间与空间的统一。社会也是一种时间与空间统一的有机体。从时间维度考量,马克思主义认为人类社会可分为原始社会、奴隶社会、封建社会、资本主义社会、社会主义社会和未来的共产主义社会;或蒙昧社会、野蛮社会、文明社会;或远古社会、古代社会、近代社会、现代社会、当代社会;或渔猎社会、农业社会、工业社会、知识社会、信息社会;或历史社会、现实社会、未来社会,等等。从空间维度考量,社会可分为“实体社会”和“虚拟社会”:实体社会可分为东方社会、西方社会,整体社会、全球社会、国际社会,局部社会、地区社会、区域(如我国的东、西、南、北、中)社会,领域(经济、政治、文化)社会,层级社会、基层社会,城市社会、乡村社会以及君主社会、臣民社会、市民社会、公民社会、民主社会、民生社会,生产型社会、消费型社会、生活型社会①,小康社会、大同社会,过渡社会、转型社会、和谐社会等。虚拟社会,亦即网络社会,正如国务院秘书长、国务委员马凯在“2011 年中欧社会管理论坛”上致辞所指出的:随着科技进步特别是信息技术的快速发展和广泛运用,一个对现实世界发生重大影响的虚拟社会已经形成。虚拟社会极大地推进了全球一体化、促进了人类社会的发展和进步,同时也带来了许多新的社会管理问题。这就需要我们将现实社会和虚拟社会作为一个整体来把握,把对现实世界管理与对虚拟社会管理结合起来②。

本文主张对社会管理中“社会”的再认识主要是指要对当今中国的社会再认识。只有完整而准确地认识当今中国社会,才能有加强、创新和完善的中国特色社会主义的社会管理。那么,中国的社会怎样呢? 经过多年的思考和研究,笔者认为可以从时间和空间两个维度对当下中国社会进行再认识。

首先,从时间维度对当今中国的社会形态及所处的社会历史方位进行再认识。对此,目前具有相对定论性的观点是:我国是社会主义国家,中国的社会是社会主义社会,不过还

---

① 王雅林.“生活型社会”的构建[J].哈尔滨工业大学学报(社会科学版),2012(1).

② 马凯.在“2011 中欧社会管理论坛”上的致辞[J].行政管理改革,2012(1).

处在初级阶段。在此前提下,根据马克思主义关于社会形态问题的理论论证,我们可以从研究问题的不同需要出发运用不同的标准来划分社会发展的类型及其阶段,大体有四种:其一,以生产关系划分的社会经济形态,即“五种社会形态”;其二,以人的生存状态划分的社会形态,即“三大社会形态”;其三,以劳动交换方式划分的社会形态,即自然经济社会、商品(市场)经济社会、产品经济社会;其四,以技术发展尺度划分的社会形态,即渔猎社会、农业社会、工业社会、信息社会。经过分析论证,笔者认为这四种社会形态划分的各种因子或元素都不同程度地集存于当今中国社会一体之中。可以说当今中国的社会是一个名副其实的“多质态”共存的社会,不可能属于任何一种纯粹的社会形态。其中,任何一种社会质态都不可能各自形成一种独立的社会形态,“过渡性社会”或“过渡型社会”更符合当下中国的社会实际。必须特别指出的是,第一,“过渡型社会”在本质上有别于当下盛行的“转型社会”或“社会转型”。因为“转型说”有可能模糊人们的视线,不利于人们清晰地认识与回答当今中国社会究竟从哪向哪转变,亦即当今中国究竟向何处去的问题,有某种开倒车走回头路之嫌。而“过渡说”则有明确的方向或价值指向,强调多质态社会中的社会主义的主体性、主导性,即以主体社会主义为主导,坚持社会主义定向性发展,坚持以社会主义价值为中国社会多种价值的核心。当今中国社会可谓“万物共生”而不唯“姓社”,但“万物归心”旨在“姓社”。第二,多质态的社会决定着多质态的社会管理。当今中国多质态的社会提醒人们要理性地处理好各种“主义”的关系,主要是社会主义同国内外的封建主义、资本主义的关系,处理好社会主义初级阶段与新民主主义社会的关系。从社会价值取向上看,各种“主义”之间的关系所呈现的不是简单的“断裂”而是“撕裂”这样一种历史画面。为此,笔者曾向政界和学界奉献“后新民主主义社会”这一创新性的理论命题。认为后新民主主义社会是中国特色社会主义初级阶段的另一种表达法,是对新民主主义社会的历史性“穿越”(不同于“超越”)与重构①。

其次,从空间维度对当今中国的现实社会领域进行再认识。基于时间维度的再认识,中国社会还是“不够格”的社会主义,其社会主义的性质、价值应成为中国社会多重价值构成体系的核心地位,成为现实中国社会定性和未来中国社会发展的前景。这种时间维度的中国社会不能不决定、制约着空间维度的中国社会。根据中共十五大精神以及后来关于社会建设的理论与实践,中国现实社会包括中国特色社会主义经济、政治、文化、社会四大领域。必须指出的是,如果只说“中国社会经济”“中国社会政治”“中国社会文化”或说“中国经济社会”“中国政治社会”“中国文化社会”及狭义的“中国社会社会”,表明这些领域的特质不一定是社会主义的,而说“中国特色社会主义经济”“中国特色社会主义政治”“中国特色社会主义文化”“中国特色社会主义社会”则表明这些领域的特质是社会主义的或坚持以社会主义为定向的。

以上是我们从时间和空间维度对中国社会管理中的“社会”的再认识。这是统一不可

① 笔者对“主体社会主义”“主导性社会主义”“社会主义定向发展”“后新民主主义社会”等问题的思考和研究,可参见《中国社会主义特色纵横谈》(1996);《江苏社会科学》2002(2);《江苏科技大学学报》2008(1);《阅江学刊》2011(6).

分割的两个方面，时间维度的中国社会主要侧重在“定性”的制度方面，空间维度的中国社会主要侧重在“定量”体制或机制方面。我们所论及的“社会管理”，是“中国特色社会主义社会管理”，主要包括中国特色社会主义社会经济管理、中国特色社会主义社会政治管理、中国特色社会主义社会文化管理和中国特色社会主义社会社会管理的“整体社会管理”或“总体社会管理”，它不单指某“领域社会管理”或某“子系统社会管理”。它既不同于“中国社会管理”，严格说来也不同于“中国特色社会管理”，这关乎社会管理的性质，又不仅限于狭义的中国特色社会主义“社会管理”，而关乎社会管理的领域。

由此可见，社会管理中的社会是一个时空交错的纷繁复杂的有机体，基于社会的管理也是一个纷繁复杂的系统工程，有什么样的社会就会有什么样的社会管理，没有社会就没有管理，同样，没有管理也就没有社会，但不能就管理论管理、抓管理，必须统筹规划设计。虽然无论是社会还是管理都有其共性，但是具体操作层面的社会管理还必须从个性出发，如果操作层面的社会管理是一样的或趋同、雷同的，那么简言之或极而言之，总体说来它们的社会性质就有可能没有本质的区别。既然如此，当今中国就不能简单搬用西方式的社会管理，就如西方不可能搬用中国式的社会管理一样，这是基于不同社会性质或社会价值导向的缘故，它们所体现的是共同但有区别的原则。如果能够搬用同样的社会管理，那么社会管理性质的区别就会另当别论。

三、关于社会管理的主客体及相互关系

社会为本，社会至上，管理是围绕着社会进行的。笔者认同这样的见解。从本体论角度看，社会是以生活为本体的；而从认识论角度看，社会是以人的社会生活为内核、内容和它的存在形式（关系、结构、制度等）两大部分构成的，即社会概念的基本结构是由社会内容与社会形式两部分构成的。马克思历史唯物主义社会理论的贡献在于“发现生活”，指出人类社会就是现实生活的生产与再生产过程，只是在不同的时代人类的生活采取了不同的社会形态、社会方式和社会模式①。相对于社会生活或生活社会而言，社会形态、社会方式、社会模式等都属于社会管理范畴。社会管理的主客体涉及谁管谁、管什么、怎么管等问题。

关于社会管理的主、客体，在政界和学界或明或暗的观点、主张、见解主要有三种：一种可谓政府（国家、执政党）“独家管理”；另一种可谓政府（国家、执政党）与社会“共同管理”或“合作管理”“共同治理”；第三种可谓“社会自理”或“社会自治”。这些观点都是值得商榷的。在此基础上，笔者所主张的是政府（国家、执政党）与社会的“相互管理”或“互管”“互治”。

先看“独家管理”。这种社会管理可以说是至今的传统，已成为一种思维定势，一种行为习惯。通常人们认为“社会管理”就是国家管理社会，执政党管理社会，政府管理社会，社会的一切统属它们的管理。它们通常以“唯一主体”自居，视社会为客体和对象，常常通过自上而下的单向控制、统治的途径、方法和手段管理社会。其实，这里的国家、执政党、政府是“一家”的（从这个意义上说，关于“社会管理格局”中的党委领导、政府负责，本质上也是

① 王雅林.“生活型社会”的构建[J].哈尔滨工业大学学报（社会科学版），2012（1）.

一家的)，它们的管理本质上就是独家管理，由此滋生低效率及种种寻租现象。作为主体之一的国家、执政党、政府通过管理作用于社会的“管理社会”已经不是原来意义上的“社会管理”，它们之间的“组合拳”也不是严格意义上的管理“主体际”的多元。关于这种思维、认知和行为方式在当今我国社会管理中还有相当程度的合法、合理、合情性。例如，上文提及的马凯同志在致辞中指出，“社会管理就是通过规范社会行为、协调社会关系、促进社会认同、解决社会问题、化解社会矛盾、维护社会安全、应对社会风险、为人类社会的生存和发展创造基础运行条件和良好社会环境”①。很显然，这个定义似乎无主体，但隐含在其中的国家、执政党和政府的主体性作用是不言而喻的，也是其他任何主体所不能替代的。随着社会的发展，国家或执政党或政府作为唯一社会管理主体或独家管理的局面正越来越成为过去时。

次看“共同管理”“合作管理”“共同治理”。相比“独家管理”而言，“共同管理”等已经开始从社会管理的“一元”主体向社会管理的“多元”主体发展，这是一种历史的进步。在人类社会发展过程中，共同管理的思想源远流长，特别是近现代以来，尤其是旨在坚持走社会主义道路的国家，更应该彰显共同管理的思想。如20世纪初泰罗提出科学管理思想中主张的工人与雇主之间的“精神革命”；又如20世纪60年代毛泽东把干部参加劳动，工人参加管理，改革不合理的规章制度，工人群众、领导干部和技术员结合的“两参一改三结合”的管理制度称之为“鞍钢宪法”，甚至与苏联的“马钢宪法”相并列；再如，联合国全球治理委员会在1995年发布的《我们的全球伙伴关系》研究报告中，明确将治理界定为：治理是各种公的或私的个人和机构管理其共同事务的诸多方式的总和。社会管理的本质就是治理。共同管理或治理的基本特征主要是主体的多元性、客体或对象的共同性、活动的过程性及其协调性。共同管理特别强调的是政府(包括国家、执政党)和社会(社会组织、社会团体、公众)对社会公共事务的合作管理。北京市工会主席梁伟在“2011中欧社会管理论坛”上的主题发言对社会管理所做的定义表达的就是这种理念，即“现代社会管理既是政府向社会提供公共服务、并依法对有关社会事务进行规范和调节的过程，也是社会自我服务并依据法律和道德进行自我规范和调节的过程”②。这种表述突出社会管理的现代性，强调政府服务社会、规范社会，强调社会的自我服务和自我规范。其美中不足之处主要在于：往往不是缺乏政府自我系统的优质服务，而是缺乏正常有效的政府自我规范或自我约束；往往不是政府规范社会不可或缺，而是有意或无意地忽视社会对政府所持有的有效规范。这些不足之处正是社会管理过程中需要加强、需要创新、需要完善的。

再看“社会自理”或“社会自治”。主张这种观点的人往往坚持社会本位，主张自由主义的“小政府大社会”，认为社会是社会的社会，而非国家、政党、政府的社会，社会早于国家、政党、政府，国家、政党、政府源于社会，应该服务于社会。持这种观点本无须论辩。从社会统制走向社会管理、社会服务再走向社会自理、社会自治是社会发展的自然历史过程和必然趋势。但是，在特定的情境下，不以时间、地点和条件为转移，一味强调社会的自理和自

① 马凯.在“2011中欧社会管理论坛”上的致辞[J].行政管理改革，2012(1).

② 马凯.在“2011中欧社会管理论坛”上的致辞[J].行政管理改革，2012(1).

治，往往是对不可或缺的“独家管理”的一种“反动”，也有某种“无政府主义”之嫌。在中国特色社会主义初级阶段的整个历史进程中，社会管理都应当防范这两种极端倾向，如果及时有效地改革“独家管理”，这两种倾向就会有所改观，就有可能逐步淡出社会存在。

再看“相互管理”。10年前笔者曾提出“从治民到官民互治”即从“依法治官吏到依法官吏治”①。8年前笔者又在《论政府社会管理中的政府、社会、公民三者关系》一文中，基于政府与社会的关系以及政府管理社会的不可或缺性，初步提出和论述了管理的相互性，社会管理主客体的二重性特质，政府管理社会与社会管理政府问题②。在此基础上，本文对社会管理主客体及其相互关系进行再认识。其一，“社会管理”中的“社会”是指实体社会，可指整体社会、层级社会、区域社会、领域社会，是管理的主体。这个主体主要是社会组织、社会团体、社会公众。那么，社会主体管理的主要客体、对象是什么？从社会与政府（国家、政党）“唯物”的视角来看，社会管理的主要客体、对象合乎逻辑的是政府、国家、政党，它们产生于社会，它们要管理社会首先要接受社会的管理。社会管理政府、国家、政党符合我国宪法第二条第三款的法理精神。这或许是社会主义政治民主的最高境界。其二，“管理社会”中的“社会”则是客体、对象，管理社会的主要主体是谁？或谁来管理社会？从政府（国家、政党）与社会“辩证”的视角来看，管理社会的主要主体是源于社会自身的产生物，即政府、国家、执政党，它们要对整体、总体社会的经济、政治、文化、社会生活进行全领域、全过程、全方位的管理，任何社会领域、社会组织、社会团体、公民都不能少。从这个意义上看，与其说是“政府社会管理”，倒不如说是“政府管理社会”更为确切。其三，“社会管理社会”。这里的“管理”是词干，“社会”成为管理的前缀与后缀，它既是管理的主体同时又是管理的客体。社会管理社会的理想状态表现为社会的“五自”，即自觉、自主、自管、自理、自治。它所呈现的是一种社会管理社会化的发展态势，当然还是一种未来情景。社会管理社会化是否可能实现及其实现程度，不仅取决于社会自身的“五自”及其实现程度，同时还要取决于政府、国家、政党的自觉性及其实现程度③。政府、国家、政党不但要自觉地接受社会的管理，不但要自觉地管理好自身，还要在此基础上自觉地管理好社会，所以政府、国家、政党要自觉培育、引导社会管理政府、国家、政党，自觉培育、引导社会管理社会。其四，“管理社会管理”。这里的“社会”成为词干，管理成为社会的前缀与后缀。管理作为“社会管理”的前缀修饰、限定社会管理，揭示管理社会管理的主体是政府、国家、政党，社会及其社会管理是政府、国家、政党管理的客体。这样从社会管理→社会管理社会→管理社会管理，形成一个有机的闭合体，实现社会管理主体和客体的相互转变，实现政府和社会“相互管理”的理想境界。这种“相互管理”不同于“独家管理”“共同管理”“社会自我管理”，同时也是在秉承社会管理自然历史过程中对“独家管理”“共同管理”和“管理社会管理”的穿越。相对说来，“独家管理”渐趋成为过去时，“共同管理”逐步成为现在进行时，“相互管理”以及“社会自理”必将成为将来时。

---

① 乔耀章．从治民到官民互治——行政现代化的历程分析[J]．北京行政学院学报，2002(2)．

② 乔耀章．论政府社会管理中的政府、社会、公民三者关系[J]．湖北行政学院学报，2004(5)．

③ 乔耀章，芮国强．政府创新与政府自觉[J]．学术界，2002(4)．

马克思恩格斯在《共产党宣言》中指出："过去的一切运动都是少数人的或者为少数人谋利益的运动。无产阶级的运动是绝大多数人的、为绝大多数人谋利益的独立的运动。"①在社会管理的主客体问题上我们是否可以认为，过去一直都是少数人对多数人的管理和治理，即政府或国家或政党，或政府、国家、政党的"联合体""统一体"，对社会管理或管理社会，即便是在中国特色社会主义初级阶段相当长的历史阶段也不会有所根本改观。而现代社会管理，尤其是中国特色社会主义初级阶段社会管理的变革发展态势却是：其一，是多数人对少数人的管理和治理，即"社会管理"政府（国家、政党）；其二，是多数人对自己或多数人对多数人的管理和治理，即"社会管理社会"；其三，是非传统的或新型、新式的少数人对多数人的管理和治理，即政府、国家、政党"管理社会"；其四，是非传统的或新型、新式的少数人管理多数人与多数人管理少数人以及多数人对多数人的管理和治理，即政府、国家、政党"管理社会管理"，其基本职责是为社会供给公共制度、体制、机制，满足社会成员的物质和精神需求，营造公平、正义、和谐的社会人际关系，在取得社会公众认同与协助下，协调各种社会群体的利益关系，权利与机会平等关系，社会物质与精神资源的公平占有与分配关系，并为此制定相应的法制；等等。所有这些方面构成复杂的系统工程，各子系统之间有着很大甚至非根本性质的不同管理和治理方式、模式和范式。然而，人类社会管理已经为少数人（政府、国家、政党）的或者为少数人（政府、国家、政党）谋利益的管理社会积累了丰富的经验与教训，已经形成成熟的管理范式，而对多数人（社会大众）的或者为多数人（社会大众）谋利益的社会管理还缺乏比较完善的范式，还在不断的探索之中。

还应当指出，社会管理并不是目的本身。进入21世纪以来，党中央和国务院先后推出社会和谐、社会建设、社会管理三个方面的理论与实践课题。其中，社会和谐是目的，社会建设是途径，社会管理是社会建设的派生任务。目前，我国的社会管理已经进入新的历史阶段，我国的社会管理既富有成效，又面临新的挑战与机遇，不断加强社会管理，不断创新社会管理，不断完善社会管理就成为社会管理理论和实践的常青问题。甚至可以如是说，本文对社会管理"概念"的辨析，对社会管理中"社会"的再认识，对社会管理"主客体"关系的探究，就是为推进社会管理的加强、创新和完善所做的理论尝试。

① 马克思恩格斯选集：第1卷[M]. 北京：人民出版社，1995：83.

政府主导下的官民共治:我国社会管理模式的转型方向①

高祖林

随着改革开放的深入推进,我国在面临重要发展战略机遇的同时,也步入社会转型和矛盾凸显期,社会管理面临着新情况、新问题,原有的管理模式已无法适应形势变化。20世纪90年代以来,新治理理论在西方兴起。通过对之予以扬弃,并根据中国现实国情,政府主导下的官民共治应当成为我国社会管理模式的转型方向。

一、政府主导下官民共治的理论渊源及其中国场域中的扬弃

"治理"一词源于拉丁文和古希腊语,原意是控制、操纵和引导,长期以来与"统治"一词交叉使用,并主要用于与国家的公共事务相关的管理活动和政治活动中。20世纪90年代以来,西方学者赋予"治理"新的含义,其不只局限于政治学领域,还被广泛应用于社会经济管理领域。

作为治理理论创始人之一的美国学者詹姆斯·罗西瑙(James N. Rosenau)在其代表作《没有政府的治理》一书中把"治理"界定为:一系列活动领域的管理机制,它们虽未得到正式授权,却能发挥作用。治理,不等同于统治,指一种由共同目标支持的活动,这些活动的主体不一定是政府,也并不完全靠国家的强制力来实现治理的目标。② 英国学者格里·斯托克(Gerry Stoker)则在其《作为理论的治理:五个论点》一文中将各国学者关于治理的观点归纳为五个方面:第一,治理出自政府,但又不限于政府的一套社会公共机构和行为者;第二,治理明确指出在为社会和经济问题寻求解答的过程中,存在着界限和责任方面的模糊之点;第三,治理明确肯定涉及集体行为的各个社会公共机构之间存在着权力依赖;第四,治理指行为者网络的自主自治;第五,治理认定,办好事情的能力并不在于政府的权力,不在于政府下命令或运用其权威,政府可以动用新的工具和技术来控制和指引,而政府的能力和责任均在于此。③ 联合国全球治理委员会在1995年《我们的全球伙伴关系》研究报告中对治理概念给出的界定较为权威:治理是各种机构或个人管理其共同事务多方面的总和,调解不同利益主体并相互合作实现目标的持续过程。既包括迫使人们服从的正式制度和规则,也包括各种人们为实现共同目标而达成的非正式的制度。其特征是:治理不是一

---

① 本文刊发于《马克思主义与现实》2012年第6期。

② [美]詹姆斯·罗西瑙:没有政府的治理[M].南昌:江西人民出版社,2001:4-5.

③ [英]格里·斯托克(Gerry Stoker).作为理论的治理:五个论点[J].国际社会科学杂志(中文版),1999(1).

整套固定的规则,也不是一种活动,而是相互协调的过程;治理过程不是建立在控制之上,而是协调;治理不仅涉及公共部门,也包括私人部门;治理不是一种政治制度,而是持续的互动。①

与传统的社会管理相对比,治理与之差异十分明显。最本质的差异就在于,在传统社会管理中,非政府组织、企事业单位及公民个人是管理的客体,管理的主体是唯一的,就是政府。但是在治理中,前述客体变客为主,成为与政府平等的治理主体。这就决定了两种模式下管理方式的差异。在传统社会管理中,政府和管理客体之间是管理与被管理的单向度关系,政府通过不断强化自身权力,依靠自上而下的行政手段,通过管、控、压、罚实施对客体的管理。而在治理中,各治理主体地位平等、各司其职,为了共同的社会利益,通过协商对话取得共识、达成善治。上述差异决定了,在管理成效上,传统社会管理可能在短期内获得社会稳定,但往往这只是表面现象、一时之效,从长期来看,容易造成社会僵化,抑制社会组织及个人激情活力,社会难以持续性发展。而治理能有效激发社会各类主体的创造积极性,极大促进整体社会活力,顺应社会潮流和民众需求,实现社会的长期繁荣稳定。

要强调的是,本文认为,对于西方治理理论我们切不可采取简单的"拿来主义"。因此,考虑到我国具体国情,我们认为,对西方治理理论应当予以扬弃,即应当改变将非政府组织、企事业单位及公民个人视为被管理对象的观念,凸显其在社会管理中的主体地位,激发他们积极主动参与到社会管理中来的积极性。这也是本文所以提出"官民共治",而不采纳"公民参与社会管理"提法的动机。胡锦涛总书记在2011年2月举办的省部级主要领导干部社会管理及其创新专题研讨班上也强调了要坚持人民主体地位:"社会管理,说到底是对人的管理和服务,涉及广大人民群众切身利益,必须始终坚持以人为本、执政为民,切实贯彻党的全心全意为人民服务的根本宗旨,不断实现好、维护好、发展好最广大人民根本利益。要坚持贯彻党的群众路线,坚持人民主体地位,发挥人民首创精神,紧紧依靠人民群众开创新形势下社会管理新局面。"②必须明确,在相当长时间内,在我国社会管理体制中,政府仍然应当占据主导地位,我们应以政府主导下的官民共治作为社会管理模式的转型方向。2004年,党的十六届四中全会提出,要加强社会建设和管理,推进社会管理体制创新,建立健全党委领导、政府负责、社会协同、公众参与的社会管理格局。有学者就指出,这实际上是一种国家(执政党和政府)主导、社会协同和公民参与的多主体合作管理模式。从国家全面控制和包办代替的社会管理模式,转变为国家主导、社会协同和公民参与的社会管理模式,既符合我国目前的国情,又是一种社会管理上的进步,因为它为多主体协商、合作与共治指明了方向。③

二、实现政府主导下官民共治转型的必要性和社会基础

市场经济改革的深入推进催生了多元利益主体,经济社会形势发生了深刻变化,原有

① 俞可平.全球化:全球治理[M].北京:社会科学文献出版社,2003:9.
② 胡锦涛.扎扎实实提高社会管理科学化水平[N].人民日报,2011-02-20.
③ 何增科.我国社会管理体制的现状分析[J].甘肃行政学院学报,2009(4).

的一元化社会管理格局受到严峻挑战，难以为继，实现政府主导下官民共治的转型势在必行。近年来我国公民社会的孕育和发展为实现这种转型提供了社会基础。

（一）市场经济催生多元利益主体，政府作为社会管理唯一主体的局面难以为继

新中国成立以后，在高度集权的政治体制和计划经济体制的基础上，我国建立了“国家—单位—个人”的一元化社会管理格局，国家成为无所不管、无所不包的“全能国家”。随着市场化改革的深入推进，社会经济成分、组织形式、分配方式、利益关系多样化趋势不断发展，原有的整体性和平均化的社会利益结构被打破，人们的利益意识空前觉醒，各类利益主体不断涌现，利益分化呈现加速度发展态势。随着社会结构分化的不断加深，新的社会阶层不断出现，不同的阶层和社会群体开始拥有不同的利益，利益主体日趋多元化。利益获得和利益协调的机制与传统体制相比发生了很大变化，新的利益结构实际上已经形成，利益调整以及由此带来的阶层分化已经成为不争的事实。[①] 面对不同群体的利益诉求，政府作为社会管理唯一主体的格局难以为继，需要构建官民共同治理的体制机制，构建不同利益间的表达和博弈机制，以实现不同利益间的大致平衡。

（二）面对深刻变化的经济社会形势，政府社会管理的能力受到严峻挑战

随着现代化进程的加快和市场经济改革的深入推进，我国正处于一个大发展、大变革、大转型的时期。市场化的推进在有效配置资源的同时也产生了收入分配不公、两极分化等社会问题；工业化的推进在极大发展生产力的同时也产生了失业、环境污染、职业病、心理障碍等问题；城镇化的大力推进在改善城乡面貌的同时也产生了失地农民、城市犯罪率居高不下等问题；信息化的迅猛发展在方便我们获取信息的同时也产生了网瘾、网络色情暴力、网络诈骗、新的“数字鸿沟”等问题；全球化的演进在实现资源全球配置流动的同时也使本来地区性的危险可能演化为全球性危机……同时，新的社会事务大量产生：互联网管理、物业管理、社区管理、失业保障、疾病防控……面对着利益格局日益分化、社会需求日益多元、社会事务日益繁杂、社会问题日益增多、社会矛盾日益凸显的经济社会形势，习惯于包揽一切的政府，其社会管理能力受到严峻挑战，明显力不从心。只有借助于非政府的专业性组织、企事业单位乃至公民个人，在经充分协商寻找到共同利益的基础上，实现合作治理、共同治理。

（三）公民社会的孕育和发展，为官民共同治理提供了社会基础

现代化和市场化的过程，促使传统的管理与被管理的臣民社会或群众社会向现代公民社会转变。随着经济社会发展，中间阶层不断壮大，国家和社会逐步分离开来，一个相对独立于国家和企业的公民自由交往和自主结社的社会生活领域即公民社会悄然出现，公民社会组织（民间组织）和民间公共领域成为公民社会的重要组成部分。民间组织从无到有，从少到多，根据民政部对各类社会组织、团体等进行的最新统计，截至2011年底，全国共有社会组织46.2万个、社会团体25.5万个、民办非企业单位20.4万个、基层群众自治组织共计

① 杨发祥.新时期我国社会管理的创新之维[J].华东理工大学学报，2011(1).

67.9 万个。[①] 特别是随着信息技术的迅猛发展，以互联网为主阵地的公民对公共事务和公共人物进行自由的、平等的讨论、辩论、评论的民间公共领域已经形成，民间舆论的民意压力已经对社会政治生活产生了重要的影响。义务本位、服从本位的臣民或顺民已经被具有纳税人意识和权利意识的公民所代替，公民维护自身权利的个体和集体行动日益自觉和频繁。公民社会的逐步发展，正在改变着集权政治之下国家和社会之间长久以来所形成的支配与从属关系，催生着一种新型的国家和社会关系。[②] 公民社会的孕育和发展，尤其是社会组织的逐渐发展壮大，使得政府在转变职能过程中剥离出来的部分社会管理职能能够找到较为合适的承接载体。

三、当前实现政府主导下官民共治转型存在的问题

虽然实现政府主导下官民共治的转型是大势所趋，但是，实现这种转型不会一帆风顺，实践中还存在不少理念、体制机制上的问题和障碍，需要我们想方设法克服。

（一）政府管理理念滞后，制约了政府在社会管理中正确履行职能

当前，政府对于自身在社会管理中的角色不清，职能不明，常常出现越位、错位或缺位的现象。观念是行动的先导，导致上述现象的根本原因是政府管理理念滞后。有限政府的理念有待强化。不少地方政府及官员仍然对原有包揽一切的“全能政府”念念不忘，习惯于把社会管理的所有方面控制在手中。对公众参与社会管理总是持小心谨慎甚至是排斥的态度，对公众参与管理的范围严加限制，对一些社会组织的活动严密监控，力图使整个社会在政府预先设定的轨道中运行。服务型政府的理念尚未建立。不少官员“官本位”思想严重，自我意识膨胀，习惯于使用传统高度集权时代的命令、指示、指标、管制等手段，对公众自主治理的诉求不予理会，对公众自我管理的能力不太相信。这使政府与公众之间产生了明显的心理距离，很多政府行为无法获得公众认同，政府的合法性权威受损。

（二）公众参与社会管理的渠道不畅，利益表达和博弈机制尚未有效建立

公众若要有效参与社会管理，就必须与政府分享信息，提前介入政府决策过程。政府虽然通过听证等制度吸纳公众参与政府决策，但制度的刚性约束不够，偶然性较大。政府信息披露往往不及时、不全面，在信息不对称的情况下，公众很难有效参与政府决策过程。因此，目前，公众参与社会管理通常都是被动的、配合性的。公众的利益诉求很难通过正常的合法渠道进入政府决策过程。于是，当利益受损时，在无法寻求到正常表达渠道和妥善利益调处机制的情况下，百姓宁可选择极端的方式，社会矛盾由此激化。

（三）公民社会还不成熟，难以发挥在社会管理中的主体性作用

虽然近年来我国公民社会逐渐孕育及发展，但是，总的说来，对于当今中国政府和学术界而言，还是一个新的事物。中国公民社会本身正在形成之中，还很不成熟，其典型特征和

---

① 民政部. 2011 年社会服务发展统计报告[R]. http://cws.mca.gov.cn/article/tjbg/201210/20121000362598.shtml.

② 何增科. 试析我国社会管理面临的新挑战[J]. 北京交通大学学报,2009(4).

作用还未得到充分展露。[1] 公民社会赖以存在的组织基础——社会组织还不发达，发展面临困境。受中国传统文化影响，中国百姓结社意愿不强，社会组织在资金、人才等方面受到掣肘。政府在社会组织的注册登记、监督管理等方面实施较为严格的管控，加之部分社会组织过度“行政化”，导致社会组织自主性不强，与政府在社会管理中的职责分工不明，极大限制了公民社会的自我组织、自我治理。公民参与社会管理的能力水平较低。由于深受中国传统文化以及新中国成立后长期阶级斗争的影响，中国百姓普遍持有“莫谈政治”的思想，对参与政治、公共事务较为冷漠。由于没有强大的公民社会和公民社会组织的存在，所谓公民社会在社会管理中的协同和参与作用无法得到应有的体现和发挥，社会协同、公众参与的社会管理格局远没有形成。[2]

四、政府主导下官民共治的实现路径

通过上述对当前实现政府主导下官民共治转型存在的问题的分析，从目前的实际出发，我们认为，要实现转型，可以考虑遵循以下路径。

（一）更新观念、转变职能，打造服务型政府

要树立有限政府、服务型政府的理念，依法明确政府在社会管理中的管理范围、职责界限。但凡社会组织、企事业单位、公民个人能够自主管理，市场机制能够有效调节，行业协会和社会中介组织能够有效自律的，政府要坚决退出。但凡政府“应该管、管得了、管得好”的事务要坚决管好，尤其是事关社会民生，政府更是责无旁贷，真正实现从大政府到小政府、从全能政府到有限政府、从管制型政府到服务型政府的转变。具体说来，一是制定社会管理方面的政策法规，依法管理社会组织和社会事务；二是调节收入分配，完善社会保障，防止社会两极分化；三是整合社会管理资源，形成政府各个部门齐抓共管，政府、社会、公众共同参与的社会管理格局；四是应对公共危机，维护社会公正与社会稳定；五是加大公共财政投入力度，运用更多的财力和物力等公共资源进行社会建设与社会管理。[3]

（二）积极培育和扶持社会组织，有效承接政府剥离的社会管理职能

转变政府职能，放权社会，必须有承接载体，这便是社会组织。社会组织承接政府剥离的部分职能，有助于降低行政成本，优化行政行为，提高行政效率，使政府更好地履行好社会管理决策者、协调者、监督者的职能。在当前我国社会自治能力较弱、社会组织发育不健全的情况下，政府应在依法规范、管理社会组织的同时，积极培育和扶持社会组织，为社会组织的健康发展创造良好的制度环境。一是完善相关法律法规，明确社会组织的法律地位、工作范围、经费来源、管理手段、管理程序等，维护和确保社会组织对社会管理的参与权；二是放宽政策，创造环境，降低门槛，放手发展城乡各类社会组织，促进其自我组织、自我管理、自我服务、自我监督，引导更多的社会力量参与城乡的社会管理；三是引导社会组织进行公开、透明化的运作，促进各类社会组织加强自身建设，严格行业自律，规范从业行

---

① 俞可平．中国公民社会：概念、分类与制度环境[J]．中国社会科学，2006(1)．

② 周红云．中国社会管理体制改革：现状、原因与方向[J]．甘肃行政学院学报，2008(5)．

③ 叶庆丰．创新社会管理方式的基本思路[J]．中共中央党校学报，2011(3)．

为,承担社会责任,提高自律性和诚信度,增强透明度和公信力。①

（三）拓宽公众参与渠道,构建公众利益表达与博弈机制

在利益日益多元的当下,如何在市场经济条件下构建利益表达与博弈机制,实现各方利益的大体平衡,是检验社会管理成效、维护社会稳定,构建和谐社会的重要方面。一个拥有成熟体制的社会是能够容纳不同群体的利益表达的,通过畅通利益表达渠道,扩大公民参与,发挥社会力量,实现利益群体间的博弈,最终形成相互制约的均衡机制。② 尤其是在政府决策过程中要进一步拓宽公众参与渠道,逐步构建官民平等协商的利益平衡机制。从实践来看,政府决策不当往往是引发社会问题的重要因素。中央号召树立关口前移、源头治理的理念。这不仅仅是指要及时发现矛盾、解决矛盾,在矛盾爆发之前查找原因、提出对策,更关键的在于尽量避免矛盾。这就要求政府不断完善决策机制,健全民主决策程序。尤其是事关群众切身利益的重大决策,必须采取听证、公示等方式广泛听取群众意见,吸纳相关社会组织进行民主协商。有关立法、行政部门应当进一步细化相关法律法规,明确公众参与政府决策的事项、权利、程序以及政府违反相关规定的问责制度,确保公众参与政府决策的合法性、有效性和可操作性。

① 郎友兴,汪锦军,徐东涛.社会管理体制创新研究论纲[J].浙江社会科学,2011(4).

② 宋宝安,贾玉娇.社会管理策略的转型:从现代化到可持续生计[J].社会科学战线,2009(10).

论社会管理的终极目标：充满活力与和谐有序的协调统一[①]

高祖林

“社会管理，就是通过制定社会政策和法规，依法管理和规范社会组织、社会事务，协调社会矛盾，调节收入分配，保障公平，维护社会秩序与社会稳定。”[②]社会管理的目标是使社会有效稳定地运行，以实现社会发展的目的。2011 年 2 月胡锦涛同志在省部级主要领导干部社会管理及其创新专题研讨班开班式的重要讲话中强调，加强和创新社会管理，要紧紧围绕全面建设小康社会的总目标，牢牢把握最大限度激发社会活力、最大限度增加和谐因素、最大限度减少不和谐因素的总要求，以解决影响社会和谐稳定突出问题为突破口，提高社会管理科学化水平，建设中国特色社会主义社会管理体系，确保社会既充满活力又和谐稳定。加强和创新社会管理的基本任务是“协调社会关系、规范社会行为、解决社会问题、化解社会矛盾、促进社会公正、应对社会风险、保持社会稳定。”[③]党的十八大报告提出：“加快形成科学有效的社会管理体制，建立确保社会既充满活力又和谐有序的体制机制。”从“既充满活力又和谐稳定”到“既充满活力又和谐有序”，虽然是一词之差，但却反映了我们党对于加强和创新社会管理终极目标认识的深化和拓展，即加强和创新社会管理的终极目标是：确保社会既充满活力又和谐有序，努力形成全体人民各尽所能、各得其所又和谐相处的局面。

一、既充满活力又和谐有序是经济社会良性发展的必备条件

1. 社会的活力是推动经济社会发展的根本动力

胡锦涛同志在省部级领导干部“提高构建社会主义和谐社会能力”专题研讨班开班式上的重要讲话中指出，所谓充满活力，就是“一切有利于社会进步的创造愿望得到尊重，创造活动得到支持，创造才能得到发挥，创造成果得到肯定”。这一讲话给出了“充满活力”社会的科学内涵。“充满活力”是现代社会的重要标志。在唯物史观看来，人类社会的发展既是一个自然历史过程，又是人的自觉活动的结果。人是社会发展的主体，人的愿望、需求、智慧和劳动，是一切创造力的源泉，构成了社会发展与进步的基本力量，社会发展的目的正是为了实现人的全面而自由的发展。中国共产党正是因为准确把握了人类社会发展的这

---

① 本文刊发于《学术界》2013 年第 4 期。

② 俞可平. 推进社会管理体制的改革创新[N]. 学习时报，2007－04－23.

③ 胡锦涛. 扎扎实实提高社会管理科学化水平[N]. 人民日报，2011－02－20.

一历史规律，坚持了人民群众创造历史的主体地位，才把充满活力作为加强和创新社会管理的一个重要的目标，并把这一伟大的历史任务建立在调动人民群众主体性的基础之上，体现了遵循历史规律性和坚持人民主体性的统一。社会的发展活力集中表现在社会成员主动性、积极性、创造性的充分发挥和切实保证上；同时，社会的发展活力也必须以社会成员的主动性、积极性、创造性的充分发挥和切实保证作为前提。社会活力源自于各个社会主体及其之间的良性互动，社会的发展活力也表现在社会主体的主动性、积极性及创造性的充分发挥上和社会生产生活的构成要素的优化配置与合理流动以及社会生产生活的运行方式和机制所具有的活力。因此，加强和创新社会管理就是要将各个行业与各个阶层人们的创造活力激发起来，通过更加和谐的处理问题和矛盾的方式，来实现社会有机体的合理运转。

马克思主义认为，生产活动是人类最基本的活动，人们为满足物质生活的需要而从事生产活动。任何一个社会首先必须满足人们的物质生活需要，为此就必须促进和推动社会生产的发展。生产力是社会生产活动中最革命、最活跃的因素，是改造自然、改造世界并使之适应人类生活需要的客观物质力量，是社会发展的根本动力。社会财富要由劳动创造，社会的发展进步要靠人民群众推动。社会主义的本质就是解放生产力、发展生产力。“社会主义制度优越性的根本表现，就是能够允许社会生产力以旧社会没有的速度迅速发展，使人民不断增长的物质文化需要不断得到满足。”①因此，充满活力就是要不断解放和发展生产力，最广泛、最充分地调动一切积极因素，使我们的国家和社会永葆发展的动力。“要形成与社会主义初级阶段基本经济制度相适应的思想观念和创业机制，放手让一切劳动、知识、技术、管理和资本的活力竞相迸发，让一切创造社会财富的源泉充分涌流，以造福于人民。”②

马克思早就精辟地指出，人们奋斗所争取的一切，都同他的利益有关。人们为了实现自身的利益而创造财富，创造的过程就是推动历史发展的过程，创造的欲望就是活力。如果缺乏这种活力，社会就死气沉沉。在计划经济时代，人们捧铁饭碗吃大锅饭，生产劳动都按指令而进行，就像一部机器上的零部件，没有自由活动的空间，无须任何创造的欲望，积极性、主动性、创造性受到极大的压抑，生产的效率极其低下。改革开放以后，我们不断变革生产关系，确立了社会主义市场经济体制，确立了以公有制为主体、多种所有制经济共同发展的基本经济制度和以按劳分配为主体、多种分配方式并存的分配制度，一个按照市场规律运行的经济体系得以形成。在这样的运行体系中，投资和经营主体多元化，社会资源按照市场规律而流动，市场主体之间自由竞争、优胜劣汰，由此就极大地刺激了生产经营者和劳动者的积极性，刺激了技术进步、社会生产力提高和经济的发展。“问渠那得清如许，为有源头活水来。”这就是三十多年来我国经济持续快速发展、社会稳步前进、人民生活显著提高、综合国力显著增强的源头活水。

---

① 邓小平文选：第2卷[M]. 北京：人民出版社，1994：128.

② 江泽民. 全面建设小康社会，开创中国特色社会主义事业新局面[M]//十六大以来重要文献选编(上). 北京：中央文献出版社，2005：12.

永葆生机和活力,也是未来经济社会发展的需要。我国的经济社会发展已经取得巨大的成就,但人民对美好生活的向往永无止境,发展也永无止境。党的十八大提出了全面建成小康社会的奋斗目标,明确了建设中国特色社会主义的总任务是实现社会主义现代化和中华民族伟大复兴,未来建设和发展的任务依然繁重。我们只有不断地调整生产关系,排除各种体制机制的障碍,放手让一切劳动、知识、技术、管理和资本的活力竞相迸发,让一切创造社会财富的源泉充分涌流,国家才能进一步繁荣富强,人民才能更加幸福安康。

2. 和谐有序是经济社会发展的前提条件

社会秩序是指人们在社会交往中达到一种动态的一致性平衡状态,它是个体生存和社会活动的基础。"人类社会自产生以来,稳定的社会秩序就一直是人类努力所谋求的状态,它也是社会生活得以正常进行的必要条件,也是一个国家走向兴盛的根本前提。"①而稳定的社会秩序是一种动态的平衡,是指社会生活的安定、协调、和谐和有序。从社会学视角来看,社会和谐有三个基本指向,那就是社会均衡、社会共享与社会公正。社会和谐是一个系统的概念,理论上说,是一个社会各阶层和睦相处,社会各成员各尽其能、各得其所的社会;是人们的聪明才智、创造力得到充分发挥和全面发展的社会,是经济、政治、文化、社会、生态协调发展的社会;是人与人、人与社会、人与自然整体和谐相处的社会。而"有序是社会的组织程度较高的有秩序状态,无序是社会的无政府、无组织的无秩序状态。一个社会稳定有序,本身就是不同利益群体各尽其职、各得其所而又和谐相处的表现。反之,一个社会如果处在动荡、混乱的无序状态,就是社会冲突得不到化解的结果。"②从这一意义上说,社会和谐有序的基本内涵主要包括社会发展协调、社会民生改善、社会利益均衡、社会结构合理、社会管理有序和社会关系和睦六个方面的基本内容。其中,社会发展协调是社会和谐有序的根本保证,社会民生改善是社会和谐有序的必然结果,社会利益均衡、社会结构合理、社会管理有序和社会关系和睦是社会和谐有序的特征或表现③。可见,社会和谐有序是一个国家稳定运行的基础,是中国特色社会主义的本质属性,有效的社会管理是社会和谐有序的必要条件。

和谐有序是人民群众的强烈愿望。自古以来,老百姓都希望过上安居乐业的生活,但在中国以往的社会常常难以实现。从古代直至近代,中国社会常常走入一种怪圈:从乱到治、由治到乱,分久必合、合久必分,有时是天灾引发,有时是人祸所致,有时是内部纷争,有时是外族入侵。每当社会动荡不安之时,受苦受难最深重的是普通的百姓,他们不仅衣食无果、流离失所,甚至成千上万的生命都会被毁灭,人民群众对动乱具有最深刻的切肤之痛。社会主义制度的建立,开辟了人类历史的新纪元,为到达消灭剥削、消除两极分化、最终实现共同富裕的理想社会打开了历史的通途。当然,理想境界的实现不会一蹴而就,现实生活中还会有这样那样的矛盾和不如意的问题,群众的各种诉求也未必能在短时间内全部得到满足,但国家和社会不能乱,始终是全体人民的共识。

---

① 陶德麟. 社会稳定论[M]. 济南:山东人民出版社,1999:3.

② 本书编写组. 构建社会主义和谐社会问答[M]. 北京:红旗出版社,2005:(36).

③ 杨建华,叶菊英. 精神富有的社会是一个和谐有序的社会[J]. 观察与思考,2012(11).

和谐有序是经济社会健康发展的前提条件。只有在和谐有序的社会条件下,才能集中精力搞建设、促发展。自从人类在生产活动中结成各种社会关系从而集合为共同体开始,无论是原始的部落还是现代的国家,秩序的追求就成为一种必要。自由的价值无可非议,社会必须最大限度地保障每个人的自由,按照马克思的设想,未来的美好社会就是"人的全面自由的发展"的社会,"代替那存在着阶级和阶级对立的资产阶级旧社会的,将是这样的一个联合体,在那里,每个人的自由发展是一切人的自由发展的条件"。但自由和有序必须是有机的统一,如果没有共同的规则和良好的秩序,社会就可能杂乱无章,就像一个交响乐团,优秀的音乐家可以尽情表现自己的才华,发挥其艺术水平,但也必须遵守共同的规则,服从统一调度和指挥一样。正如西方学者所认为的,我们之所以享有自由,实是因我们对自由的约束所致,社会秩序是作为为其他一切权利提供了基础的一项神圣权利。

邓小平早在19世纪80年代就反复强调稳定压倒一切,"中国的问题,压倒一切的是需要稳定。没有稳定的环境,什么都搞不成功,已经取得的成果也会失掉。"①改革开放以后,我们始终不渝地走和平发展的道路,争取和平的国际环境发展自己,始终不渝地坚持稳定压倒一切的方针,保持社会的和谐稳定,聚精会神搞建设,一心一意谋发展,推动了经济社会的快速发展。成绩来之不易,经验尤为可贵,其中重要的一条经验就是要倍加珍惜和谐稳定的局面,这也是未来经济社会持续健康发展的需要。

二、正确认识和处理充满活力与和谐有序的辩证统一关系

充满活力与和谐有序是辩证统一的关系,两者相辅相成、不可或缺、不可偏废、统一于经济社会发展的大局。一方面,社会活力是社会实现不断和谐的过程。加强和创新社会管理,并非是要建设一个没有矛盾、只有统一的单纯"和谐"社会,而是要建设一个新矛盾不断产生又不断解决的动态发展的社会。另一方面,结构优化、管理有序的社会进一步促进了社会的流动,社会活力也就在社会流动中动态绽露,社会稳定也需要在动态中实现,社会呈现出异质多元、丰富多彩的面貌,因而更加富有生命力。历史经验说明,一个社会是否具有活力是保持社会稳定的前提,而社会活力的最重要表现就在于能否为社会各个阶层的利益发展提供充分的条件。只有在充满活力中才能促进社会和谐有序,只有在和谐有序的状态下才能使社会充满活力。没有活力,所谓的有序是虚假的有序、不可持续的有序;没有和谐有序,不可能有活力,社会一旦从有序陷入动荡,原有的活力也会丧失殆尽。对于发展而言,充满活力与和谐有序就像鸟之双翼,缺了哪一翼都飞不起来,只有在这两种条件都完备的条件下经济社会才能进入良性发展的轨道。

实现既充满活力又和谐有序两者的协调统一,我们既要有充分的自信,也要有忧患意识。一方面,在中国特色社会主义理论指导和制度条件下,我们一定能够实现这两者的协调统一,三十多年中国特色社会主义道路的实践已经证明了这一点。另一方面,也必须充分地意识到,如果处理不善,也有可能出现失衡。一种是社会矛盾不断积累,冲突加剧,社会动荡呈无序化状态,发展停滞不前甚至倒退,世界上一些国家曾经跌入过这样的"陷阱";

① 邓小平文选:第2卷[M].北京:人民出版社,1994:284.

另一种是以封闭僵化的思路管理社会，不思改革而固守旧体制的弊端，忽视人民主体作用和积极性、创造性的发挥，忽视民生改善和民主法治建设，行政权力过于集中并过度强制性干预社会各种微观活动，社会看似有序而内在活力不足，经济社会发展也会停滞不前，世界上有的国家就呈这样的状态，我们国家也曾有过这样的惨痛教训。在当前加强社会建设和社会管理的实践中，有大量的矛盾和问题需要认真妥善地处理与解决。其中特别是社会人口流动加快、社会阶层分化和利益分化加剧所引发的矛盾与问题，诸如贫富差距持续拉大，刑事犯罪居高不下，征地拆迁、企业改制、环境保护等问题引发的矛盾越来越突出，外来人口与本土居民之间的冲突加剧，群体性事件多发频发，等等。

对此，我们应始终坚持历史唯物主义和辩证唯物主义的思想方法，以确保社会既充满活力又和谐有序为指导思想，防止失之偏颇。一方面，对这些社会矛盾不能熟视无睹，要正视矛盾，切实加强社会管理，努力整合不同的利益主体，化解各种矛盾，减少不和谐因素，防止因矛盾积累而出现社会动荡，维护经济社会发展的大好局面。另一方面，加强社会管理方面的任何措施，都要遵循正确的路径和方法，不能犯方向性错误。比如，不能因为当前贫富差距拉大、社会矛盾比较突出而质疑市场经济的改革取向，否定多种所有制经济共同发展的基本经济制度和多种分配方式并存的分配制度，不能破坏社会多样性的“生态”，不能损害社会主义市场经济条件下人们正当的自由和竞争的权利；要努力缩小贫富差距，体现社会公平正义，但不能回到平均主义、大锅饭的老路上去，否则就会严重挫伤生产者的积极性和创造性，影响经济发展的效率；要加强流动人口的管理，但不能强化户籍管理制度，不能限制人口合理的自由流动，以致固化城乡二元结构；要更好地发挥政府在社会管理中的主导作用，但不能借此强化政府管理职能，甚至把本来已经下放或转移的权力再收回来；等等。如果走偏改革的方向，就有可能回到封闭僵化的老路上去。

三、确保社会既充满活力又和谐有序的实现路径

1. 坚定不移推进改革，排除体制机制障碍，激发社会创造活力

改革是解放和发展生产力的必由之路。只有坚定不移推进改革，才能给经济社会发展注入强大的生机和活力，夯实经济基础和社会财富基础。发展不能停滞，改革也不能停步。过去三十多年，改革开放取得了巨大的成效，但阻碍生产力发展的体制机制方面的痼疾还大量存在，新积累的问题也要通过改革来解决，特别是改革进入攻坚期和深水区，改革的复杂性和凝聚共识的难度都在加大，必须以更大的政治勇气和智慧推进改革。一是高举改革的旗帜，营造强大的舆论氛围，最大限度地凝聚改革的共识和改革的力量，激发人民群众的改革热情，打破既得利益集团的阻滞；二是要更加注重改革的系统性、整体性、协同性，注重改革的顶层设计和整体规划，同时，继续鼓励敢试敢闯，发挥地方和基层的智慧与力量，通过上下结合、点面兼顾更快地推进改革，取得改革的实践成效；三是坚持社会主义市场经济的改革方向，加快完善社会主义市场经济制度、社会主义基本经济制度和分配制度，更大程度更广范围发挥市场在资源配置中的基础性作用，鼓励、支持非公有制经济发展，进一步激发经济的活力；四是加快推进社会主义民主政治建设，健全民主制度，丰富民主形式，扩大人民民主，发挥人民主体作用，保证人民享有广泛权利和自由，调动人民群众的积极性、创

造性，激发劳动和创造的活力；五是协调好改革、发展、稳定三者的关系，将改革的力度、发展的速度和社会可承受的程度统一起来，以改革发展促和谐有序，以和谐有序促改革发展。

2. 在保障和改善民生中增强社会凝聚力，夯实充满活力与和谐有序的社会基础

胡锦涛同志指出："社会管理，说到底是对人的管理和服务，涉及广大人民群众切身利益，必须始终坚持以人为本、执政为民，切实贯彻党的全心全意为人民服务的根本宗旨，不断实现好、维护好、发展好最广大人民的根本利益。"①多谋民生之利，多解民生之忧，让人民群众实实在在享受发展成果、真正安居乐业，对增强社会的凝聚力、促进社会的和谐具有重要的意义。人民是否真正得到了实惠，人民生活是否真正得到了改善，是检验我们一切工作成效的基本标准。改善和保障民生，是政府责无旁贷的责任。要加快政府职能转变，强化政府公共服务职能，集中力量组织和提供基本民生服务、公共事业服务、公共安全服务、公益基础服务，满足群众基本需要；加大对民生改善的财政投入比重，办好人民满意的教育，推动实现更高的就业，千方百计增加居民收入，完善城乡社会保障体系，在学有所教、劳有所得、病有所医、老有所养、住有所居上持续取得新进展，让人民过上更美好的生活；着力维护社会公平正义，调节收入分配，缩小贫富差距，防止两极分化；加大对农村、老少边穷等困难地区的财政转移支付、公共财政投入、援助帮扶力度，加大对城乡困难群体、社会特殊人群的关怀和帮助，解决他们在就学、就业、就医和生活、家庭等方面的实际困难，保障他们的基本生活和权利，让他们享受到党和政府的关怀以及社会主义大家庭的温暖，让社会的每个成员各得其所、和谐相处；各级领导干部要时刻把群众的安危冷暖放在心上，及时准确了解群众所思、所盼、所忧、所急，把群众工作做实、做深、做细、做透。

3. 坚持民主和法治，实现国家治理和社会管理的法治化

毛泽东早在20世纪50年代就已指出："凡属于思想性质的问题，凡属于人民内部的争论问题，只能用民主的方法解决，只能用讨论的方法、批评的方法、说法教育的方法，而不能用强制的方法、压服的方法解决。"②20世纪80年代以后，邓小平一再强调，民主与法制相辅相成，两者辩证统一，不可分割："民主和法制，这两个方面都应该加强，过去我们都不足。要加强民主就要加强法制。没有广泛的民主是不行的，没有健全的法制也是不行的。""民主要坚持下去，法制要坚持下去。这好像两只手，任何一只手削弱都不行。"③民主是社会主义的本质，法治是治国理政的基本方式。坚持民主和法治，把国家各项事业和各项工作纳入法制轨道，实现国家治理和社会管理的法治化，才能真正地实现人民安居乐业、社会和谐有序、国家长治久安。

坚持人民主体地位，进一步扩大人民民主。要以保证人民当家做主为根本，以增强党和国家活力、调动人民积极性为目标，发展更加广泛、更加充分、更加健全的人民民主，发展社会主义政治文明；进一步健全民主制度，丰富民主形式，扩大民主参与，保证人民依法实行民主选举、民主决策、民主管理、民主监督，拓宽社情民意表达渠道，让人民群众有充分的

---

① 胡锦涛. 扎扎实实提高社会管理科学化水平[N]. 人民日报，2011-02-20.

② 毛泽东著作选读：下册[M]. 北京：人民出版社，1986：762.

③ 邓小平文选：第2卷[M]. 北京：人民出版社，1994：189.

权利和畅通的途径表达他们的利益诉求，维护自己的正当权益；建立党和政府为主导的利益协调、矛盾调处和权益保障等机制，推进决策科学化、民主化，增强事关群众切身利益问题重大决策的透明度和公众参与度，在征地拆迁、企业改制、环境保护等容易引发矛盾冲突问题的处理中多做民主协商工作，建立良性的利益博弈机制，把可能影响群众利益和社会稳定的问题与矛盾解决在决策之前，从源头上避免和减少矛盾，或将矛盾消解于萌芽之中。

全面推进依法治国，加快建设社会主义法治国家。全面落实依法治国基本方略，进一步完善法律制度，弘扬法治精神，强化法律制度的执行力，更加注重发挥法治在国家治理和社会管理中的重要作用；依法规范政党、政府及其他国家机关的活动行为，党自身必须在宪法和法律范围内活动，真正做到党领导立法、保证执法、带头守法，各级国家行政机关、审判机关、检察机关要坚持依法行政、公正司法，不断提高司法公信力，加快推进法治政府建设，严格规范政府行为，切实做到严格规范公正文明执法，防止公权对私权的任意侵犯；依法保障全体公民享有广泛的权利，保障公民的人身权、财产权、基本政治权利等各项权利不受侵犯，保证公民的经济、文化、社会等各方面权利得到落实；提高公民的法律素质，弘扬社会主义法治精神，努力培育社会主义法治文化，增强全社会学法遵法守法用法意识，强化依法办事、依法维权理念，在全社会牢固树立宪法和法律的权威，让广大人民群众充分相信法律、自觉运用法律，依法规范公民自身行为，防止社会主体之间的越权侵犯；提高各级领导干部和国家机关工作人员的宪法意识和法制观念，提高运用法治思维和法治方式管理社会的能力，带头厉行法治，熟练运用法治思维和法治方式深化改革、推动发展、化解矛盾、维护稳定能力，特别是在处置各种社会矛盾和突发性事件中，既要坚决维护群众的合理诉求和合法利益，也要防止对违法行为和不合理要求的随意让步，防止头痛医头、脚痛医脚，甚至按了葫芦浮了瓢的做法，摆脱“摆平就是水平”的人治化模式。

4. 促动社会管理模式的转型，实现政府主导下的官民共治①

传统的社会管理，是以政府为一元主体、自上而下的单向性控制为主要特征、行政强制性干预为主要手段的模式。这种管理模式在历史上曾发挥过积极的作用，但存在诸多的弊端，主要是政府过多地包办代替和过度地行政干预，人民群众的主体作用和民主、法治的社会治理作用发挥欠缺。这种模式既难以激发社会活力，也难以保障社会和谐有序，显然已不能适应社会主义市场经济条件下社会管理的需要。因此，必须进行改革创新，实现真正的转型。

据对我国社会管理历史的路径和客观现实情况的分析，我们认为，我国社会管理模式的转型方向应为政府主导下的官民共治。这实际上是一种国家主导、社会协同和公民参与的多主体合作管理模式。这种管理模式的最大优点是改变了国家全面控制和包办代替的做法，调动社会和公民进行自我管理与自主管理，强化社会的自治功能，有利于社会充满活力又安定有序。为推动这种转型模式的实现，要进一步推进行政管理体制改革，切实转变政府职能，推动政府职能向创造良好发展环境、提供优质社会服务、维护社会公平正义转变，把政府过于集中的权力向社会组织转移，把那些政府“不该管、管不好、管不了”的事交

① 高祖林. 政府主导下的官民共治：我国社会管理模式的转型方向[J]. 马克思主义与现实，2012(6).

给社会组织来管；建立人民群众参与社会管理的组织保障体系，积极培育和扶持社会组织，放宽准入门槛，简化登记手续，扩大社会组织的数量；确保社会组织对社会管理的参与权，拓宽社会自治组织的活动空间，完善社会自治组织的内部管理和外部活动的约束制度，提升社会自治组织的素质层次和参与能力，保证社会组织参与社会管理的实际成效；保障公民的各项合法权利，扩大公众有序的政治参与，健全基层群众自治机制，完善基层民主制度，在城乡社区管理、基层公共事务和公益事业等方面实行群众自我管理、自我服务、自我教育、自我监督，充分发挥群众参与社会管理的基础作用。

政社互动：社会管理创新的苏州实践[①]

芮国强

近年来，苏州市各级政府深入贯彻党的十七大提出的“建立政府行政管理与基层群众自治有效衔接和良性互动的机制”，探索建立“以政社分开为前提、政府职能转变为基础、政府购买服务为纽带”的新型政社互动关系，初步形成了政府调控同社会协调互联、政府行政功能同社会自治功能互补、政府行政管理与社会公众参与互动的新型社会管理模式。

一、试点历程

苏州市“政社互动”的探索始于其下辖的太仓市。2008 年，太仓市着手开展了“政社互动”课题的研究工作；2009 年，在研究的基础上，太仓市出台了《关于建立政府行政管理与基层群众自治互动衔接机制的意见》，梳理出《基层群众自治组织依法履行职责事项》和《基层群众自治组织协助政府工作事项》两份“清单”，为“政社互动”的试点奠定了坚实的制度基础；2010 年，太仓市在苏州市范围内率先开展“转变政府职能、提升自治能力、促进法治建设、创新社会管理”的试点工作，承担试点任务的城厢镇与双凤镇在梳理、限定基层自治组织和政府管理法定事项基础上，通过集中签订委托协议书，建立政府与基层自治组织的互动合作关系，且积极运用行政指导、资助奖励、创建基层服务平台等创新机制，引导、推动群众自治组织发挥自治功能，协助政府加强基层社区的管理和服务；2011 年，太仓在该市范围内全面推广“政社互动”模式；2012 年，太仓市出台了《太仓市“三社联动”实施计划》，召开了推进“三社联动”深化“政社互动”工作会议，着力构建“以居民需求为导向，以社区公共利益为纽带，以资源整合为保障，以社区为基础、社会组织为载体、社工和志愿者为骨干，三者互联互补互动”的社区服务运行机制。2012 年 6 月，苏州市出台《关于在全市开展“政社互动”试点工作的指导意见》，在苏州全市范围内全面开展“政社互动”试点工作。

二、主要做法

一是切实转变政府职能。政府职能转变是“政社互动”的首要前提。通过政社分开，苏州市各级政府让集中在政府手中的权力回归到社会组织手中，并逐步由政府组织和社会组织共同承担原来由政府独揽的事务，努力实现基层社会的管理事务和公共服务主要依靠基层群众组织实行自治管理，微观经济活动主要依靠行业协会和商会实行自律管理。各级政

① 本文刊发于《中国社会科学报》2012 年 9 月 12 日 B05 版。

府还将政府行政管理中的事务性、辅助性、公益性工作逐步转移、授权、委托或者外包给基层群众自治组织、社会组织承担。如，苏州市原沧浪区将户外广告、养老服务、市容环卫整治等政府公共管理事项，通过公开招标、项目发包、项目申请、委托管理等方式，由政府购买服务，建立了以项目为导向的契约化管理模式。

二是积极培育社会组织。社会组织的成熟是“政社互动”的有效保障。苏州市加快社区自治组织建设，使社区自治体系得到建立和完善；加快行业协会建设，加快政府职能向行业协会转移，促进政府管理向间接宏观管理转变；加快各类社会团体和民间组织的建设，充分发挥其在反映不同诉求、维护弱势群体权益、满足公共服务等多元化需求方面的重要作用；大力发展社会工作机构和队伍，发展志愿者协会和社会工作者协会，促进社会工作职业化、专业化、规范化。截至 2011 年年底，苏州市共有登记备案的社会组织 10634 个。

三是扩大公众有序参与。公众的有序参与是“政社互动”的重要环节。苏州市各级政府建立健全公众参与重大决策的规则和程序，增强决策的透明度和公众参与度，并注重在决策的过程中广泛征求基层群众自治组织、社会组织和公众的意见，使决策符合社会经济发展的要求、满足群众需求，保证决策的顺利实施。太仓每年都举办两次“民主决策日”活动：活动前准备阶段，村委会以书面形式把本村的大事议题通知到村民代表，村民代表广泛听取村民意见；在“民主决策日”当天，村民代表集体讨论、民主决策，并对社区工作、工作人员、诚信计生履约进行满意度测评。

四是大力加强制度建设。制度建设是“政社互动”的重要保证。通过探索，太仓市初步形成了“一个意见”为龙头、“两份清单”为基础、“一份协议”为依托的制度体系。“一个意见”是指《关于建立政府行政管理与基层群众自治互动衔接机制的意见》。该《意见》就加强党的领导、规范政府行政行为、保障基层自治权利、增强自治功能、支持社会参与、鼓励群众互动以及创新管理体制等方面的内容提出了 19 条要求，成为开展“政社互动”的指导性文件。“两份清单”是指《基层群众自治组织协助政府工作事项》和《基层群众自治组织依法履行职责事项》，整理出“自治组织依法履职事项清单”10 项，清理出“行政权力限制事项清单”27 项。“一份协议”是指《基层自治组织协助政府管理协议书》，全国第一份《基层自治组织协助政府管理协议书》于 2010 年 8 月 13 日在太仓市正式签署，标志着“政社互动”从理论走向实践。此外，太仓市还建立健全了包括政府事项准入机制、政府行政指导机制、自治组织增能机制、承接事项协商机制、群众代表共决机制、履约双向评估机制、党组织监督保障机制、社会稳定风险评估机制等在内的一系列运行机制，使社会管理的创新实践更加规范化、制度化。

三、基本经验

苏州市“政社互动”探索的是社会组织与政府在“分离中合作、合作中共赢”的跨越式发展之路。在“政社互动”的推进过程中，苏州市始终准确把握关系，规范操作：一是准确把握基层政府与自治组织之间的关系，坚持平等原则、相互尊重和遇事协商理念；二是准确把握自治组织履行法定职责与协助政府管理之间的关系，自治法定事项原则应为“无偿履职”，依法协助事项实行“一揽子协议、整体评估、捆绑支付”，法律未赋予自治组织责任或义务的事项，实行政府“购买服务”，进行一事一议；三是准确把握党组织与“政社互动”主体的关系，明确在“政社互动”实践中，各级党组织始终处于领导和监督地位，对“政社互动”实施组织保障和思想保障；四是准确把握创新管理与现有管理的关系，强调积极稳妥，对创新实践的每一步均实施社会稳定风险评估。“政社互动”坚持了执政为民与还政于民、政府主导与社会自主、科学发展与和谐发展的辩证统一，集中体现了政府转变职能、创新社会管理方式的努力。“政社互动”规范了政府行政行为，实现了“三大转变”，即由侧重管理向管理与服务相结合的转变，由侧重外部约束向外部约束与社会自治相结合的转变，由单向的、强制的、行政推动式的管理运行机制向社会化、市场化、平等互动的基层治理运行机制的转变。

综上所述，苏州市“政社互动”的创新实践，着眼于在政府与自治组织、社会组织之间建立一种“相互独立、优势互补、分工协作、良性互动”的关系。“合作”主要是目标上合作、分工上协作：目标上合作是指以提供更好更优的公共服务为目标，政府提供经费与资源，社会组织提供服务；分工上协作是指在社会管理方面，政府承担主要职责，社会组织是被管理者和支持配合者；在社会服务方面，社会组织是主要的提供者和承担者，政府则是公共政策的制定者和服务效果的监督者。“互动”则主要是指政策与目标的制定及实施过程中的及时沟通、相互促进、互相监督、相互依存。政府在制定公共政策时广泛听取社会组织的意见，确立购买公共服务项目时及时公开信息，为社会组织提供参与合作的机会与便利；在具体实施合作的过程中，社会组织及时反映面临的困难与问题，提出合理化建议，政府及时帮助解决困难并不断优化合作的内容和运作机制。通过“政社互动”的探索与实践，苏州市旨在构建“党委领导、政府负责、社会协同、公众参与、法治保障”的社会管理新格局，并将“政社互动”打造成苏州社会管理的创新品牌。

互益型民间组织与公益慈善事业

——苏州工商联(商会)参与公益慈善事业的调研报告

许冠亭

中国公益慈善事业的发展,面临着诸多挑战。其中,缺乏大批素质较高、能力较强的公益慈善组织,成了制约中国公益慈善事业发展的瓶颈。在中国公益慈善组织仍欠发达的情况下,发挥互益型民间组织的公益性功能,能在一定程度上改变中国公益慈善现状。工商联是党领导下的统战性、经济性、民间性的人民团体,其所属各行业商会、异地商会是较有影响力的互益型民间组织。苏州工商联(商会)在公益慈善事业方面发挥了重要作用,在新形势下,要探索新的途径以便更加有效地参与公益慈善事业。

一、苏州商会从事公益慈善事业的传统和现实

苏州商会从事公益慈善事业有着悠久的历史。1905 年苏州成立商务总会后,除了承担为会员服务的职能外,还承担了大量的社会职能,涉及社会生活的各个方面,其中许多属于公益慈善事业。清末苏州商务总会从事的公益慈善活动有:襄办学务以推动新式教育的兴盛和发展;协助革除社会吸食鸦片和赌博等不良陋习;组织救火社、治安龙社等消防组织以促进消防事业发展;参与整顿市容和卫生以改善城市面貌与形象;敦促整顿警务走向正规以改善社会治安;赞助桥梁和道路建设以改善市政交通设施;赈灾、协助政府创办济良所、解救误入烟楼的乡间妇女、筹资创办贫民工厂等。在进入民国后,苏州商会依然在公益慈善事业中发挥着重要的作用,成为苏州“城市近代化中的一支重要力量”。苏州档案馆保存了完整的近代苏州商会档案,展示了苏州商会参与公益慈善事业的多彩画卷。

当今苏州工商联(商会)积极参与公益慈善事业并做出了重要贡献。苏州市工商联引导会员自觉地把自身企业的发展与国家的发展结合起来,把个人富裕与全体人民的共同富裕结合起来,弘扬中华民族传统美德,热心社会公益事业,积极参与“光彩事业”,致富思源、富而思进、扶危济困、共同富裕、义利兼顾、德行并重、发展企业、回馈社会。

在 1994 年 4 月召开的全国工商联七届二次常委会议上,10 位民营企业家联名发出“让我们投身到扶贫的光彩事业中来”的倡议,由此拉开了民营企业家投身于光彩事业工作的序幕。苏州市工商联也成立了光彩事业促进会。苏州市工商联从 1994 年到 2005 年,共有 776 家骨干会员企业实施了投资类光彩项目 252 个,累计封位资金 76.05 亿元,累计安置就业 50238 人,累计培训 47929 人,累计带动脱贫 199893 人,带动村数 715 个。同时期实施捐赠类光彩项目 2988 次,捐赠金额 6.54 亿元,捐赠物资 6359.89 万元,受惠人数达 123.93 万人。截至 2010 年底,全市共建成光彩事业项目 15 个,据不完全统计各类捐赠总额达到 25

亿多元，共捐资兴建希望小学27所。苏州市工商联（总商会）关心原工商业者的生活状况，发动企业家建立了“扶贫帮困基金会”，帮助原工商业者中的贫困家庭，体现了广大非公经济代表人士回报社会的热忱。此外，光彩事业还实施了与贫困村结对帮扶、助学助残助老等等各项活动。

除了发动“光彩事业”，苏州工商联认真开展思想政治工作，加强对会员的各项考核评估，增强会员企业社会责任，在全国抗击“非典”，抗洪救灾，援助汶川、玉树等地震灾区以及成功在举办北京奥运会、上海世界博览会等重大事件中积极履行社会责任，多人获得“中华慈善事业突出贡献奖”，“中华慈善人物”和“江苏省慈善之星”以及市级“慈善突出贡献奖”。行业商会、异地商会的作用也引起社会的关注。

二、发挥商会在公益慈善事业中的作用应选择的途径

与古代和近代的自发、随机性的公益慈善活动不同，当代公益慈善事业的典型特征是，靠专门的慈善组织来动员与运作，以保证能够根据社会的需要最有效地开发和运用慈善资源，同时面向所有需要帮助的社会成员，并保持它的经常性—持续性、规范性和相对稳定性。我国公益性慈善组织数量不多，募集款物能力不强，并在基金运作和使用、内部决策、财务会计制度等方面也不同程度地存在问题。就苏州而言，虽然红十字会、慈善总会等公益性慈善组织尚未发生公益慈善危机，但难免受到其他地区发生的如“郭美美”事件等的牵累而影响筹款等工作的开展，同时，苏州进入老龄化社会，有大量的老人需要关怀照顾，大量的农村人口和外来人口融入城市，社会保障等需要筹集大量资金，且全国突发性灾害多发、灾民数量较多，也需要苏州这样的经济发达城市提供支援。所以在健全和发展公益慈善组织的同时，必须探索正确的途径以充分发挥苏州工商联（商会）等互益型民间组织在公益慈善事业中的作用。

1. 积极理顺商会与政府的关系，扩大商会对公益慈善事业政策法规制订的参与权

20世纪90年代以来，中国确立了建立社会主义市场经济体制的改革目标，并且明确了“小政府、大社会”的政治社会改革取向。经济体制的转型和政府职能的转变，有力地推动了社会主义市场经济的迅速发展，也为各种社团的创设和转型提供了较为广阔的空间。当今的工商联（商会）正是在社会主义市场经济条件下引起重视并开始恢复、调整和逐渐壮大的互益型民间组织——随着我国社会主义市场经济的发展和公益慈善事业的日益众多及日趋复杂，需要筹集更多的慈善资金，吸引商会等民间组织广泛参与公益慈善事业，但理想中的众多公共行动主体彼此合作、共同享有公共权力以迎接日益严峻的公共治理挑战并未真切到来。商会对政府的依赖仍比较多，政府对商会的管理和约束也比较强，因而需要积极理顺商会与政府之间的关系，建立新型的管理和运行机制，增强彼此互信，推进彼此互动。一方面，商会要加强为企业服务并真正成为民主管理、民主协商、经费自筹、独立运作的机构；另一方面，国家要通过调整法律法规和减少行政干预以确保商会的自治地位，尽快出台商会法、行业协会商会等法律法规，使其参与公共事务的边界较为清晰和稳定。

目前要认真贯彻落实中共中央、国务院下发的《关于加强和改进新形势下工商联工作的意见》[（2010）16号文件]以及中共江苏省委、江苏省人民政府“关于贯彻《中共中央国务

院关于加强和改进新形势下工商联工作的意见》的实施意见”，市工商联党组书记列席市委会，及时了解党和政府的重大决策。工商联作为党领导的统一战线组织和人民政协的重要界别，认真履行政治协商、民主监督、参政议政的职能，就公益慈善事业的相关政策制定及其实施建言献策、评议监督。

在公益慈善事业方面，党和政府既要始终“高度重视、非常支持、大力推动慈善事业”，又要确认慈善公益事业应该各种主体共同参加，并为此扩大商会等民间组织在有关公益慈善事业政策法规制定过程中的参与权，借以完善鼓励参与公益慈善事业的税收优惠机制、善款善物的筹集分配机制等，提高企业参与公益慈善事业的积极性。现在，慈善捐赠税收优惠和企业所得税法律调整已经通过，但社会捐赠的政策措施等仍有进一步优化完善的空间，尤其是对光彩投资上的慈善捐赠税务扶持政策有待进一步完善。在这方面，苏州市委市政府也可以在现有法律法规范围内尽量从提高行政效能和营造社会氛围方面着手改善工商联（商会）参与公益慈善事业的环境与条件。

2. 工商联（商会）应不断完善其社会公益功能，提升参与公益慈善事业的公益性精神

苏州商会历史悠久，但发展道路并不平坦，改革开放后的恢复时间也并不算长，其自身建设存在的问题势必会影响参与公益慈善事业作用的发挥。商会等民间组织要提升自我认知和素质，完善内部治理结构，克服对政府“等、靠、要”的依赖思想，制定出适合自己的发展战略，增强自身活动的独立性，并加强与组织外部的其他民间组织和政府之间的协调沟通等，才能有效参与及拓展公益慈善事业。

商会的基本职能是调节内外关系以维护会员利益，这意味着商会具有一定的自利倾向，其参与公益慈善事业的对象也具有差序性、选择性。但与此同时，发挥社会公益作用是民间组织的根本目标，谋求社会公共利益的增进是商会维持其基本社会地位、争取社会认同的现实基础。商会不断完善其社会公益功能，热心社会公益事业的发展，组织各种形式的有利社会公益或促进同行发展的慈善活动，既可以弥补市场经济自身的不足，又成为政府功能缺陷的补充。

苏州工商联（商会）得到政府大力扶植，拥有较其他民间组织更好的发展条件，但也因此容易形成独大局面，妨碍了其他民间组织的发展。商金也会为满足会员的需要而导致自利倾向的膨胀，纵容会员企业从事不正当竞争活动，甚至出现破坏经济秩序、损害公众利益的地方保护主义或行业保护主义现象。近年国内公益慈善平台接连出现“诈捐门”“炫富门”等网络新闻事件，慈善平台的公信力和企业家的慈善行为屡遭质疑，暴露了项目运作不透明、捐赠愿望与实际捐赠信息不对称等问题。因此要进一步规范我国商会的组织结构，加强对商会的引导和管理，既凸现其互益型特征，又彰显其公益性精神，使商会的发展及其功能的提升能有效推进社会主义市场经济的发展和我国经济政治体制的日趋完善，从而促进当代中国公益慈善事业的蓬勃发展。

3. 商会要督促企业履行社会责任，组织开展公益慈善事业，让社会了解、理解商会及其所代表的新的社会阶层，促进社会和谐

商会要深入到企业中，传播社会主义核心价值体系，促进民营企业公益慈善文化建设。企业社会责任是企业有目的、有计划地主动承担对利益相关者的责任，实现企业与社会的

和谐及可持续发展目标，它是市场经济和现代公民社会的产物，也是我国建立和谐社会的内在要求。商会必须督促企业把对社会和环境的高度关注融入企业的日常运营中，使可持续发展和企业社会责任成为所有运营活动中不可缺少的组成部分。

商会要引导会员认识到企业的发展和自身财富的增长是在社会各方面支持下发展起来的，若没有整个社会的协调均衡发展，企业也将失去良好的生存环境和发展空间，而且热心慈善也能提升企业精神，在帮助社会的同时也推动自身的发展。为此，商会要利用所联络的会员企业在财力上具有其他社团所无法相比的优势，深入开展以“爱国、敬业、诚信、守法、贡献”和“致富思源、富而思进”等为主要内容的思想政治工作，热情鼓励和引导会员在做大做强企业的同时不忘回报社会，积极投身光彩事业，支援欠发达地区的经济建设；积极引导和组织企业家以捐资助学、帮困扶贫、修桥铺路等多种形式回报社会；大力倡导会员建立新型劳资关系，努力构建和谐企业；号召会员投身于社会主义新农村建设，树立起当代民营企业家的良好社会形象，提高他们的社会认知度，促进企业的发展和社会的和谐。

总之，苏州公益慈善事业的推进，互益型民间组织应该充分发挥作用。探索苏州工商联（商会）参与公益慈善事业的途径，有赖于历史经验的总结以求鉴往知来，也需要重视理论研究和吸收国内外先进经验，同时还必须有城市公共事务的宏观视野和顶层设计。唯其如此，苏州商会方能在创新参与公益慈善事业中大有可为，大有作为。而进一步扩大和深入对包括工商联（商会）在内的苏州市各类互益型民间组织参与公益慈善事业的调查研究，进而真正充分发挥互益型民间组织的公益慈善作用，必将为苏州的“三区三城”建设、率先实现基本现代化、建成更美好的人间天堂做出多方面的贡献。

政策网络视域中的社会化养老服务体系建设研究

——以苏州市虚拟养老院为例①

高祖林

2010年第六次全国人口普查主要数据公报显示，我国60岁及以上人口为1.78亿，占13.3%，已经越过7%～10%的老龄化国际标准，标志着我国进入了老龄化社会。在人口老龄化时代，如何科学构建社会化养老服务体系，有效增加养老服务供给的数量和质量，较好满足居家老人不断增长的、多样化的养老服务需求，是当前迫切需要解决的社会问题。政策网络理论的提出及其不断发展为社会化居家养老服务提供了理论支撑，而以政府购买居家养老服务为核心的苏州市虚拟养老院的生动实践又为社会化居家养老服务提供了典范案例。运用政策网络理论对社会化居家养老服务体系建设进行分析，有助于我们深化对社会化居家养老服务体系中多元行动主体及其互动关系的认识和理解，进一步完善社会化居家养老服务体系。

一、政策网络理论的演进及核心观点

20世纪70年代以来，在英国、美国以及欧洲其他国家，"政策网络"逐渐成为政治学和政策分析领域的主流话语和研究范式②。那么，何谓政策网络？最早主张将"网络"概念引入政策分析的汉夫认为，政策网络解释了这样一个事实，即"政策制定包含数量巨大的公共与私人行动者，他们来自政府与社会的各个功能领域和不同层面"③。而政策网络理论的奠基者贝松试图更为精确地描述政策网络。他指出，政策网络是"由于资源依赖而相互连接的组织集群，并在资源依赖结构的尽头与其他的组织集群区别开来"④。卡尔森则指出，"政策网络的概念在于说明，在公共政策领域中，有大量公共和私人行动者，他们散布于政府和社会的各个层次和领域当中"⑤。

由于各国的政治制度、文化、学术传统的差异，学者们对政策网络的理解各不相同，形成了三种主要的理论流派：美国学派、英国学派与德荷学派⑥。美国学派不仅提出了政策网

---

① 本文刊发于《江海学刊》2013年第3期。

② David Marsh. Comparing Policy Network[M]. Buckingham and Philadelphia: Open University Press, 1998:2.

③ K. Hanf. Interorganizational Policy Making[M]. London and Beverly Hills: Sage, 1978:12.

④ Benson K. Networks and Policy Sector: A Framework for Extending Inter-organizational Analysis, in D. Rogers and D. Whetten (eds), Inter-organizational Co-ordination[M]. Iowa: Iowa State University, 1982:137－176.

⑤ Lar Carlsson. Policy Networks as Collective Action[J]. Policy Studies Journal, 2000, 28(3):502－520.

⑥ 朱亚鹏. 政策网络分析：发展脉络与理论构建[J]. 中山大学学报，2008(5).

络的概念,而且研究了微观层面上政策主体相互影响的互动关系。美国学者在研究政策过程时发现,国会议员、政府官员与利益集团在政策制定过程中相互作用、紧密联系,形成了密切的、排他的合作关系,学者们形象地称之为“铁三角”。在此基础上,学者们又发展出“亚政府”理论。所谓亚政府,是指“专注在具体的问题领域中的小政治团体,有政府的行动者,也有非政府的行动者”①。后来,美国学者又提出了议题网络的概念,认为议题网络是政策领域中与该政策有利害关系者形成的稳定沟通网络,与“铁三角”的排他性不同,议题网络是开放的。英国学派重视从中观的层面来分析利益集团与政府机构之间的关系,认为社会团体与政府不断交换信息,当双方认可各自在政策领域的利益时,政策网络就产生了,其关键构成是政府机构之间的关系。德荷学派从较为宏观的治理层面来研究政策网络,将政策网络视为一种治理结构,即政策网络是由一群具有自主性且彼此之间有共同利益的行动者所组成的关系,公共政策的制定很大程度上依赖参与者之间非等级或非科层式的互动关系。由于后工业社会公私部门之间相互依赖,国家与社会的边界日益模糊,政府机构和非政府组织共同参与公共治理过程,政策网络成为与官僚等级制、市场机制鼎立的第三种公共治理模式,并将政府模式与市场模式联结起来,较好地解决了市场失灵以及政府失败问题。美国学派、英国学派与德荷学派这三种政策网络理论研究传统的区别如表1所示:

表1 政策网络理论的研究传统

	美国传统	英国传统	德荷传统
分析层次	微观	中观	宏观
理论基础	多元主义	统合主义	治理理论
分析对象	人际关系	部门结构关系	治理结构
对政策后果的影响	不确定	确定	确定

资料来源:作者根据有关资料整理制作。

尽管政策网络的概念界定学者仁者见仁智者见智,但被学术界普遍接受的概念界定非政策网络研究集大成者罗茨莫属。他接受了贝松的观点,将政策网络定义为“一群或复杂的组织因资源依赖而彼此结盟,又因资源依赖结构的断裂而相互区别”②。也就是说,政策网络是决策过程中相互依赖的国家与社会行动者之间不同互动关系模式的总称。其中,关系概念化为网络结构是政策网络理论的研究假设并成为政策网络的基本分析单位,而关系模式则是这些行动者之间因某一政策议题而发生互动基础上所形成的网络类型并成为政策网络的主要分析内容。罗茨提出,政策网络具有以下四个特征③:(1)相互依赖:网络的存在,是因为各个行动者必须相互依赖才能达到其目的。相互依赖是指政策网络中的任何一个行动者(无论国家或社会的)都不可能独立地完成某项政策活动,而必须依赖其他行动者方可有效解决政策问题。(2)持续的资源交换:为了实现目标,网络的各组成部分之间

① Lar Carlsson. Policy Networks as Collective Action[J]. Policy Studies Journal,2000,28(3):502-520.

② David Marsh & R. A. W. Rhodes. Policy Networks in British Government[M]. Oxford: Clarendon Press, 1992:13.

③ R. A. W. Rhodes. Understanding governance: Policy networks, Governance, Reflexivity and Accountability[M]. Buck-ing-ham: Open University Press, 1997.

有经常的资源与信息的交流。(3)博弈互动:在特定的博弈规则的约束范围内,在约束规则的范围内,网络的各个组成部分使用竞争性的策略以求达到自身的目的,并通过互动来达成政策利益的双赢或多赢。(4)网络自治:网络是自组织的,无论内部或外部都没有至上权威,虽然某一方可能相对强大。罗茨将这四点作为"罗茨模型"的四项核心假设,试图以此引导出新的研究。

按照科林奇的观点,政策网络都具有三种显著特征:(1)主体之间相互依赖。政策网络主体必须依赖其他主体获得实现自己目标的手段,但它们之间的相互依赖性不是静态的,而是随着彼此间的互动而变化。(2)政策网络是一个过程。政策网络由各种具有一定资源和不同利益与目标的主体构成,其中没有任何一种主体具备驾驭能力来主导其他主体的战略性活动。政策网络就是这些主体利用各自资源寻求实现各自利益和目标的相互影响、相互作用的动态过程。(3)政策网络的活动受制度制约。政策网络主体因为相互依赖、相互作用而形成各种不同类型的关系规则,这些关系与规则反过来会影响和制约它们之间的互动及相互作用,并使它们之间的互动方式得以持续,使它们之间的资源分配方式得以形成,并在彼此间的相互影响和互动中发生变化①。

从现有的文献资料来看,我国大陆的政策网络研究也大致可以划分为两种取向:即作为治理模式的政策网络研究和作为国家与社会关系模式的政策网络研究。前者认为,政策网络是公、私行动者在政策过程中的非科层互动模式,是一种特殊的公共治理模式;而后者则认为,政策网络是国家与社会间的关系模式,政策网络结构是政策后果的决定变量②。

从前面的论述可以发现,理解政策网络的基本元素是行动者、链条和边界。一般来说,政策网络的主要行动者是相对稳定的,可以是公共的,也可以是私人的。链条指的是行动者联系的纽带和沟通的渠道,各种信息、专业知识和其他政策资源都可以通过链条进行交换。政策网络的规模和边界并不是由正式的制度所决定的,而是行动者对功能及结构认知的结果③。政策网络重新界定了国家与社会的关系,认为国家与社会并不是均质的单位,而是各自存在许多不同的次系统,彼此之间还有不同的关系链条。政策网络的思想表明,公共政策是公共和私人行动者互动的结果,公共政策的制定和执行是在互相依赖的行动者的网络中完成的。政府与非政府组织乃至私人部门一道参与到整个社会公共事务和政策当中,形成了不同于市场和等级制度的网络结构。网络结构是治理制度的结构基础,当决策权力与行政结构相互依赖,而政策资源高度分散时,行政部门通过与民间团体建立政策网络形式的互动关系,得到民间社会的协助与合作,以利于政策顺利推动,并降低政策监测与控制成本。因此,政策网络理论也可以被看作是后现代的政策分析范式。

二、社会化居家养老服务的苏州实践

2008 年 1 月,全国老龄办等十个部委联合颁发的《关于全面推进居家养老服务工作的

---

① Erik-hans Klijn. Analyzing and Managing Policy Processesein Complex Networks: A Theoretical Examination of the Concept Policy Network and Its Problems[J]. Administration & Society, 1996,28(5).

② 定明捷. 我国政策网络研究回顾[J]. 广东行政学院学报,2011(3).

③ 胡伟,石凯. 理解公共政策:"政策网络"的途径[J]. 上海交通大学学报(哲学社会科学版),2006(4).

意见》指出,居家养老服务是指政府和社会力量依托社区,为居家的老人提供生活照料、家政服务、康复护理和精神慰藉等方面服务的一种服务形式。居家养老服务将家庭养老和机构养老的合理要素结合起来,通过有效整合社会、市场、政府、社区和家庭的养老功能,建立起新型的社会服务体系。苏州市原沧浪区从2003年开始进行社会化居家养老服务的探索,于2007年10月在全国率先将信息化引入居家养老服务,在国内首先提出了"虚拟养老"的概念。所谓虚拟养老,就是将政府援助的养老对象根据一定的标准进行分类,并将养老补助的标准转化为服务,通过详细的上门调查,签订协议,落实服务内容、服务时间、服务人员、服务频次,进而形成强大的有效的数据库;凭借自主研发信息化的服务系统,进行专业化、标准化、规范化、流程化的养老服务与管理;在养老对象充分体验并依赖系统养老服务的情况下,拓展养老对象的自费服务和其他老年人的生活服务,实现居家养老的机构化管理和人性化关怀,推进居家养老服务的规范化发展。基于这一理念建设的苏州市姑苏区"邻里情"虚拟养老院的具体做法是:

一是政府主导、引领、扶持和管理监督,发挥主导作用。政府将养老服务纳入经济社会发展总体规划,先后制定了全面推广虚拟养老的实施方案、社会养老服务组织资金补贴实施办法等制度,将虚拟养老纳入养老服务组织,享受政府开办经费补贴和运营经费补贴。政府从场地提供、系统开发等方面支持信息技术平台建设,对虚拟养老院的建设提供优惠扶持政策:一方面对虚拟养老院提供开办经费补贴,另一方面对养老援助对象提供政府团购服务。

二是依托市场化、民营化公司,推行服务社会化。苏州市十佳物业公司之一的鼎盛物业管理有限公司负责养老院的运营,它是一个为老年人日常生活提供照料服务的民办非企业单位,而居家乐养老服务中心是其操作和管理的平台。居家乐养老服务中心设立了窗口接待中心、服务呼叫中心和职业培训中心,内设综合管理部、家政服务部、医疗保健部、职业培训部、物业维修部、法律维权部、项目开发部等服务管理职能部门,利用24小时服务管理的优势,为老人提供24小时的主动、快捷的服务。该中心还吸收了27家具有一定服务实力、管理水平和良好信誉的社区服务小企业加盟,其中家政便民类21家,医疗保健类2家,物业维修类4家,组建了一个紧密型的社会化养老服务体系,共同为居家老人提供全面的生活服务,促进了社区养老服务的产业化发展。

三是依托"居家乐221养老服务系统",推行服务信息化。该系统的原理主要是通过语音程控交换系统、数字化信息传输系统和数据库终端处理系统对居家养老服务对象实行会员制客户准入管理,把服务对象的各类信息资料如基本信息、健康信息、配偶信息、社会关系、服务需求等都录入系统数据库,实现服务管理的信息化。"居家乐221养老服务系统"话务员根据系统生成的客户所需服务项目向自己所负责的街道里的老人确认当天的服务项目和服务时间,等服务工单确认后,再进行工单分配,即把服务的项目、时间、对象进一步具体分配到每位服务员,服务员根据工单提供上门服务。在每位服务员服务的过程中,"居家乐221养老服务系统"均记录每位服务员的服务状态,即正在服务中、服务已完成等状态。待服务完成,话务员通过系统检查服务任务是否完成,并进行质量回访,即打电话询问老人对服务员所提供的服务是否满意。服务员服务完毕,回到养老中心,拿回已经完成的工单,领取明天要服务的工单。按照服务项目,系统每个月形成1份收费清单,养老服务中心按约定向客户收取服务费用。系统从客户确认服务开始便对服务过程进行全程跟踪、回访、咨询意见,并以客户满意度来考核服务质量。也就是说,“居家乐221养老服务系统”凭借其六大功能(预测计划、全程记录、监控管理、收费查询、统计分析、深度开发),有效整合和合理调度居家养老服务的需求者与提供者的信息,较好地解决了公共服务供给系统中政府与公民、政府与公共服务提供者、公民与公共服务提供者之间的信息不对称问题,它通过主动获取老人需求,快速编制计划,及时组织服务,有效进行监督,规范实施管理等方式,使虚拟养老院既拥有一般养老机构所缺少的个性化管理与服务,又提供了一般养老机构所具有的专业化服务。

四是实施质量管理,实现服务的专业化规范化。“虚拟养老院”的服务对象重点为75周岁以上居家空巢、生活自我料理能力逐步下降的老人群体,在服务收费层面分为政府援助对象和自费服务对象,在服务需求层面分为政府重点援助对象、低偿普惠服务对象和普通自费服务对象。“虚拟养老院”推行家政便民、生活配送、物业维修、医疗保健、人文关怀、娱乐学习六大类53项菜单式个性化自选服务项目,基本涵盖了居家养老的日常需求。“虚拟养老院”造就了一支98%拥有家政技能证书和养老护理员证书的专业队伍,为老人提供职业化、专业化的居家养老服务。“虚拟养老院”还率先在社会化养老服务中引入国际质量管理体系的认证标准,因其机构的专业化、服务的标准化、管理的规范化而于2010年通过ISO9001-2008质量标准的认定,从而统一了服务标准,提升了服务品质。下一步,“虚拟养老院”还将拓展服务功能,通过稳固生活基础服务、发展商务增值服务、探索健康物联服务,推动虚拟养老服务的产业化发展。

三、苏州社会化居家养老服务的理论分析

1. 社会化居家养老服务政策网络的政策问题及边界

如前所述,所谓政策网络就是参与某一政策问题的相关行为者的集合,包括管理者与目标群体两个方面。霍芬和林格林将政策网络定义为一个社会系统,在这样的系统中,行为者形成了针对政策问题或政策项目的相对持久的互动和沟通的模式。因此,要确定某一具体的政策网络,必须先界定一项政策问题或政策项目,而这一界定同时也就决定了政策网络的边界①。按此逻辑,首要的是区分政策与政策工具。在苏州案例中,构建社会化养老服务体系是一项政策,而公私伙伴关系、社区管理等是为执行这一政策并取得预期成果的政策工具。社会化养老的实质是养老功能从家庭向社会的部分转移,由原先的主要靠家庭提供养老资源和服务转变成由社区或养老机构提供服务。在这一转变中社会逐渐承担起养老职能,而家庭购买必要的养老资源的过程就是“养老社会化的过程”②。既然养老资源是通过购买或者免费提供的方式获得,那么问题的关键转换为由谁来提供以及以什么方式提供必要的养老资源,这实际上反映了政策网络中各行为主体之间分工与联系,即互动与沟通关系。

2. 社会化居家养老服务政策网络的行为主体及互动

按照政策网络框架的设定,在社会化居家养老服务理论模型中,与居家养老服务议题

① B. 盖伊·彼得斯,弗兰斯·K. M. 冯尼斯潘. 公共政策工具[M]. 北京:中国人民大学出版社,2007:87.

② 张良礼,等. 应对人口老龄化——社会化养老服务体系构建与规划[M]. 北京:社会科学文献出版社,2006:49.

相牵连的各种利益相关者，围绕着完善养老服务这一目标，形成一个行动网络。在该行动网络中，网络成员各承担相应任务和责任，并且通过平等合作和协调，共同促进网络目标的实现。从规范的角度来说，家庭、政府、社会组织、邻里、家族、社区、助老服务员等等都是居家养老服务网络的成员，但为了简化模型和阐述方便，本研究仅仅选取居家养老服务中的最主要的行动者和利益相关者来加以分析：政府、社会组织、社区、助老服务员和老人。需要说明的是，虽然老人不是服务的提供者，但老人是这些服务的直接对象和受用者，也是居家养老服务的最庞大的利益相关者群体，老人理应在服务体系中充当重要角色。在苏州的案例中，作为管理者的社区政府、街道居委会和作为养老服务资源提供者的鼎盛物业有限公司以及作为目标群体的原沧浪区需要居家养老服务的老人是构建社会化养老服务体系这一政策项目的主要行为主体。由这些行为者集合成的政策网络有两大显著特征：一是行为者互动关系的强度，可以用“相互关联性”来衡量；另一个是行为者之间的目标分配。不同主体或不同部门具有不同的目标，目标之间会有冲突也会有相容，需要选择一个更为一般意义的变量来界定政策网络，这个变量称为“连贯性”，它表示主体间共有的价值信念或共同的现实观。这些行为者的网络特征影响了政策工具的选择。

在原先的机构养老制度下，行为主体基本只涉及政府的养老机构和老人两个方面。原先政府主办的机构养老、老年公寓床位供应毕竟有限，在人口老龄化加剧的环境下无法跟上需要养老服务的人口的增长，并且每增加一个床位的综合投资成本也很高。养老服务明显供不应求，于是原先政府、目标受众两层关系的互动就出现了障碍。社区虽然在法律上规定为居民的自治组织，但是在中国社区普遍带有较浓重的行政色彩，并且承担了街道和政府的很多事务。正因如此，中国的社区具备了承担家庭养老功能的天然使命。而在苏州的案例中，鼎盛物业作为代表社区的中介性组织群体而出现，有效增进了政策网络中的互动关联。鼎盛物业现在的性质是民办非企业，其前身葑门物业是国企的性质，并且当时是属于街道居委会的管辖之下。随着物业公司在社区的发展，这一中介组织逐渐具有了与社区内业主居民的紧密的联系，这种联系甚至超越了原先的街道居委会。可见现在的物业管理公司在社区中明显是一支不可忽视的社会力量，它特殊的产业服务性质，更使其具有资质，成为承载政府退出功能的载体。正是上述原因促使原沧浪区政府采用社区治理这一社会化手段，将从政府分离出来的社会职能依托社区来承担，形成了政府依托社区、社区依托物业的新型养老服务提供模式，其动作机理如图 1 所示。

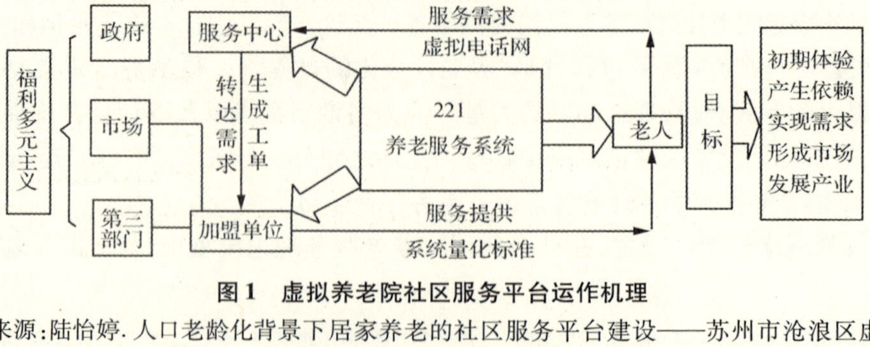

图 1　虚拟养老院社区服务平台运作机理

资料来源：陆怡婷. 人口老龄化背景下居家养老的社区服务平台建设——苏州市沧浪区虚拟养老院的运作机理及其可复制性研究[J]. 常州工学院学报(社会科学版)，2009(5).

由图 1 可见,"虚拟养老院"的运作机制是"政府推动、社会化运作、信息化管理、专业化服务"。政府在"虚拟养老院"的创建和发展过程中,始终发挥着推动者、扶持者、协调者和管理者的重要作用。但是,政府的有效推动并不意味着政府的"大包大揽",而是发挥政府在政策网络中的关键作用,实现政府对其他主体的有效整合以及对政策网络的有效管理,形成各方各司其职、相互协同的服务体系:作为养老服务的规划者及购买者,政府主要在居家养老服务政策、法规的制定,养老服务体系的发展规划,落实养老服务的优待办法和扶持政策,积极营造居家养老服务舆论氛围等方面扮演着极其重要的角色;作为养老服务的生产者及提供者,社会养老组织在居家养老服务提供、服务人才的培养等方面起到举足轻重的作用;社区则在居家养老服务资格遴选、服务组织的协调等方面担负着不可或缺的重任;①居家老人则是养老服务的消费者及使用者。"居家乐 221 养老服务系统"不仅是一个信息化载体,它还包含了养老服务体系中的服务商及服务标准,适合在与老人所需要的相关产品之间建立产业链。鼎盛物业在这一服务平台中发挥着纽带作用,在信息传递、服务资金结算、上门服务人员管理等方面提供支撑作用并将这些服务过程数字化,通过各种渠道传播出去。

3. 社会化居家养老服务的政策工具及创新

一般而言,一种政策工具的特征越是有利于维持现有政策网络特征,这种政策被选的概率就越高②。在社会政策领域,政策网络天然就具有强大的连贯性,因为政策制定者比如区民政局,倾向于站在自己的目标群体比如社区内需要养老服务的老人一边,以便促进社区整体的长远利益。物业管理公司天然就是社区内部的群体,在社会化养老这个政策上的共有信念,也就是在养老资源的提供安排上都是一致的。虽然自 2007 年鼎盛物业在社区政府的支持下开办居家养老服务以来基本上是处于保本无盈利的阶段,但是鼎盛物业本身就是国企加民办非企业的性质,其对老人提供的居家养老服务除了老人自己付费外还有政府补贴的部分。毫无疑问它与政府和居民之间的连贯性也是很强的。因此,社会政策领域是一个互动关联性和连贯性都很强的政策网络。在这样一个网络中,根据连贯相关性来选择社区治理工具和进行工具创新的过程也是相关并连贯的,并不是相互独立的行为。

构建社会化养老服务体系这一社会政策的本质是谋求养老资源的社会化供给,因此社会化手段的政府工具是必然的选择。只有社会化手段的政府工具才具有社会化的行动模式,这种结构化行动不只是政府的行动,更多的是社会集体的行动,这是社会化手段的本质特征。社区内养老服务的资源除了政府已经饱和的供给之外,如何寻找有效可行且有效率的供给是关键的问题。社区是一个资源丰富的政治域和社会生活域,社区治理正是这样一种建设培育和利用社区丰富的组织资源、人力资源、文化等资源的社会化政府工具。在苏州案例中,政府找到了鼎盛物业。物业公司作为现代社区建设与社区管理的主导力量,无论在服务主体、服务内容、服务宗旨上都与社区居家养老具有很高的重合度,其市场化的运作机制加上对社区资源和业主家庭信息的有效掌握决定了物业企业能够在社区居家养老

① 张孝廷,张旭升. 居家养老服务的结构困境及破解之道[J]. 浙江社会科学,2012(8).
② B. 盖伊·彼得斯,弗兰斯·K. M. 冯尼斯潘. 公共政策工具[M]. 北京:中国人民大学出版社,2007:89.

模式中发挥重要的作用。物业服务企业服务社区内的居民，较为熟悉社区内老年人的信息，与老年人日常交往较为密切，通过开展全员助老服务或组建专职养老服务队伍，利用物业服务企业提供二十四小时服务的工作特点，能够使老年人获得全天二十四小时的守护①。温家宝总理在2012年的《政府工作报告》中强调，"大力发展社会化养老、家政、物业、医疗保健等服务业"。因此，依托物业作为社区养老服务资源的新的提供者是一个行之有效的方法，为发展基于物业公司的社区居家养老模式奠定了基础，也为我国社区居家养老模式打开了一条新的思路。特殊的是该物业国企的性质以及与社区政府的关系，使得这样的工具在政府管理以及政治可行性上都具有良好的连贯性。鼎盛物业以其企业化的运作模式能够汇集更多的社区内服务资源，通过加盟的方式召集到更多的维修安装服务企业、医疗机构、服务中心等为居家养老者提供全面的生活服务，真正实现了社会化养老服务体系的建立。

苏州案例在政策工具选择及使用上的创新性、独特性主要体现在以下两个方面：一是它运用社区治理这一工具，探索机构养老之外的"居家养老"，让老人足不出户就可以享受到各种养老服务，使得家庭养老这一传统模式在现代社会有了新的运用策略；二是社区政府挖掘出物业公司这样的中介性服务组织来承担这一新策略的运用实施，物业起到了构建社区服务网络并综合管理的作用，正是这一中介组织的出现，使得社区治理这一工具找到了实现路径，找到了新的运用策略，促进了社区治理的发展和创新②。

综上所述，基于政策网络理论的苏州社会化居家养老服务体系——"虚拟养老院"，把信息化的手段和技术运用于居家养老的服务与管理，通过市场化社会化的运行，对服务对象实行会员制组织、对服务队伍实行员工制管理，为老人提供规范化、标准化、人性化、个性化、专业化的爱心亲情主动式服务。"虚拟养老院"是一种"政府承担、定向委托、合同管理、评估兑现"的新型的公共服务提供方式，运作机制和服务模式符合"小政府、大社会"的社会转型趋势，是政府机构改革的重要内容，也是建立新型政社关系、培育民间组织发展的重要途径，是地方政府探索社会管理事务模式的一种创新，它实现了养老需求的有效服务，政府援助政策的有效落实，服务员工的有效管理，成功探索了一种适合中国国情、能满足老年人多元化养老需求的养老新模式。其重要意义在于：它将政府发现公共偏好和获取资源的优势与市场和社会组织生产及递送服务的优势结合起来，创造性地在居家养老中建立了财政资金购买服务、服务组织提供服务、居家老人享受服务的政府购买养老服务政策，构建了政府牵头、社区和社会组织承接、吸纳了商业组织、集合了多种服务的老年服务体系，一方面克服了非公共组织在资源配置上的无效性，另一方面克服了政府在微观管理和激励机制上的无效性③，有效缓解了政府供给不足、市场不愿提供公共服务的问题，实现了居家养老服务工作的便捷性、实效性、针对性。同时，作为一种区域性社会发展政策，苏州的探索为更大区域和更高层级行政主体推行养老服务政策提供了经验和启示。"虚拟养老院"因其服

---

① 王荷．物业管理经营之道[M]．北京：机械工业出版社，2006：2．

② 俞可平．中国地方政府创新案例研究报告（2003—2004）[M]．北京：北京大学出版社，2006．

③ 敬乂嘉．中国公共服务外部购买的实证分析——一个治理转型的角度[J]．管理世界，2007（2）．

务标准明确化、服务管理规范化、服务理念人本化、可操作性强、可控性强而具有普适性，故而极具实践推广价值，具有重要的范式意义。2009 年，“虚拟养老院”被民政部评为“民政科研创新成果三等奖”；2011 年又被国家发改委、民政部批准列为全国养老服务体系建设试点项目，开始向全国推广。

需要指出的是，虽然社区居家养老服务模式的探索与实践在全国各地城市逐步推行，但是由于政府投入资金有限、养老事业社会化程度较低、社区工作者队伍参差不齐、老年人消费能力和消费意识不足、服务项目范围不全面、评估机制不够完善等客观原因，导致社区居家养老服务事业还存在诸多的瓶颈或不足，即使是作为“样本”的苏州市原沧浪区社区居家养老服务模式也同样如此。为此，可从以下三个方面加以优化和完善：一是发挥政府的主导作用，充分保障资金、政策的投入；二是打造一支专业人员与志愿者相结合的居家养老服务队伍；三是正确处理好居家养老、机构养老和家庭养老的关系。唯有如此，才能不断完善“以需求为导向，以项目为载体、政府主导、民间组织运作、社会广泛参与”的服务体系，真正从老年人的实际需求出发，为他们提供多样化、多层次、高质量的养老服务。

居家养老"五大体系"的发展探索

——以苏州为例[①]

宋言奇　杨　婴

当前我国正面临老龄社会的严峻挑战，加强养老事业刻不容缓。由于计划生育导致人口结构变迁以及我国人口流动的加快，传统家庭养老的作用下降。由于成本比较大以及与传统文化（我国大多数老年人不愿意离开家到养老机构）在一定程度上相悖，机构养老的作用也极为有限。在这种情况下，发展居家养老就成为必然选择。居家养老以家庭为核心，以社区为依托，以老年人日间照料、生活护理、家政服务和精神慰藉为主要内容，以上门服务和社区日托为主要形式，简单形容就是家庭养老加社区服务。这一养老形式集中了家庭养老与结构养老二者之利，是我国未来养老的发展方向。笔者所在的苏州提出了"9073 计划"，即在 100 个老年人中，实现 90 个老年人选择居家养老，7 个老年人选择机构养老，3 个老年人选择传统家庭养老的格局[②]，这一计划充分肯定了居家养老的地位。

为了更好地推进居家养老，苏州推出了五大体系建设，即"机构运作"体系、"虚拟养老"体系、"集中居住"体系、"应急服务"体系和"志愿服务"体系。笔者在苏州实地调研的基础上，对如何通过五大体系建设更好地推动苏州居家养老的发展问题，加以分析与探讨。对我国其他地区居家养老的发展，也起到抛砖引玉的作用。

一、"机构运作"体系

"机构运作"体系是利用机构服务老年人，满足老年人的需求，推动居家养老发展的体系。当前，苏州的居家养老机构服务分为三种模式，一种是老年人到机构接受服务，如日托所；一种是老年人接受机构上门服务，如上门服务中心；还有一种机构服务二者兼有，如配餐中心，一方面老年人可以到配餐中心就餐，另一方面配餐中心也为部分老年人提供送餐服务。利用机构运作，对居家养老有着重要意义：首先，机构具有专业化特点，在服务方面有优势。其次，机构运作可以发挥"市场化与产业化"的特点，在效率方面有着优势。为了更好地推动"机构运作"体系，笔者认为还需强化以下环节：

其一，合理规划。"凡事预则立，不预则废。"当前，在居家养老发展中，利用机构服务老年人养老需求，还应做好规划工作：首先，应根据老年人需求做好规划工作。不同年龄、不

---

① 本文刊发于《南阳师范学院学报（社会科学版）》2012 年第 10 期。

② 江苏将实施"9073"工程切实解决养老问题[EB/OL].[2011 - 07 - 22].http://www.cnr.cn/newscenter/gnxw/5008264698.shtml.

同收入、不同文化程度的老年人对机构养老服务有着不同的需求。当前应做好相关调研，根据老年人的需求确定机构的种类与会组织的开展方式。另外，还可以依托现有机构养老的形式展开。例如，可以依托机构养老的餐饮服务对居家养老的老年人进行服务，这样成本就会大大降低。

二、"虚拟养老"体系

"虚拟养老"体系是利用先进的网络资源与通讯资源，对居家养老的老年人进行服务，发挥信息在调配养老服务资源、满足老年人需求中作用的体系。在这方面，苏州市原沧浪区的"居家乐"养老模式是全国的典型。"居家乐"以中国电信通信技术为硬件支撑，以"居家乐 221 养老服务系统"为技术支撑，实现对老年人需求的动态管理。机构事先把老年服务的目录发给老年人，老年人只要通过电话或者网络，就能享受到上门的服务。"居家乐"养老模式被称为"没有围墙的养老院"①，其优势在于：首先，其发挥了信息的优势，利用信息实现资源优化配置。其次，有利于实现规模化服务。在当今信息社会，尤其适应网络技术的发展，加强"虚拟养老"体系是趋势所在。为了更好地推动"虚拟养老"体系，笔者认为还需强化以下环节：

其一，加强虚拟养老服务人力资源建设。虚拟养老中的信息与网络只是一种"载体"与"通道"，居家养老离不开实实在在的服务人力资源。没有雄厚的服务人力资源，虚拟养老就失去了基础。因此在虚拟养老体系中，加强养老服务人力资源建设是重中之重。苏州"居家乐"养老模式的服务资源是自给自足的，即机构招募与培训服务人员，提供相关服务。除了自给自足解决养老服务人力资源外，当前还可以整合特定地域内的服务业，以"加盟单位联盟"的形式，为老年人提供服务。

其二，要充分利用信息更好地开展预测、评估、监控与统计工作。为了更好地提供服务，还要利用虚拟养老的服务数据更好地开展服务工作：一是加强预测计划。应根据系统的历史数据库预测服务需求，主动关怀老年人，征询服务内容。二是加强评估工作。应通过系统全程记录服务过程，依托系统自动记录服务过程中形成的服务对象、内容、时间、结果、回访等一系列数据，从而科学评估服务效果，改进服务质量。三是加强监控管理。应依据系统服务过程中记录的数据进行分析，对服务人员、服务商的服务质量与技能进行考评，更好地提高服务水平。四是加强统计分析。应根据服务客户、服务项目、服务人员、服务商等不同主题，对数据进行智能分析并自动形成种类表，从而有的放矢地开展工作。

三、"集中居住"体系

"集中居住"体系就是通过老年人相对集中居住，促进社区养老服务，推动居家养老发展的体系。集中居住对养老服务有着促进作用：首先，集中居住有助于实现服务的规模化，降低服务成本。其次，集中居住有助于推动服务质量。由于老年人集中，相关服务可以实现精细化，服务质量会大大提高。目前，苏州还没有全面推开集中居住养老体系，但一些房

---

① 庄光平. "虚拟养老院"化解难题[N]. 经济日报，2011－09－22(14).

地产开发商已经未雨绸缪,正酝酿老年集中居住楼盘的开发。为了更好地推动"集中居住"体系,笔者认为还需强化以下环节:

其一,试点建设大型养老综合体。在一些大城市,当前结合郊区化,可以试点开展大型养老综合体建设。大型养老综合体是具有相当规模的养老社区,在大型养老综合体中,老年住宅、老年公寓、老年医院、老年宾馆等一应俱全。由于老年人集中,相关服务实现规模化、相关设施也较为完善①。我国目前已经开始建设大型养老综合体,北京太阳城的规模达到几万人。其他有条件的大城市也可以探索建设大型养老综合体。例如苏州目前本地人口600万,老龄化程度已超过20%,120万老年人为大型养老综合体的建设提供了基础。

其二,大力推进养老小区建设。大型养老综合体只能在部分大城市中试点,不具普遍意义,而养老小区建设是当前可以推广的集中居住养老模式。养老小区的形式多样,或者在一个小区内专门开辟几幢楼盘供老年人居住;或者通过比邻而居、亲情联体等住宅形式,将老年住宅散布在社区中。由于老年人相对集中,养老服务也可以实现规模化,无障碍设施也可以集中建设。

其三,适时推动养老集中居住点建设。在一些农村社区或者"村改居"社区,还可以通过养老集中居住点建设,推动居家养老发展。在苏州,集中居住点有着深厚的基础,例如苏州著名的"小康村"蒋巷村在推动新农村建设中,专门开辟老年人集中居住点,居住点采取独门独院以及平房形式,极好地适应了老年人的需求。

为了推动"集中居住"体系,当前还需加强政策层面的支持。其一,采取"以房换房""以租换租"以及"倒按揭"等手段,推动老年人现有住宅与大型养老综合体、养老小区以及养老集中居住点等住房的置换。其二,做好规划工作。由于老年住宅的设计与普通住宅不一样,需要无障碍设施以及紧急呼叫设施,因此在大型养老综合体、养老小区以及养老机构均需有相应的设施。其次,根据老年人口分布状况确定机构的种类与机构的数量。再次,还要做好动态规划,根据老年人数量以及需求的动态变化,为将来的机构服务预留发展"空间"。其二,丰富运作方式。在居家养老发展中,利用机构服务老年人的养老需求,还应丰富运作方式。可以根据实际情况,采取政府招标—社会组织竞标—政府监督的方式开展,也可采取政府委托建设社区集中居住点的方式,但均应事先做好调查与规划工作。

四、"应急服务"体系

"应急服务"体系是通过应急设施建设与应急管理,对居家养老的老年人进行服务的体系。与机构养老不同的是,居家养老的老年人容易发生意外事件,因而,完善应急服务体系十分紧迫,加强苏州老年人应急设施建设与应急管理刻不容缓。为了更好地推动"应急服务"体系,笔者认为还需强化以下环节:

其一,推进应急设施建设。随着我国老年社会的深入,在今后的房地产开发中,在社区中应加强无障碍设施建设,在住宅中加强应急设施建设。在已建成的住宅中,可以逐步补充一些应急设施,如紧急呼叫系统等,老年人家里的呼叫设施与社区与社会服务机构连接,

---

① 高佩钰.老年居住社区的设计研究[D].合肥工业大学硕士学位论文,2010:28-32.

以便及时处理老年人的意外事件。

其二,强化应急人力队伍建设。“应急服务”体系不仅需要设施,更需要人力资源。因此应依托社区丰富的人力资源,构筑应急人力网络。首先,依托社区卫生服务中心,社区卫生服务中心有条件的可以实施全天候值班。其二,依托居委会,加大居委会与老年人的联系力度。其三,依托志愿者队伍,随时掌握老年人的动态。

其三,加强集中居住。加强集中居住对于“应急服务”体系的完善是大有裨益的。老年人相对集中居住,各种应急服务设施的配置就相对较为容易,应急人力资源队伍也会有所保障。因此当前应将“集中居住”体系与“应急服务”体系二者有机结合,实现相辅相成、相互促进。

五、“志愿服务”体系

“志愿服务”体系是发挥志愿者非正式网络的作用,加强社区服务,推进居家养老的体系。居家养老的重心是社区养老服务,社区养老服务一方面来自专业化机构,另一方面来自志愿者。志愿者的服务对于居家养老十分重要,不仅能够提高服务质量,而且也有利于社区邻里的和睦。为了更好地推动苏州“志愿服务”体系,笔者认为还需强化以下环节:

其一,建立社区志愿者库。首先应在社区之内挖掘志愿者,可由居委会牵头,在社区内建立志愿者库。尤其在没有物业的老社区内,更应建立志愿者库,将各有所长的志愿者在社区登记建档,为社区居民(主要是老年人)服务。

其二,统一规划志愿者资源。老年服务志愿者队伍应统一规划。缺乏统一规划,就会出现资源的不均衡,导致有的社区有大量志愿者涌入,有的社区却无人问津。因此有必要建立一个专门机构对苏州志愿服务者进行统筹管理,统一分配,合理配置资源,实现志愿服务的均衡化与普及化。

其三,加强对志愿者的培训。与环境、交通、献血等领域的志愿服务相比,养老服务领域的志愿服务对志愿者提出了更高的要求,因为养老志愿服务需要一定的技能,同时也需要一定的情感投入。当前应依托各种基地加强对志愿者的培训力度,坚持阶段性培训和长期性培训相结合,提高志愿者素质,提高其服务水平。

其四,对志愿者进行激励。当前在我国现实国情下,加强养老志愿服务,还需加强激励措施。首先,加强养老储蓄制度。养老储蓄制度机理在于:志愿者为老年人服务,时间记录下来,待年老后,也可得到相同的服务。养老储蓄制度可以调动志愿者积极性,补充人力资源。其次,挖掘高校志愿者队伍。高校志愿者是重要的志愿者资源,对整个社会的志愿参与具有引领、示范与先导效应,因此应大力挖掘高校志愿者资源。在一些发达国家例如美国,在校大学生完成一定的为老人服务义工时间,可以获得奖学金①。有的国家甚至把为老人服务当作学生的必修课,不完成一定养老义工时间就不能毕业。这些做法值得我们借鉴。

其五,提倡老年人之间互助。在居家养老中,为加强养老服务,还需要挖掘老年人的内

① 王亚科.美国大学生志愿服务的成功经验及其启示[J].产业与科技论坛,2010(5):251-253.

部资源，推动老年人互助。老年人互助应是“志愿服务”体系中的重要环节，有着多种益处：首先，可以弥补人力资源的不足。很多老年人尤其年纪相对轻一些的老年人有着充沛的精力，也有着发挥余热的热情，让老年人互助，对人力资源是一个缓解与补充。而且老年人之间的服务，更能符合老年人需求。其二，老年人文化相近，在互动方面有着得天独厚的优势，这是其他志愿者主体难以替代的。

第三部分

人口流动与社区治理

苏州人口承载力与人口调控问题研究①

陆源涛　梁君林

改革开放以来,苏州人口流动量剧增,尤其是外来常住人口数量庞大,苏州业已成为名副其实的移民城市。这一方面表征着苏州的投资引力和发展机遇,另一方面也预示着苏州人口承载力面临严峻挑战。本课题的主要目标就是针对"十二五"期间苏州发展的新趋势、新问题,从人口承载力视角探讨人口调控政策和实施方案,创新人口管理模式和工作机制,为苏州的发展创设良好的人口环境。

一、国内外关于人口承载力研究的路径

西方工业革命以来,世界经济迅速增长。伴随着经济增长的是人口快速增长,世界人口在短短的100年间从16亿增长至70亿,庞大的人口数量给人类的生存环境带来巨大的压力,生态环境开始恶化,于是,关于人口承载力的研究应运而生。

国外在人口承载力方面的研究起步较早,已形成了一套完整的人口承载力理论,并在计算方法上有很大的突破。国际组织和学术界关于人口承载力的定义多达几十种,但都认同这一概念是指一定时期内在某一可能期望的生活方式下所能养活的人数。在众多的定义中,联合国教科文组织的定义是比较全面的,它指一国或一个地区在可以预见的时期内,利用该地的能源或其他自然资源及智力、技术等条件,在保证符合社会文化准则的物质生活水平下,所能持续供养的人口数量。② 该定义在强调自然资源的同时,也考虑了科学技术条件。国外关于人口承载力的研究以1970年为界分为两个时期,前期的人口承载力研究以福格特的《生存之路》和阿伦的计算公式为代表,③后期的研究以澳大利亚、联合国粮农组织和ECCO模型为最具影响。④

威廉·福格特(1949)在其《生存之路》一书中首先提出了土地人口承载力的计算公式:$C=E/B$,其中C代表土地负载能力,B代表土地能够提供的食物量,E代表环境阻力,即环境对土地生产能力所加的限制。⑤ 同时期的威廉·阿伦提出了以粮食为标志的人口承载力计算公式,其目的是计算某个地区的集约化农业生产所能提供的粮食能够养活的人口或者

① 本文刊发于《常熟理工学院学报(哲学社会科学)》2014年第1期。

② 张英飒. 人口承载力的理论内涵与测算方法[J]. 重庆社会科学,2008(11).

③ 梅成瑞. 土地人口承载量研究中的几个问题[J]. 自然资源学报,1988(1).

④ 郝晓辉. ECCO模型:持续发展的全新定量分析方法[J]. 中国人口·资源与环境,1995(1).

⑤ 威廉·福格特. 生存之路[M]. 北京:商务印书馆,1981.

承载人口的上限①;由于其计算方法简单,以粮食为标志的人口承载能力到现在为止仍是土地科学研究的一个成熟而且重要的领域。20世纪70年代初,澳大利亚的学者采用多目标决策分析方法,从各种资源对人口的限制角度出发,讨论该国的人口承载能力。联合国粮农组织提出了农业生态区位法确定世界农业土地生产潜力的新途径,该方法被世界广泛认同和采用。② 20世纪80年代初,在联合国教科文组织的支持下,ECCO模型,即增加人口承载力的策略模型开始设计并在欧洲试运行。③ 该模型是人口承载力研究和人口发展的策略模型,强调长期性和持续性,为制定切实可行的长期发展计划提供了一条行之有效的途径。

我国已有的关于人口承载力的研究,主要是关于某一资源类型人口承载力的研究,如土地资源承载能力、水资源承载能力、生态承载能力等。其中最具影响力的是陈百明(1992)主持的“中国土地资源生产能力及人口承载量研究”,以资源、资源生态、资源经济科学原理为指导,从土地、食物和人口相互关系的角度出发讨论了土地和食物的限制性。④

19世纪中叶以后,适度人口理论开始形成,这一理论在20世纪二三十年代尤为盛行。适度人口是指一定目标下的最适宜人口,即最优人口;而人口承载力是指一个地区的资源环境所能承载的最大人口数量,两者有显著差别。适度人口状态能够实现人口发展同社会经济发展相适应,同资源利用和环境保护相协调。现代经济适度人口理论以索维(1996)为代表,他指出,经济适度人口指在最有利的条件下达到最高生活水平的人口,即获得最大经济福利的人口。⑤ 上海学者朱宝树曾经与苏州学者徐伟荣合作(1993),从经济发展水平和资源利用水平出发研究适度人口,提出了P-R-E模型,利用人口、经济、环境三大系统的协调发展来测算人口承载力。吴瑞君等(2003)认为就业是制约人口容量乃至适度人口规模的重要因素,因而从就业出发提出了区域经济适度人口的计算公式:区域经济适度人口=就业人数÷(1-适度失业率)÷总人口劳动参与率。⑥

承载力一词最初应用于对自然生态系统中生物数量的研究。在城市生态系统理论的发展过程中,承载力被应用到城市的健康和可持续发展研究当中。常用的人口承载力指标包括水资源承载力、土地资源承载力以及生态环境承载力。⑦

水资源承载力是指某一时期、某种状态下的水环境条件对城市的经济发展和生活需求的支持能力。水资源承载力客观地反映了一个地区的水资源相对丰富程度,它的测算可以采用如下两种方法:第一,城市淡水资源总量方法。一个城市的经济社会发展程度不同,满足其生活和生产的人均水资源量的标准也会不同。而一个城市的发展程度可以分为贫穷、温饱、小康、现代化和后现代化等五个层次,不同层次的人均水资源量最低标准有所差别。

① 陈仲常,马红旗,谢小丽.人口承载力预警系统研究[J].西北人口,2011(4).
② 陈仲常,马红旗,谢小丽.人口承载力预警系统研究[J].西北人口,2011(4).
③ 郝晓辉.ECCO模型:持续发展的全新定量分析方法[J].中国人口·资源与环境,1995(1).
④ 陈百明.中国土地资源生产能力及人口承载量研究[M].北京:中国人民大学出版社,1996.
⑤ 索维.人口通论(上册)[M].北京:商务印书馆,1978.
⑥ 吴瑞君,朱宝树.开放型区域经济适度人口的研究方法及应用[J].人口研究,2003(5).
⑦ 张文雷,曲庆.大连市可持续发展的人口承载力测算报告[J].东北财经大学学报,2006(3).

根据联合国教科文组织对世界多案例的统计分析，人均水资源量 300m^3 以上是保持现代小康社会生活和生产的最低标准。第二，按现有水资源状况和现代化用水比例生活用水占37%进行计算。① 这两种方法分别从两个不同的角度，采取不同的方法路径得到，而且采取的标准也不同，方法一采取的是保持现代小康社会生活和生产的最低标准，而方法二则主要采用的是生活用水标准，其标准是根据发达国家的用水比例及用水标准得出的，较方法一严格。因此，它们得出的结果有较大的差距，但综合以上两种方法则能更为准确地得到某地水资源的承载力。

土地资源承载力是指在一定生产条件下，特定地理区域的土地资源的生产能力以及能够持续供养的、具有一定生活水准的人口数量。土地资源是维系人类生存和繁衍的一种最重要的综合性自然资源，它不仅直接或间接地为人类提供食物本源，同时也为许多工业部门提供了原材料和部分能源。

生态环境承载力是加拿大生态经济学家提出的承载力分析方法。加拿大生态经济学家 William 和其博士生 Wackernage 于 1996 年提出生态足迹概念，其倡导的生态足迹分析法，以基于生态生产性土地的量化指标、创新的思路和方法的普适性而日益流行。他们系统地建立起生态足迹分析法的理论框架、指标体系和计算方法，并通过介绍世界 52 个国家和地区的生态足迹具体地阐述生态足迹分析法的应用。②

所谓生态足迹，是指支持一定地区的人口所需的生产性土地和水域的面积，以及吸纳这些人口所产生的废弃物所需要的土地之总和。生态足迹的计算是基于：(1)人类可以确定自身消费的绝大多数资源及其所产生的废弃物的数量；(2)这些资源和废弃物能转换成相应的生物生产面积。③ 因此，任何已知人口的生态足迹是生产这些人口所消费的资源和吸纳这些人口所产生的废弃物所需要的生物生产总面积。将一个地区的生态足迹同该地区能提供的生物生产土地面积（生态承载力）进行比较，就能判断一个地区的生态消费是否处于生态承载力的范围内。

综上所述，国内外有关人口承载力方面的研究基本上延续了从自然资源承载力到生态环境承载力再到经济资源承载力这样一个研究路径。

一个地区的人口承载力取决于很多因素，但主要是经济增长的潜力、城市管理的效率、基础设施的承载力、经济增长的就业弹性及其背后的经济发展战略，以及环境（可持续发展）的承载力。从短期而言，特别是在一个开放的区域中，不完全受自然资源的限制（因为粮食、能源等资源可以从区外调剂），而往往取决于这一地区经济发展速度和产业结构，以及由此产生的对劳动力的引力。但从长远来说，一个地区的合理人口规模主要取决于该地区资源的禀赋程度，尤其是土地，将是这一地区人口增长的最大限制因素。

二、苏州人口承载力的现状

第六次人口普查显示，截至 2010 年 11 月 1 日，苏州全市常住人口达到 1046 万人，成为

---

① 张文雷，曲庆.大连市可持续发展的人口承载力测算报告[J].东北财经大学学报，2006(3).
② 张文雷，曲庆.大连市可持续发展的人口承载力测算报告[J].东北财经大学学报，2006(3).
③ 张文雷，曲庆.大连市可持续发展的人口承载力测算报告[J].东北财经大学学报，2006(3)

超千万城市，名列全国第八位。据统计部门提供的资料，苏州市区人口密度为2468人/平方公里，古城区人口密度高达1.14万人/平方公里，超过纽约市人口密度（1.05万人/平方公里），约是香港（6397人/平方公里）的2倍。随着人口规模的日益膨胀，人口与经济社会资源环境的矛盾日趋凸现。GDP、财政收入以及社会消费品零售额等指标在总量上虽然体现出高增长，但是很大程度被庞大的常住人口基数所抵消。

（一）土地资源供给矛盾突出

从土地利用变化与人口、经济变化比较可以看出，耕地面积与人口数量、经济发展负相关，即人口增多和经济增长导致耕地面积减少；建设用地规模与人口数量、经济发展正相关，即人口增多和经济增长导致建设用地规模增加。因此，未来苏州市的用地矛盾突出。一是未来发展规划空间有限。江苏省下达苏州市2006年至2020年的新增建设用地总量为45.79万亩，扣除2006年至2009年已用掉的规划指标，苏州市2010—2020年11年总的规划用地指标只有37.75万亩，平均每年3.43万亩。这其中包括了为市以上各级重点基础设施（公路、铁路、航道、港口码头、管道运输、水利设施、电力能源）建设项目预留的22万亩（市级10万亩、省及省以上级12万亩）规划用地指标，实际只剩下15.75万亩规划用地指标可用于其他行业，发展用地空间十分有限。二是土地供需矛盾突出。根据"十二五"规划，苏州市全社会固定资产投资未来5年预计总量在2.5万亿左右，平均每年约5000亿，假设苏州市每亩地投资强度保持为400万元，存量供地比例保持为50%，则每年需土地供应总量为12.5万亩左右，年度新增量建设用地仍要达到6万亩左右。与未来每年3.43万亩的年均用地空间相比，苏州今后每年的土地供应指标缺口达3万亩。三是资源保护任务较重。江苏省下达苏州市至2020年底的耕地保存任务量为328万亩，基本农田保护面积为311万亩。而苏州市目前实际耕地保有量为248.4万亩（不含120.1万亩可调整耕地面积），要完成如此高的保护任务，将可能导致今后苏州市有了重大工程项目，却因基本农田无处补划而无法落实。同时，苏州市占补平衡落实困难，后备资源稀缺。随着全省发展日趋均衡，未来苏州市从苏北调剂耕地的难度将越来越大，占补平衡制度的难以落实，将使苏州市今后出现即便有了用地计划也不能报批用地的困难。

（二）水资源利用不容乐观

苏州虽然是一个水资源十分丰富的地区，但是由于人口和产业承载过重，苏州水资源供应状况不容乐观。不考虑外来客水，不考虑每年1000多万来苏旅游者用水等因素，苏州市平均年份水资源总量约为30亿立方米，其中95%来自地表水，5%取用地下水；按1046万常住人口算，人均占有量仅287立方米/年，约为全国平均水平的1/9，约为世界平均水平的1/32，大大低于国际公认的人均1000立方米的缺水警戒线。同时，苏州市水资源年际分布呈不均匀性，中等干旱年水资源量不足15亿立方米，仅为正常年份的3/5。2011年苏州市降水量为1010.2毫米，折合降水总为85.75亿立方米，比上年减少5.46%，比常年平均减少7.43%。即使在平水年份，苏州本地水资源总量也只能满足用水量的60%，不足部分需要境外来水补充。而未来南水北调工程的完工，对苏州的水资源供给也会产生一定的影响。就算加上外来客水，由于各地经济发展用水量增大，能调剂配给苏州市的水量也十分紧张。在水资源日现紧缺的同时，环境污染问题又加剧了水资源的紧张程度，苏州已成为水质型缺水城市，水环境保护亟待加强。

（三）环境保护面临严峻形势

污染物排放总量给环境的承载能力带来新的挑战。2010 年，苏州市主要污染物化学需氧量（COD）排放总量为 10.62 万吨，全市 COD 的排放密度为 12.5 吨/平方公里，而江苏全省各地 COD 的平均排放密度为 7.84 吨/平方公里，全国的 COD 平均排放密度为 1.29 吨/平方公里，苏州市的排污密度分别是全省与全国平均水平的 1.6 倍和 9.69 倍。全市 COD 年排放量中，生活污水 COD 年排放量为 5.8 万吨，占全市排放总量的 54.6%，生活污染的比重超过了工业污染。人口的剧增对自然资源的需求也越来越大，对自然环境的不利影响与日俱增。经测算，对每万人的生活污水进行集中处理（包括处理设施和管网）需投入至少 1 亿元，且每年运转费用至少 100 万元（包括生活污水处理厂污泥的处置），如果是农村的分散式生活污水处理则投入更大。

（四）公共资源面临巨大压力

一是大量的外来人口对教育资源的压力。随着外来人口的不断增加，苏州适龄儿童的结构发生了很大变化。苏州市卫生部门提供的数据表明，在苏州出生的新生儿外来人口逐年增加。2005 年至 2009 年五年间，苏州本市户籍新生婴儿数量基本保持稳定，每年出生人口维持在 4 万—4.62 万之间；而在苏州出生的外来人口新生儿数量则呈急剧上升态势，从 2005 年的 2.1 万上升到 2011 年的 5.7 万。2005 年在苏州出生外来人口 2.1 万，仅为苏州本市户籍出生人口 4.5 万的 46.7%；2007 年在苏州出生外来人口 4.07 万，与本市户籍出生人口 4.18 万基本持平；2008 年是一个“转折”，在苏州出生外来人口 4.62 万，开始超过本市户籍出生人口 4.14 万。2005—2011 年，由于外来新生儿连续六年年均递增近 6000 人，苏州新生婴儿总数从 2005 年的 6.6 万上升到 2011 年的 10.2 万。这预示着未来几年苏州市幼儿园、小学将进入历史上前所未有的适龄儿童入学高峰。这个高峰，将是以外来学生为主导的高峰。

外来学生剧增，公办教育资源面临严峻考验。2002 年秋季，外来学生占全市在校中小学生数的 15.3%；到 2011 年秋季，达到 28.75 万人，占全市义务教育阶段学生数 68.3 万人的 42.1%，与本市户籍学生之比达到了 4∶6。预计到 2014 年以后，外来新生将超过本市户籍学生；2018 年之后，初中迎来入学高峰；2020 年义务教育阶段在校生达到历史高峰，将从现在的 50 多万学生增加到 90 万。同时，高中段学校也进入生源高峰。随着国家一系列解决农民工子女异地入学政策的出台，这一形势将更加严峻。

二是大量的外来人口对卫生等社会公共事业的压力。除教育问题之外，大量涌入的外来人口对城市的卫生、交通、养老等社会事业都产生较大影响。以公共卫生资源为例，大量的外来人口需要配置大量的医疗卫生设施和医务人员来满足日益增长的就医需求；而大量日常就医的外来人员，在其需求无法满足时只能寻求黑诊所就医，由此造成许多医疗事故，直至发展至恶性刑事案件，公共服务面临严峻挑战。在就业方面，外来人口也在一定程度上挤压了本市户籍人口的就业市场。此外，大量外来人口进入老年后，相当一部分会选择在苏州养老，从而扩大苏州老年人口的绝对规模，增加了苏州的老年养老负担。

三是大量的外来人口对公共财政的压力。据测算，当前我国农民工市民化成本约为8万元/人。以苏州市人社部门2011年登记就业外来务工人口300万人为基数计算，总成本将达2400万元，如果加上没有登记的，总成本更高。由于大部分外来人员本身素质偏低，法制意识相对薄弱，对维护社会秩序等工作具有一定的负面影响。为应对因外来人口大量涌入而增加的社会治安压力，各级政府不断增加社会治安管理力量。目前苏州全市警方辅助人员就达到35840名，还不包括一些村级组织自行聘用的治安管理人员。苏州市级财政负担的5662人，人均经费5万元；县、区级承担的人均经费还要超过市级。

三、苏州未来人口调控的对策

外来人口的大量涌入，弥补了苏州劳动力结构性短缺，缓解了人口老龄化压力，为苏州城市建设和经济发展做出了巨大贡献；但人口过度膨胀，对苏州自然资源、社会管理和公共服务、环境承载力等造成了巨大压力，并衍生出很多矛盾。要实现“十二五”规划目标，必须加大人口调控力度。

（一）将人口转移纳入产业转移目标，在经济转型升级的同时实现人口转型升级

从人口转移的产业跟随性规律出发，实施产业结构转型升级是一个重要的也是有效的人口调控手段；将人口转移纳入产业转移目标，可以控制人口迁移的方向和人口规模的无序扩张。如明基电脑、富士通等劳动密集型企业国际产业的梯度转移，可以减少许多外来人口，腾出许多发展空间。

（二）建设人口均衡型社会

人口、资源、环境是一个环环紧扣的生态循环系统，也是经济社会可持续发展的三大重要环节。在建设资源节约型社会和环境友好型社会的同时，应该提出建设人口均衡型社会的目标。人口均衡发展，是指人口的规模、质量、结构和分布与社会经济发展相协调，与自然资源和环境的承载力相适应。外来人口适量流入，对苏州经济社会建设是正面、积极的作用，过量流入就会产生负面、消极的影响。把苏州建设为生态环境优美、社会文明、经济富裕、人文气息浓郁、生活便捷、公共安全，适合生活、工作和发展的城市，人口均衡发展至关重要。应建立人口动态平衡机制，促进人口的均衡发展。具体可以采取如下措施：

一是加强劳动监管，规范企业用工，实现外来人口的体面就业。“体面就业”是国际劳工组织为非正规劳动者设定的基本生存目标。体面就业包括建立比较正式的劳动关系，获得最低工资标准以上的劳动报酬，享受正常的休息休假权利，进入或部分进入社会保障体系等。落实这些待遇意味着企业需要增加用工成本，迫使企业为平衡用工总成本而缩减用工总量。目前，“体面就业”已经在苏州实行，应进一步完善全面推进，使苏州企业用工总量逐步减少。

二是强化私房出租管理，严格执行出租面积、安全、卫生等条件标准，帮助外来人口在城市“体面生存”。目前，外来人口普遍居住密度高，居住环境比较差；大量低廉房源存在，也容纳了众多外来人员在苏州租房居住。近几年车库出租、群租房、城中村和城郊结合部

房屋出租中所反映出来的问题很多，除了确有工作的外来人口外，还有不少的拾荒者、乞讨者，以及无工作或暂无工作者居住其间，不仅治安事件时有发生，且居住条件、安全、卫生环境等十分恶劣。这不利于外来人口身体健康和疾病防控，也不利于对外来人口总量的控制。为实现“体面生存”，要重视发挥城市规划作用，形成对城市人口的物理约束；要严格限制车库出租，抑制群租房，降低租居密度。

三是推进户籍管理制度改革，实行宽严适度的户籍管理政策，积极发挥其人口迁移调控功能。2000 年以来，为适应苏州经济社会发展需求，苏州市几度调整改革户口迁移政策，取得了较好的成效。由于苏州户口迁移政策一直坚持松紧适度原则，因此，在户籍人口增长上没有出现大的波动，也没有出现被动局面。近十年来，在外来人口剧增、户口迁移政策逐步放宽的情况下，苏州市每年户籍人口机械增长平均在 5.87 万人，调控作用十分明显。

2011 年 2 月 26 日，国务院办公厅发出《关于积极稳妥推进户籍管理制度改革的通知》（国办发〔2011〕9 号），就当前全国户籍管理制度改革工作提出明确要求。一是在推进户籍管理制度改革时，既要坚定地推进改革，落实放宽中小城市和小城镇落户条件的政策；又要遵循城镇化发展规律，统筹推进，协调发展，逐步满足符合条件人员的落户需求。二是必须立足人口大国的基本国情，充分考虑当地经济社会发展水平和城市综合承载能力，特别是容纳就业、提供社会保障的能力，做到积极稳妥、规范有序。三是要分类明确户口迁移政策。在放宽政策的同时，城镇综合承载能力压力大的地方，可以对合法稳定职业的范围、年限和合法稳定住所的范围、条件等做出具体规定；对设区的市，其城市综合承载能力压力大的地方，则可对上述范围、条件做出更严格的规定。苏州人口规模已达大城市范畴，城市综合承载能力的压力很大，应按照国务院办公厅通知精神，制定切合苏州实际的户口迁移政策，继续发挥其人口调控的重要作用。

（三）深入开展人口发展前瞻研究，完善人口调控机制，加强对人口调控工作的领导

一是加强对人口调控问题的研究，提高对人口调控研究的认识。党的十八大提出“要发展新型城镇化”，并在全国经济工作会上定为今后十年新的经济增长点。新型城镇化不提倡追求城市做大、人口做多，而强调做强做特，尤其反对超越城市环境承载能力、贪大求洋、盲目攀比国外城市建设标准的超前规划观念和做法。城市的主体是人，现代城市管理的核心原则是“以人为本”。所以，研究苏州资源环境的最佳人口承载力是今后苏州新型城镇化的首要问题。

二是建立人口调控“节制阀”，形成人口调控机制。苏州是一个不设防的城市，在全国推进户籍管理制度改革的情况下，苏州想通过提高户口迁入门槛控制人口流入是不现实的，也办不到。应该说，苏州的户口迁移政策符合国家要求，是积极稳妥的，在控制苏州户籍人口增量上是有成效的。苏州外来流动人口不断扩张的主要原因还是与经济社会发展有关。因此，人口调控不能单靠户籍管理制度来调节，而应从多层面、多领域来拓展调控范围，建设、落实人口调控机制，实现人口数量与资源环境、经济社会发展相协调。要通过建立统筹解决人口问题的考评指标体系和督查奖惩制度，形成政府相关部门包括产业部门在内的职责分解、统筹协调的人口综合管理新格局。通过建设覆盖城乡的全员人口信息网络

体系，完善人口数量、结构、迁移、分布的监测和反应机制，形成常态的人口发展年度报告和影响评估机制，及时提出人口调控意见和建议，制定人口调控规划，引导人口科学有序流动，控制人口总量，优化人口结构和布局。

三是加强对人口调控工作的组织领导。在我国，由于政府社会管理职能涉及多个部门，政府社会管理政出多门、前后不一致、左右“打架”、投入产出不高等问题突出，政府社会管理资源整合、综合协调、统筹推进的能力有待进一步加强，在研究出台经济和社会管理的相关政策时，必须考虑其社会效益，看其是否能促进社会有序稳定和可持续发展，要尽可能兼顾多方，不顾此失彼。在人口研究管理上，要改变以往一谈到人口问题就找公安，一讲到人口研究就找人口计生部门的局面。实际上，人口调控工作涉及多个领域，单靠公安、计生难以作为；要改变以往如外来人口管理办公室挂在公安机关，到最后只有公安部门单一开展登记管理的形式，以及人口研究成果纸上谈兵、难以落实的局面；要改变以往对人口管理考评与经济产业等部门无关的考评机制和没有形成合力的工作机制。苏州的人口压力很大，对其研究要有前瞻性和系统性，建议政府积极加强组织领导，开展对人口调控工作的长期性研究。

基于社会保护视角的农民工城市融入研究

——以苏州市吴江区为例[①]

叶继红　朱　桦

一、问题的提出

农民工是我国城市化进程中形成的一个特殊的社会群体。根据国家统计局公布的数字,2012 年全国农民工总量已达 26261 万人,其中外出农民工 16336 万人。这些农民工分布在城市建设的各行各业,已成为城市建设和发展的一支重要力量。然而,由于种种原因,农民工虽然生活在城市,却很难融入其中;虽然为城市做出了贡献,却享受不到应有的市民待遇。农民工其实是城市的"边缘群体"和"弱势群体"。

农民工城市融入问题一直以来就是学术界关注的一个焦点问题,学者们围绕农民工城市融入的相关问题进行了广泛的研究,归纳起来主要有以下几种理论视角,即现代化视角、社会化视角、社会网络或社会资本视角、社会排斥与社会距离视角、制度主义视角等[②]。现代化视角主要是将农民工进城看成是农民工逐渐放弃乡土性而获得现代性的过程,强调人的现代化和农民市民化;社会化视角认为农民工城市融入是一个在新的环境条件下继续社会化的过程;社会网络或社会资本视角主要是将农民工城市融入看成是他们在城市重新建构新的社会网络的过程;社会排斥与社会距离视角认为农民工城市融入的障碍在于城市市民的社会排斥,以及农民工与市民之间存在心理距离所致;制度主义视角主要是从制度层面,如户籍制度、就业制度、社会保障制度等来解释阻碍农民工城市融入的因素。以上理论视角从不同的侧面对农民工城市融入问题进行了解读,既有宏观的制度和结构分析,也有微观的社会交往与互动分析;既有对融入过程所做的动态考察,也有对影响融入的诸多因素及内在机理进行的静态解析。从涉及的内容来看,基本上涵盖了农民工城市融入的方方面面。本文在研究范式上仍然属于制度主义的解释范式,不同之处在于强调从社会保护视角出发对农民工城市融入问题进行解读。

社会保护(Social Protection)是一个与社会保障(Social Security)相近的术语。与社会保障相比,社会保护的内容更丰富、包容性更强。从 20 世纪 90 代开始,在国际社会政策文献

---

① 本文刊发于《人口与发展》2013 年第 5 期。

② 梁波,王海英.城市融入:外来农民工的市民化[J].人口与发展,2010(4);胡杰成.农民工城市融入问题研究综述[J].兰州学刊,2008(12);符平.农民工城市适应研究:局限与突破[J].调研世界,2008(7).

中,“社会保护”一词日渐取代了人们过去常用的“社会保障”①。在国际劳工组织(ILO)、英国海外发展研究所(ODI)、世界银行(WB)、亚洲开发银行(ADB)等机构发布的相关政策文件中都曾对社会保护做出定义。在此基础上,英国苏塞克斯大学发展研究所德弗罗(Stephen Devereux)和萨巴特-惠勒(Rachel Sabates-Wheeler)给出了一个广为接受的定义:社会保护是指所有的公共和私人行动,包括为穷人提供现金或消费转移支付,保护脆弱群体抵御生计风险,提高边缘人群的社会地位和权利。社会保护的总体目标是降低穷人、弱势群体或边缘人群的经济和社会脆弱性②。在他们看来,社会保护主要起到了供给手段(为贫困者提供社会救助)、预防手段(提供社会保险以应对各种风险)、促进手段(提高收入和能力)和变革手段(关注社会排斥和社会正义)的作用③。由此可见,社会保护作为一种政策手段已经超越了仅仅作为安全网的社会保障的职能,其内容涵盖了从物质救助到能力提升再到制度变革等层层递进的逻辑结构,纳入了物质层面精神层面和制度层面的要素,使得社会保护“不仅包括经济方面,还包括政治、文化和社会生活方面”的内容④,体现了对个人和家庭的全方位保护。相应的,在保护主体上也从政府组织逐步扩展到非政府组织、企业及个人,从而建构了较为完整的社会保护分析架构,引起了学术界的广泛关注。

近几年来我国学术界开始将社会保护的分析“范式”运用到对低收入群体、失业者、贫困人口、非正规就业群体、农民工、弱势儿童等弱势群体的分析中,试图建构面向这些弱势群体的社会保护政策框架。从农民工的社会保护研究来看,岳经纶⑤从劳动政策的视角出发,认为农民工的社会保护离不开劳动政策,劳动政策是典型的保护性规制政策,要把农民工纳入劳动政策(包括与就业有关的社会保障政策)范畴,让农民工在工资、福利、社会保障和其他社会权益方面与城市职工享有同等待遇。杨立雄⑥从社会资本视角出发,认为农民工在组织资源缺乏的情况下,依靠自身能力所建立的社会关系网络代替了社会保护的部分职能,当务之急是要给农民工提供可利用的正式组织资源。李迎生、刘艳霞⑦认为,社会排斥是导致农民工生存权和发展权得不到保障、无法正常工作生活的主要因素,因此要将反对社会排斥作为农民工社会政策建设的目标,围绕消除社会排斥来制定农民工群体的社会保护政策。韩克庆⑧则运用问卷调查方法,从劳动就业、人身权益、政治权益、社会保障等方面对苏州农民工的社会保护进行了实证研究。结果表明,苏州农民工的劳动权利和人身权利保护较好,但是农民工职业伤害和赔偿、农民工的子女教育、农民工政治权益和社会保障权益受损的现象比较突出。这些研究尽管角度不同(诸如劳动政策的视角、社会资本的视

① 徐月宾,刘凤芹,张秀兰.中国农村反贫困政策的反思——从社会救助向社会保护的转变[J].中国社会科学,2007(3).

② Devereux S. & Sabates-Wheeler R. Transformative Social Protection. IDS, Working Paper. No. 232[R]. Brighton: Institute of Development Studies, 2004.

③ Sabates-Wheeler R. & Devereux S. Transformative Social Protection: The Currency of Social Justice[M]. London: Palgrave Macmillan, 2008.

④ 黎民,邱莉丽.论我国城镇非正规就业的社会保护[J].南京社会科学,2006(3).

⑤ 岳经纶.农民工的社会保护:劳动政策的视角[J].中国人民大学学报,2006(6).

⑥ 杨立雄.农民工的社会保护[J].中国人民大学学报,2006(6).

⑦ 李迎生,刘艳霞.社会政策与农民工社会保护[J].社会科学研究,2006(6).

⑧ 韩克庆.农民工的社会保护研究:以苏州市为例[J].山东社会科学,2007(11).

角、社会排斥的视角等)、方法不一(分属理论分析与实证研究),但都对建构农民工社会保护政策框架做出了有益的探索。从中可以概括出与社会保护有关的劳动保护、社会保障、社会权益、社会组织、政治参与等基本要素。

上述这些研究为本文提供了必要的研究基础,从中也不难看出加强农民工社会保护的必要性。本文试图将社会保护与农民工城市融入联系起来,在借鉴已有研究的基础上拟从就业保护、权益维护、社会保障、心理保护、政治参与等方面建构农民工社会保护的分析框架,探讨社会保护与城市融入之间的内在关系,目的在于通过完善农民工社会保护政策来促进农民工的城市融入。本研究认为,虽然农民工是具有反思性的能动的社会主体,但总体上说,他们在面对坚固的城市户籍制度堡垒及由户籍制度衍生出的一系列政策和制度障碍时,仍显得困难重重、举步维艰,因此加强对其社会保护就显得尤为重要。

二、研究方法与模型设计

(一) 研究对象与数据来源

本研究选取农民工较为集中的苏州市吴江区进行实证研究。吴江区是苏州市下辖的一个区,位于苏州市区南部,2012 年由吴江市撤市并区而来。吴江区由于地处长三角腹地,外资企业较为发达,近年来吸引了大量的外来务工人员。2012 年,吴江区外来务工人员总量达到 50 万人。课题组采用配额抽样的方法,兼顾了农民工样本的性别、年龄、行业分布等特点,于 2012 年 7 月在农民工较为集中的吴江区松陵镇和盛泽镇共发出问卷 750 份,回收有效问卷 672 份,回收率为 89.6%。随后通过邮件、电话和实地走访,对包括政府工作人员、企业负责人和市民在内共 20 余人进行了访谈。

表 1　农民工社会保护的主要指标

指标名称	变量赋值
月工资收入水平	500 元 = 1;501 - 800 元 = 2;801 - 1500 元 = 3;1501 - 2000 元 = 4;2001 - 3000 元 = 5;3000 元以上 = 6
岗前培训情况	未参加 = 0;参加 = 1
安全防护措施	完全没有 = 1;有些 = 2;比较严密 3;非常严密 = 4
工资拖欠情况	未拖欠 = 0;拖欠 = 1
与用工单位签订劳动合同	未签订 = 0;签订 = 1
失业保险	未参加 = 0;参加 = 1
养老保险	未参加 = 0;参加 = 1
工伤保险	未参加 = 0;参加 = 1
参加过城市的公共事务和活动	未参加 = 0;参加 = 1
是否参加了所在单位的工会组织	未参加 = 0;参加 = 1
市民对农民工的态度	不友好 = 1;一般 = 2;友好 = 3
业余文化丰富程度	不丰富 = 0;丰富 = 1
城市归属感	较强 = 1;一般 = 2;较弱 = 3
心理压力缓解机制	没有 = 0;有 = 1

（二）变量选择

农民工社会保护是一个涉及面较广的概念，本文在借鉴英国苏塞克斯大学发展研究所关于社会保护的分析框架，以及国内学者朱力①关于农民工三个层面的适应、韩克庆关于农民工社会保护的指标以及刘渝琳②关于农民工生活质量评价指标的基础上，将农民工社会保护具体操作化为"经济层面保护""社会层面保护"和"心理层面保护"，然后围绕这三个层面的保护，设置了15项观察指标（表1），将这些观察指标作为自变量。在因变量上，本文以"您对城市的适应程度"作为农民工城市融入程度的近似指标。

（三）模型设计

由于所列举的农民工社会保护指标较多，可采用因子分析方法对这些指标变量进行降维处理。运用SPSS 18.0软件对以上指标进行KMO和Bartlett检验，结果表明，15个变量的KMO抽样适当性检验的参数值为0.712 >0.5，且Bartlett球形检验值为606.847，其伴随概率为0.000 <0.01，达到极显著性水平，表明这15个指标适合进行因子分析（表2）。

表2　KMO和Bartlett的检验

检验类别	参数名称	参数值
KMO抽样适当性检验	KMO参数	0.712
Bartlett球形检验	近似卡方	606.847
相伴概率	Sig.	0.000

表3　因子的命名解释

指标名称	提取因子					共同度
	因子1	因子2	因子3	因子4	因子5	
失业保险	.914					.797
养老保险	.887					.858
医疗保险	.885					.695
工伤保险	.815					.874
岗前培训情况		.766				.619
月工资收入水平		.677				.682
安全防护措施		.550				.550
业余文化丰富程度			.803			.675
城市归属感			.779			.779
心理压力缓解机制			.581			.562
市民对农民工的态度			.560			.420

① 朱力．论农民工阶层的城市适应[J]．江海学刊，2002(6)．

② 刘渝琳，刘明．重庆市农民工生活质量现状及影响因素分析[J]．中国人口科学，2009(2)．

续表

指标名称	提取因子					共同度
	因子 1	因子 2	因子 3	因子 4	因子 5	
参与城市的公共事务和活动				.757		.699
参加所在单位的工会组织				.663		.606
工资拖欠情况					.855	.759
劳动合同签订情况					.612	.725
新因子命名	社会保障	就业保护	心理保护	政治参与	权益维护	
特征根	3.712	2.258	1.782	1.405	1.042	
方差贡献率(%)	24.745	15.051	11.880	9.365	6.947	
累积方差贡献率(%)			67.988			

通过对这些指标进行最大正交旋转后，得到5个主因子，分别命名为“社会保障”“就业保护”“心理保护”“政治参与”“权益维护”。5个主因子的累计方差贡献率达到67.988%，可反映原始变量所提供的大部分信息(表3)。

接下来，以农民工城市融入为因变量，以社会保障、就业保护、心理保护、政治参与、权益维护这5个主因子为因变量，建立Logistic回归模型。在因变量的处理上，先利用Likert量表对“您对城市的适应程度”这一问题从“非常适应”到“非常不适应”进行5点计分，得分越高表明适应程度越好(通过计算，该项得分3.5，接近“比较适应”选项，说明农民工总体适应状况较为一般)。然后将“非常适应”和“比较适应”重新编码为1，将“说不清”“不太适应”和“非常不适应”编为0。因此，因变量的取值为1和0，1代表“适应”，0代表“不适应”(表4)。

表4 以“您对城市的适应程度”为因变量的Logistic回归分析

	B	S.E	Wals	df	Sig.	Exp(B)
社会保障因子	0.536**	0.228	5.514	1	0.019	1.709
就业保护因子	0.461**	0.209	4.862	1	0.027	1.585
心理保护因子	0.756**	0.317	5.683	1	0.017	2.129
政治参与因子	0.133	0.210	0.402	1	0.526	0.876
权益维护因子	0.374*	0.219	2.911	1	0.088	1.453
常量	-1.776***	0.280	40.188	1	0.000	0.169
Model Chi Square			21.520			
-2Log Likelihood			126.639			
Cox & Snel 1R			0.321			
Nagelkerke R			0.212			

* $P<0.1$，** $P<0.05$，*** $P<0.01$

回归结果显示(表4),5 个主因子中有 4 个对农民工城市融入有显著影响,按照回归系数大小排列,分别是心理保护因子(0.756)、社会保障因子(0.536)、就业保护因子(0.461)、权益维护因子(0.374),而政治参与因子的影响不显著($P>0.5$)。由此得到基于社会保护的农民工城市融入分析框架(图 1)。从中不难看出,在影响农民工城市融入的因素中,心理层面影响最为显著,社会层面影响次之,由就业保护和权益维护构成的经济层面的影响再次之,从而呈现出由心理层面到社会层面再到经济层面逐步降低的趋势。

三、数据结果分析

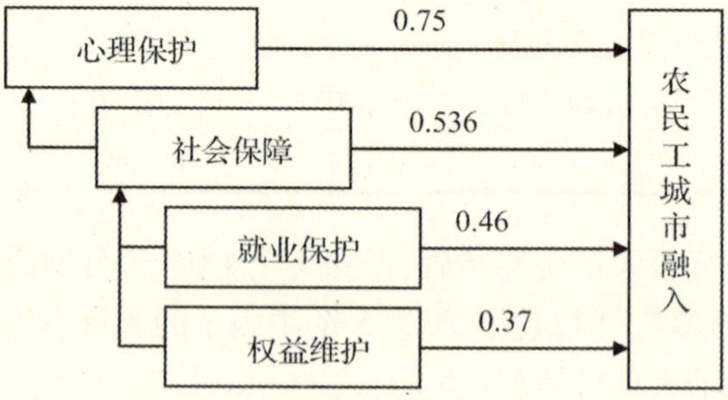

图 1　基于社会保护的农民工城市融入分析框架

(一) 就业保护因子

从就业保护因子来看,表 3 显示,就业保护对农民工城市融入有显著影响,影响系数为 0.461。这表明,就业保护与城市融入有正向因果关系,即农民工越是能够受到就业上的保护,他们融入城市的可能性就越大。因此,就业保护能够提高农民工的城市融入度。就业保护因子可以从其包含的三个指标,即工资水平、安全防护程度、参加职业培训程度得到具体说明。

工资报酬是反映就业质量的一项重要指标。从工资收入来看,回收的调查问卷显示,被调查的工资收入集中在2000—3000 元以及1500—2000 元这两个区间,合计占74.5%,平均值为 2302 元。而 2012 年吴江城镇居民年人均可支配收入 39758 元,月平均收入在 3313 元左右。相比之下,农民工与当地职工的收入仍有不少差距,有待进一步提高。不过,与当年全国农民工平均工资 2290 元①相比,吴江农民工工资水平略显一定的优势。

安全防护直接关系到农民工的生命安全和身体健康。从安全防护来看,66.2% 的被调查者回答工作中“有些防护措施”,17.8% 的人回答“防护措施比较严密”,15.0% 的农民工回答“没有任何防护措施”。虽然农民工安全防护措施在“量”上有了一定程度的普及,但在“质”上有待加强。考虑到有半数以上农民工是生产线上的工人和建筑工人,岗位安全状况应该引起重视。

教育培训是进行人力资本投资和积累的重要途径。从职业培训来看,37.1% 的被调查者回答“接受过”政府或企业组织的职业培训,62.9% 的人表示没有接受过任何培训。而从

① 据全国农民工工作暨家庭服务业工作办公室主任会议发布的消息称,2012 年末,外出打工的农民工月平均为 2290 元. 我国农民工总量达 2.63 亿　其中 1.63 亿外出务工[EB/OL]. http://news.eastday.com/c/20130301/u1a7226105.html。

相关研究来看，一项针对2011年北京农民工的调查表①显示，69.13%的农民工进厂时没有接受过培训，19.57%的农民工在进厂时接受过一般的引导性培训。另据国家统计局陕西调查总队的数据②，2012年该省外出农民工中32.6%的人接受过技能培训。因此，相比较而言，吴江农民工接受培训的情况要稍好于国内其他地区。

（二）权益维护因子

从权益维护因子来看，表3显示，权益维护对农民工城市融入有显著影响，影响系数为0.374。这表明，权益保护与城市融入有正向因果关系，即农民工的权益越是能够受到保护，他们融入城市的可能性就越大。权益维护因子可以从其包含的两个指标，即工资拖欠情况、劳动合同签订情况得到具体说明。

农民工是否按时足额拿到工资关系到农民工在城市的生存与发展，目前全国各地都不同程度地存在农民工工资被拖欠的现象，侵犯了农民工的合法权益。从吴江区的调查来看，9.9%的被调查者表示遭遇过工资被拖欠的情况，90.1%的人并未被拖欠工资。而从《2011年我国农民工调查监测报告》③（下称《监测报告》）来看，2011年"外出受雇农民工，被雇主或单位拖欠工资的只占0.8%"。这表明，吴江农民工工资被拖欠发生率要远远高于全国平均水平。

签订劳动合同是农民工维护自身权益的重要手段。从吴江的调查来看，92.9%的被调查者回答"签订过劳动合同"，7.1%的人回答"没有签订劳动合同"。对比《监测报告》来看，2011年"外出受雇农民工与雇主或单位签订劳动合同的占43.8%"，这表明，吴江农民工在与雇主或单位签订劳动合同方面要远远好于全国平均水平。2011年，吴江区人力资源与社会保障局通过"春风行动"和劳动关系和谐志愿服务活动，在农民工聚集地发布电子屏宣传标语，广泛宣传与农民工有关的劳动合同法律法规，同时市劳动保障监察机构还设立了举报投诉电话，督促用人单位依法用工，从而提高了农民工劳动合同签订率④。

（三）社会保障因子

从社会保障因子来看，表3显示，社会保障对农民工城市融入有显著影响，影响系数为0.536。这表明，社会保障与城市融入有正向因果关系，即农民工越是能够获得社会保障，他们融入城市的可能性就越大。

农民工的社会保障关系到农民工的切身利益，也关系到社会的和谐稳定。从农民工参保的现状来看，回收的调查问卷显示，吴江农民工参加养老保险、医疗保险、工伤保险和失业保险的比例分别为64.9%、67.5%、60.9%和53.1%。对比来看，《监测报告》显示，2011年"雇主或单位为农民工缴纳养老保险、工伤保险、医疗保险、失业保险的比例分别为

---

① 纪韶.举家外出的农民工融入城市现状和程度的实证研究——对在北京务工的500个农民工家庭的访谈数据分析[J].经济理论与经济管理，2012(1).

② 张维.陕西662万民工外出打工　超6成未接受技能培训[N].三秦都市报，2013-03-18.

③ 国家统计局.2011年我国农民工调查监测报告[EB/OL].http://www.stats.gov.cn/tjfx/fxbg/t20120427_402801903.htm.

④ 陈洁.吴江重点企业劳动合同签约率达98%以上[N].吴江日报，2011-05-27.

13.9%、23.6%、16.7%、8.0%"。另据国家统计局陕西调查总队的数据，2012 年，该省外出农民工享有用人单位或雇主办理养老保险、工伤保险、医疗保险、失业保险的分别为 10.1%、13.7%、13.3%、6.5%。从中不难看出，吴江农民工参保比例领先于全国水平，这对促进农民工的城市融入非常有利。当然这也得益于地方政府部门的保护性措施。以医疗保险为例，吴江较早出台了《吴江市外来农民工医疗保险暂行办法》[吴政发〔2008〕198 号]，改变了原先农民工医疗保险一直参照本地职工医疗保险进行执行的办法，统一下调缴费比例、建立门诊统筹补偿机制等，从而提高了农民工的医疗保险参保率①。

（四）心理保护因子

从心理保护因子来看，表 3 显示，心理保护对农民工城市融入有显著影响，影响系数为 0.756。这表明，心理保护与城市融入有正向因果关系，即农民工越是能够得到心理上的保护，他们融入城市的可能性就越大。心理保护因子可以从其包含的 4 个指标，即缓解心理压力情况、业余文化生活状况、城市归属感、市民对农民工的态度，得到具体说明。

从缓解心理压力情况来看，回收的调查问卷显示，12.6% 的被调查者表示所在单位提供了缓解压力的援助服务，87.5% 的人则给予了否定回答。这表明，一些雇用农民工的单位对缓解农民工心理压力这项工作重视不够，农民工的心理健康还没有得到有效保护。长期以来，人们普遍关注农民工的身体健康而忽视了他们的心理健康问题。一项调查表明，26.11% 的农民工都存在一定程度的心理健康问题②，这需要引起重视。

从业余文化生活状况来看，回收的调查问卷显示，12.6% 的被调查者表示自身的业务文化生活比较丰富，62.3% 表示比较单调，另有 25.1% 的人表示中立。而国内的一些调查也显示，总体上我国农民工目前的文化生活贫乏，农民工业余活动主要是"看电视""聊天""睡觉"，而"读书看报""培训学习"等提高型娱乐活动相对不足③。这就很好地解释了大部分被调查者认为文化生活单调的原因。

从城市归属感来看，回收的调查问卷显示，17.5% 的被调查者认同所在城市有一种家的感觉，55.8% 的人给予了否定回答，另有 26.7% 的人表示中立。从相关的研究来看，一项针对北京农民工的研究显示④，36.1% 的农民工认同"自己就是北京的一员"，而给予否定回答和表示不清楚的分别占 46.3% 和 17.6%。这表明，农民工总体上对所在城市的归属感不高，而吴江农民工的城市归属感更不容乐观。

从市民对农民工的态度来看，回收的调查问卷显示，26.9% 的被调查者表示友好，35.7% 的人表示不友好，37.4% 的人表示说不清。从相关的研究来看，一项针对上海农民工的研究显示，上海市民对待农民工比较友好、不友好的比例分别为 39.52%、30.29%，另有 30.19% 的人表示说不清。这表明，吴江农民工所感受到的市民友好程度要低于邻近的

① 吴江人力资源与社会保障局. 关于 2008 年全市劳动保障工作情况的报告[R]. 2008－12.

② 徐志良. 高度关注农民工心理问题[N]. 工人日报，2010－06－22.

③ 傅才武. 当前我国农民工群体文化生活状况调查及对策研究[J/OL]. 中国网，2007－12－19；刘启营. 农民工精神文化生活的特点及改善对策——基于山东省的调查[J]. 湖南农业大学学报（社会科学版），2009(5)；沙占华. 农民工精神文化生活现状分析及对策——以保定市为例[J]. 保定学院学报，2013(2).

④ 郭星华，李飞. 漂泊与寻根：农民工社会认同的二重性[J]. 人口研究，2009(6).

上海。

（五）政治参与因子

在该模型中政治参与因子影响不显著，可能的解释是，相比于政治参与农民工其他方面的保护更为急需，或者可以理解为政治参与离他们很遥远，因而表现出对政治参与的相对不敏感。但这并不表明政治参与对于农民工城市融入不重要。从长远来看，农民工政治参与是在农民工物质层面需要和心理层面需要满足之后的更高一级需要，是农民工市民化进程中不可或缺的一环，农民工政治参与也是赋予其主人翁地位的体现，因而必将对他们的城市融入产生影响。而从农民工的政治参与状况来看不太乐观。回收的调查问卷显示，参加了当地工会组织的农民工占10.9%，参加过城市社区的公共事务和活动的农民工占9.6%。而相关的研究显示，上海农民工加入所在单位工会组织的比例为18.3%①，武汉农民工参加过城市社区公共事务的比例为12.1%②。对比来看，吴江农民工的政治参与相对偏低。

四、结论与建议

通过以上分析可以得出以下结论：总体而言，吴江农民工社会保护做得相对好些的是就业保护、社会保障和农民工权益维护（除工资拖欠外）方面，而在心理保护和社区参与方面不理想。本研究同时发现，对于吴江农民工来说，制约他们融入城市的最主要障碍已不再是物质的或经济层面的因素，而逐渐上升为心理层面的因素。这表明，当前农民工市民化的推进工作在经济较为发达的苏州地区有从制度层面向心理层面发展的趋势，这也预示着进城农民工在经历了经济层面和社会层面的融入后，正在走向心理层面的融入。之所以做出以上判断，是因为在该地区阻碍农民工城市融入和市民化的制度性障碍已得到了一定程度的消解，随着2011年苏州外来人口居住证制度的实施，户籍制度改革已得到进一步深化，农民工逐步获得了一部分市民待遇，农民工子女就近入学问题已得到解决，被调查的吴江农民工的就业环境逐渐改善，社会保障覆盖面逐步扩大，这都得益于地方政府部门的保护性政策。因此，当前在进一步加大对农民工的经济和社会保护的同时，当务之急是如何从有利于农民工心理健康的角度，丰富他们的文化生活，提升他们的城市归属感，提高他们的政治参与度。具体来说包括：

第一，继续巩固和完善农民工经济、社会层面的保护政策，彻底解决农民工在就业、培训、安全防护、社会保障方面存在的问题和不足，尽可能将农民工工资拖欠率降至最低，为农民工在城市的生存与发展创造一个良好的制度环境。

第二，重点加强农民工的心理保护。企业要将农民工文化生活纳入企业文化建设范畴，针对农民工心理压力较大的问题，要引入社会工作专业制度，聘用专业社会工作者对农民工进行心理疏导。社区要积极开展面向农民工的文化活动，"社区文体活动设施要向农

① 王桂新，沈建法，刘建波．中国城市农民工市民化研究——以上海为例[J]．人口与发展，2008(1)．

② 吴理财．农民工的行为倾向与思想道德：现状、问题及对策——武汉市农民工问卷调查报告[J]．学习与实践，2007(4)．

民工开放,吸引农民工参与各种社区文体组织和文体活动",在活动中"加深本地居民与农民工的接触、交流和沟通,拉近农民工与市民的距离"①。同时,市民要以平等的态度对待农民工,给他们更多的人性关怀,减少冷漠,使他们获得心理上的安全感,进而对所在城市产生认同感和归属感。

第三,积极唤醒农民工政治参与的内在需求,为农民工政治参与创造条件。当前农民工对政治参与的需求不强烈,表明他们对政治参与没有奢求或自信心不足,这与长期以来农民工缺乏政治参与机会以及农民工组织化程度较低有关。因此,要鼓励和引导广大农民工积极踊跃参加企业工会组织、参与社区公共事务,使他们在参与过程中增强自主意识和主人翁意识。同时,呼吁企业工会组织向农民工敞开大门,没有成立工会的企业要尽快建立健全工会组织,尽量为农民工入会创造条件和机会;政府及社区部门要积极探索农民工参与社区选举的新途径,以保障农民工参与社区自治与社区管理的权利。此外,政府还应"将有一定条件的农民工吸纳到城市的各类组织当中","鼓励农民工建立、参与自己建立的合法组织"②,以此提高农民工的组织化程度和政治参与度。

总之,农民工社会保护是一个多维的、动态的过程,一方面离不开各主体、各要素之间的协同作用和整体推进;另一方面,要对农民工的社会保护工作进行定期评估和动态监测,以确保农民工社会保护工作根据变化了的情况有所调整,最终达到使农民工顺利融入城市社会的目的。

① 民政部.关于促进农民工融入城市社区的意见[民发〔2011〕210号][Z].

② 卢国显.农民工的组织化及其治安对策研究[J].中国人民公安大学学报(社会科学版),2010(2).

农民工共享城市公共资源问题研究

——基于苏州市相城区的考察[①]

叶继红　李雪萍

一、问题的提出和样本选择

伴随着我国农村经济体制改革和城市化发展进程，发端于20世纪80年代的大规模人口流动成为改革开放以来中国社会发生的最深刻的社会变化之一。2009年底，苏州市外来人口总量达578万，其中相城区就有46万。人口的迅速增长，使城市的社会管理和建设面临巨大挑战，而其中如何让农民工共享城市公共资源是现阶段亟待解决的问题。

农民工共享城市公共资源涉及城市公共资源配置问题。这一问题近年来受到学术界的重视。现有部分研究成果认为，目前在我国，公共资源在本地人口与外来流动人口的配置上仍然难以达到平衡[②]。农民工虽然在城市打工、居住和生活，但他们在就业、教育、医疗、社保等方面"基本上享受不到城市政府提供的公共服务"[③]。究其原因，户籍制度仍是最大的制度阻碍因素，它将社会上一部分人"屏蔽"在城市社会资源分享范畴之外，造成了资源配置的扭曲[④]。此外，农民工的年龄、性别、流入时间、受教育水平、经济收入、职业等自身条件，以及农民工与城市居民的社会距离构成了影响其公共服务享有水平的重要的非制度因素[⑤]。因此，需要"以基本公共服务均等化"为原则解决农民工问题，推进流动人口（农民工）服务管理制度创新，"流动人口管理制度创新过程体现了公共服务逐步均等化的发展趋势"[⑥]。

从以上研究可见，公共服务应均等化虽已成为学术界的共识，但在提出具体对策建议时，其认识还停留在较为笼统或抽象的阶段，鲜有研究从可行性角度、结合地区经济社会发展实际以及农民工实际需要提出的有针对性的建议。因此，需要对原有研究进行深化。实际上，城市公共资源对农民工完全开放在现阶段还不可行，设置必要门槛限制人口无序流入仍然是必需的。同时，需要针对农民工群体的内部差异和不同需求实施不同的资源供给

---

① 本文刊发于《南京人口管理干部学院学报》2011年第4期。

② 严吉．我国城市化进程中的城市公共资源配置问题研究——基于农民工视角[D]．上海：复旦大学硕士学位论文，2008．

③ 国务院研究室课题组．中国农民工调研报告[M]．北京：中国言实出版社，2006．

④ 李强．户籍分层与农民工的社会地位[J]．中国党政干部论坛，2002(8)：16－19．

⑤ 杨昕．影响农民工享有公共服务的若干非制度因素分析[J]．社会科学，2008(10)：88－94．

⑥ 于建嵘．基本公共服务均等化与农民工问题[J]．中国农村观察，2008(2)：69－74；肖伟．公共服务均等化视角下的流动人口管理制度创新[D]．杭州：浙江大学硕士学位论文，2008：5．

方式。本研究正是试图通过实地调研就此进行一些创新性探索。

本课题组于2009年12月采用偶遇抽样加入户调查的方法,对苏州市相城区部分流动人口(主体为农民工)和市民进行了问卷调查,共发放问卷207份,其中农民工问卷124份,市民问卷83份,各回收有效问卷97份和64份。问卷均录入SPSS 18.0进行统计和分析。

表1　被调查农民工的基本情况(N=97)

	频数	百分比	均值	标准差
性别				
男性	59	60.8	—	—
女性	38	39.2		
年龄				
20岁及以下	8	8.2		
21—30岁	57	58.8	29.26	7.98
31—40岁	19	19.6		
41—50岁	12	12.4		
51岁及以上	1	1.0		
教育程度				
小学及以下	14	14.4	9.44	3.56
初中	26	26.8		
高中	41	42.3		
大专及以上	16	16.5		—
婚姻状况				
未婚	45	46.4	—	—
已婚	52	53.6		
来苏州时间				
1年及以下	17	17.5		
1.1—3年	45	46.4		
3.1—6年	21	21.6	2.42	2.67
6年及以上	14	14.4		
来源地				
省内(苏北)	27	27.8		
省外(安徽、湖南等)	70	72.2		

表1给出了被调查农民工群体的基本情况:男性占60.8%,女性占39.2%;20岁以下占8.2%,21—30岁占58.8%,31—40岁占19.6%,41—50岁占12.4%,51岁以上占1.0%;文化程度在小学及以下占14.4%,初中占26.8%,高中占42.3%,大专及以上占16.5%;未婚占46.4%,已婚占53.6%;来苏州时间1年以下占17.5%,1.1—3年占46.4%,3.1—6年占21.6%,6年以上占14.4%;来自省内占27.8%,来自省外占72.2%。

二、农民工享有城市公共资源状况

农民工对城市公共资源共享主要涉及以下方面。

1. 接受教育培训

从农民工接受职业培训情况看，问卷显示，被调查者中有32.3%的人接受过培训，而67.7%的人没有接受过培训。组织培训的单位主要有："用人单位"（45.9%）、"政府部门"（18.7%）、"各种教育培训机构"（16.7%）、"社会力量"（11.4%），另有7.3%属于"其他"情况。培训费用的解决方式主要有："自费"（44.1%）、"用人单位解决"（38.2%）、"政府部门解决"（8.8%）、"三方共同承担"（5.9%），另有2.9%的人作了"其他"回答。从农民工子女接受义务教育情况看，问卷显示，在"苏州民工子弟学校"上学的占2.6%，在"苏州公办学校"上学的占21.1%，在"苏州私立学校"上学的占5.3%，在"老家学校上学"的占71.0%。而子女在苏州上学支出的费用每个孩子一学年平均为3287元，包括赞助费、书本费等。

2. 接受医疗卫生服务

表2　农民工对医疗服务设施的知晓和使用状况

项目	是	否
您所在的社区/工作现场开展过防病宣传或咨询工作吗？	27.1	72.9
您参加过有关防病知识的宣传或培训活动吗？	28.1	71.9
您知道附近的社区卫生服务站（中心）在哪里吗？	64.6	35.4
您去过附近的社区卫生服务站（中心）吗？	36.2	63.8

农民工就医的方式主要有：去"（市）大医院"（27.1%），去"药店买药自己治"（21.9%），去"（街镇）小医院"（20.8%），去"社区卫生服务站"（17.7%），去"私人诊所"（6.3%），去"单位的医务室"（4.2%），以及"其他"（2.0%）。其医疗费支付主要靠"自费"，这一比例高达75.0%，其余则主要出自"城镇职工医疗保险"（12.5%）、"农村合作医疗"（7.3%）"商业保险"（4.2%）及"其他"（1.0%）。农民工及家人所接受的卫生服务主要有（多选）："健康体检"（42.5%）、"疫苗接种"（25.8%）、"健康咨询"（16.5%）、"孕产妇保健"（16.5%）、"计划生育指导"（13.3%）、"卫生知识培训"（11.3%）、"健康教育讲座"（11.2%）和"建立健康档案"（6.0%）等。就农民工对医疗服务设施的知晓和使用情况看（表2），他们对周边社区卫生服务站（中心）的知晓率最高，达64.6%；但只有三成左右的农民工接受过防病宣传或咨询、防病知识培训以及去过附近的社区卫生服务站（中心）就医。

3. 文化娱乐消费

问卷显示，84.6%的农民工有看书和阅读报刊的习惯，其中，"偶尔阅读"的占59.4%，"经常阅读"的有25.0%，而"从不阅读"的只占15.6%。农民工阅读的途径主要有（多选）："自己购买"（75.8%）、"去图书馆（室）"（19.5%）、"工友间互相借阅"（13.3%）、"在地摊上看"（10.3%）、"到社区文化室"（5.5%）以及"其他渠道"（4.0%）等。农民工利用的文化设施主要是(多选):"书店"(44.3%)、"博物馆"(21.1%)、"图书馆"(20.0%)、"展览馆"(14.7%)和"文化馆"(4.2%)。就针对农民工的文化设施/活动来看,7.3%的被调查者回答打工所在地有对农民工开放的图书馆(室),92.7%的人作了否定回答;8.5%的人回答参加过专门为农民工组织的公共文化活动,91.5%的人作了否定回答。

4. 在城市居住方式

关于居住方式,被调查者的回答主要有"租住楼房"(43.8%)、"租住平房"(32.3%)、住在"集体宿舍"(9.4%)、住"亲友房屋"(5.2%)、"自购住房"(4.2%)、住在"工作场所或工棚"(3.1%)及"其他"(2.0%)。他们的居住条件较为简陋,房内不通自来水的占12.5%,没有卫生间的占29.1%。其选择住房所考虑的因素主要有:"方便上下班"(44.8%)、"房屋租金"(33.3%)、"住房面积和设施"(15.6%)、"方便子女教育"(4.2%)及"其他"(2.1%)。他们对未来住房的需求主要有:"经济适用房"(54.1%)、"廉租房"(29.2%)、"商品房"(11.5%)和"单位提供的夫妻房"(5.2%)等。

三、农民工享有城市公共资源存在的问题

1. 农民工对城市公共资源利用不足

本次调查显示,农民工对城市公共资源利用不足。表现在:第一,从教育培训情况看,67.7%的农民工在苏州没有参加过任何培训(国务院2006年发布的《中国农民工调研报告》显示,接受过技术培训的只占28.2%①,而建筑行业农民工参加培训的仅占10%②),也就是说,他们在苏州打工期间没有很好利用城市教育培训资源来提高自身技能。同时,农民工子女在苏州接受义务教育的比例偏低(28.9%),对城市义务教育资源利用有限。第二,从医疗卫生情况看,只有36.2%的农民工接受过城市社区卫生服务站(中心)的医疗服务,可见农民工对城市卫生服务设施的利用率不高。第三,从文化娱乐情况看,41.1%的农民工没有利用过任何城市文化设施。在所利用过的文化设施中,对图书馆(室)的利用尤其不足,只有1/5的人利用过(部向荣研究表明,北京市农民工在阅读书刊时对图书馆的利用仅为5.3%③)。第四,从住房情况看,农民工在城市以租房为主,购买商品房者不足5%。所租住的房屋12.5%没自来水(有研究表明,北京农民工的租用房中10%没有自来水④),29.1%没有卫生间,可见其居住条件和卫生设施较为简陋,城市的现代化住房与农民工基本无缘。

2. 城市公共资源惠及农民工不足

调查也显示,城市公共资源对农民工惠及同样不足。具体表现在:第一,从教育培训情况看,44.1%的农民工培训完全靠自费,而由政府解决的不足9%。这表明,该群体的教育培训还没有被纳入政府整体教育规划。第二,从医疗卫生情况看,3/4的农民工看病靠自费

① 国务院研究室课题组.中国农民工调研报告[M].北京:中国言实出版社,2006.

② 国务院研究室课题组.中国农民工调研报告[M].北京:中国言实出版社,2006.

③ 部向荣,侯玮辰,王子舟.北京市农民工知识能力及对图书馆需求的调查报告[J].图书馆,2008(4):4-10.

④ 农民工城市贫困项目课题组.农民工生活状况、工资水平及公共服务:对北京、广州、南京、兰州的调查[J].改革,2008(7):84-98.

（邹农俭的研究表明，江苏农民工参加医疗保险的比例仅为19.4%[①]，也即超过80%的农民工看病靠自费），而由城镇职工医疗保险支出的不足13%。再从农民工及其家人接受过的各种医疗服务来看，服务项目限于“疫苗接种”（25.8%）、“孕产妇保健（16.5%）”以及“计划生育指导”（13.3%）等，且接受比例都明显偏低。这说明，农民工的医疗保健同样没有被纳入城市医疗体系。第三，在文化服务设施的供给上，政府及相关部门很少考虑到农民工群体的实际需求，能够对其开放的图书馆（室）少之又少（7.3%），而农民工能够享受到的只有免费的文艺演出或广场电影等，这些活动却又很少是专为其安排的（8.5%）。第四，从住房情况看，农民工在城市购房不足5%（与《中国农民工调研报告》显示的数据相同[②]），且所租住房12.5%无自来水、29.1%无卫生间，可见其居住条件和卫生设施简陋，城市的住房建设远未顾及农民工的基本需求。

四、影响农民工共享城市公共资源的因素分析

研究表明，影响农民工享有城市公共资源主要有以下因素。

1. 政府政策偏好

政策偏好是影响农民工共享城市资源的重要因素之一。从政府层面来看，对农民工的管理经历了从最早将其视为“盲流”予以收容遣返，到后来允许其以暂住形式居留城市，再到后来大力推进农民工市民化的变化过程，反映了政府对流动人口管理的制度创新和社会进步。从这个意义上说，让农民工共享城市公共资源符合国家和人民利益，也与我国近期的大政方针相一致。2006年，国务院《关于解决农民工问题的若干意见》（国[2006]5号）明确指出：“大城市要积极稳妥地解决符合条件的农民工户籍问题，对农民工中的劳动模范、先进工作者和高级技工、技师以及其他有突出贡献者，应优先准予落户。”2007年，中共中央、国务院发布的《关于全面加强人口和计划生育工作统筹解决人口问题的决定》（中发[2006]22号）中，就明确提出“将流动人口管理服务纳入地方经济社会发展规划，促进流动人口融入城市生活”。然而，由于外来人口的进入会占用部分城市公共资源，在资源有限和无法实现中央转移支付的条件下，作为市民和城市利益集团代表者的地方政府，必然要维护本地居民的利益，解决好市民的生产生活问题，因而最终做出了偏向本地居民的公共政策，将农民工排斥在城市公共资源享用范畴之外。

2. 城市资源相对紧缺

城市资源包括城市的自然资源（如土地、水、能源等）和社会资源（如教育、医疗卫生、文化信息等）。这是城市经济社会发展的重要物质基础，是战略性的核心资源。资源总是一定的，城市资源状况会直接影响外来人口对其享有程度。如果实行公共服务均等化就意味着城市所有公共资源都要对农民工开放，由此必然会导致资源享用人数短时间内急剧膨胀，从而引发城市社保、教育、住房公积金等方面支出的大幅度增加，进而对政府财政和公共物品供给构成严峻挑战。例如，2003年8月河南郑州市入户政策完全放开，允许外地人

① 邹农俭. 江苏沿江农民工现状调查报告[J]. 南京师大学报(社会科学版)，2008(5)：11－25.

② 国务院研究室课题组. 中国农民工调研报告[M]. 北京：中国言实出版社，2006.

员以“投亲靠友”等方式办理户口，结果一年内郑州城区就新增入户人口 15 万。人口激增带来了交通的拥挤，教育资源的急剧紧缺，以及社保和城市治安压力的加大，使得这项政策不得不被叫停①。

再以苏州市相城区义务教育为例。近年来苏州市相城区公办学校吸纳的农民工子女人数逐年增长，其比例已从 2005 年的 50.61% 上升到 2009 年的 70.17%（见表 3）。接受义务教育的外来民工子女占在校生比例也从 2005 年的 24.60% 上升到 2009 年的 52.89%（见表 4）。这表明，基础教育中外来民工子女已经超过了本地生，这些外来生七成是在公办学校里就读。因此，公办学校承担了培养外来民工子女的主要任务。随之而来的问题是，处于满负荷运行状态的学校面临教育资源不足的压力而急需扩容扩建。

表 3　苏州市相城区公办学校近年吸收外来人员子女情况

	2005	2006	2007	2008	2009
公办学校吸纳外来农民工子女数（人）	4380	7137	8633	10435	12547
公办学校吸纳比例（%）	50.61	54.42	60.77	67.90	70.17

资料来源：苏州市相城区教育局统计资料。

表 4　苏州市相城区近年外来人员子女占在校生的比例

	2005 年		2006 年		2007 年		2008 年		2009 年	
	小学	初中	小学	初中	小学	初中	小学	初中	小学	初中
外来民工子女入学总数（人）	7754	901	11356	1758	12393	1812	12968	2401	15062	2819
在校生总数（人）	20478	14710	20343	13757	20613	12889	21471	11794	23256	10554
外来民工子女占在校生比例（%）	37.87	6.13	55.82	12.78	60.12	14.06	60.40	20.36	64.77	26.71
合计（%）	24.60		38.46		42.40		46.20		52.89	

资料来源：苏州市相城区教育局统计资料。

而从经济发展状况看，苏州市相城区近年来地区 GDP 和财政收入均保持良好的增长势头。2009 年，两项指标分别达到 316 亿和 91 亿，分别比上年增长 14.51% 和 20.94%（见表 5），这应该能够应对因农民工子女义务教育需求而额外增加的教育投入。

表 5　苏州市相城区近年地区 GDP 和财政收入状况（亿元）

	2002	2003	2004	2005	2006	2007	2008	2009
地区 GDP	75.81	95.02	119.30	165.06	194.47	232.18	276.38	316.48
财政收入	7.51	11.66	16.50	23.95	34.03	44.54	74.89	90.57

资料来源：苏州市相城区统计年鉴。

① 韩俊杰. 不能承受人口激增带来的压力——郑州“户籍新政”部分叫停[N]. 中国青年报，2004－09－15.

3. 市民对农民工共享城市资源的态度

市民对农民工的态度是影响农民工共享城市资源的又一因素。从市民角度来看，总体而言，农民工进城必然会对市民的生产、生活产生影响，尤其是在目前城市就业形势较为严峻的情况下，农民工进城加重了城市的就业压力，再加上由农民工引发的治安事件的增多，使得一些市民对农民工产生了一定的偏见和排斥心理，进而对政府在配置资源方面做出公共政策产生对农民工的不利影响。不过本次对相城区市民的问卷调查显示，总体上市民对农民工享有城市资源持支持态度，对农民工在子女义务教育、住房公积金、医疗保障等方面的共享有着较高(80%以上)的认同率(见表6)。从某种意义上讲，农民工为城市的发展做出了贡献，让他们分享城市资源是既在情理之中、也顺应民意的正确选择。

表6 相城区市民对农民工享有城市资源的态度(%)

选项	同意	不同意	不知道/无所谓
农民工子女和市民子女一样接受同等教育	87.0	7.4	5.6
农民工应该和市民一样享受住房公积金	81.5	9.3	9.3
农民工应该和市民一样享受廉租房政策	87.0	3.7	9.3
农民工应该和市民一样享受医疗保障	88.9	3.7	7.4
农民工应该和市民一样享受最低生活保障	81.5	5.6	13.0

4. 农民工组织化程度

从农民工角度来看，目前农民工作为一个群体对地方政府的决策影响有限。这是因为，一方面农民工群体的文化素质不高(本次调查显示平均受教育年限为9.44年)，他们缺乏维护自身权益的意识和能力；另一方面，农民工在城市处于较为分散的状态，组织化程度较低，使得他们难以形成一股组织起来的力量，进而产生自己的“代言人”，通过合法渠道表达其合理的利益诉求。农民工群体自身的种种制约，使得他们在社会利益格局中几乎“没有话语权”①，因而很难分享到城市公共资源。

五、结论和建议

农民工是我国现阶段城市建设的一支重要力量，他们为城市发展做出了重要贡献。同时，农民工又是城市社会的弱者，他们对城市做出贡献却得不到应有的社会待遇。基于苏州市相城区的实证研究发现，现实中存在农民工对城市公共资源利用不足、城市公共资源惠及农民工不足的问题。这在一定程度上印证了已有研究的结论。从有利于社会公正的角度看，农民工理应分享城市公共资源。而改革传统户籍制度让农民工共享城市资源已成为社会发展的必然趋势，但就相城区而言，完全开放城市资源在目前还不现实，也不具备经济上的可行性。因此，需要统筹规划，渐进改革，稳步推进。

---

① 严吉. 我国城市化进程中的城市公共资源配置问题研究——基于农民工视角[D]. 上海：复旦大学硕士学位论文，2008.

1. 调整户口政策，有选择地对农民工实行户口准入

让农民工共享城市公共资源，推进基本公共服务均等化，必然要求改革我国现行的户籍制度。而目前一些省市实行的外来人口居住证制度便是一项很好的尝试。居住证是“一种介于暂住证与落户之间的过渡形式”①，它采用“评价计分体系”的方法来衡量居住证申领者是否达到落户的条件。如上海市规定，持“上海市居住证”满7年且在社保、纳税、无不良行为记录以及专业资格全部满足条件的情况下，可以申请获得上海户籍。可见，居住证制度实质上充当了一种过滤机制，它将外来人口（农民工）中那些在城市居住达到一定年限、愿意留在城市且各方面条件优越者吸纳为城市户籍人口。这既可缓解城市户口完全放开导致城市人口激增、资源耗竭的矛盾，又可破除因狭隘的地方主义导致的城市户口对农民工的完全封闭。

2. 在战略规划上，将农民工纳入城市公共服务体系

“基本公共服务均等化的提出为解决农民工问题提供了基本原则、主要标准和行动框架。”②从实现城市公共服务均等化目标出发，地方政府应调整城市建设和发展思路，在城镇规划、住房建设、公共服务、社区管理上统筹考虑进城农民工的需求，将公共财政服务对象范围逐步扩大到农民工群体。这样做主要出于以下考虑：首先，外来流动人口中的部分人已在城市常住达一定年限，事实上已成为城市常态化的本地居民，他们对城市公共服务无疑存在需求。其次，地方财政收入是原住居民与外来人口（农民工）共同创造的，公共财政服务理应惠及他们。第三，将城市公共资源惠及农民工必将激发他们极大的工作热情，激励他们创造更多的价值，增强他们对城市的认同感、归属感和自豪感，从而促进城市经济的持续发展和社会的和谐进步。

3. 在资源供给方式上，对农民工实行公共资源的分层供给制度

鉴于当前对农民工全面放开城市户籍还不现实，因此在推进户籍制度改革的同时，有必要实行城市公共资源的分层供给制度。具体可以分为两个层次：

第一层次为免费无差别供给层。适用的资源类型为城市文化公共资源和义务教育资源。这两类资源实行全面免费供给，一是将城市公共文化设施（图书馆、博物馆、展览馆）对农民工全部免费开放，并免费农民工子女义务教育费用，转移支付开放的公共文化设施则最大限度地吸引农民工参与；二是对农民工子女实行全部免费就近入学，且其接受义务教育在收费、管理等方面与城区学生享受同等待遇。为减少地方财政压力，需要合理设计中央和地方的财政分担比例。对于苏州市相城区承担的江苏省内农民工子女义务教育，可以考虑实施教育经费省内转移支付，即省政府根据苏州市相城区实际吸纳的省内农民工子女数将义务教育经费转移至流入地学校。对于跨省农民工子女义务教育，可以采用“教育券”制度，即流入地政府通过“教育券”的收取和兑现获得中央财政的转移支付（见图1）。

---

① 崔传义. 推进户籍制度改革，创造农民工转化为城市产业工人的制度环境[R]. 北京：国务院发展研究中心，2004.

② 于建嵘. 基本公共服务均等化与农民工问题[J]. 中国农村观察，2008(2)：69－74.

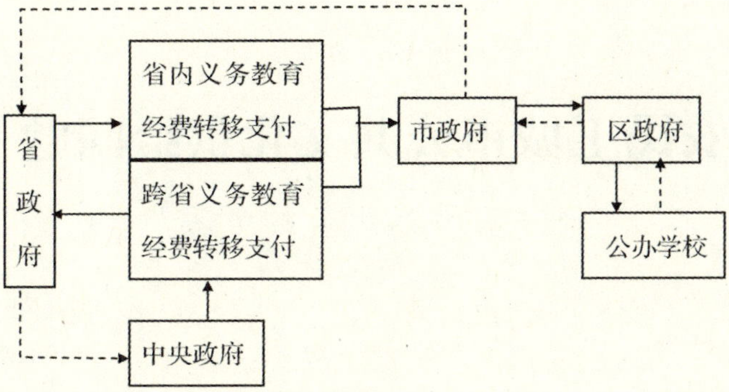

图 1

第二层次为有差别供给层。适用的资源类型为城市医疗、养老保险和住房资源。所谓“有差别”既指农民工在享受上述公共资源方面与市民存在差异，又指农民工在参加社会保障方面存在内部差异性。根据农民工内部差异化的实际需要，可设计可供选择的多层次、多形式的社会医疗保险方式。由于大部分农民工收入水平较低且工作不稳定，因而其缴费比例不能太高，缴费所占工资的比重也不能太大，宜采用“低缴费率，高覆盖率”的方式。对部分在基本医疗保险最低水平基础上还要得到更多更好医疗保障的个人，应要求其缴纳更多的费用。对工作年数较长、有较好经济基础的农民工则可考虑并入城镇职工社会保障体系。就住房资源看，目前农民工最急需的是经济适用房（54.6%）和廉租房（28.9%），据此建议放宽对申领城市廉租房者的户籍限制，允许在城市居住一定年限的农民工在提供住房困难和收入证明的情况下申请廉租房。对于不符合廉租房租住要求的农民工，政府也可考虑给予一定的租金补贴。另外，对于为农民工提供低租金住宅的开发商，政府可以免去其一定比例的税收，以此增大农民工的住房供给。

4. 在社会保障方面，建立以公共事业为导向的公共财政支出体系

公共财政是政府提供公共服务的经济基础。首先，从实现基本公共服务均等化要求出发，苏州市相城区应深化财政体制改革，推动财政体制从生产投资型转向公共服务型。其次，应调整财政支出结构。城市的财政支出和各种公共服务不仅要考虑城市户籍人口的需要，更应该有效服务于全社会，尤其是农民工群体。第三，应加大公共事业投入，现阶段特别要加大财政对教育、卫生、文化、就业和再就业、社会保障、生态环境保护、公共基础设施、公共安全等方面的投入，形成强有力、可持续的财政支持体系。第四，要建立和完善公共财政投入的政策法规，使公共财政投入制度化和规范化。

农民工城市公共文化供给问题

——基于苏州市的考察①

邢　静　叶继红

一、文献回顾及问题的提出

学术界关于农民工融入城市问题的研究主要基于三种视角：一是社会制度的研究范式，侧重从我国城乡二元制的改革上转变农民工的身份和地位；二是社会资本的研究范式，基于人力资本的投资、社会网络的扩大给农民工赋权、增能；三是社会化的研究范式，侧重从物质、精神、心理、城市市民的接纳等方面实现农民工的城市融入。本文基于城市公共文化供给的视角，探讨新生代农民工城市公共文化的融入。

2010年中央一号文件《关于加大统筹城乡发展力度进一步夯实农业农村发展基础的若干意见》中，首次使用了"新生代农民工"的提法，并要求采取有针对性的措施，着力解决新生代农民工问题。所谓"新生代农民工"是指与传统意义上的农民工相区别的80后、90后农民工，他们虽来自于农村，但对城市有更高的期望值，期望改变自己的农民身份，文化精神需求同样迫切。新生代农民工是处于农民向市民过渡期的一个群体，他们已经由生存理性转变为社会理性，有着物质和精神上的双重需求，甚至精神需求更大一些，他们渴望融入城市，渴望被城市接纳。这种来自文化方面的融合，从某种意义上来讲，是心理的融合，心灵的交涉，是一种归属感。因此，新生代农民工能否融入城市，在很大程度上取决于对城市文化的认同②。

二、新生代农民工公共文化生活现状

新生代农民工由于在经济上处于劣势，因此在城市文化资源的共享上也难分得一杯羹。他们在物质上没有保障，在心理上遭受到城市人的冷言冷语，在社交上也仅局限于同乡亲友之间。在有关农民工如何打发闲暇时间的调查中，选择看电视、听广播的占49.2%，聊天或闲逛的占39.1%，进行体育健身活动的占6.9%，上网的占29.5%，还有39.1%的人选择睡觉。可见，大部分农民工的闲暇时间都花在花费较少或免费的娱乐项目上。农民工对于高消费的休闲场所光顾的频率很低，而免费性的公共设施比如公园、篮球场、露天电影

① 本文刊发于《信阳农业高等专科学校学报》2012年第3期。

② 李宗佰.论农民工文化需求在和谐文化建设中的地位[J].新课程,2009(5):23.

院等公益性设施远远不能满足新生代农民工的群体需求[①]。相对单调的文化生活致使新生代农民工在价值观上呈现出保守、落后的特征,不利于其市民化的进程。因此,城市公共文化服务体系的构建已迫在眉睫。

三、城市公共文化的供给机制

建立长效的公共文化供给机制需要城市相关部门共同努力,政府、企业、社区、社会组织、农民工自身都将在这一过程中发挥不同的功能。

(一)政府供给机制

政府是社会资源的掌控者和管理者。政府是城市公共文化服务的建设主体,一方面中央政府把握政策的指挥棒,予以引导,下拨款项,给以物质支持;另一方面,地方政府统筹兼顾,因地制宜,使得资源能够最大限度地发挥效力。温家宝总理在2012年政府工作报告中指出:要更加注重把在城镇稳定就业和居住的农民工有序转变为城镇居民;放宽中小城市落户条件,合理引导人口流向,让更多农村富余劳动力就近转移就业。加强对农民工的人文关怀和服务,着力解决农民工再就业服务、社会保障、子女入园上学、住房租购等方面的实际问题,逐步将城镇基本公共服务覆盖到农民工。苏州市2012年政府工作报告中提出:2011年外来人口子女在公办学校接受义务教育的比例已超过70%。2012年要加强社会主义核心价值体系建设,广泛开展以讲文明、树新风为主题的公民道德实践活动,落实政务效能提升、文明素养培育、公共环境优化、公共事业普惠、交通文明共铸、城乡文明一体化推进和文明建设示范七大行动,完善社会志愿服务体系和激励机制,深化群众性精神文明创建工作,巩固提升全国文明城市建设水平,构筑全市人民共有的精神家园。在调查农民工感兴趣的科技信息中,选择健康与卫生保健知识的人最多,占总人数的41.50%,气象服务知识和科技新发现知识关注比例分别占到32.80%和28.80%,分列第二位和第三位[②]。因此,政府要划拨专项资金对农民工进行免费的基本知识和就业技能培训。由于知道文化程度较低而影响到自身的社会地位及资源的获取,新生代农民工将更多的希望寄予在下一代身上。据调查,苏州市目前共有农民工子弟学校74所。苏州市高新区育才学校于2011年12月开展爱心送教活动,不仅为小朋友送去文具、书本等学习用品,还有星级教师来此支教。新浒学校则请来了外文老师为学生们授课,极大地激发了学生学习英语的兴趣,也提高了该校的英语教学质量。相反,苏州市吴中区的一些农民工子弟学校,除了学校像看守所、教学楼像厂房、教室像车间之外,教工用具、文体用品、课外图书以及师资的匮乏往往令人瞠目结舌。政府在教育资源配置上的行政地域划分导致农民工子弟学校一直处于艰难的处境。全国实行免费义务教育,但义务教育的行政拨款是根据户籍来划拨的,农民工子弟学校招收了户籍还在老家的孩子,人过来了,相关的教育经费却无法跟来。这是体制的问题,需要政府层面才能解决。

---

① 阎友兵,蒋晏.农民工休闲活动现状及改进措施[J].城市问题,2006(6):16-17.

② 何爱云,江玉娇.新生代农民工的文化需求现状分析及对策[J].思想政治工作研究,2010(3):23.

（二）企业供给机制

企业是农民工在城市里的生存基地。新生代农民工不仅在企业里赚钱维持物质生活，还需要获得精神方面的满足。企业文化是一个企业的无形资产。一方面员工们要恪守职业道德，发扬企业文化；另一方面，企业的文化无时无刻不在影响着员工。企业里除了规章制度以外，电视机、报刊、电脑、广播、阅览室、俱乐部等设施是必不可少的，它们对于丰富员工的精神生活发挥着至关重要的作用。但很多企业出于功利化的目的，宁愿捐资助学也不愿意更多地关注本企业员工的文化需求。据调查，在新生代农民工对企业的文化需求中，电视占37.4%，技术培训占33.4%，图书报纸占20.0%，电脑占23.2%的比例[①]。苏州一建集团第五分公司于2008年5月在工地上办起了民工学校，将120名民工按照瓦工、木工、钢筋工等工种分为几个学习小组，每半个月利用晚上时间向农民工传授文明施工、环保知识、新技术、新材料的利用等。农民工不仅学习了文化知识，而且还提高了文明素质。企业社会责任并不纯粹是企业出于道德或资源而采取的单纯利他行为，而是企业外部性的客观表现。这种外部性表现在企业出于长远利益的考虑所采取的行为客观上给其他个体或客体带来的收益[②]。企业应发挥主体作用，强化责任意识，将农民工的文化需求纳入到企业文化中来。

（三）社区供给机制

社区是农民工生活居住的场所，极大地影响到农民工的文化生活。一个成熟的社区往往要具备社区医务室、图书室、健身房、体育馆、书店、文化广场、网络中心、小商店等基础设施。而农民工居住的地方不仅房屋简陋，而且卫生条件也落后。这在很大程度上影响到农民工的身体健康，更谈不上文化生活的满足了。苏州市政府提出了流动人口集中住宿的模式，按照集中住宿、集中管理的方法，将流动人口纳入到新苏州人的建设规划中。自2001年试点至今，集中住宿覆盖率逐年上升，但是集宿区主要分布在远离城市中心区的工业开发区和城乡结合部，这里文化服务设施种类单一，只有桌球室和图书馆，并且图书馆所藏书目数量有限，更新周期长，不能满足农民工的需求。另外，流动人口对于邮政储蓄业务的需求也很大，调查显示，外资企业生活区的农民工对金融、邮电满意度仅为19%，而满意度最高的枫江寄宿区也仅为42%[③]。一些规模较大的寄宿区虽然配置了基本设施，但提升性设施却相当滞后，而规模较小的寄宿区更多的是用几间破旧的厂房改建而成，基本设施无从保障。很多公益性的卫生服务站由于建设成本高、利润空间小，常常在市场化、功利化的投资商面前遭到拒绝。而商店、饭馆、书店等由于农民工有限的低端消费水平，也常常陷入入不敷出的境地。因此，社区应该在当地政府的支持帮助下，设立专项资金，建设公益性和公共性项目，特别是当地居委会要统筹兼顾，从长远利益考虑，为农民工提供舒适、温馨的美好家园。

---

① 刘启蒙.农民工文化需求与供给机制分析[J].高等农业教育2011(7):12.

② 陈志，刘辉.企业社会责任体系下的农民工权益保护[J].经济管理，2006(5):68.

③ 黄耀志，吕勤，姜淑芬.苏州市流动人口寄宿区公共服务设施供需状况调查及对策分析[J].苏州科技学院学报(工程技术版)，2009(12):21.

（四）社会组织供给机制

这里所说的社会组织是一种介于政府和企业之间的、不以盈利为目的的组织性团体。社会组织在农民工城市公共文化资源的共享上承担着协调者的角色。他们本着助人的目的，可以在社会弱势群体与政府之间架起一座资源疏通的桥梁。作为社会组织，由于它非营利性的本质属性，它会以一种高度的洞察力去审视我们的社会从而发现问题，进而为政府提供对策和建议。政府作为社会管理者，并不是所有的问题都能解决，很自然地，就出现了政府购买社会组织服务的形式——政府买单，社会组织服务。一方面社会工作者可利用其专业优势，使城市居民能够接纳农民朋友，同时，也可对农民工的弱势心理进行疏导；另一方面，社会组织可以提供相对完善的公共文化服务。各种社会组织要联合社区等开展丰富多彩的活动，使农民工在思想观念、思维方式、行为习惯等方面逐渐和城市接轨。

（五）自我供给机制

农民工不仅需要来自政府、企业、社会组织的外力支持，也需要自身力量的支撑。这不仅体现在其文化意识的觉醒上，还表现在其文化需求的自我创造上。例如，苏州市木渎镇沈巷村的一位农民工开始了文化创业。他办起了工友家园俱乐部，不仅有5000多册藏书，还设有文艺小组、文学小组、姐妹小组、宣传小组等部门，《工友通讯》刊物是他们活动的阵地[①]。来往的农民工日渐增多，这里成为他们补充知识能量、缓解疲劳、放松神经的最好去处。农民工的标签使许多人习惯了认可自身弱势的身份和地位。农民工应挖掘自身的潜力和优势，变被动地等待政府的资源分配为主动争取资源的利用，后者往往比默默等待来得要快。上例中的文化创业不仅解决了农民工的就业，还使创业者本人从一个打工仔变成了自主经营的小老板。另外，农民工应充分发掘农民喜闻乐见的文艺形式，比如地方皮影戏、秧歌队、吹拉弹唱等民间艺术，组成业余文化小队，这不仅能丰富自身精神文化生活，而且能够彰显农村文化在城市中的文化价值，也有利于民间艺术的传承与发展。

四、结语

文化的融入意味着农民工身份和地位的转化，也意味着我国城市化水平进入另一个发展阶段。城市公共文化服务的供给有着多元的主体和不同的运转机制，政府应是重中之重，财政支持对于公共文化服务设施的建设是必不可少的。农民工对于文化资源共享的需求是很大的，仅政府一家的力量是无法满足的，因此农民工所居住的社区、所工作的企业、相关的社会组织以及其自身应形成合力，共同构建公共文化服务体系。

① 崔玉娟.一个农民工自组织的文化实践[N].中国青年报，2012-02-02(08).

论城乡结合部"过渡型社区"居民生活空间规划的合理化

——以苏州工业园区若干社区为例①

何华玲　韩舒立　张　晨

城市社区的形态是一个社会的缩影，有学者归纳了使用"社区"一词的两类不同语境，分别突出社区的功能性和地域性②。处于城乡结合部以大规模农民动迁安置小区为空间载体的"过渡型社区"，则在社区形态上既区别于传统的农村村落社区，也有别于城市街道社区和现代都市社区，无论是建设规划或功能，还是成员结构或心理，都有不同程度的差别。过渡型社区强调的是这类社区的过渡性特征，是中国特色城市化进程中社区变迁的一种过渡阶段，这类社区既包含着城市社区的特点，又顽强地保存着农村社区精神，在这类社区中农民将要完成最初的市民化训练，成为农民完全市民化的一个缓冲带。由此可见，建设这类社区的初衷是为了解决当地失地农民的住房安置问题，本质上是农村城市化不可逆转的关键环节，核心是要促进农民身份的转变，使他们从农民转变为市民。然而随着这类居住社区成员的日益复杂，原本就遭遇困难的农民城市化而今还同时面临着更加严峻的社区认同构建。因此，城乡结合部"过渡型社区"居民生活空间的科学合理规划，直接关乎城市化水平和城乡一体化进程，关系到社会公共服务均等化和基层治理的完善，对社会秩序的稳定和社会结构的平衡起着至关重要的独特作用。

一、城乡结合部"过渡型社区"居民生活空间规划的困境

目前，对社区规划关注比较多的社区类型主要是城市商住社区、新农村社区、国家重大工程中的移民安置社区和重大自然灾害中的灾民安置社区，专门针对处于城乡结合部过渡型社区空间规划的研究相对较少。至于研究的视角，则较多地集中于地理学和建筑学等理工学科，从政治学、社会学和管理学这些人文社科的角度探究社会物质空间结构以及人居环境对不同社会群体造成的生产方式、生活习惯、心理特征、社交网络等各方面影响的研究却相对较少。研究碎片化、理论程式化，理论预见不足、应对不力，必然导致实践的举步维艰。

当前，随着城乡一体化进程的加快，过渡型社区在空间规划方面存在的问题已经日渐凸显出来。物质空间的设置应当与包括人们交往方式在内的社会因素、文化因素相吻合，

---

① 本文刊发于《中国名城》2013 年第 9 期。

② 丁志铭. 农村社区空间变迁研究[J]. 南京师大学报(社会科学版)，1996(4)：23－28.

否则就会产生问题。[1] 以往社区空间规划的实践总是忽视对转型时期村民或居民的生产生活方式、社会风俗习惯的关注和协调。同时,由于未形成成熟的理论体系和健全的评价指标,社区规划建设中的各种问题和矛盾不断凸显,在造成财政损失、资源浪费的同时,还影响了居民的生产、生活。具体表现在四个方面:(1)地理空间安置不合理;(2)居住空间规划不科学;(3)社会空间碎片化;(4)心理空间原子化。这些问题如果不能得到有效解决,将在很大程度上削弱农民对城市的认同感和归属感,严重阻碍失地农民身份转变、融入城市的进程。本研究以 2012 年 5—8 月在苏州工业园区若干过渡型社区的一次问卷调查为基础,问卷发放数量依据社区规模和常住人口确定,调查方式以调查者逐题询问为主。本次问卷调查共发放问卷 500 份,实际收回问卷数量 500 份,其中有效问卷数量为 498 份。

(一) 地理空间配置不合理

地理空间,是指居民生活区所处的周边系统环境以及社区的整体规模。周边系统环境,包括学校、菜场、医院、公园、商业街、交通等能满足现代人生活、休闲、娱乐等各种需求的场所安排。"过渡型社区"居民地理空间配置不合理,首先表现为社区整体规模过大,不利于公共资源的分配,同时直接影响到居民的生活质量,问卷调查中认为小区规模适中的居民只占了 62.2%。以苏州工业园区 L 镇 LH 五区为例,该社区内共建有 148 幢多层结构的居民楼,占地面积远远超过一般现代都市社区,无论是东西走向还是南北走向,步行贯穿该小区都需要耗时近三十分钟。在同等居住人口的承载量上,相对于高层或小高层建筑规划而言,该小区不利于土地资源的节约,而随着城市空间的进一步扩张和商业开发,LH 社区日益被周边商业住宅小区包围,成为"都市丛林"里的一块"飞地"。另一方面,特大型社区的空间规模也使得小区内的公共设施无法得到恰当使用和妥善维护,如配置在小区中间地带的体育建设设施的利用率就受到了很大影响。政府在建设该类动迁安置社区时往往考虑要降低成本,因此,通常只在每个小区的中央地带配备体育健身设施,但由于小区太大,小区内边缘地带的居民健身不方便,比如从小区西北角的 148 幢步行至小区中央休闲娱乐区最快也要 15 分钟。硕大的小区,住着几千户居民,却要共同分享屈指可数的几套健身设施,这说明社区建设评估虽然达标了,却未必能达到惠及民众的真实效果。调查数据也证实了这一点,受访居民认为小区体育设施布点合理的仅占 28.7%,经常使用这些设施的只占了 16.1%。

(二) 居住空间规划不科学

居住空间,是指小区内部物理空间的规划设计效果,主要包括楼层、楼高、楼距、车库、绿化、路灯、电子眼、防盗门等硬件因素。"过渡型社区"中的居住空间规划不合理可以归纳为三个方面,即安全性、整洁性和舒适性。

第一,由于过渡型社区中人员结构复杂,在苏州工业园区这类外来务工人员聚集地区,往往外地租住本地房屋的人口比例占了一半以上,加上各种设施维护和管理缺位,导致小区治安情况复杂化,存在着种种安全隐患。比较突出的问题集中在两点:首先,电子眼、防

① 宋言奇. 城市社区邻里关系的空间效应[J]. 城市问题,2004(5):47-50.

盗门失灵，小区路灯又常常遭到破坏，因此在监控、防御和保护三重体系都失去技术支持的情况下，偷盗现象较为严重，调查中居民对安保设施表示满意的比例仅占29%；其次，初期规划时，偌大一个小区，东南西北四个方向，只在东、北两个方向各开一个门，导致其他方位的许多居民因出行不便而就近破坏小区围栏的现象遍地开花，由此带来了安全隐患。

第二，“被动城市化”过程中的失地农民往往难以一下子改变原有的生活习惯，尽管他们在认知上也了解到相关行为的不妥，但还是有一些人喜欢在公共空间养鸡种地，晒粮食晒衣物。因此，在这类社区中还常常可见好好的草坪被失地农民改造成一个个小菜田，还有在“菜地”里找虫子吃的老母鸡，与周围整齐的绿化相互交错，显得凌乱无序。小区里的长凳上、运动器材上，甚至很多树上，都摆放着各种粮食、衣物和被子，而明确表示反对此类行为的，仅占受访人员的52.9%。诸如此类的现象，严重影响了小区的美观整洁，破坏了小区整体景观风貌。

第三，过渡型社区的居民习惯了独门独院、前后通风的庭院家居，而许多地方的动迁安置小区公寓往往为设计在六层以内的多层建筑，这样不用安装电梯，虽然可以节约成本，但是对于那些已经习惯于平房居住的人，或者是上了年纪的老人来说，上下楼梯很不方便；同时楼间距狭小（受访人中有45.4%的人认为楼宇间距不合理），楼层间距偏低，没有电梯，有些房型南北不通风，门窗窄小，隔音效果差，不利于家居隐私的保护，很难想象居民在这样的新环境中会有良好的心情①。由于该类小区建设时，一楼往往设计为每户一间的封闭式车库，初衷是方便住户停自行车或电瓶车，但是这些车库却沦为简易出租屋或用于老人自住，车库小店、车库住人的现象屡见不鲜、屡禁不止，调查中受访人明确反对车库住人或用于出租的仅占35.5%。车库住人，往往会影响小区水电等资源的正常使用，可能引发火灾，给小区居民的生命和财产安全带来隐患，对小区的安全管理增加难度；而社区中的许多原失地农民比较节省的生活习惯，使他们往往不舍得扔掉陈年旧物，将之堆放在楼道里，一旦发生灾害，这些堆积物将会影响人员的及时转移。

（三）社会空间碎片化

所谓社会空间，主要是指居住区内部阶层之间、邻里之间、身份之间的关系网络及互动。根据我们的调查，像苏州工业园区L镇LH社区这样的“过渡型社区”，大多数情况是：一半成员是本地的失地农民，另一半则包括其他各社会阶层，如外来务工人员、当地无业游民、附近高校的求学者、初入职场的城市白领、蓝领等。这种“半熟人社区”的生成往往会造成该类社区社会资本和人际信任度的相对下降，进而带来两方面的主要矛盾。

第一，本地人口之间及其与外来人口居民之间社交空间的碎片化。首先，原来自然村落的社区共同体被城市化所打破，动迁入新社区的本地居民，也仅有原来的1/3还是来自于同一村组，这种地理结构空间的改变也改变了邻里之间的关系。传统农村社区“熟人社会”的差序格局完全被打破，原来被称为张家村、李家村的组织结构，变成了现在的甲单元、乙单元，很多过去的熟人关系被打乱，取而代之的是诸如401室与402室的陌生人。有研究表

---

① 何华玲，胡梦瑶．城乡一体化进程中的城郊农村社区重建——基于苏州工业园区L镇CF地区的调查[J]．湖南科技学院学报，2011(10)：135-138．

明，社会要素远超出场地局限，成为制约邻里交往的瓶颈，社会距离的阻碍作用远大于空间距离[①]。楼道的占用，水电表的使用，以及各种装修问题使邻里关系变得微妙起来。其次，在本地人看来，外来人口都是陌生人，正是他们的到来使小区犯罪率不断上升，带来了盗窃、抢劫、传销、敲诈勒索以及赌毒等治安问题；而对于外来人口而言，本地人对待他们总带有种种偏见，甚至歧视，很多事情本地人在不能以身作则的同时，把小区混乱的现状全推给了他们，却忘记也正是这些外来打工者建设了新兴的城市新空间。除此之外，由于人口的急剧膨胀，有限的资源难以满足如此多的需求，各种竞争必然日趋激烈，这也更加深了双方的隔阂。

第二，居民与管理者之间的矛盾。在一个居住区中，必然存在着不同身份的人员，如管理者、居住者、服务者等。管理者和服务者是否专业，直接影响着他们与居住者的关系是否和谐；同时，居住者能否配合管理、积极参与社区建设也成为影响整个小区的长久发展的主要问题。受访人中，仅有25%的人明确表示遇到问题会寻求社区居委会或社区干部的帮助。究其原因，我们发现，首先，从一开始，很多居民就是被动搬迁，拆迁过程中的不公平、不公正、不公开等历史遗留问题没有得到完全很好的解决，使得他们对社区的管理者很容易就失去情感上的信任，再加上日常生活中往往会遇到求助无门或踢皮球的现象，社区居委会作为社区联结纽带和居民之间凝聚剂的功能更加弱化。其次，在管理中还常常暴露各种漏洞和弊端。比如前面说的社区安全问题，除了小区硬件设施的差强人意之外，小区保安专业化水平的欠缺也难以让小区居民产生信赖感和安全感，有居民表示："小区里的保安都没用的，报警也不管报，连个老太婆都不如，他们就是混饭吃。"事实上，很多保安也是失地农民，年过半百，被安置了保安的工作，又缺乏必要的专业培训，这些人不仅不会熟练操作监控仪器等现代安保技术，而且一旦遇到任何危险，也无能为力。其三，对于深具中国传统小农意识的失地农民来说，早就有各扫门前雪的陋习，本来就习惯了自给自足的农民难以接受现在的小区还要交物业费，如果打扫卫生的阿姨再偷偷懒，维修工师傅经常拖三拉四或者干脆不闻不问的话，物业费的收取就更是难以为继，进而更引发居民认为物业只会收钱的抱怨。

（四）心理空间原子

不同形态居住区的地理空间、居住空间和社会空间的总和直接影响着社区中每个个体的心理空间，而个体心理空间相互作用、相互影响，最终形成了各具特色的社区心理空间。心理空间就是对小区的整体感受和认知，包括安全感、认同感和归属感，心理空间是社区生命的精髓。任何一个居住区中居民的安全感通常来自于对周围邻里和周边环境的熟悉程度与信赖程度。然而城乡结合部过渡型社区的生成，改变了传统村落社区的熟人关系，许多陌生外来人口悄无声息地搬到自家对门，加上各种资源占用的矛盾，别说安全感，很多时候，只要能各自相安无事就算不错。我们基于调查发现：首先，无论是本地居民还是外来租户，都具有一定的社区参与意识和社区参与欲望，近四成的人对小区事务感兴趣，七成左右

---

① 赵衡宇，胡晓鸣．基于邻里社会资本重构的城市住区空间探讨［J］．建筑学报，2009（8）：90－93．

的人乐于为公共事务付出时间和金钱;与此同时,该类社区也存在着诸如严重缺乏表达沟通的正常渠道的问题,绝大多数人在行为上却又都很少参加社区活动、群体组织。城乡结合部过渡型社区与过去的村落社区相比,有一个显著的不同——生产场域与生活场域的分离。然而,既往的研究表明,除非居民积极活跃地投入到社区活动中,否则,人与人之间不可能在短时间内形成强烈的认同感、归属感。实际上,这类小区中,由于打破了过去的熟人纽带,再加上各家各户装修好的单元房进出不如过去自如,居民之间的交流已经大不如前,邻里之间的交往逐渐减少。如果社区中的基层组织再不发挥其作用,鼓励、组织各种活动和团体的话,这种建立在长期互动中形成的责任意识,以及建立在安全感和认同感基础上的共同体意识恐怕只能是水中月、镜中花了。

二、"过渡型社区"居民生活空间规划困境的影响因素

"过渡型社区"不同层次空间出现多种问题的原因有诸多方面,除了现代化带来不可避免的快速城市化和人口集聚化的客观因素之外,各方的主观因素同样起到明显的作用。为了使分析更具有针对性,本文对由拆迁引起的历史性问题对过渡型社区构建和转型的影响暂时不做讨论,在此主要从观念和实践等方面归纳出以下几方面原因:

(一)观念上的盲从

首先在观念上,在构建城乡结合部动迁安置社区的时候,设计者往往简单照搬城市商住小区的构建模式,忽视了城市商住小区本身的构建也在不断完善中,也存在各种问题和不足。另外,管理者更是盲目遵循政策要求,没有形成尊重失地农民生活习惯与引导居民融入城市生活并举的意识,小区规划与社区居民的生活需求脱节。很多失地农民尽管获得了经济补偿,但内心还是倾向于过去的生活方式,草坪种菜和晾晒衣物这样的行为,屡禁不止,城市社区建设中所要求的"卫生、整洁"与过渡型社区居民生活习惯的惯性相互冲突,反而使得社区环境卫生管理的一系列要求和标准形同虚设,无形中也损害了社区管理规范的权威性。实际上,类似于农民自给自足的种菜习惯与小区整洁之间的矛盾,是否有另一种解决思路的可能?如果经过妥善的操作,在城乡结合部的过渡型社区中,统一规划开垦部分空地供失地农民自愿承包种菜,每年收取租金,既能方便管理,保证小区的整洁美观,又能保留农村乡土气息,尊重农民意愿,想必能得到广大社区居民的支持。

实际上,我们经过调研发现,有一些社区已经开始了这方面的尝试,比如苏州新区的某一社区就进行了将小区绿地承包给住户种植观赏植物、收益分成的尝试,效果良好,既保证了小区的整洁美观,也为住户提供了获取经济收益的机会。

(二)建设中的粗糙

建设过程中的粗糙施工也是导致新建居住社区中居民对生活环境不满的重要原因。建设一个现代居住社区与传统村落的自发形成不同,前者是在政府的调控和组织下进行的有理性、有步骤的规划,是"规划的变迁"。过去是先有人,后有房子和村社,而今是先建造房子,后搬进住户。在这一社区变迁的过程中人类的理性得到很大程度的彰显。然而,如果其中缺少了对人性需求的关照,就很可能遭遇计划的失败。以小区中的体育设施为例,

为了使小区居民拥有更好的休闲健身条件，城乡结合部的动迁安置社区往往也像城市小区一样基本都配备了运动器材和简易的儿童游乐器材。然而，在施工过程中，往往没有考虑到城郊居住区的规模。因此，硕大一个居住区，只有中心一块地方有运动器材，住在靠外围的居民要走很多路才能走到活动场所。原本是出于好意的理性设计，因为没有考虑周全，反而造成了资源的浪费。而解决的方法其实也很简单：在大型居住区内安排运动器材位置的时候可以考虑采用分散布点的方式，把原本集中安排在同一个地点的多种运动器材改为分散到辐射影响圈大小合适的分中心点上。这样的话，既方便了社区群众，也不会过分提高成本。

（三）管理上的混乱

小区的硬件建设只是营造家的感觉的前提和基础，而认同感和归属感的培育更依赖于小区管理水平的提高。前文已经提及的大多数安全隐患和问题矛盾，追根究底都是错位、缺位或越位管理造成的结果。有一个问题是城市和乡村社区都经常面临的棘手问题，那就是小区路道被占用，搭大棚办白事。管理上的缺位、失察，让这个问题长期悬置得不到妥善处理，却依赖管理的错位，一味试图通过堵、通过禁来解决，然而事实证明这样做是事倍功半。如果在管理上改变策略，回归人性需求，那么这个问题的处理似乎也并不全然无解。如有些社区就专辟社区中的某个公共场所或者活动室，给居民提供办理相关事务的方便，而仅仅收取象征性的费用，这不失为一个简便易行、可有效减少经常性违章搭建行为的办法。

再比如，有的小区里的草坪会被践踏成小路，一到下雨天泥泞难行，在风和日丽的晴天则是小区中扎眼的“亮点”。管理者要么视而不见，或者好一点的，重新铺上草坪，但是没过多久又陷入“泥潭困境”，对于这种情况，可考虑顺势铺路或在相关地段铺设镂空路砖等方式来解决。

三、“过渡型社区”居民生活空间合理规划的再思考

首先，坚持“以人为本，合作共治”是构建和谐幸福的“过渡型社区”最基本的出发点和立足点。在此基础上，对不同空间层次的规划必须遵循相应的基本原则和规范。

（一）地理空间：借鉴城市经验

人类社会的行动交集并不会因为所处的空间不同（农村邻里空间—城市邻里空间）而减少，都市生活带来的可能不是互动总量、关系总量的下降，而是互动结构与关系结构的变化①。过渡型社区最根本的任务在于实现农民身份认同的转变，因此，从根本上转变农民的小农观念，使他们从“大城市里的乡下人”转变为真正意义上的城市人，对于构建真正有归属感和认同感的社区共同体，具有基础性战略意义。比较有效的改变途径是，为农民的生活环境营造一定的消费氛围和服务氛围。具体说来，消费氛围的营造就是在“过渡型社区”

① 桂勇．城市“社区”是否可能？——关于农村邻里空间与城市邻里空间的比较分析[J]．贵州师范大学学报（社会科学版），2005(6)：12－18．

周围建造一定规模的商业街或商业中心；在大型社区中，或者在几个中小型社区附近设置廉价菜市场和平价超市。同样道理，服务氛围就是在大型社区中设置一个社区医院、一所社区学校，或者几个中小型社区共享一个社区联合医院、一所社区联合学校。在过渡型社区构建的过程中以城市经验为借鉴雏形是必然的。但是城市经验不是绝对的、万能的，即使是过渡型社区也应该保留有自己的特色。

（二）居住空间：尊重田园传统

失地农民是过渡型社区的主体，他们对社区的整体感受对小区的发展具有独特意义。重塑城乡结构，推进城乡一体化，不是简单的让城市吞噬农村，更不意味着“乡土”的终结。相反，尊重农村特有的景观和习俗并积极引导其转化，不仅是维系乡土本色的需要，更是城市反思现代化的解药。尊重田园传统的本质是生态治理，正如前面已经提及的，要做到这一点，最为根本的是要从观念上做出改变，在管理方式上注重技巧，在管理手段上引入现代技术等。

（三）社会空间：构建多元网络

空间在被社会关系所生产的同时也生产社会关系。① 过渡型社区中本地居民存在市民化困境，外来人口存在社区融入难题，这两类居民并不是天然隔离的，而是共存于过渡型社区这一独特的空间形态之下，日常生活存在众多交集，发生着经济、社会等多方面的联系，双方在利益一致的基础上又产生众多的摩擦。过渡型社区因其内部结构的复杂性，管理者必须同时处理好流动人口融入和失地农民市民化两大问题，过渡型社区治理的目标就是要通过善治使得社区本身如同一个“容器”一样能够包容这两大不同类型的存在，只有两类群体融为一体，过渡型社区的治理才能成功。所谓“容器”效应是指过渡型社区因其内部结构的复杂性，必须同时处理好流动人口融入和失地农民市民化两大问题，作为“容器”的过渡型社区的核心要素是信任、合作、互惠，过渡型社区的有效管理有赖于流动人口和失地农民两类群体在持续的互动过程中经过反复的博弈而建立的合作与互惠的多元网络。

构建社会空间的多元治理网络，就是以建设包容性的新型城市社区为中心，以农民市民化和外来人口本地化为抓手，以镇政府服务、居委会自治、社会资本发育为支柱的多元共治的网络化治理模式，其中在制度和政策上落实常住人口的参与管理是最为基础的政策调整。只有这样，才能使过渡型社区的建设与治理真正成为全体社区居民（包括外来人口）的全体责任，从而促进社区空间一体化和社区共同体意识的生成和强化。

（四）心理空间：积累社会资本

社区的硬件建设只是营造家的感觉的前提和基础，而认同感和归属感的培育更依赖于社区管理水平的提高。生活空间的变化，最终会影响到整个生活方式的转变。许多农民失去土地，被迫改变自己的生活方式，然而他们对巨大的环境差异不可能立即适应，因此内心缺乏认同感和安全感。这就对小区的管理带来了巨大考验。从前面的调查数据来看，居民

① 桂勇．城市“社区”是否可能？——关于农村邻里空间与城市邻里空间的比较分析[J]．贵州师范大学学报（社会科学版），2005(6)：12－18.

并不缺乏关注公共事务、维护公共利益的意识和热情，但是缺乏相关的沟通渠道和组织。这就是过渡型社区积累社会资本最基本的前提。因此，探索如何构建一个有利于促进社区居民互动交往的空间形态和制度平台，拓宽社区居民参与社区活动和事务的渠道，培育多样化的社区居民社会组织，促进社区网络社会资本结构的形成和人际信任度的提升，从而拉近人们的心理空间距离，真正提高人们的社区归属感和共同体意识，是值得社区的建设者与管理者重视和关注的最为核心的问题所在。

四、结语

城市化浪潮中的“过渡型社区”不是自发生成的，而是地方政府积极推动的结果。政府主导下的强制性变迁，使得“过渡型社区”的生成与演变带上了强烈的人为规划的色彩。在这种“规划的变迁”[①]图景之下，失去土地的原住民和原先也几乎都是农民的外来流动人口，这两种异质型群体共居于“过渡型社区”这一特定的空间场域之中，共同经历着错综复杂的转向城市新市民的历史进程。社区空间和交往空间的转换，“国家的视角”[②]与“农民的道义经济学”[③]的相互碰撞和对话，也给主导着这一进程的政府和社区的管理者们带来了新的挑战与问题。因此，他们的情感、他们的认知、他们的融合、他们的理解，对于决策者来说，必须协同考虑，共同解决，而这一切工作的基础正是全方位打造科学合理的居民生活空间。

① 费孝通. 江村经济[M]. 上海：上海人民出版社，2007.

② 詹姆斯·C. 斯科特. 国家的视角：那些试图改善人类状况的项目是如何失败的[M]. 北京：社会科学文献出版社，2011.

③ 詹姆斯·C. 斯科特. 农民的道义经济学[M]. 南京：译林出版社，2001.

论城郊失地农民社区的治理[①]

张劲松　杨　颖

20世纪90年代以来，中国的城市化进程如火如荼地展开。随着城市规模、数量、人口等的不断扩张和膨胀，城市建设规划日益向周边地区扩展，兼并了郊区农民赖以生产生活的大片土地，由此也产生了大量的城郊失地农民。在地方政府的主导下，这些城郊失地农民基本上被集中安置在城市郊区新建的社区里。这样，一种既不同于传统农村社区、也不同于一般城市社区的新型社区——城郊失地农民社区逐渐形成。这一新型社区既是中国工业化和城市化急速推进的成果，也是中国社会急剧变迁的产物，其内涵具有一定的独特性，其治理具有更大的特殊性和挑战性。

一、城郊失地农民社区治理的特殊性

城郊失地农民社区是在短期内由两种强大的外部力量推动形成的：一种是城市化下的被动"变身"；另一种是政府主导下的正常"转型"。城郊失地农民社区生成的特殊性决定了其治理的特殊性。

（一）城郊失地农民社区治理主体的特殊性：村民转换为"市民"

在被动城市化进程中，城郊失地农民通过政府主导的集中安置政策和"农转非"政策被统一纳入城市就业和社会保障体系，他们的生活方式、谋生手段都被动地发生了转变，其社会身份也由村民转换为"市民"。这种转变不仅是全面的，也是急剧的，甚至是在一夜之间完成的。

然而，城郊失地农民的社会身份只是实现了形式上的转换，并没有在社会心理层面完成转换后的身份认同和角色适应。"传统城乡制度供给差异导致的'农民'与'市民'的角色冲突，使失地农民在把社会生活由农村转移到城市后面临着急剧的社会角色适应问题。"[②]由于城郊失地农民生存的制度环境是由农村体制过渡到城市体制的，这在本质上是一个强制性制度变迁过程，因而必然无法消除城乡社会心理上的"二元"性，无法化解"农民"与"市民"的角色冲突。因此，城郊失地农民在短时期内很难完成社会角色的适应，这就注定了其身份的特殊性：既非村民，又非真正意义上的市民。

---

① 本文刊发于《学习与探索》2013年第8期。

② 陈星宇，林茂松，赵伦．失地农民社区治理中自治制度变迁分析[J]．农村经济，2009(10)．

（二）城郊失地农民社区治理载体的特殊性：村民委员会过渡到居民委员会

中国农村社区实行的是以村民委员会（以下简称村委会）为组织载体的村民自治制度，村委会实际上构成了农村社区治理的核心载体，它“不仅仅是一个行政管理上的概念，而且是一个经济实体”①；而城市社区实行居民自治制度，社区居民委员会（以下简称居委会）是制度运行的组织载体，是社区居民实行自我管理、自我教育、自我服务、自我监督的群众性自治组织，也是城市社区治理的重要载体。但是，居委会对居民的管理多是行政方面的，并不具有经济上的管理权和支配权。

社区自治是社区建设的核心部分，在失地农民社区转型过程中，让失地农民从村民自治体制向居民自治体制成功过渡是社区治理取得成效的关键②。在政府的主导下，城郊失地农民基本上是以村、社为单位被集中安置在城郊新建社区中的，原行政村被统一改制为社区，村民自治体制随之转变为居民自治体制。伴随着这种转变，城郊失地农民社区的治理载体也由村委会过渡到居委会。但是，治理载体变更并不意味着治理效能的优化。一方面，“以农业生产方式为基础的村民自治制度转变为城市社区居民自治制度，既是由一种传统的农村自治体制向一种现代化的城市自治体制的转化，也是由一种较低水平的基层自治向一种较高水平的基层自治的转化。”③由于文化水平所限，城郊失地农民还未完全具备新制度所要求的自治能力。另一方面，城郊失地农民社区的自治体制转变是政府主导的新的制度安排，其形式转变快于实质转变，居委会在具体的社区治理过程中并未完全发挥其应然层面的作用。

（三）城郊失地农民社区治理生态的特殊性：乡土化演变为城市化

城市与乡村各有其特有的文化特征、秩序格局和社会形态，这构成了城乡社区不同的治理生态。农村社区的治理生态具有浓厚的乡土气息，因为村落是一个以血缘、亲缘、宗缘、地缘等社会关系呈现网络构成的生活共同体④，其特点是人口密度低、流动性小，经济结构单一、职业构成简单，风俗习惯和价值取向一致，社会联系主要以血缘、亲缘和地缘关系为主，家族家庭是社会组织的中心。相比之下，城市社区的治理生态则充满了城市化特征，具有如人口密度大、流动性强，经济结构和社会结构复杂，文化生活丰富、价值观念多元，人际交往以血缘、亲缘和业缘关系为主，社会关系网络化等特点。由于自身的过渡性，城郊失地农民社区依然保留着乡土社会的气息，同时还要经历城市化的洗礼，社区的治理生态正经历着由乡土化到城市化的演变。这种演变体现出三个特征：其一，城郊失地农民社区存在着城市文化和乡土文化的交汇与融合；其二，城郊失地农民社区社会关系网络正在经历破裂与重构；其三，城郊失地农民社区人口的异质性比农村社区强，但比城市社区弱。

---

① 李俊夫. 城中村的改造[M]. 北京：科学出版社，2004：58.

② 陈星宇，林茂松，赵伦. 失地农民社区治理中自治制度变迁分析[J]. 农村经济，2009（10）.

③ 陈星宇，林茂松，赵伦. 失地农民社区治理中自治制度变迁分析[J]. 农村经济，2009（10）；李培林. 巨变：村落的终结——都市里的村庄研究[J]. 中国社会科学，2002（1）.

④ 陈星宇，林茂松，赵伦. 失地农民社区治理中自治制度变迁分析[J]. 农村经济，2009（10）；李培林. 巨变：村落的终结——都市里的村庄研究[J]. 中国社会科学，2002（1）.

二、城郊失地农民社区现行治理的缺陷

（一）城郊失地农民社区治理组织体系杂乱

这一问题的产生主要有两个原因：其一，地方政府在城郊失地农民社区的治理中"一家独大"。地方政府对城郊失地农民社区的管理体现为一种综合性管理，管理内容涉及社区生活的方方面面，但由于城郊失地农民社区人力、物力和财力不足，加之这类社区自身部分权力和责任缺失，它无法像一般城市社区那样能够为社区居民提供充足的公共物品和公共服务，从而导致其必须依赖政府的力量来实现社区的功能。于是，地方政府几乎包揽了社区治理中的一切事务，造成了它在城郊失地农民社区治理中"一家独大"的局面。其二，居委会在城郊失地农民社区治理中功能弱化。居委会最主要的功能就是自治，然而城郊失地农民社区的居委会在很大程度上变成了基层政府的"腿"，具有浓重的行政化色彩。同时，居委会各项事业的经费及专职和聘用人员的工资、补贴等也都由街道一级政府拨付，这种人事关系必然影响居委会的自治性。这样，居委会只能把对政府负责作为首要的工作。除此之外，城郊失地农民社区居委会在居民认同上也遇到了合法性危机，社区中由原住民转制而来的居民缺乏对社区的认同感，外来居民缺乏对社区的归宿感，社区也因之缺乏整合效应，进而导致社区的发展活力降低。

（二）城郊失地农民社区治理公共参与不足

1. 城郊失地农民社区治理居民参与率偏低

这种局面是由两个原因导致的。一方面，城郊失地农民社区居民的参与意识非常淡薄，大多数人对社区公共事务漠不关心。城郊失地农民（原住民）由于长期的农村生活，形成了根深蒂固的宗族观念，他们更多地关心和关注于家族内部事务，对社区治理的各项活动明显缺乏参与热情。由于本地人的排斥和自身归属感的缺乏，社区内的外来流动人口丧失了参与的积极性和内在驱动力，多数人抱有这样的想法：这里并非自己真正的家园，社区的那些事儿是别人的"家务事"，自己没必要去管那些与自己不相干的"闲事"。另一方面，城郊失地农民社区居民的"经济理性"促使许多人主动放弃了参与社区治理的权利和机会。居民在参与社区治理的过程中，会在潜意识里进行成本—收益的计算，由于城郊失地农民的经济收入水平普遍较低，其"经济理性"更加凸显，许多人认为参与社区治理会让自己得不偿失，因此一些人主动放弃了参与社区治理的权利和机会。

2. 城郊失地农民社区治理中居民参与实效不佳

城郊失地农民社区治理中的居民参与大多流于形式。一方面，居民参与社区治理的自觉性、主动性和理性化程度不高，相当数量的居民参与不是基于居民自身的责任感和权利意识，而是出于"随大流"的从众性心理。另一方面，城郊失地农民社区治理中居民参与的效果几乎完全取决于掌握社区命运的管理者的综合素质及其价值取向，居民的意见在社区公共决策过程中是否得到反映、反映多少，居民根本无从知晓，也很难落实和监督。再加上社区居民的素质层次不高、力量有限，社区参与尚属自发的个人行为，难以形成集体力量，因而对社区治理的决策影响甚微，这就使城郊失地农民社区治理中的居民参与在实质上沦

为象征性参与。

此外,城郊失地农民在社区中的破坏性参与时有发生。当前,中国社会正处于急剧转型的利益调和期和矛盾高发期,而城郊农民大多是被动失地,这种由政府主导的强制性社会变迁使各方利益冲突更加激烈。因此,城郊失地农民的利益链接便呈现出整体碎片化、局部高聚合的状态,而居民整体利益的分散化和局部利益的高聚合必然会对整个社区的良善治理产生较大的破坏力;加之城郊失地农民社区内涌入大量外来流动人口,因而使社区中存在着素质参差不齐的各种利益聚合群体,在社区治理的过程中,这些群体制度外参与的可能性非常大。

3. 城郊失地农民社区治理中参与主体单一

当前,城郊失地农民社区也存在着一些自治组织,如文娱性组织、业主委员会等,但他们都未能充分发挥社区治理参与的作用。居民为更好地支配空闲时间而自发成立的文娱性组织,由于组织化和专业化水平较低,其作为连接政府和社区成员的纽带和桥梁作用也未能充分显现。业主委员会是"在物业管理区域内代表全体业主实施自治管理的组织,是维护广大业主合法权益的有效组织形式"①。由于城郊失地农民社区的自治水平较低,业主委员会大多是在政府指导下成立的,这就使得社区居民的监督管理权和话语权严重缺失,加上业主委员会自身建设缺乏相应保障,没有形成完善的运行机制,其在社区治理过程中所发挥的作用也就仅仅是形式上的,不能成为有效的参与主体。

(三) 城郊失地农民社区自治基础薄弱

1. 城郊失地农民社区居民的认同感和归属感不强

当前,城郊失地农民社区的居民普遍面临着认同困境。城郊失地农民在离开赖以生存的土地转而开始新的社区生活时,面临的难题之一就是社会认同的困境。城郊失地农民长期生活在农村,其心理上对土地的依赖以及对农村生活的依恋给自身烙下了深刻的农民印记。在没有任何心理准备的情况下,他们被迫接受了城市化进程,转而成为形式上的"市民",这不仅使他们对自身的身份认同出现了混乱,也对其身边人的身份改变很不适应。因此,他们面临着一个认同自己和认同他人的困境。同时,城郊失地农民社区是农村文化和现代城市文化并存之处,在两种文化的交汇过程中,现代都市文化的强势性使其对农村文化的影响要远远大于后者的反作用。城郊失地农民社区及其居民在整体上是向现代都市进行文化位移的,城郊失地农民虽然不愿再认同具有农民身份的自己,但又无法在短期内融入城市社会,从而造成他们独特的认同——大城市里的乡下人,也造成了城郊失地农民社区的居民缺乏社区归属感。归属感是"人所具有的一种希望成为某个整体的一部分,并依附于这个群体的价值追求。人们力图通过和他人结成一定的人际关系,以获得归属感的驱动力。"②人社会化的标志就是产生集体归属感,对集体归属感的需求反映了人的交往需求。对于城郊失地农民而言,无论生活场域是农村还是城市,这种交往需求是不会改变的,他们内心深处都渴望获得集体归属感。在被动的城市化过程中,城郊失地农民被迫离开原

① 汪大海. 社区管理学[M]. 北京:北京师范大学出版社,2011:69

② 卜长莉. 社会资本与社会和谐[M]. 北京:社会科学文献出版社,2005.

来的居住地，迁移到政府为其新建的社区里，其身份也由村民转变为市民。但在被集中安置的过程中，城郊失地农民原有的社会关系网络被肢解了，只有很少一部分被保留下来。同时，新入住的居民之间并不熟悉，这就使城郊失地农民社区的社会形态由“熟人社会”变成了“半熟人社会”乃至“陌生人社会”。在这样的陌生环境里，城郊失地农民很难在短时间内对社区产生强烈的归属感，再加上外来流动人口不断涌入社区，社区成员之间更多了一份对他人的不信任和戒备心理，这就更加弱化了城郊失地农民的社区归属感。

2. 城郊失地农民社区中外来人口融入困难

外来人口难以融入城郊失地农民社区主要源于两个因素：其一，城郊失地农民社区中的外来人口遭到排斥。虽然本地居民和外来人口存在着房东与租户的租赁关系，但这仅仅是经济上的关系，两者基本上不存在其他方面的实质性联系，更谈不上真正意义的社区合作。这主要是由于本地居民在心理上并未产生与外来人口发生过多交往的愿望和需要，尤其是出于自我保护的考虑，他们对外来流动人口格外小心和警惕，在许多情况下，甚至还尽可能地避免与他们有过多的接触和交流。不仅如此，本地居民还存在着非常突出的矛盾心态：一方面，本地居民所收房租是其经济收入的一大来源，单从经济上考虑，他们希望有越来越多的外来流动人口入住社区；另一方面，外来人口的涌入也不可避免地造成了社区环境、治安等“公共产品”的“拥挤”乃至“损伤”，本地居民对此深感焦虑和不安，从社区生活的安全感和幸福指数方面考虑，他们十分反感外来人口的进入。由此，本地居民对外来务工人员的戒备心理也就更加强烈。其二，城郊失地农民社区中的外来人口自我封闭。“很多人都渴望将自己归属到某个集体中去，为心中所归属的集体服务、贡献力量、维护和提高这个集体的利益和荣誉，从而得到这个集体的承认和容纳，使自己为成为这个集体的一分子感到光荣和自豪，进而把自己完全融化在这个集体之中。”①城郊失地农民社区中的外来人口也不例外，他们多是背井离乡来到城市的打工者，在内心深处也就更加渴望这种集体归属感。但是，本地居民对外来人口的排斥和歧视极大地冲击着这种渴望，甚至让诸多外来人员产生了自卑感，获得归属感的无望迫使社区中的外来者慢慢走向了自我封闭状态，从而远离其生活社区的治理。

三、城郊失地农民社区现行治理缺陷的成因

（一）城郊失地农民社区良善治理机制缺失

强制性制度变迁造成了“体制真空”。“强制性制度变迁的优势在于，它能以最短的时间和最快的速度推进制度变迁；它能以自己的强制力和‘暴力潜能’等方面的优势降低制度变迁的成本。”②然而，政府在降低制度变迁成本的同时，却忽略了其带来的制度衔接不顺畅的问题，进而导致“体制真空”的出现。城郊失地农民社区的治理缺少所需的体制保证，致使原来的体制瓦解，而现有的体制既不适用又难以在短时期内产生符合自身实际需要的制度设计，这就造成了体制层面的真空。具体而言，在政府主导的强制性制度变迁过程中，没

① 卜长莉. 社会资本与社会和谐[M]. 北京：社会科学文献出版社，2005.

② 王敬尧. 参与式治理：中国社区建设实证研究[M]. 北京：中国社会科学出版社，2006.

有同时生成符合城郊失地农民社区治理特殊性的有效机制，致使现有的城郊失地农民社区治理机制既不适用原有的乡村治理方式，又不完全适应城市社区的治理机制。政府权力强势嵌入引发了“角色错位”，在“强国家—弱社会”的管制传统下，“国家有能力将其权力嵌入到所有可能的地方，处于权力的强势”①。由于城郊失地农民社区自治能力先天不足，基层政府便在城郊失地农民社区的治理中嵌入了更多的行政权力，这使现有的治理模式充满了浓重的行政色彩，造成社区治理的各方应然主体在角色上产生错位。

（二）城郊失地农民社区公民精神稀缺

当前，城郊失地农民社区居民的市民化水平还相对较低，在从乡村到城市“剧变”的过程中，绝大多数人很难在较短时间内实现生活方式、价值观念等由乡土化到城市化的顺利过渡。这导致了其原本就非常薄弱的公民意识的断裂，最终造成城郊失地农民社区治理中公共参与的严重不足。这里所谓的市民化主要是指城郊失地农民“在失夫土地后克服各种障碍使其生存职业、社会地位、自身素质和意识行为不断城市化，逐渐摆脱其城乡边缘的状态，走向和融入城市主流社会最终成为市民的过程”②。其实质是一种再社会化过程，既包括生产生活方式的市民化，也包括价值观念的市民化。而价值观念上的市民化最明显的表征就是具有公民精神，主要体现为居民的主体性意识和参与意识。社区居民市民化程度的高低在很大程度上决定了其主体性意识和参与意识的强弱，进而影响到社区治理中居民参与效能的高低。目前，造成城郊失地农民社区居民参与不足的主要原因就是居民市民化程度较低，其具体表现是社区居民主体性的缺失和参与意识的淡漠。主体意识缺失造成了社区居民未能有效行使公民权，造成社区居民参与的不足，从而使社区治理过程遭遇合法性危机，阻碍了社区治理善治目标的达成。

（三）城郊失地农民社区居民的自组织水平较低

由于城郊失地农民社区居民的市民化程度较低，他们的自组织意识严重缺失，导致其自组织能力较弱。由于城郊失地农民社区的异质性较大，社区居民的参与意识淡漠，居民之间很难有所谓的协商合作和共同行动，这使社区居民的自组织能力更加被严重弱化；加之社区居民参与社区治理的组织载体严重缺失，使社区居民丧失了权力的组织化归依，因而便失去了应有的主体性。这不仅让占社区人口绝大多数的普通居民未能在社区治理中占据相应的主体地位，反而使他们表现出严重的“无力感”，沦为社区治理过程中的“落单者”。由此，城郊失地农民社区的居民更加缺乏组织化和参与社区治理的能力。城郊失地农民社区居民政治文化素质较低，社区内的利益分化和利益冲突比较严重，社区内的自组织尤其是权益性组织往往被政府视做破坏社区和谐的不安定因素，且往往利用社区居委会或者其他政府组织对之严加监控甚至是压制，因而城郊失地农民社区内居民的自组织能力较弱且成长缓慢。此外，社区内的自组织还需要一定的物质基础来维持自身的运转，而政府的资金投入往往都是为了解决城郊失地农民的安置和生活保障问题，对于社区管理、社

① 汪小红. 农村社区权力关系建构：一种善治的话语分析[J]. 社会主义研究，2012(1).

② 杨斌，等. 我国城市化进程中失地农民问题研究述评[J]. 西部论坛，2010(6).

区服务和社区组织发展的资金投入非常少，一般情况下，这些资金只是下拨给社区居委会分配使用，这也造成了社区自组织发展后劲不足。

（四）城郊失地农民社区社会资本匮乏

1. 城郊失地农民社区传统社会资本崩解

“熟人社会”是信任、合作、归属感、普遍共识滋生的土壤，是社会资本成长的摇篮。许多研究表明，“‘熟人社会’为人们制造了社会归属感，也为人们提供了行为约束的社会机制，因此，可以大大降低社会组织和管理成本”①。然而，城郊失地农民“熟人社会”的瓦解导致其传统社会资本的崩解，从而造成他们的认同困境和归属感缺失，这种情况增加了城郊失地农民社区治理的难度。中国传统的乡村社会是一种“熟人社会”，人们在乡土社会里因为熟悉而产生信任，“乡土社会的信用并不是对契约的重视，而是对一种行为的规矩熟悉到不假思索的可靠性”②。在农村社区，村民由血缘、亲缘、宗缘和地缘关系结成了熟人社会网络，并在此基础上形成了丰厚的社会资本，使其对传统农村社区在情感与心理上具有强烈的认同感和归属感。而城郊失地农民社区则是城市化进程的产物，它相比于城郊失地农民原来生活的农村社区，其内部正在发生着巨大的变革。虽然他们的外在身份已经变成“市民”，但他们并不是真正的城里人，一时间很难适应城市社会关系的匿名性和非人情性，他们被迫在一个“陌生人社会”中小心翼翼地开始新的生活、适应新的生存法则。与此同时，城郊失地农民在农村社区由血缘、亲缘、宗缘和地缘关系结成的熟人关系网络被急剧的社会变迁肢解了，传统社会资本亦随之崩解。这样，基于原来“熟人社会”的社区认同感和归属感便在新的社区中消失了。

2. 城郊失地农民社区新生社会资本缺失

城郊失地农民社区治理的目标是顺利过渡为成熟的城市社区，最终实现社区的自治。但这一目标的达成需要一个客观前提，那就是社区具有很强的包容性和凝聚力，社区居民能够共融共生，而这在很大程度上也取决于社区内社会资本的存量。但是，城郊失地农民社区在传统社会资本崩解后，并未产生足量的新生社会资本。城郊失地农民社区是快速城市化下的产物，随着城郊失地农民“熟人社会”的瓦解，信任生成的土壤因生活场域的被动转换而消解，社区内的“信任”资本因此被严重削弱，这不但造成居民之间的信任较之以前减少，而且由于居委会的行政化色彩比较浓重，居民对居委会的信任程度也大大降低。同时，社区内的外来流动人口较多、社区的异质性较强，致使社区治安状况不佳，这更加强化了这种不信任感。此外，城郊失地农民社区居民在生活习惯、职业收入、文化素质和价值观念等方面有很大的异质性，社区居民之间尤其是本地居民和外来人口之间难以在社区公共利益上达成共识性规范。而外来人口的流动性更是阻碍了其新的社会关系网络的形成，使城郊失地农民社区内本地居民和外来流动人口之间的整合非常困难。

---

① 燕继荣. 社区治理与社会资本投资——中国社区治理创新的理论解释[J]. 天津社会科学，2010(3).

② 谢志岿. 村落向城市社区的转型[M]. 北京：中国社会科学出版社，2005：144.

四、城郊失地农民社区治理的完善

（一）重构城郊失地农民社区的治理机制，理顺组织体系

城郊失地农民社区初始制度建设的关键是构建适合其特殊性的治理机制，形成政府、社区居民和社区组织等各方治理主体职责准确定位、功能有效发挥、关系明晰顺畅的治理组织体系，从而形成社区治理的稳定制度保障。为此，政府部门和居委会应充分履行相应职能，发挥积极作用。

1. 政府部门应准确定位社区治理中的职能

由于城郊失地农民社区自治能力的先天不足，政府权力在社区治理过程中的直接“抽离”，必然导致城郊失地农民社区治理中的失序和混乱状态。因此，城郊失地农民社区的治理离不开政府的主导，但是这种主导的前提是政府在社区治理中准确定位自身职能，扮演好应然角色。政府在城郊失地农民社区的治理中既不能“一头独大”，也不能完全置身事外，而必须在行政权力的“强势嵌入”和“完全抽离”的两极中寻求最佳的平衡点，把握好行政权力运行的“度”。具体而言，基层政府应在城郊失地农民社区的治理中准确定位其“有限政府”职能，扮演好指导者和服务者角色，并树立依法管理意识、公共治理意识和服务意识。

2. 居民委员会应发挥社区治理的核心作用

作为城市基层政权的重要依靠力量，城郊失地农民社区居委会应厘清自身与政府之间的关系。城郊失地农民社区居委会是基层政府的“协助者”而不是“执行者”，更不能再充当基层政府的“腿”。居委会应把主要精力放在社区治理上，而不是疲于应对政府摊派的大量行政事务；应协助基层政府提供社区公共服务，为社区服务体系的完善提供便利条件；应由“对政府负责”的行政理念回归到“对居民负责”的服务理念。为此，社区居委会要努力做到办事依据程序，并向全社区公开，同时虚心听取居民反馈的意见和建议。作为居民权益的保护性机构，城郊失地农民社区居委会既要扮演好居民权益的“表达者”和“维护者”角色，也要成为社区居民的“代言人”，以维护城郊失地农民的生存权和发展权，并以此来巩固和提升其在社区居民心中的合法性。

（二）培育城郊失地农民社区居民的公民精神，促进公共参与

1. 提升城郊失地农民社区居民的市民化水平

城郊失地农民社区居民的市民化实质上是一种再社会化过程，是公民在社会生活实践中学习和掌握新的生存技能，真正适应城市生活的过程，引导城郊失地农民社区居民的再社会化过程是促进其社区参与的必要前提。城郊失地农民在农村村民自治的民主政治生活中已经经历了一次社会化的洗礼，而且这一社会化过程与乡土生活中的“熟人社会”模式相适应。但在城郊失地农民的外在身份由村民转变为市民的过程中，他们在原有的“熟人社会”中形成的自我认同和价值观念并未彻底消失，大多数城郊失地农民的思维方式和行为方式依然驰行在以往的农村生活轨道上，其主体意识、公民意识与城市居民相比有很大的差距。为了适应现代社区的民主政治生活，城郊失地农民必须再接受一次社会化过程，

从村民变成真正意义上的市民，从而充分发挥自身在社区治理中的主体性作用。基层政府作为城郊失地农民社区生成的主导者，有义务对城郊失地农民社区居民的再社会化过程予以支持和引导，并借助再社会化过程将市民化理念深深内化于居民内心，从而实现他们由外在身份到内在价值观念的全面市民化。

2. 培养城郊失地农民社区居民的社区参与意识

"居民参与是衡量社区自治水平的重要指标，没有居民的广泛参与很难把社区自治提高到一个新水平，也很难形成社区建设的良好局面"①。要提升城郊失地农民社区居民在社区治理中的参与度，应着重培养社区居民的参与意识。社区居民的参与意识是建立在对自身主体地位认同基础之上的，因此城郊失地农民社区可通过开展形式多样、有针对性的宣传教育活动、文化娱乐活动等，让居民知晓参与的重要性，树立社区的主人翁意识，使其明确自身在社区治理中的责任和作用，充分彰显其主体性，从而自觉树立社区参与意识。影响居民参与度高低的因素除了参与主体的状况外，还包括参与环境（如制度环境、参与渠道及利益表达机制等），因此城郊失地农民社区应建立健全行之有效的参与制度和参与渠道，通过简化参与程序来降低居民的参与成本，为居民的社区参与提供良好的制度化保障，从而使社区居民保持社区参与热情和积极性，进而强化其社区参与意识。

3. 扶持和发展城郊失地农民社区中的非营利组织

在社区中，社会组织是居民最常见的组织形式，也是社区治理的重要主体之一。大力发展社会组织有利于实现社区治理多元化的目标，同时也能够提升社区治理的居民参与度，促进社区治理中的公共参与。社区中的一些社会组织，如老年健身队、普法宣传班、就业培训班等，既可以成为居民参与社区治理的有效载体（如果对这些组织加以正确引导），也可以激发居民的社区参与热情，提升社区居民的参与意识和参与能力。因此，要注重城郊失地农民社区中自组织建设的质量，培育社区居民的自组织意识和能力，提升自组织在社区民主自治中的综合效能。同时，还要加大对社区的资金投入力度，为社区社会组织的发展提供良好的经济基础，保障组织的良性运转。此外，支持和发展社区志愿服务也有助于提升城郊失地农民社区居民的自组织水平和参与能力，推动社区开展各项活动，促进社会组织的成长与发展。

（三）重塑城郊失地农民社区的社会资本，夯实自治基础

1. 增强城郊失地农民社区居民的认同感和归属感

要淡化城郊失地农民社区居民因失地而产生的失落感，并逐步改变他们固有的自我认识。"对这些失地农民失去土地的事实进行开导，帮助他们正确认识失去土地的事实，慢慢打消他们心中对土地的依赖感"②，从而帮助他们建立新的自我认知，增强他们适应城市生活的自信心。要满足城郊失地农民社区居民的社区服务需求，通过建立健全社区的服务网络和服务设施，开展各种利民便民的社区服务（如健康、保洁、公益、巡逻和互助等），让居民的基本生活需求在社区内就能够得到充分满足，从而提升他们对社区的依存度，增强他们

① 王敬尧. 参与式治理：中国社区建设实证研究［M］. 北京：中国社会科学出版社，2006.

② 卢春，丁希. 熟人社会的瓦解——失地农民社区的内在变革及其治理策略［J］. 云南行政学院学报，2010(2).

对社区的认同感和归属感。要提升城郊失地农民社区居民的就业能力和收入水平,通过职业培训来增强他们的基本技能和专业技能,尽力拓宽他们的就业渠道和就业面,鼓励并支持他们通过自主创业增加收入,使其具有稳定的经济保障,从而切实增强他们的社区归属感。城郊失地农民社区最突出的特点体现在它不仅要像一般城市社区那样为居民提供优质的公共服务,而且要承担起城郊失地农民生存和发展的重任。

2. 促进城郊失地农民社区中外来人口的社区融入

要增进本地居民和外来人口的交往和信任,重构"熟人社会",重新建立人与人之间的相互信任。"信任是社会资本的一个重要的文化规范,所谓信任是指'相信而敢于托付',一定人际关系的持续需要信任来维持,人类的相互交往包括经济生活中的相互交往,都依赖于某种信任。"①在城郊失地农民社区中,本地居民和外来人口之间的交往多是基于经济上的租赁关系,彼此之间因缺少接触和沟通而难以产生基本信任,更无法建立起稳固的社会关系。此时,社区可以通过开展丰富多彩的社区文化活动(如歌咏比赛、乘凉晚会、市民学校、读书节等)来增进社区居民和外来人口之间的接触和联系,促进他们的交流与合作,从而形成新的"熟人社会"网络。

3. 培育城郊失地农民社区的精英群体

在一个信任资本严重缺失的社区中培养居民之间的互信,"第三方"的中介力量是十分重要的,此时社区中的精英就扮演着"第三方"角色。所谓的社区精英是指在居民自主的共同行动过程中形成的"领袖",这里主要指社区管理者。从社会资本的视角来看,"好的社区管理者应该是一个'理财'高手,他的理财目标是保持社区社会资本增值,即提高社区成员对社区的'认同感'和'归属感',增强社区成员之间的'信任度',而他的理财方式无非是增加社区居民的'互动性''互惠性''组织性''资源共享性'"②。因此,促进城郊失地农民社区中外来人口的社区融入离不开上述"好的社区管理者",而这就需要培育社区精英群体来进一步提高其组织协调能力和维护居民权益的意识,通过社区精英对居民集体行动的动员和引导来增进本地居民和外来人口之间的信任度,提升社区的凝聚力。

4. 健全城郊失地农民社区的制度规范

城郊失地农民社区的异质性使促进外来人口社区融入的任务十分艰巨,尤其是在外来人口的流动性降低了社区社会资本的存量的情况下,其社区融入的难度更为加大。要促进外来人口的社区融入,除了社区精英的引导之外,还必须依赖于可持续的制度化保障,即建立一套能够让社区全体成员认同和接受的行为准则,无论是社区居民还是外来人口,都给予相应的社区选举权和监督权,维护他们的民主权益,促进他们的社区参与,建立社区的非正式公约,形成"规范"社会资本,让社区居民和外来人口通过现代道德规范实现自我约束,进而增进社区互信互惠。

---

① 卜长莉.社会资本与社会和谐[M].北京:社会科学文献出版社,2005.

② 燕继荣.社区治理与社会资本投资——中国社区治理创新的理论解释[J].天津社会科学,2010(3).

新型都市商住小区社区居民满意度影响因素分析

——基于苏州工业园区若干社区的调查①

张　晨　陈嘉俐

社区作为城市的一个基本单元，其研究一直具有深远的理论及实践意义。在今天，对高速发展的中国社会来说，社区的重要性越来越突显出来，其中，社区满意度正日益成为评价社区治理状况的重要依据。随着生活水平的提高，人们对社区的要求也越来越多，这就要求社区建设和社区管理必须寻求新的方法。社区硬件设施的完善和服务水平的提高直接影响着居民对社区生活质量的感受，本文试图通过对社区满意度的实证调查和统计分析，确定影响都市商住小区社区满意度的影响因素，在此基础上提出优化和提高社区满意度的建议，以更好地推进城市社区建设与管理的绩效。

一、文献回顾

现有社区满意度的研究文献可分为两类，一类为结构性研究，这类研究是对社区满意度的定义和结构要素进行界定。国外，Ladewig 和 McCann 将社区满意度最初定义为居民对于社区服务的社会心理反映，或者最为狭义地理解为是对于环境质量的主观感知②。随后，这一概念得到不断扩展。广义的社区满意度，是居民对所在社区包括人际互动、价值系统和生活环境等在内的主观认知③。目前，国内对社区满意度的结构性研究多是建立在社会满意度总层面之下，如瞿学伟将社会满意度界定为"社会成员对社会提供的各种生活服务及其质量的满意度"④，在此我们不难看到，他强调的是人们对生活质量的感知。童星将满意度理解为个体在利益的驱动下达到一定目标时，将最终效果与其利益及目标作比较而产生的心理感受⑤，这种基于心理预期与现实偏离程度的解释突出了认识对满意度的重要性。而李宁宁与张春光的研究则是在马斯洛的需求理论框架下提出社会满意度应是人们在对社会满足其需要的程度加以认知的基础上所产生的心理体验，他们认为"自身需求""环境需求"和"预期水平"是影响社会满意度的关键因素⑥。陈志霞则认为广义的社会满意度或

---

① 本文刊发于《中国名城》2013 年第 2 期。

② Ladewing H. & Mccanngc. Community Satisfaction Theoryand Measurement[J]. Rural Sociology, 1980, 45(1): 110 - 131.

③ Heller K., Cook J. R. & Rasmussen B. R., et al. The Effects of Personal and Social Ties on Satisfaction and Perceived Strainin Changing Neighborhoods[J]. Journal of Community Psychology, 1981, 9(1): 35 - 44.

④ 瞿学伟. 社会心理承受力与社会价值选择——理论探讨与经验研究[J]. 社会学研究, 2000(2).

⑤ 童星. 社会管理学概论[M]. 南京: 南京大学出版社, 1991: 225 - 226.

⑥ 李宁宁，张春光. 社会满意度及其结构要素[J]. 江苏社会科学, 2001(4).

者说社会生活满意度，它包括三个基本层次：其一是宏观层次，即社会成员对整个社会生活较大范围内的社会满意度，主要涉及社会的政治、经济、文化生活和社会风尚等方面。其二是中观层次，即居民的城市和社区满意度，具体涉及城市和社区的生活环境、人际关系、社会地位、社会治安、交通状况、社区和城市形象、基层管理、政治参与、消费环境、个人发展空间和文化生活等方面。其三是微观层次，即社会成员的个人生活满意度，如婚姻家庭社会满意度、工作满意度等。狭义的社会满意度即宏观层次的社会满意度。①

另一类为功能性研究，这类研究旨在找出社区满意度的影响因素。单菁菁的研究表明：社区质量是促进人们社区满意的根本原因，也是增强人们社区归属感的最终力量，社区建设的核心问题是对社区环境（包括物质环境和人文环境）的整体建设。② 另外，耿金花则通过对青岛市的实证研究，以社区满意度和忠诚度为因变量，建立递归联立方程模型，去解释社区满意的因果过程，得出结论：社区管理和建设对于社区居民满意度的影响最大。③

对现有文献的梳理可见，当前对于社区满意度功能性分析还偏少。功能性研究具有显著的实践性，可以对提高社区满意度给予指导。本文是基于中观层次的社会满意度即社区满意度的概念界定上对社区满意度进行功能性研究，目的是在现有文献的基础上进一步找出影响社区满意度的其他重要因素以及解释社区满意度的变异性，从而弥补功能性研究的不足。

二、测评体系与研究假设

（一）测评指标体系

居民对社区的总体满意度是一个综合性指标，它是人们长期以来对社区各种微观感受的一种累计效应④。本研究把影响居民对社区满意度的诸多因素归纳为10个方面：X_1 居委会的工作；X_2 业委会的工作；X_3 物业公司的工作；X_4 社区医疗卫生；X_5 社区文化娱乐活动；X_6 社区基础设施；X_7 社区环境；X_8 社区治安消防；X_9 社区生活便捷性；X_{10}社区教育入学。

为了使分析具有效度，经过综合分析和实验，运用因素分析法自动生成2个主因子，取样足够度的KMO度量为0.817，巴特利球形度检验近似卡方为922.123，显著性（SIG）为0.000，检测表明数据非常适合做因素分析（如表1、表2）。

表1　KMO和Bartlett的检验

取样足够度的 Kaiser-Meyer-Okin 度量		.817
Bartlett 的球形度检验	近似卡方	922.123
	df	45
	sig.	.000

① 陈志霞．社会满意度概念、层次与结构［J］．华中科技大学学报，2004（2）．
② 单菁菁．社区归属感与社区满意度［J］．城市问题，2008（3）．
③ 耿金花，高圣齐．基于联立方程的社区满意度模型［J］．系统工程，2007（3）
④ 单菁菁．社区情感与社区建设［M］．北京：社会科学文献出版社，2005．

表 2　旋转成分矩阵[a]

	成分	
	1	2
Q1.9 社区居委会的工作	.782	.045
Q1.8 社区医疗卫生(社区卫生服务站)	.699	.227
Q1.10 社区业委会的工作	.680	.078
Q1.7 社区的文化娱乐活动	.594	.310
Q1.11 社区物业公司的工作	.507	.407
Q1.6 社区的基础设施(水电煤通讯)	.072	.703
Q1.4 社区环境(保洁卫生、绿化)	.223	.659
Q1.3 社区的治安消防	.152	.638
Q1.2 社区生活便捷性	.094	.571
Q1.5 社区的教育入学	.191	.495

提取方法:主成分。旋转法:具有 Kaiser 标准化的正交旋转法。a. 旋转在 3 次迭代后收敛。

根据主成分分析的结果以及分类后变量的特征,运用马斯洛需求层次理论,我们对两个因子分别进行解释和命名。

第 1 个因子有 5 个项目,分别是:“居委会的工作”“业委会的工作”“物业公司的工作”“社区医疗卫生”“社区文化娱乐活动”。这一因子主要体现的是居民对社区三大管理主体工作的感受,是对软性层面上服务的主观体验,我们将这一因子定义为服务需求。

第 2 个因子也有 5 个项目,分别是“社区基础设施”“社区环境”“社区治安消防”“社区生活便捷性”“社区教育入学”。这一因子主要是对社区内各种设施环境的感受,是对硬性条件的直接感受,我们将这一因子定义为硬件需求(表 3)。

表 3　社区满意度评价体系

一级指标	二级指标
服务需求	X_1 居委会的工作
	X_2 业委会的工作
	X_3 物业公司的工作
	X_4 社区医疗卫生
	X_5 社区文化娱乐活动
硬件需求	X_6 社区基础设施
	X_7 社区环境
	X_8 社区治安消防
	X_9 社区生活便捷性
	X_{10} 社区教育入学

我们运用主成分分析而生成的两个因子可以解释社区满意度的45.236%。居民对社区的感受无外乎从硬件上社区基础设施的完善中带来的便利和从软件上的服务管理中带来的社区生活的规范和丰富，所以这样的二分法是有意义的。这样，整个量表包含2个一级指标和10个二级指标。

问卷采用李克特式五点量表进行量化计分，量化如下：1 = 非常不满意，2 = 不太满意，3 = 说不清，4 = 比较满意，5 = 非常满意。

（二）研究方法

本文的调查对象为社区居民，笔者采集的数据来自于2011年7月对苏州工业园区行政区域内商业社区的问卷调查。本次调查采取多阶段抽样法（Multistage Sampling），调查主体包括湖东、湖西、明湖、娄葑镇、唯亭镇、胜浦镇六大地块，每大地块随机选举2个社区，与该社区的居民委进行了联系，表明了此次调查的目的之后，对该社区的居民进行随机抽样，并采用一对一的现场填答、现场回收的方式进行了问卷调查。本次调查共发放500份问卷，实收有效样本487居民户，有效率达到97.4%，样本基本情况如表4。

表4　受访者基本情况的描述性统计（N = 487）

特征	类别	频数	%	特征	类别	频数	%
户籍地	外地户籍	244	50.1	月均收入	1000元以下	68	14.0
	本地户籍	242	49.7		1000—2000元	69	14.2
	缺失	1	0.2		2000—4000元	119	24.4
性别	男	213	43.7		4000—6000元	117	24.0
	女	271	55.6		6000元以上	107	22.0
	缺失	3	0.6		缺失	7	1.4
文化程度	小学及以下	36	7.4	婚姻状况	未婚	94	19.3
	初中	53	10.9		已婚	382	78.4
	高中或中专	78	16.0		离异	5	1.0
	大专	97	19.9		缺失	3	0.6
	大学、本科	196	40.2	入住时间	6个月以内	67	13.8
	研究生及以上	27	5.5		6个月—1年	86	17.7
年龄段	25岁以下	78	16.0		1年—3年	164	33.7
	26—35	217	44.6		3年—5年	110	22.6
	35—45	53	10.9		5年以上	60	12.3
	46—55	38	7.8	政治身份	群众	306	62.8
	56—65	73	15.0		共青团员	80	16.4
	66岁以上	10	2.1		民主派与无党派人士	12	2.5
	缺失	18	3.7		党员	86	17.7
					缺失	3	0.6

续表

特征	类别	频数	%	特征	类别	频数	%
职业	其他人员	2	0.4	职业	商业服务业人员	21	4.3
	学生	101	20.7		党政机关事业单位一般办事人员	14	2.9
	下岗失业人员	40	8.2		私营企业主	40	8.2
	离退休人员	19	3.9		专业技术人员(科教文卫)	53	10.9
	农民	61	12.5		企业事业单位中层以上管理人员	6	1.2
	个体户	29	6.0		党政机关科级及以上干部	65	13.3
	工人	35	7.2		缺失	1	0.2

（三）研究假设

本文的量化研究框架分为三部分，第一部分是基于问卷数据对现有社区满意度的描述性统计和分析，第二部分以各题项为内生变量解释社区满意度内部变异性，第三部分以身份背景信息为外生变量解释社区满意度在外部影响下的变异性。根据研究思路和文献梳理笔者提出如下假设：

假设一：社区管理与服务需求满足程度与社区满意度显著正相关。

假设二：社区硬件设施建设需求满足程度与社区满意度显著正相关。

假设三：人们在满足了基本的物质需求之后，社区服务需求因子的重要性要大于社区硬件需求因子。

假设四：相对弱势的社区居民群体更趋向于关注社区硬件设施需求的满足（图1）。

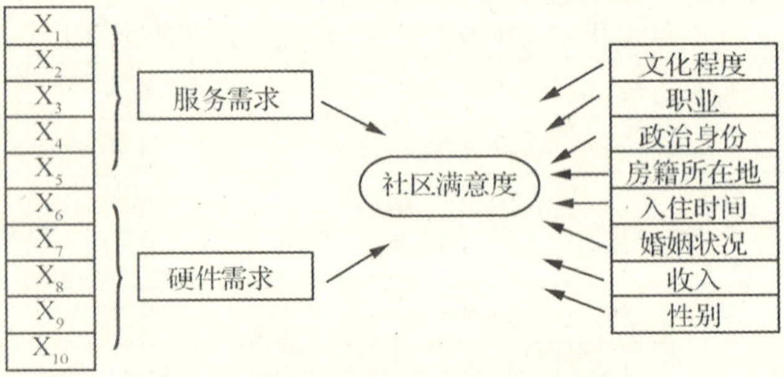

图1　社区满意度影响因素分析模型

三、社区满意度调查结果的描述性分析

根据调查，我们可以看到，苏州工业园区的商住小区居民对社区总体的生活状况比较满意，选择“比较满意”和“非常满意”的居民人数比例之和超过百分之九十。这也说明，苏州工业园区社区建设和治理成效总体处于一个很高的水平。相对来说，居民对社区居委会和业委会工作、社区生活便捷性、社区教育入学、社区文化娱乐活动和社区医疗卫生的满意度评价还有待提高。

进一步分析，笔者运用“单样本T检验”过程检验单个变量的均值。“单样本T检验”过程将单个变量的样本均值与假定的常数相比较，通过检验得出预先的假设是否正确。根据李克特五点量表计量的特征，我们将检验值设定为3，将“说不清”作为中间值，其他分量均与此作比较，用均值差值作为其他分量点与中间值的距离。我们对各要素进行比较分析发现，各要素的均值差值都为正值，表示居民对于社区整体上是拥有正的满意度，除社区娱乐文化活动外，检验均具有显著性。一类指标上，根据均值差值可以看出社区硬件的满意度评价普遍比社区服务满意度指标要高，其中社区的基础设施（水、电、煤、通讯）评价最高。详细情况如表6所示：

表5　苏州工业园区商住小区居民社区满意度调查的描述性统计（N＝487）

	非常满意	比较满意	不太满意	非常不满意	说不清
社区总体生活状况	13.8%	76.7%	7.6%	0.4%	1.6%
居委会的工作	11.90%	45.00%	17.20%	4.70%	21.10%
业委会的工作	7.00%	36.30%	20.30%	6.00%	30.20%
物业公司的工作	13.80%	56.90%	18.90%	5.10%	5.30%
社区医疗卫生	9.70%	45.40%	25.50%	9.20%	10.10%
社区文化娱乐活动	11.10%	33.30%	33.10%	15.20%	7.00%
社区基础设施	29.80%	60.60%	7.40%	1.40%	0.60%
社区环境	28.30%	55.20%	13.80%	1.40%	0.80%
社区治安消防	20.30%	59.10%	14.40%	1.20%	4.50%
社区生活便捷性	16.60%	58.30%	20.90%	2.70%	1.40%
社区教育入学	21.40%	45.00%	19.70%	2.90%	10.90%

表6　单个样本T检验

硬件需求	检验值＝3					
	T	Df	Sig.（双侧）	均值差值	差分的95%置信区间	
					下限	上限
社区生活便捷性	13.492	486	.000	.653	.56	.75
社区的治安消防	19.208	484	.000	.833	.75	.92
社区的环境（保洁卫生、绿化）	21.333	484	.000	.957	.87	1.04
社区的教育入学	12.377	485	.000	.623	.52	.72
社区基础设施（水、电、煤、通讯）	28.565	485	.000	1.101	1.03	1.18

上述研究表明，社区作为一种新的社会基本组织形态已经被我国广大市民普遍接受，居民对社区的总体感受也比较满意。但对于社区建设与社区管理仍存在着很多不足，随着我国经济的快速发展，社区的硬件设施不断改善升级，社区满意度存量不断升高，而社区管理这些软件方面却没有跟上硬件发展的速度，出现了瘸腿的现象。这提醒我们，社区建设不光是硬件方面的建设，还在于软件方面的完善，任一方面缺陷都会导致居民满意度的下降。

四、社区满意度内部因素研究

对社区满意度内部因素研究的目的是要找出内部各要素对社区满意度影响的大小，笔者先利用相关性分析找出内部要素与社区满意度相连程度，再以各内部主要因素作为自变量，利用强制进入手段，对社区满意度进行多元线性回归，从而建立社区满意度内部因素影响模型。

根据相关性表可以得出，所有因素与社区满意度都呈现出中度相关关系，其中，社区治安消防、社区环境、社区文化娱乐文化活动、社区居委会工作、社区业委会工作和社区物业公司的工作，这六个因素的 Pearson's r 分别为 0.529、0.559、0.509、0.525、0.505、0.551，均超过 0.5 以上，达到中度相关。详细情况如表 7 所示：

表 7　内部要素与社区满意度的相关性(N = 480)

内部因素	关系	社区满意度
社区生活便捷性	Pearson 相关性	.416**
	显著性(双侧)	.000
社区的治安消防	Pearson 相关性	.529**
	显著性(双侧)	.000
社区环境	Pearson 相关性	.559**
	显著性(双侧)	.000
社区的教育入学	Pearson 相关性	.451**
	显著性(双侧)	.000
社区的基础设施	Pearson 相关性	.466**
	显著性(双侧)	.000
社区的文化娱乐活动	Pearson 相关性	.509**
	显著性(双侧)	.000
社区医疗卫生	Pearson 相关性	.471**
	显著性(双侧)	.000
社区居委会的工作	Pearson 相关性	.525**
	显著性(双侧)	.000
社区业委会的工作	Pearson 相关性	.505**
	显著性(双侧)	.000
社区物业公司的工作	Pearson 相关性	.551**
	显著性(双侧)	.000

** 在 0.01 水平(双侧)上显著相关。

分析结果显示，上述这六项与社区满意度的相连度最高，并且具有显著性，换句话说，社区治安消防、社区环境、社区文化娱乐文化活动、社区居委会工作、社区业委会工作和社区物业公司的工作是影响社区满意度的主要因素。通过观察我们发现,六项主要因素中只有社区治安消防、社区环境是中度相关,属于社区硬件需求,其余四项中度相关项目均为服务需求。这表明,在目前情况下,想要提高社区满意度,就必须提高社区服务质量,完善社区管理体系,社区服务需求因子的重要性要大于社区硬件需求因子,这样一来,假设三得到证明。据此分析,我们进一步对这六项主要影响因素进行回归分析。结果发现,六项主要因素对于社区满意度的影响具有高度的解释力,经过调整后的 R2 为 0.617,表示六项因素可以解释社区满意度的 61.7%,模型拟合度极佳。模型检验的结果,指出回归效果达显著水平($F=129.637$,$P=0.000$),具有统计学上的意义。详细情况如表 8 所示:

表 8　社区满意度回归分析系数[a]

模型		非标准化系数		标准系数	t	Sig.
		B	标准误差	试用版		
1	(常量)	-1.249	.048		-26.119	.000
	社区的治安消防	.075	.011	.223	6.851	.000
	社区环境(保洁卫生、绿化)	.084	.011	.257	7.561	.000
	社区的文化娱乐活动	.061	.008	.249	7.798	.000
	社区居委会的工作	.059	.010	.195	5.756	.000
	社区业委会的工作	.031	.011	.099	2.820	.005
	社区物业公司的工作	.043	.011	.146	4.009	.000

* 因变量:社区满意度

依据回归分析结果可以构建出内部主要因素对都市社区满意度的回归方程:

$$Y=0.075X_2+0.084X_3+0.061X_6+0.059X_8+0.031X_9+0.043X_{10}-1.249 \quad (1)$$

经标准化后,回归方程为:

$$y=0.223X_2+0.257X_3+0.249X_6+0.195X_8+0.099X_9+0.146X_{10} \quad (2)$$

其中,Y 代表社区满意度,X_2 代表社区治安消防,X_3 代表社区环境,X_6 代表社区文化娱乐活动,X_8 代表社区居委会的工作,X_9 代表社区业委会,X_{10}代表社区物业公司的工作。

根据标准化回归方程(2)可以看出,X_2、X_3、X_6、X_8、X_9、X_{10}都对 Y 有较强的正向效果,即它们都对社区满意度存在较强的正面作用。并且在 X_2、X_3、X_6、X_8、X_9、X_{10}互相控制了对方的影响之后,X_3 作用于 Y 的效果最大,也就是说 X_3 是影响社区满意度的主导性因素。

综上对社区满意度的内生变量研究,我们可以得出结论:无论是服务需求因子,还是硬件需求因子,它们与社区满意度都呈显著正相关,而服务需求因子相对于硬件需求因子而言,影响力更大。另外,社区治安消防、社区环境、社区文化娱乐文化活动、社区居委会工作、社区业委会工作和社区物业公司的工作,这六项内生变量是社区满意度的最主要的影响因子。对社区满意度内部因素模型的研究,结果完全支持假设一和假设二。

五、社区满意度影响因素的人口统计学分析

接下来主要考察居民的身份背景信息作为外生变量对社区满意度的影响,因变量社区

总满意度是一个五分类有序变量，而人口统计的身份变量既包括连续性变量也包括有序和无序分类变量。由于做回归分析的变量必须是连续变量，因此在做多元回归分析前必须将众多的分类变量转化为虚拟变量。本文将性别、文化程度、职业、政治身份、户籍、入住时间、婚姻状况、收入等人口统计学变量都进行了虚拟变量转换，继而进行多元回归。模型检验的结果指出回归效果达显著水平（$F=4.164$，$P=0.042$），具有统计学上的意义。表9汇总了回归分析结果。从表中可以发现这么一个现象：在各类人口统计变量中，职业、政治身份、收入状况、入住时间四类身份变量与社区满意度有一定相关性。进一步发现，社会弱势群体对社区满意度表现更敏感，这既佐证了前文对社区满意度内部因素的分析，也检验了假设四，即社会弱势群体对社区硬件设施建设需求更为明显。

表9　人口统计学变量对社区满意度回归分析系数[a]

模型	非标准化系数		标准系数	t	Sig.	共线性统计量	
	B	标准误差	试用版			容量	VIF
（常量）	3.991	.035		113.027	.000		
下岗失业人员	-.878	.242	-.163	-3.634	.000	.988	1.012
群众	238	.074	.145	3.237	.001	.989	1.012
入住时间六个月至一年	-.172	.070	-.109	-2.440	.015	.987	1.014
农民	.306	.138	.099	2.219	.027	.986	1.014
工人	-.235	.098	-.108	-2.400	.017	.969	1.032
月收入一千至两千元	.161	.079	.093	2.041	.042	.959	1.043

* 因变量：社区满意度

依据回归分析结果可以构建出身份变量对社区满意度的回归方程式：

$$Y=-0.878Z_1+0.238Z_2-0.172Z_3+0.306Z_4-0.236Z_5+0.161Z_6+3.991 \quad (3)$$

经标准化后，回归方程为：

$$Y=-0.162Z_1+0.145Z_2-0.109Z_3+0.099Z_4-0.108Z_5+0.093Z_6 \quad (4)$$

其中Y代表社区满意度，Z_1代表下岗失业人员，Z_2代表群众，Z_3代表入住时间6个月-1年，Z_4代表农民，Z_5代表工人，Z_6代表月收入1000—2000元。

根据标准化回归方程可以看出，以Z_1、Z_5为代表的职业身份变量对社区满意度有负相关关系。综上对影响社区满意度的身份变量研究，我们可以得出结论：以职业状况、收入水平和政治身份为标识的相对弱势的社区居民群体对社区硬件需求的满足关注更为强烈；居民的入住时间越长，对社区归属感越强，从而满意度也越高。

六、结论与讨论

从硬件层面上来说，居民从基础设施的使用中得到了便利，从而在心理上感到满足；从软件层面上来说，居民从规范化的社区管理中获得了自治，从而在情感上获得了归属。自20世纪60年代至90年代国外学者将满意度理论应用到社会学中以后，社区满意度便成为研究的一个重要研究领域。相应的,在中国社会转型日益需求加强和改善社会管理的今天,社区满意度日益成为评估社区建设和社区管理最重要的指标。

本文基于社区居民对社区基础设施和社区服务管理的主观感受的实证调查,运用均值比较、相关分析和回归分析这些统计技术探讨了满意度核心要素和相互之间的关系,并依据中层社会满意度理论对社区满意度与各变量之间的关系进行了更深入的分析。研究结果表明:(1)社区基础设施的建设与社区满意度具有很强的正相关关系,社区基础设施越全面,居民便越得到方便,从而在主观心理上感到满足。(2)社区管理和服务与社区满意度呈很强的显著正相关,这些软件方面越完善,社区服务质量越高,越能使居民体会到更丰富和更安全的生活质量,从而在情感上获得归属和认同。(3)在苏州工业园区这样的现代都市商住小区,其大多数的基础设施都很健全,在社区基础设施已经有了一定基础的情况下,社区管理和服务就显得更重要了,应努力提升软件水平,改善管理体系,这样的作为更能获得居民较高的满意度评价。(4)社区居住时间与社区满意度呈显著正相关性,社区居住时间越久满意度越高。社区居住时间属于社区情感的范畴,由于居民在熟悉的环境中比在陌生的环境中拥有更多的关系网络,于是更容易地融入也更容易地参与到社区中去,从而累积的时间引起累积的社区情感。(5)社会弱势群体对于社区的硬件需求更强烈。因此,在对现代都市社区的分层管理上,诸如动迁社区、低档社区应在小区基础建设健全的情况下加强社区管理;诸如高档社区,完善社区管理制度就是一个提高社区满意度的重要举措。

本研究的结论推进了社区满意度测量领域的研究,但研究样本的抽样科学性尚有待进一步提高。另外,本文对社区满意度的调查维度只选取了 10 个变量,能否全面反映相关问题的现实状况,尚有待研究和实践的进一步推进与深入。

三重二元结构下的人口流动模型：对民工荒的一个新的研究框架①

夏永祥　魏　玮

长期以来，刘易斯—费—拉尼斯模型和托达罗模型作为传统的人口流动模型，被学界奉为解释人口流动问题的圭臬。但是，这些理论和模型的前提并不完全符合中国的特殊国情，因而不能圆满解释中国的人口流动问题，尤其是在当前的民工荒面前，显得苍白无力，暴露出极大的局限性②。因此，有必要从中国的特殊国情出发，对它们进行修正完善，来解释民工荒的成因，并提出切实有效的解决对策。

一、传统人口流动模型及其在中国三元结构应用中的局限性

（一）刘易斯—费—拉尼斯模型

1954 年，美国著名发展经济学家刘易斯发表了题为《劳动力无限供给条件下的经济发展》的论文，首次提出了二元经济发展模型。刘易斯模型是建立在以下三个假设之上的：第一，在许多发展中国家经济中都存在着两个截然不同的部门：一个是处于城市的现代工业部门；另一个是处于乡村的传统农业部门。第二，劳动力无限供给，即相对于现代部门的劳动需求而言，传统部门存在大量超过自身需求的剩余劳动力。第三，工资水平不变。传统农业部门的剩余劳动力，将根据需要转移到现代工业部门中。发生转移的关键在于资本家将获得的利润进行扩大再投资，从而使现代工业部门的生产规模扩大，并将从农业部门吸收更多的剩余劳动力。这一发展态势，将一直持续到农村剩余劳动力全部被转移到工业部门为止，即出现“刘易斯拐点”。1961 年和 1964 年拉尼斯和费景汉发表论文，对刘易斯的不足之处即忽视农业促进工业增长方面的重要性和工业中吸收来自农业劳动力带来的粮食与其他农产品供应问题进行了改进和延伸，因此，学术界通常把二元经济模型称为刘易斯—费—拉尼斯模型③。

（二）托达罗模型

20 世纪 60 年代末至 70 年代初，美国著名经济学家托达罗依据发展中国家的经济现

---

① 本文刊发于《当代经济科学》2012 年第 1 期。

② 蔡昉.“民工荒”现象：成因及政策涵义分析[J]. 开发导报，2010(2)：5 – 10；包小忠. 刘易斯模型与“民工荒”[J]. 经济学家，2005(4)：55 – 60；方慧，杨玉洁. 二元结构论人口流动模型的调整与“民工荒”分析[J]. 华侨大学学报，2007(2)：38 – 42.

③ 刘易斯. 二元经济论[M]. 北京：北京经济学院出版社，1989.

实，对刘易斯—费—拉尼斯的理论提出了批评意见，并建立了自己的人口迁移模型。他认为，农村剩余劳动力向工业部门转移的动力不仅取决于城乡实际收入水平的差异，还决定于城市的就业概率，即取决于城乡预期收入水平的差异。这种关系可以具体表示为：

$$M = f(d) \quad f' > 0 \tag{1}$$

$$d = w\pi - r \tag{2}$$

式中，M 表示人口迁移数量，d 表示城乡预期收入差异，$f' > 0$ 表示人口流动是预期收入差异的增函数。w 表示城市实际收入，r 表示农村平均实际收入，π 表示就业概率。托达罗模型的基本结论是：如果城乡收入差异过大，则就业概率对人口迁移的影响将会较弱，迁移速度将会超过城市现代部门就业岗位增长速率，从而出现严重的城市失业问题。其相应政策含义是：取消一切人为扩大城乡实际收入差距的政策和措施，如最低工资保障、城市工资补贴等，这是由于人为地扩大城乡实际收入差异，会引致更多的剩余劳动力进入城市，使城市的失业率更高；应当重视农业和农村的发展，鼓励农村的综合开发，扩大农村中的就业机会，以缩小城乡就业之间的不平衡，从而缓解农村人口向城市的流动[①]。

（三）中国的三重二元结构国情及传统人口流动模型的局限性

刘易斯—费—拉尼斯模型和托达罗模型并不完全适合用来解释中国的人口流动问题，特别是不能解释民工荒问题。因为按照他们的理论与模型，当前我国还存在着明显的城乡收入差距，而且农民工进城很容易找到工作，他们的预期收入肯定大于在农村的收入，但是，他们为什么不愿意进城打工呢？难道中国目前真的到了所谓的“刘易斯拐点”了吗？并非如此。之所以产生这种矛盾，主要原因在于他们人口流动模型的假设前提与中国的三重二元结构国情不符，人口模型中的变量不全。具体表现在：

1．经济结构不同

传统的人口流动模型的基本前提是发展中国家存在着城乡二元经济结构。在这个前提下，重在研究农村剩余劳动力向城市迁移的情况，只考虑到城乡人口流动，未考虑到区域之间的人口流动。而中国的基本国情是，不仅存在着城乡二元经济结构，而且存在着地区之间的二元经济结构。中国的东部地区经济发达，工业化和城市化水平高，提供的就业岗位多，收入水平高，而中西部地区经济落后，工业化和城市化水平低，提供的就业岗位少，收入水平低。因而人口流动既包括东部地区内部农村剩余劳动力向城市的流动，更包括中西部落后地区劳动力，特别是农村劳动力向东部地区的流动。这种双重二元经济结构决定了人口流动的双重跨越，既跨越城乡之间，又跨越地区之间，综合起来看，就是从落后地区农村向发达地区城市的流动，因而空间跨越距离更大。传统的人口流动模型并未涉及人口的区域间流动内容。

2．社会结构不同

传统的人口流动模型暗含的另一个前提是城乡一元社会结构，也就是说，在社会管理上，对城乡居民实行同一种政策，他们拥有相同的社会地位和身份，享受同样的国民待遇。

---

① 托达罗．第三世界的经济发展［M］．北京：中国人民大学出版社，1991；周天勇．托达罗模型的缺陷及其相反的政策含义——中国剩余劳动力转移和就业容量扩张的思路［J］．经济研究，2001（3）：75－82.

特别是在人口流动问题上，没有人为的政策限制，可以自主决策，举家自由迁徙，在农村与城市都不会蒙受歧视性待遇。而中国则是一个城乡二元社会结构，通过户口划分，把全社会居民划分为城镇居民与农村居民，城镇居民拥有比农村居民高得多的社会地位和待遇。改革开放前，农民不能随便流入城市，失去了自由迁徙权利。改革开放以后，农民虽然可以进入城市，但是农民身份却很难改变，即使农民已经进入城市，从事非农产业，但是却仍然是农民身份，往往遭受多重歧视。而且，农民流动往往是个人流动，其妻子儿女依然在农村居住和生活，他们仍然需要在家庭与工作地点之间来回奔波。

3. 人口流动决策模型的变量不同

上述人口流动模型前提与内容的不同，决定了人口流动模型所涉及变量的不同。在传统模型中，由于人口是在本地区城乡之间流动，空间距离短，而且是一次性流动，也就是举家迁徙，进入城市，不用再在老家与工作地之间来回奔波，因而流动成本有限，成本变量就被忽略不计，而只从收入角度分析人口流动原因。刘易斯—费—拉尼斯模型分析人口流动原因时，主要考虑的是实际城乡收入差距的不同造成农村剩余劳动力向城市迁移。托达罗在对刘易斯—费—拉尼斯模型批判的基础上，提出了城市中存在失业的情况，因此他从预期城乡收入差距的角度分析人口流动原因。虽然托达罗模型更加接近现实情况，但是该模型同样缺少了人口流动成本这一重要变量，未考虑到农村劳动力向城市转移的流动成本，包括交通费用等物质流动成本和家庭分居、遭受歧视等精神流动成本。如果说这种流动在仅限于本地区内农村向城市流动时，因为成本较小可以忽略不计的话，那么在跨区域流动和经常性来回奔波的情况下，这部分成本就是一笔不小的开支，因而不能忽略不计，必须作为一个重要变量进入人口流动决策模型。

二、中国人口流动的特殊性正是在中国特殊的三重二元经济社会结构下产生的

（一）人口的跨区域流动

在区域发展不平衡的二元经济发展格局下，中国人口的流动在空间上，已不仅仅是农村向城市的转移，还有中西部内地落后地区向东部发达地区的跨区域流动。2005 年全国 1% 人口抽样调查主要数据显示，全国人口中，流动人口为 14735 万人，其中，省际流动人口 4779 万人，占流动人口总量的 32.4%。与 2000 年第五次全国人口普查相比，流动人口增加 296 万人，跨省流动人口增加了 537 万人。人口流动的目的地，主要是广东、浙江、上海、江苏、北京、天津、福建、山东等东部省市，而人口流动的来源地，则主要是四川、贵州、湖南、湖北、安徽、河南、陕西、甘肃、新疆等中西部省份。在流出地与流入地之间，往往有数百公里甚至上千公里的遥远距离，流动费用是一笔不可小觑和忽略不计的成本。

（二）人口流动的就近原则和长期化趋势

为了节省流动成本，近年来中国的人口流动渐渐从远距离的大跨度流动向近距离的小跨度流动转变，并向长期化转变，以减少来回奔波。《中国流动人口发展报告 2010》数字表明，我国人口流动呈现就近趋势。北京市的流动人口中，有 50.9% 来自河北、河南和山东；上海市的流动人口中有 52% 来自安徽和江苏；太原、成都以省内流动人口为主，比例分别为

62.5%和87%。深圳的流动人口中,广东省内流动人口占33.8%,14.8%来自湖南。报告还显示,我国流动人口在流入地停留呈现长期化趋势,劳动年龄人口平均在流入地停留时间为5.3年。有一半的人停留时间超过4年,近19%的人停留时间超过10年。即使如此,大跨度和短期性流动仍然大量存在,一年一度、持久不衰的春运就是明证。

(三)人口的半城市化流动

《2008年中国城市化率调查报告》指出:我国城市化进程正遭遇"半城市化"的困扰。"半城市化"是指农村人口向城市人口转化过程中的一种不完整状态。由于城乡户籍分割,农民工进城后不能享受平等待遇,实现市民化。流动人口在城市生活面临诸多困境。流动人口的社会保障现状不佳,仍有39%的流动人口未参加任何形式的社会保险;超过一半的流动人口未参加任何形式的医疗保险;医疗服务供给不足,异地报销困难,患病后去流入地县以上医院就医者不到70%,近一成选择回老家治疗;仅11.6%参加了养老保险。流动儿童入读公立学校比例较低,大龄儿童在流入地完成义务教育存在困难,正在上学的流动儿童中,在流入地入读公立学校的比例仅69%。农村流动人口与城市居民有接触,但是缺乏更深层次的交往,他们在城市的交往圈基本上限于他们内部,主要是老乡之中,没有扩展到城市居民。农村流动人口对城市缺乏认同感和归属感。绝大多数农村流动人口并没有把自己视为城市居民、把城市社会作为自己的最终归属,同样,城市社会对农村流动人口或多或少也存在歧视①。此外,大多数的流动人口属于个人流动,家庭其他成员如妻子、儿女仍在农村,造成家庭分割,留守妇女、留守儿童、留守老人让在外打工的人有诸多牵挂,因此,农村流动人口一方面觉得在城市生活和工作有着比在农村更多的好处,但同时也没有从城市社会中找到家的归属感。一年一度、持久不衰的春运同样也是人口半城市化的明证。

三、三重二元结构下的人口流动模型

基于中国人口流动的特殊性,传统的人口流动模型并不能很好地说明中国人口流动的原因,更无法解释当今社会出现的"民工荒"现象。为此,需要对传统的人口流动模型加以修正,以起到更好的解释作用。据此,我们尝试构建三重二元经济社会结构下的人口流动模型。

(一)人口流动的总动力与总原则

本模型对传统人口流动模型一个重要的修正就是引入了流动成本,并基于托达罗模型,即在考虑城市就业率的基础上研究人口流动的新模型,这样就产生了一个新的概念:预期净收入。预期净收入是指城乡预期收入差距与流动成本之间的差额。人们从农村迁徙到城市工作的目的和动力就是为了追求正的预期净收入。因此,人口流动的总动力与总原则是:预期净收入>0,即只有在"城乡预期收入差距-流动成本>0"的情况下,流动才是有意义的,也才有可能发生。

(二)人口流动的决定因素

在城乡预期净收入和流动成本的框架下,衍生出下列决定因素与变量。

---

① 编辑部.我国流动人口达2.11亿,社会保障和公共服务面临严峻挑战[J].中国计划生育学杂志,2010(10):585.

1. 城乡现实收入差距

人口流动的最主要的原因是城乡现实收入之间存在差距,因此同传统的人口流动模型一样,城市现实收入和农村实际平均收入之间的差距是影响人口流动的重要因素。

2. 农民工在城市就业率

农民工初到城市,并不能一下子找到工作,这一方面与其自身人力资源禀赋有关,自身禀赋越高,找到工作的概率就越大;另一方面也与其掌握的就业信息量有关,掌握的信息越多,找到工作的概率就越大。因此,城市就业率是影响人口流动的另一个重要因素。

3. 物质流动成本

物质流动成本是一种显性的成本,是农民工来到城市必须支出的部分。它主要包括往返交通成本和城乡生活费用差异成本。其中,交通成本大小主要取决于交通路线的长短,即空间距离。一般来说,乘坐相同的交通工具,空间距离越远,交通成本也越大。城乡生活费用差异成本体现在农民工日常生活的吃、住、通讯等各方面,主要由城乡消费品和服务的相对价格决定,相对价格越高,差异成本越大。

4. 精神流动成本

精神流动成本是一种隐性的成本,它并不直接地通过货币形式体现出来,然而却对人口流动产生着重要的影响。农民工背井离乡来到陌生的城市,不同社会环境给他们带来不同的心理感受。在城市生活,他们不能享受正常的家庭生活,不能照顾子女和老人,会遭遇亲情分离、城市歧视等精神损失。2011 年 9 月,发生在湖南省双峰县的 1 岁儿童陪伴奶奶尸体 7 天的事件,令人震惊。此类事件说明农民工外出流动的精神成本是多么巨大。这些因素会导致农民工沉重的心理负担,我们把这种心理负担称为精神流动成本。

(三) 人口流动的函数与决策模型

在充分考虑上述相关变量的基础上,根据它们的内在联系,我们对其进行整合,构建出新的人口流动模型。

1. 人口流动的函数关系

用 M 表示人口流动数量,Ie 表示预算净收入,Iu 表示城市现实收入,Ic 表示农村实际平均收入,π 表示城市就业率,TC 表示流动成本,它包括物质流动成本中的交通成本 C_1、城乡生活差异成本 C_2、精神流动成本 C_3。则人口流动的总的函数关系是:$M = F(Iu, Ic, \pi, C_1, C_2, C_3)$

2. 人口流动决策模型

根据人口流动的总原则,可以得到人口流动的决策模型:

$$M = F(Ie), F'' > 0, \text{且 } Ie > o$$

F''表示人口流动数量是预期净收入的增函数,即预期净收入越高,人口流动数量越多;$Ie > 0$ 表示只有当预期净收入为正的情况下,流动才会发生。其中:

$$Ie = Iu \cdot \pi - Ic - TC, TC = C_1 + C_2 + C_3, \pi = f(x_{1,2}), f_1 > 0, f_2 > 0$$

x_1 表示人力资源禀赋,x_2 表示农民工掌握的就业信息量。人力资源禀赋越高,就业信息量越充分,则农民工在城市的就业率越大。

$C_1 = g_1(L), g'_1 > 0$,L 表示交通路线,交通路越长,则交通成本越大。$C_2 = g_2(p > p_2)$,

$g'_2>0$，$p_{1/2}$表示城乡消费品相对价格，相对价格越高，则城乡生活差异成本越大。C_3是精神成本，由于精神成本很难货币化，因此，可以模糊理解为：只有当物质收入提高的诱惑力明显大于精神成本时，人口流动才会发生。

四、对民工荒的解释

对于民工荒的成因，理论界与实际工作部门曾经有多种解释，但是，这些解释总是给人故意回避主要矛盾的感觉[①]。依据所建立的上述决策模型，我们认为，近年来，之所以频发民工荒，并且愈演愈烈，其原因主要在于：

（一）城乡现实收入差距的缩小

一方面，农民工工资多年未提高或提高太慢。珠三角地区是典型的劳动密集型产业聚集的地方，该地区对农民工的需求很大，然而据有关调查，珠三角地区的不少农民工反映"工资10年没涨"。一些企业近年来规模、效益逐年递增，但农民工的工资水平还和10年前差不多。这些企业大都按照当地最低工资标准给农民工发薪水，这种工资被称为"地板工资"。随着"民工荒"现象的产生，虽然农民工近年来工资有所提高，但是提高太慢，总体水平仍然不高，2010年中国农民工月工资水平约1670元。另一方面，随着农村惠农政策的实施，务农收入迅速提高，2010年农村居民人均纯收入在20多年内第一次增长速度超过了城市，使得农民工在本地务农的收益与外出打工收入之间的差距逐渐缩小，这无疑会降低农民工的流出动力。

（二）流动成本的大幅提高

1．城市生活成本的急剧上升

2010年，通货膨胀、物价水平是人们谈论最多的话题，2010年第一季度CPI上涨2.2%，第二季度CP上涨2.9%，第三季度上涨3.5%，第四季度上涨4.7%。2011年以来，CPI仍然在高位徘徊。随着物价水平的不断上涨，农民工在城市的生活成本急剧上升。而CPI构成中，尤其以食品价格上涨速度最快，这关系到农民工最基本的生存需要；此外，房价不断攀升使得房租水平也日益上涨，农民工只能租住条件较差的房子维持生活。城市生活成本的上升使得不少农民工宁愿留在家中或就近寻找工作，也不愿外出打工。

2．流出地就业机会的增加以及收入水平的提高

2000年以来，国家提出并实施了一系列促进地区平衡发展的战略，如西部大开发战略、振兴东北等老工业基地战略、中部崛起战略等，中西部地区经济得到了较快的发展。随着中国的制造业中心从珠三角、长三角地区向中西部地区和东北地区的扩展，中西部地区的工业化和城市化水平迅速提高，就业岗位大量增加，原来的劳动力输出地区对劳动力的需求猛增。许多农民工在家乡周边城市就能找到满意的工作，且中西部地区的生活成本也大大低于东部地区，因此原来来自中西部地区的农民工就不愿再到东部地区打工。

3．交通费用的大幅提高

在半城市化格局下，农民工不得不年复一年地在家乡和工作地之间奔波，交通费用就

---

① 刘根荣．民工荒的成因及其治理：一个微观经济学的分析框架[J]．人口研究，2006(6)：47－54.

是一笔不小的开支。很多农民工都是从遥远的中西部地区来到东部沿海发达地区打工，务工城市离家距离较远，交通费用往往会占用他们半个月甚至更多的工资。近年，随着动车组列车、高速列车和高速公路豪华大巴的推出，原有普通列车的班次大大减少，许多农民工要么只能勉强买到站票，要么不得不花钱乘坐价格高出普通列车几倍的动车组和豪华大巴，这使得他们返城的交通费用更加大幅度提高。面对昂贵的交通成本，许多农民工宁愿选择家乡周边工资相对较低的工作，也不愿大范围远距离迁移。

4. 精神成本的增加

农民工来到陌生的城市，往往缺乏归属感，他们无法很好地融入城市，当地政府没有重视农民工的福利待遇和生活改善，城市人也戴着有色眼镜看他们——城市歧视的强化使他们遭受了巨大的精神压力。许多企业缺乏人性化的管理方式，农民工的正当权益得不到保障，如农民工超时加班情况严重，但根本没有超时工资；节假日没有按国家规定放假，但是请假却要扣工资；不签订劳动合同，接到大批订单时就赶紧高价招用农民工，一旦完成订单，又立即裁员，朝不保夕的工作让农民工心生畏惧；此外，不少农民工都有被拖欠工资的遭遇，这让他们气愤不已。不少农民工还不得不忍受与家人的分离，留守的亲人时刻牵动着农民工的心，巨大的精神成本使得部分农民工决定在家乡安居乐业，或者是就近寻找出路。而富士康员工跳楼事件则是留城的农民工在沉重的物质成本和精神成本重压下的另一种极端选择。

五、民工荒的缓解对策

（一）大幅度提高农民工的工资待遇

为了吸引农民工进城，必须有足够高的净收入落差作为动力。应大幅度提高农民工的工资待遇，以吸引更多农民工进城务工。在国家的收入分配改革方案中，要把提高农民工收入水平作为一个重要内容，真正改变劳动收入在初次分配中所占比重偏低的不合理格局。为了切实保障农民工的经济利益，政府须制定相应规则，完善市场机制，督促企业与农民工之间在公平、透明的条件下签订劳动协议，明确农民工工资待遇。综合考虑我国的生产力发展水平与农民工就业的机会成本，制定最低工资标准，并至少两年做一次调整，督促企业经营者严格执行保障农民工待遇的法律法规。政府应加强监管，对违反规定的企业应依法处理，绝不网开一面；协助建立农民工维权团体，加强农民工的维权意识，坚决杜绝拖欠农民工工资情况的发生；倡导企业确立“以人为本”的发展观，为农民工创造良好的劳动和生活环境。企业应当做负责任的企业，做好自我约束，在成本效益核算基础上，保障农民工工资待遇的进一步提升；遵守国家法律法规，自觉保障农民工应有的权利，用科学发展的思想让农民工对企业拥有归属感。农民工一方面要进行自我技能的提升，创造更多的价值，另一方面应加强法律意识培养，学会维护自身权利①。

（二）放开户籍限制，允许农民工举家入城

城乡分割的户籍制度对农民工进城务工有诸多限制。应当改革户籍制度，承认农民工

① 李文溥，郑建清，林金霞. 制造业劳动报酬水平与产业竞争力变动趋势探析［C］. 全国长三角经济社会发展高端研讨会会议资料，2011：59－73.

在城市中的社会地位,保障其拥有与城镇居民同等的合法权益。要允许和鼓励农民工举家流入城市,以减少他们家庭分居的交通费用和精神成本。要制定农民工进城就业、落户城镇的政策,使农民工能在城市安家,拥有归属感和安全感。重视对农民工子女的教育问题,使农民工子女享受同城镇儿童平等的受教育机会,以解决其后顾之忧。通过对户籍制度的改革,实现农民工在全国范围自由流动,使劳动力资源得到最大范围的优化配置。

(三) 实现农民工从半城市化到完全城市化的转变

半城市化经济发展模式只能适应第一代民工,现在面临的是第二代民工,或者称为新生代民工,新生代民工不会容忍半城市化经济发展模式对他们的歧视,他们需要的是城市化模式①。应加快实现农民工从半城市化到完全城市化的转变。

除了上述提到的改革户籍制度使得农民工能够落户城市之外,还应进一步完善社保体制,加快提高以农民工为重点的社会保障覆盖率。实践表明,农民工是否被社会保险覆盖,对他们的就业稳定性有着显著影响,也能使农民工更好地融入城市生活。针对农民工社保体系的建立问题,应做到以下几点:积极探索农民工参保的激励机制,考虑农民工工作的流动性,企业和农民工的参保的积极性均不高,政府应予以一定扶持,并确定合理的缴费比例,提高企业和农民工的参保积极性。应根据农民工就业灵活的特点,探索适应农民工的新的保障机制,如解决农民工在不同企业中社保的衔接问题。应加强对农民工基本生活保障和就业风险的社保险种的研究,以更好地解决农民工进城务工所担忧的问题。

为了使农民工更好地融入城市,还应加强对农民工职业技能的培训,提高其人力资源素质,帮助农民工在城市找到更好的工作。党的十七大明确要求建立健全面向全体劳动者的职业培训和就业制度,但受现行财政体制、农民工管理体制等因素的制约,农民工普遍缺乏职业培训的机会,从而导致一个时期内熟练技术工人短缺的现象。政府应当重视对农民工的职业培训,建立以市场需求为导向的职业培训课程,提高农民工的整体就业能力。

(四) 加快劳动密集型产业从东部地区向中西部地区的空间转移

近年来,随着农民工工资水平的提高,沿海地区低端的劳动密集型产业失去了原有的比较优势和竞争力,产业升级势在必行,产业向外转移的速度将加快。而中西部地区尚有相当一部分农村剩余劳动力有待转移,因此中西部地区在未来一段时间内,仍将保持工资相对低廉的优势,可以承接东部地区转移来的劳动密集型产业。因此,政府应当以民工荒为契机,创造良好的政策条件,加快东部地区向中西部地区进行产业转移的步伐,共同完成产业结构优化的任务,保持经济可持续增长。

---

① 杨永华. 民工荒、半城市化模式和城市化模式[J]. 经济学家,2010(9):71-76.

民工荒与我国要素空间配置模式新转型①

夏永祥　魏　玮

2004年以来,我国珠三角、长三角等加工制造业聚集的东部地区的劳动力市场风云突变,形势急转直下,先后出现了民工荒问题,并且愈演愈烈。其中尤以珠三角地区最为严重,目前用工缺口超过200万人。② 为了解决民工荒问题,许多企业纷纷上调工资以吸引工人,然而这并不能从根本上解决招工难的问题。反之,随着工资的上调,那些技术含量低的劳动密集型企业生产成本骤升,部分企业难以为继,纷纷倒闭。民工荒问题的出现对我国原有的要素空间配置模式提出了严峻挑战,也为我国新一轮的产业升级和生产要素的优化配置带来新的契机,迫使我们探寻更为合理的要素空间配置模式,进行新的转型,以提高全国的资源总体配置效率。

一、要素空间配置的几种模式

生产要素是指进行经济活动时所需要的各种社会资源,是维系国民经济运行及市场主体生产经营所必须具备的基本因素。传统的生产要素包括土地、资本和劳动,随着知识经济时代的到来,技术和企业家的才能也作为重要的生产要素被人们所关注。

要素空间配置模式的实质是产业和企业的空间布局选择,也就是说,在建立每一个企业时,首先需要确定它的选址问题:应该建在何处?要素空间配置问题的产生源于要素在空间分布上的不均匀。为了进行现实的经济活动,必须把各种生产要素在空间上结合在一起,然而,在现实生活中,各种生产要素并不是按照人们的理想和经济活动的需要分布在同一空间,而是错位分布的,有些地区的土地要素丰富,但是缺少其他要素;相反,其他地区可能劳动力要素丰富,或者资本、技术要素丰富,但是缺少另外的要素。于是,为了进行经济活动,就必须要求要素在空间上流动,以某种要素的流动去适应另一种要素的需要。这有点类似于婚姻中的男女双方,为了组成一个新的家庭,需要男女中的一方在空间上流动,或者男到女家,或者女到男家。在各种生产要素中,除了自然资源和土地在空间上不可移动以外,资本、技术和劳动力均属于可流动要素。于是,就产生了不同的要素空间配置模式,在各种模式中,通常会由某种要素起主导作用,其他要素适应其而流动。在不同的经济发展阶段或是不同产业中,各个要素所起到的作用不同,于是又形成各种不同的要素空间配置模式转型。

---

① 本文刊发于《苏州大学学报(哲学社会科学版)》2013年第3期。

② 叶迎.产业转移与"民工荒"[J].改革与战略,2010(6).

按照各种要素所起作用的不同，要素空间配置模式可以分为以下几种：

1. 资本主导型

以资本为龙头，其他要素随其流动。即在各生产要素中，资本起到决定性的作用，具有强大的吸引力，吸引着劳动力等其他要素流向资本集中的地区。通常，发达国家和地区的崛起就属于资本主导型模式。发达国家和地区拥有大量的资本，建立了诸多的产业，提供了丰富的岗位，吸引了落后国家和地区的大批劳动力流入，为发达国家和地区的进一步发展提供了宝贵的劳动力资源。

2. 技术主导型

以技术为龙头，其他要素随其流动。这种模式通常存在于技术创新性强的国家和地区，它们占有绝对的技术优势，把技术作为影响经济发展的最重要因素，吸引其他要素流向技术发达地区。在这种模式中，技术所具有的吸纳力是巨大的，它不仅能够吸引大量资本的流入，更能吸引众多高素质人才的进入。典型的案例就是美国的硅谷，硅谷作为一座技术发源地城市，是全世界的技术和人才高地，这里集聚的是丰富的创造力和想象力，而这些创造力和想象力又给资本带来了巨大的回报，因此，美国硅谷一度发展成为世界上最发达的地区。

3. 劳动主导型

以劳动为龙头，其他要素随其流动。这种模式中，劳动作为要素禀赋中最重要的因素，吸引其他要素流向劳动力丰富的地区。这种模式通常适用于劳动力资源丰富的国家和地区，适合于承接发达国家和地区的劳动密集型产业转移。这些产业对劳动力的需求巨大，劳动力成本是企业考虑的最重要的成本，因此，企业往往会选择在劳动力丰富的地区进行投资，即以资本适应劳动。如20世纪60年代以后，发达国家的一些跨国企业纷纷将生产基地转移到东亚地区（包括中国），就是看中了这些国家丰富而廉价的劳动力，可以降低企业的生产成本，劳动主导型的要素空间配置模式也就应运而生。

4. 土地主导型

以土地为龙头，其他要素随其流动。这种模式突出了土地在各生产要素中的主导作用，吸引着其他生产要素的流入。这种模式通常存在于区位条件优越的地区或者落后地区，它们的土地资源丰富，价格相对便宜，适合发展耗费土地量大的产业。具有吸引力的土地一般分为两种，一种是土地价格较高，但是投资获得的收益会更高。如在房地产业中，好地段的土地价格一般都很昂贵，但是好地段的土地给投资者带来的收益会成倍增加，因此会吸引大量的资本注入。另一种土地就是价格便宜甚至免费，这样的土地对需要大量土地发展产业的投资者来说具有很强的吸引力。例如20世纪90年代，一些发展中国家为了吸引外资，往往在土地价格上给了外商很大的优惠，从而吸引了众多外资企业进入。

5. 自然资源主导型

以自然资源为龙头，其他要素随其流动。自然资源是指在自然界中能被人类利用的自然物质要素，主要是指各种矿藏、水力、风力、海洋等资源。自然资源具有空间不可移动性，于是，其他要素只能向这些资源分布地区流动，以开发和利用这些资源。通常情况下，自然资源丰富地区的要素空间配置适用于这种模式，这些地区依靠本地特有的自然资源优势，发展自然资源开发型产业及其相关配套产业。例如，中东地区的石油输出国、非洲和拉丁美洲的一些矿产输出国,以及我国的一些矿产丰富的地区就是这种模式,它们利用本地特有的自然资源优势,发展相关产业,吸引其他地区的资本、劳动力和技术等要素流入。

二、要素空间配置模式的决定因素、选择与转型

那么,一个国家、一个地区到底应该采用何种要素空间配置模式呢?一般地说,它取决于下列因素:

(一)要素空间配置模式的决定因素

1. 各种要素的构成比例及其作用

用哲学的观点来看,矛盾的不同方面处于不同地位,起着不同作用,事物的发展,是由处于矛盾主要方面的要素所决定的。由各种产业自然属性所决定各种要素的构成比例及其作用。对于那些劳动密集型产业,劳动力要素就处于主导地位;对于资本密集型产业,资本处于主导地位;对于技术密集型产业,技术则处于主导地位;对于土地密集型产业,土地无疑处于主导地位。于是,其他要素就只能适应主导要素的需要而流动,从而就会产生相应的要素空间配置模式。

2. 各种要素的空间可移动性

如上所述,各种生产要素由其自然属性所决定,它们的空间可移动性存在着重大差别。土地和自然资源在空间上很难移动,因此,只能是通过其他要素的移动来与它们组合和匹配。相反,对于资本、技术和劳动力要素来说,其空间可移动性很强,因此就可以产生出多种要素空间配置模式,既可以自己流动去适应其他要素,也可以让其他要素流动来适应它们。

3. 各种要素的稀缺程度

在每一个特定的背景下,各种生产要素的稀缺程度是不同的,一般来说,越是稀缺的要素,在要素市场上越处于主动和有利地位,它往往稳坐钓鱼台,待价而沽,而其他要素则不远千里,跋山涉水而来,与它结合。这时,要素空间配置模式就由这种稀缺性最大的要素决定。而且,越是稀缺要素,价格就越高,流动成本也就越大,这也降低了它的流动动力。

4. 各种要素的综合流动成本与配置效率

用经济学的观点来看,要素空间配置模式的选择要有利于提高资源配置效率。每一种要素在其流动过程中,都会产生一定的费用。例如,劳动力流动中的交通和食宿、求职等费用;资本流动中的原料、产品运输费用及其由于不同地区投资环境差异所造成的费用差异;技术要素流动中的由于适应性不同所造成的效果差异,及其不同地区相关环境差异所造成的费用差异;管理才能要素也会产生与劳动力和技术流动相类似的费用。在商品经济和市场经济体制下,效率通常是用成本和利润等指标来衡量的。由其他因素所决定的要素空间配置模式一般是但并不必然是与由成本核算所决定的要素空间配置模式相一致。当二者不一致时,前者应该服从后者。问题在于,每一种要素的流动都有成本和费用产生,而且大小多少不同,某种要素的流动,在增加自己成本的同时,必然会节省其他因此而不流动的要素的成本,于是就存在着流动要素产生的费用与因此而不流动的要素所节约的费用到底孰

多孰少的比较。无论是从企业自身，还是从整体和全局看，自然应该提高要素的综合配置效率。也就是说，应该选择那种节约成本大于增加成本的要素空间配置模式。

（二）要素空间配置模式的选择原则与标准

在市场经济体制下，企业是市场主体，地区的发展离不开产业的发展，而一个产业中又包含了千千万万个企业，因此研究地区要素空间配置模式，更多地应该从企业的角度出发。企业在进行区位选择时，会综合考虑地区各要素成本及可能带来的收益。企业所面临的成本主要有劳动力成本、融资成本、土地成本、日常经营管理成本、运输成本以及地方政府施加的制度成本等，而企业的收益除了日常经营收益外，还包括地区产业集聚带来的规模经济收益、地方政府的政策收益等。众所周知，由于各地区经济发展水平不同，各要素成本在空间上往往是不一致的。经济相对发达地区往往交通便利、市场体制完善，因此在企业的运输成本、日常经营管理成本上具有优势，而经济相对落后地区一般在土地成本、劳动力成本上优势明显。正是由于各要素成本在空间上的不一致，企业才有必要选择更为适合的要素空间配置模式。由于企业是追逐利益的理性人，因此企业在选择时，会综合考虑各要素成本及其带来的收益，追求综合净收益的最大化。即 $MAX(R_1 + R_2 - C_1 - C_2 - C_3)$，其中，$R_1$ 为企业日常经营收益；R_2 为规模经济收益和政策收益；其 C_1 为劳动力成本；C_2 为土地成本；C_3 为运输等其他成本。

可见，综合成本最小或者收益最大是要素空间配置模式选择的主要原则和标准。换言之，企业总是应该布局在那些综合成本最小或者收益最大的地区。

（三）要素空间配置模式的转型动力

由上述分析可知，要素价格是选择要素空间配置模式的一个重要变量，而要素价格的变动，则是推动要素空间配置模式转型的主要原因与动力。在每一个特定时期，各种要素价格是既定的，由此就会计算出不同模式下的成本与收益，按照综合成本最小或者收益最大的选择原则和标准，确定出该时期的要素空间配置模式。然而，各种要素的价格并不是一成不变的，随着时间的推移，要素价格必然发生变化，有的提高，有的则下降，从而使各种配置模式下的综合成本与收益发生变化。按照同样的选择原则和标准，就必然要放弃以前的配置模式，而采用新的配置模式，这就是要素空间配置模式的转型。

（四）要素空间配置模式的实现机制

为了实现各种要素空间配置模式，还要有一个与我国要素空间配置模式新转型相配套的合理的机制，这种机制选择取决于经济体制。一般地说，在计划经济体制下，实行的是政府主导的资源配置机制，此时，国家的空间发展战略由政府制定，资源配置是实现发展战略的重要手段，权力掌握在政府手中，政府决定企业的选址，相应地也就产生了要素空间配置模式，决定了到底是哪种要素流动。而在纯粹的市场经济体制下，要素空间配置模式的选择应当遵循市场化原则，推进要素市场化进程。要素的价格由要素市场供求关系决定，要素所有者按照要素收益最大化原则，实现要素的市场化流动，资本流向资本边际效益最高的地方，劳动者选择在劳动净收益最多的地方就业。而企业则根据对综合成本和收益的比较，决定其选址，从而也就会产生出相应的各种生产要素的流动方向和要素空间配置模式。

现代市场经济体制往往是政府与市场结合的调节机制，体现在要素空间配置模式上，就是两者同时发挥作用，政府从经济和社会发展的全局出发，制定出宏观区域经济战略与政策，采取有针对性的鼓励或限制政策，引导要素的空间流动。而企业则在原有的纯粹市场经济体制下的决策基础上，加入政府政策这一新的变量，重新计算和考虑不同要素空间配置模式下的成本与收益，以此最终决定企业选址与要素流动方向。

三、我国要素空间配置模式的演变及其面临的挑战

由于生产要素的不同性质，除了自然资源密集型地区适合采用自然资源主导型要素空间配置模式外，其他地区应当根据不同的经济发展阶段、不同的产业发展导向，选择适合地区发展的要素空间配置模式，并根据相关因素的变化，及时转型。

1. 改革开放前的我国要素空间配置模式：自然资源主导型

改革开放以前，我国实行计划经济体制，要素空间配置模式选择不完全由成本和利润等经济指标决定，而是服从于当时国家的总体发展战略，要素空间配置主要由政府决定，具体采用行政和法律手段。由当时的国际和国内形势决定，我国实行均衡的区域经济发展战略，旨在缩小区域发展差距。[①] 国家的发展战略重点在内地，特别是大力开发内地的自然资源。在这种战略指导下，要素空间配置模式的选择是自然资源主导型，通过行政手段，国家把沿海地区大量的劳动力、资本和技术要素调往内地。这种调动既包括增量要素，即国家新增要素的配置，还包括存量要素的流动。例如，在“一五”时期国家投资建设的694个大型工业项目中，沿海地区占1/3，内地占2/3，其中的156个重点项目中，沿海地区占1/5，内地占4/5，特别是东北地区和西北地区占很大比重。“二五”期间，内地投资占国家投资的56%。“三线”建设的10年间，内地投资占国家全部投资的64.7%，投资总额2000多亿元，建成全民所有制企业2.9万个，其中大型骨干企业和科研单位近2000家。在改革开放之前的30年间，国家还把沿海地区的大批工厂、大学和研究院所成建制地迁往中西部地区。据统计，仅1964—1971年，沿海地区迁往内地的项目有380个，设备3.8万台，职工近15万人。[②]

2. 改革开放以来的要素空间配置模式：资本、技术主导型

改革开放以来，随着相关因素的变化，我国对宏观区域发展战略和政策进行了及时调整，改而实行区域非均衡发展战略，发展重心向东部地区转移。相应地，要素空间配置模式也发生转型，从原先的自然资源主导型向资本和技术主导型转变。在这一时期，我国各种生产要素的供求关系与价格水平是，资本和技术稀缺，因而价格高，在各种要素中，居于主导地位；而劳动力和土地相对丰富，价格低，处于次要和被支配地位，适应资本与技术而流动，从而产生出资本与技术主导型的要素空间配置模式。国家对东部地区给予大批优惠政策，投入大批资金，加上通过对外开放，东部地区引进大量的外国资本和先进技术，建设了

---

① 在这一时期，我国对区域划分采用两分法，即沿海地区与内地，沿海地区大致相当于以后的东部地区，内地大致相当于以后的中西部地区。

② 夏永祥，魏立桥. 中国区域经济关系研究[M]. 兰州：甘肃人民出版社，1998.

一大批加工型企业，创造出大量就业岗位。例如，地处东部地区的苏州市，仅有不到5000平方公里的陆地面积，改革开放以来，到2012年8月，共有来自全世界116个国家和地区的企业前来投资，开办外资企业超过1.6万家，累计实际利用外资达1000亿美元，约占全国实际利用外资的一成，规模位居全国各大中城市前列。全市约七成的工业产值、四成的税收收入、八成的外贸额均来自外资企业的贡献。[①] 于是，中西部地区的大量劳动力不远千里，长途跋涉，来到东部地区打工，成为农民工的主要构成部分。据统计，1980年，我国农民工为200万人，2000年为1.2亿人，2010年为2.6亿人，2012年4月为2.53亿人。农民工的输出地大部分是中西部地区，包括安徽、江西、湖南、湖北、河南、四川、重庆、贵州、陕西、甘肃、新疆等省市区，而其输入地则大部分是珠三角、长三角、环渤海等地区，包括广东、江苏、浙江、福建、上海、北京、天津等省市。例如，在广东省、上海市，外来人口可以占到当地人口的一半以上，在苏州市、深圳市，外来人口数甚至超过了当地人口，成为名副其实的移民城市。[②] 在这种要素空间配置模式下，正是依靠当地的土地和国外的资本、技术，加上中西部地区流入的廉价劳动力，东部地区经济突飞猛进，快速发展。直到2004年以前，在中西部地区庞大的农村剩余劳动力支撑下，东部地区的劳动力市场一直处于供过于求的格局，农民工工资长期不增加，或者增加幅度远远低于企业效益与企业主的收入增长速度。

经过几十年的发展，东部地区内部形成了大致相同的产业结构，多以技术含量低的劳动密集型产业为主，在国际产业分工中，整体上处于低端。这样的国际分工格局充分利用了我国的劳动力资源的规模优势，有一定的合理性与必然性。[③] 这些劳动密集型产业曾经对东部地区以及整个中国经济发展做出了巨大贡献，使得中国制造的产品走向世界，成为我国出口创汇的主导产业。此外，劳动密集型产业还提供了众多的就业岗位，解决了二元经济结构下农村大量劳动力的就业问题。大量的中西部地区剩余劳动力来到东部地区就业，获得了比务农更多的收入。因此，可以说，这种要素空间配置模式在当时的历史条件下，是符合我国国情的，实现了全国各种资源的有效配置，使东部地区与中西部地区都从中受益，实现了互利和共赢。

3. 资本、技术主导型要素空间配置模式面临的挑战

几十年来，在资本和技术主导型的要素空间配置模式下，东部地区产业结构呈现出整体层次偏低、良莠不齐的状况，大量的劳动密集型产业和土地密集型产业，依靠低廉的劳动力和土地价格，通过压低工资、牺牲环境和损害劳动者权益等手段实现低成本、高利润，得以生存和发展。据一些典型调查，农民工的月工资从20世纪80年代的1000元以下，到2012年4月，仅仅涨到2049元，远远低于同期的经济发展速度和企业主利润和收入的增长幅度。长江三角洲、珠江三角洲等地区是这一时期东部地区发展模式的典型代表和缩影。因此，可以说，在东部地区的许多企业，所谓的劳动力成本竞争优势，在很大程度上是挤压了劳动者合理的劳动待遇、基本的生产生活条件和必要的社会保障而形成的，这显然是不

① 燕冰. 苏州实际利用外资千亿美元[N]. 苏州日报，2012-08-07(1).

② 2011年末，苏州市总人口1290.3万人，其中，户籍人口642.3万人，另有外来流动人口648万人，超过户籍人口。目前，苏州市已成为全国除深圳市外的第二大移民城市。

③ 于淑艳，詹玉萍. “民工荒”现象与我国劳动密集型产业的区域性转移[J]. 商业研究，2006(24).

可持续的。[①] 前几年轰动一时的富士康公司员工连续跳楼身亡的恶性事件，又是这一问题的典型代表与缩影。农民工通过频繁的跳楼、跳塔吊等极端手段来维护自己的权益，也凸显了我国在这一方面行政和法律手段的缺位与无奈，政府在处理劳资关系时，往往会自觉或不自觉地偏向资方。但是，以低劳动力成本和低资源成本为支撑的低附加值的劳动密集型产业不可能永远存在下去，终究是会被市场竞争所淘汰的[②]。农民工在无法通过用手投票方式维护自己权益的情况下，只能选择通过用脚投票的方式来维护自己的权益。近年来，国家的重农政策、开发西部地区等政策的出台，使农民外出打工的收入与成本发生了重大变化，改变了农村剩余劳动力的打工选择，由此就产生了民工荒现象。[③] 民工荒问题已经严重影响了东部地区劳动密集型和土地密集型产业的可持续发展，为了应对民工荒，东部地区的企业不得不大幅度提高农民工的工资。而且，随着东部地区土地资源的逐步枯竭，实行了几十年的以土地优惠换招商引资的政策也失去了基础，走到了尽头，土地成本大幅度提高。所有这些，都导致了这些企业的成本上升、利润减少，竞争力急剧下降。而2008年以来的国际经济危机，更使这些企业雪上加霜，陷于内外交困的境地。由此，也就使得劳动密集型和土地密集型产业在东部地区逐步失去了进一步生存与发展的空间，它们迫切需要寻找新的生存和发展空间；而中西部地区凭借相对低廉的劳动力和土地成本优势，自然成为它们的首选之地。

根据国家统计局发布的《2011年中国农民工调查监测报告》，在中西部地区务工的农民工增长较快，中西部地区对农民工的吸纳能力进一步增强，2011年在东部地区务工的农民工16537万人，占农民工总量的65.4%，比上年降低1.5个百分点；在中部地区务工的农民工4438万人，占农民工总量的17.6%，比上年提高0.7个百分点；在西部地区务工的农民工4215万人，占农民工总量的比例比上年提高0.8个百分点。在长三角和珠三角地区务工的农民工分别占全国农民工总人数的23.1%和20.1%，分别比上年下降0.9和0.8个百分点。[④] 随着中西部地区的快速发展，东中西部地区农民工工资水平趋同，长三角和珠三角地区对农民工的就业吸引力在逐步下降。在劳动力供求格局发生变化的新形势下，各企业为了招到合适的、足够的员工，不得不提高工人工资，改善工人的劳动环境和福利待遇等。据人保部调查，2011年上半年我国已有18个地区调整了最低工资标准，工资增长基准线多在15%以上。在“民工荒”问题严重的珠三角地区，2011年工人工资实际上涨逾30%，普工工资涨到近3000元，比最低工资标准最高的深圳市高出一倍多，有些技术性工作，例如熟练的电焊工，月工资甚至可达上万元，但仍招不到人。另据统计，2011年，全国16个省份的最低工资标准平均增幅为22%。2012年，全国有18个省份调整了最低工资标准，到6月底，平均增幅为19.7%，其中，深圳市标准最高，为月工资1500元。由此导致企业用人成本大幅度提高，阿迪达斯、耐克等外商甚至关闭了在中国的生产线，而转移到其他一些工资低的国

① 盖骁敏，邵常永．“民工荒”问题及其对我国产业转移与扩散的影响[J]．山东经济，2008(4)．

② 张晓琳，邱锦美．东部“民工荒”对我国经济发展的启示[J]．哈尔滨商业大学学报：社会科学版，2007(2)．

③ 张晓琳，邱锦美．东部“民工荒”对我国经济发展的启示[J]．哈尔滨商业大学学报：社会科学版，2007(2)．

④ 夏永祥，魏玮．三重二元结构下的人口流动模型：对民工荒的一个新的研究框架[J]．当代经济科学，2012(1)．

家或者地区。蔡昉据此认为，中国的刘易斯拐点已经全面来临。①

民工荒的出现促使人们去思考东部地区这种依靠廉价劳动力和土地实现低成本扩张的发展模式是否还能继续下去，传统的以劳动力大跨度转移适应资本和技术的要素空间配置模式到了应该转型的时期。正是在这种背景下，以市场力量为主导，以东部地区政府的推力与中西部地区的引力为辅助，东部地区向中西部地区的产业转移蓬勃兴起，由此也就引发了我国要素空间配置模式的新转型。

四、我国要素空间配置模式的新转型

（一）要素空间配置模式新转型的含义与内容

民工荒问题推动我国的要素空间配置模式面临新转型，这就是从改革开放以来实行了几十年的资本、技术主导型向劳动、土地和自然资源复合主导型转变。具体地说，也就是东部地区的劳动密集型和土地密集型的产业，其资本、技术和企业家等要素向中西部地区流动，与当地的劳动力和土地、自然资源等要素结合，兴办企业，开展生产经营活动。② 从表面上看，这种转型似乎是对改革开放前要素空间配置模式的回归，其实，二者之间还是有着重大的差别。一是背景与体制不同。改革开放前是在区域均衡发展战略和计划经济体制下，完全依靠行政和法律手段来实现；而这次转型则是在区域非均衡协调战略和市场经济体制下，特别是在西部大开发战略和中部地区快速崛起战略下，主要通过政府引导和市场机制的推动来实现。二是具体内容不同。并不是所有产业不加选择地一窝蜂似的转移，而是有所选择，转移产业和转移空间的选择，主要由市场决定，重点是那些在东部地区失去生存和发展空间、而在中西部地区则有很大发展空间和潜力的产业。

在这个转型过程中，根据要素空间配置模式的选择原则和标准，厂商会综合考虑各生产要素的综合成本和收益，选择净收益最大的方案。对于劳动密集型产业的厂商，往往会在工资优势和运输成本之间进行权衡。一般地说，产业空间转移必然会引起运输成本的增加，特别是对于那些外向型的、以出口为主的产业和企业而言更是这样，但是，考虑到近年来随着国家铁路、公路、航空事业的快速发展，中西部地区基础设施越来越完善，交通越来越便利，能够大大降低运输成本，并且选择中西部地区作为生产基地，可以兼顾东、中、西地区的消费市场，还可以节省部分能源和原料的运输成本，因此，理性的厂商把产业转移到中西部地区，并不会使产品的运输成本明显增加。③ 而从劳动力成本角度来考虑，由于中西部地区与东部地区经济发展确实存在一定的差距，中西部地区能够提供的岗位较东部地区少，而劳动力比东部地区丰富得多，中西部地区具有明显的工资较低优势。④ 权衡比较这两种成本，劳动力节约的成本具有明显的优势。相对于东部地区而言，中西部地区土地资源

---

① 国家统计局. 2011 年我国农民工调查监测报告[EB/OL](. 2012－04－27)[2012－05－06]. http://www.stats.gov.cn/tjfx/fxbg/t20120427_402801903.htm.

② 夏永祥，沈滨. 中西部地区的资源优势及其脱贫之路[J]. 中国工业经济，1998(6).

③ 郑升，周杏芳. 廉价劳动力时代结束[N]. 中国剪报，2012－08－13(1).

④ 对于劳动者来说，即使在当地工作的工资比东部地区低，但是，由于可以节省大量的交通、住宿等流动的物质成本以及家庭分居的精神成本，因此还是合算的，愿意接受。

更加丰富，土地位置的差异导致土地宏观级差地租更低，当地政府也会有可观的土地优惠政策，投资者的土地成本也就更低。因此，将劳动密集型和土地密集型产业向中西部转移获得的净收益仍然会提高。在国家能源供应形势日益严峻的大背景下，中西部地区作为我国的主要能源资源分布地，在国家的西部大开发和中部崛起战略中，加快煤炭、电力等能源开发，是一个重要内容，这是中西部地区的独有优势，当然也就成为东部地区资本和技术、企业家要素的黄金投资领域与空间。最近几年，浙江等地的老板纷纷前往山西、陕西、甘肃等地开发煤炭、石油、有色金属等矿产，就是例证。通过这些产业的转移，可以实现东部地区与中西部地区的互惠互利，实现共赢，也可以实现全国资源的优化配置，促进中西部地区经济发展，有利于实现区域经济协调发展的目标。①

（二）结论与建议

（1）民工荒表明，改革开放以来我国实行了三十多年的资本和技术主导型的、以中西部地区劳动力向东部地区流动为内容的要素空间配置模式已经不合时宜，需要尽快实现向劳动力、土地和自然资源复合主导型的新的要素空间配置模式转变。应该积极引导东部地区的相关产业向中西部地区转移，以其资本、技术和企业家才能要素与中西部地区的劳动力、土地和自然资源要素结合。从整体上看，它有利于节约成本，提高收益，全面提高我国的资源配置效率，并且为新时期开展区域经济合作、贯彻落实西部大开发战略以及中部地区迅速崛起战略开辟新的道路，最终推动我国区域经济协调发展。

（2）对东部地区而言，民工荒既给它的可持续发展带来巨大的挑战与压力，同时也给其转型升级带来难得的机遇。为此，东部地区应该加快产业结构的升级换代进程，腾笼换鸟，突出资本和技术优势，避开劳动力和土地劣势，重点发展高附加值的技术密集型产业，将附加值相对较小的劳动密集型和土地密集型产业转移到中西部地区。这样可以减少东部地区对普通劳动力的需求，最大限度地降低民工荒问题给经济发展带来的负面效应。

（3）而对中西部地区而言，民工荒也为其扩大和深化与东部地区的合作提供了难得的机遇。为了抓住和利用这个机遇，中西部地区应该做好承接东部地区产业转移的各项准备工作。中西部地区应该借东部地区产业转移之机，切实转换政府职能，改变工作作风，降低制度成本。通过完善基础设施建设，降低运输和通信成本，营造出适宜东部地区产业转移的投资环境，特别是要为重点产业转移项目提供全方位的支持和优惠政策，使它们能够尽快地适应当地环境，融入当地经济和社会发展中，不断发展壮大。

（4）在社会主义市场经济体制下，推动要素空间配置模式转型和东部地区向中西部地区产业转移的基本动力应该是市场机制，主体应该是投资者和企业，政府可以规划、推动和引导，制定相关的优惠政策，但是不能越俎代庖。要结合国家最近几年发展非公经济和陆续制定出台的不同层次的区域发展战略规划，真正使民间资本成为产业转移和经济发展的主体，从而为中西部地区经济发展注入充足的活力，也为东部地区的可持续发展创造广阔和持久的空间。

---

① 夏永祥．论宏观级差地租[J]．管理世界，1993(6)．

第四部分

区域治理与生态文明

区域治理体系和治理能力的积极探索[①]

芮国强

作为全国第一个以现代化为主题的示范区，苏南将区域治理体系和治理能力现代化作为现代化示范区建设的重点内容和有机组成部分，全面深化区域治理改革，健全区域治理体制机制，提高区域治理能力，力图为国内区域治理体系和治理能力现代化探索规律、积累经验、提供示范。

一、树立区域治理理念

区域治理是在基于一定的经济、政治、社会、文化和自然等因素而紧密联系在一起的地理空间内，依托政府、非政府组织、私人部门、公民及其他利益相关者等各种组织化的网络体系，对区域公共事务进行的协调和自主治理的过程。区域治理具有三个基本特点：一是多元主体形成的组织间网络或网络化治理；二是强调发挥非政府组织与公民参与的重要性；三是注重多元弹性的"协调"方式来解决区域公共问题。

从苏南现代化建设示范区运行的制度设计来看，示范区建设领导小组负责苏南现代化建设全局性重大问题的研究决策和组织协调，设在江苏省发展改革委员会的领导小组办公室则承担规划管理、政策研究、统筹推进和考核评估等具体工作。虽然江苏省委、省政府《关于贯彻落实〈苏南现代化建设示范区规划〉实施意见》明确提出，涉及跨区域的重大事项和重大工程，可设立指挥部或工作协调小组；苏南五市（指南京、镇江、常州、无锡、苏州）也要成立相应的领导机构，建立健全工作机制和市域间的工作协调机制，全力推进规划的实施。

从示范区建设的实际运行状况来看，其主要存在以下三个突出问题：一是跨区域的组织机构及工作协调机制建设进展缓慢，导致苏南五市并不关注通过规划实现区域内部的发展协同，反而出现了一定程度上的治理混乱；二是目前仍停留在垂直官僚系统的区域政府管理阶段，缺乏水平层面的政策网络生成，治理主体结构中缺乏私人部门和其他非政府组织及社会公众；三是区域治理内容仅局限于经济发展方面，较少关注区域其他公共事务，治理绩效不高。

基于上述分析，苏南现代化示范区的建设，要突破传统思维观念的束缚，站在更高的基点上认识区域治理的内涵，把互利共赢作为区域合作的出发点，把实现经济社会全面协调

---

① 本文刊发于《中国社会科学报》2014年1月29日。

可持续发展作为区域合作的落脚点，实现从传统的区域政府管理向区域治理的转变、从竞争向合作的转变、从政府单打独斗向多元主体协同共治的转变，不断改进区域合作策略，发展区域合作机制，充分鼓励和吸纳私人部门和其他非政府组织及社会公众参与其中，推动苏南区域的协同发展。

二、构建区域治理体系

区域治理体系包括规范行政行为、市场行为和社会行为的一系列制度与程序，政府治理、市场治理和社会治理是区域治理体系中三个最重要的次级体系。

从政府治理体系来看，要加快转变政府职能，厘清和理顺政府与市场、政府与社会的关系，强化市场在资源配置中的决定性作用，加强政府对发展战略、规划、政策、标准等的制定和实施，强化公共服务、市场监管、社会管理、环境保护等职责。要深化行政审批制度改革，进一步加大行政审批事项"减、转、放、免"力度，简化审批程序，提高审批效率，最大限度减少政府对微观事务的管理，更多发挥市场和社会组织的作用。着力在不同地域的政府之间和政府、非政府之间构建多渠道、多层次的横向多边合作与伙伴关系。

从市场治理体系来看，要立足苏南发展实际，坚持以经济建设为中心，突出经济体制改革这个重点，围绕处理好政府与市场的关系这个核心问题，使市场在资源配置中起决定性作用。积极发展公私伙伴关系，通过公共部门和私人实体共同行使权力，共同承担责任，联合投入资源，共同承担风险，共同分享利益的方式，生产和提供公共的产品与公共服务。

从社会治理体系来看，加大对第三部门的政策、法律和资金扶持，营造多方合作的氛围与环境，积极谋求参与式合作。培育公民参与社会管理的良好氛围，鼓励公众在涉及自身利益和相关社会利益的公共事务上积极参与，并为其提供参与渠道以及良好的信息反馈机制，并使其法律化、制度化，从而形成多方治理主体在多方协作基础上的共同治理。

三、推进区域治理创新

实现治理能力现代化的基本落脚点是全面提升政府管理的现代化，积极推进行政体制改革，是治理能力现代化的主要内容和途径。因此，推进区域治理创新必须做好以下工作。

一是把政府职能转变作为突破口，切实转变政府职能，实现政府职能向创造良好发展环境、提供优质公共服务、维护社会公平正义的根本转变。要优化政府机构设置、职能配置、工作流程，完善决策权、执行权、监督权既相互制约又相互协调的行政运行机制。

二是严格绩效管理，突出责任落实，确保权责一致，保证政府在规模、职能和作用方式上的合理性，在作为方式上的法治优先性，在发挥政府治理作用上的有效性，在提供社会服务上的公共性；保证政府在体制运转上的执行力，在行政结果上的公信力。

三是改进区域治理方式，坚持系统治理、依法治理、综合治理、源头治理相结合，进一步加大党委统筹推进力度，强化政府主导作用，引导社会各方面有序参与。

四是更加注重市场作用和政府力量的有机结合，既要合理借助行政力量引导区域合作方向，建立必要的政府间合作协调机制，及时解决区域合作治理中出现的重大争端，积极推动基础设施、公共服务、社会管理等的一体化建设；又要充分借助市场机制，以比较优势为前提、以经济利益为基础、以互利共赢为目标，不断拓展区域合作的内容，创新区域治理的方式。

五是积极推广政府购买服务，凡属事务性管理服务，原则上都要引入竞争机制，通过合同、委托等方式向社会购买。

六是推动社会组织完善法人治理结构，健全评估机制，推进信息披露，完善政府购买公共服务政策，提高社会组织承接政府转移职能、开展公益服务和中介服务的能力。

生态文明十大制度建设论①

张劲松

自党的十七大首次提出建设"生态文明"要求以来，十八大报告再次单篇论及"生态文明"，并将其提升到更高的战略层面，与经济建设、政治建设、文化建设、社会建设并列，构成中国特色社会主义事业"五位一体"的总体布局。"加强生态文明制度建设"成为十八大的最强音之一，十八大指出，未来生态文明将要做好十大制度建设。

一、生态文明的评价及奖惩制度

十八大报告指出："要把资源消耗、环境损害、生态效益纳入经济社会发展评价体系，建立体现生态文明要求的目标体系、考核办法、奖惩机制。"②报告将生态文明的评价体系和奖惩制度建设提升到了一个新的高度。

发展是硬道理，其中经济发展常被看作是"第一"硬道理。以 GDP 作为评价地方政府施政成就的指标，引导了各地快速地发展经济。这是中国仅用三十余年改革开放就达到世界第二大经济体的重要原因。自十七大以来，为了克服环境和资源破坏问题，有关生态文明建设的目标体系、考核办法、奖惩机制就已进入政府和学界的视线，其中"绿色 GDP"最被广泛关注，沿海发达地区的一些地方政府，在这些方面已做出了有益的尝试。

具体来说，生态文明的评价及奖惩制度可以从如下两个方面着手：

其一，改革政绩考核指标。在 GDP 指标指引下，"为了'先把经济搞上去'，不知不觉地付出了沉重的环境、资源代价"③。因此，必须改革以 GDP 为核心的评价指标，要把资源消耗、环境损害、生态效益纳入经济社会发展评价体系之中。绿色 GDP 在内指标，必须成为当前评价地方政府政绩指标体系的重要部分。要由目前 GDP 主导，逐步转化为包括绿色在内 GDP 的综合化指标体系，其中资源、环境和社会指标要有更大的权重。

其二，建立有利于生态文明建设的财政激励制度。"中央政府应加快完善立法、改革财税体制和行政考核体系，丰富对地方政府的监管和激励手段，为促进低碳生态城市发展模式的创新和实践营造良好的制度环境。"④要尽快出台转移支付立法，通过对地方政府的财

① 本文刊发于《行政论坛》2013 年第 2 期，入选教育部《专家建议》2013 年第 10 期。

② 胡锦涛. 坚定不移沿着中国特色社会主义道路前进 为全面建成小康社会而奋斗[N]. 文汇报，2012-11-09(5).

③ 叶选平. 领导干部脱离群众不"接地气"关乎党性[EB/OL]. http://news.sohu.com/20121112/n357322164.shtml. 2013-01-06。

④ 中国城市科学研究会. 中国低碳生态城市发展战略[M]. 北京：中国城市出版社，2009：10.

政激励引导地方政府加大生态文明建设的力度，在中央政府的约束下，出台相关措施，对地方政府的生态低碳建设的创新和探索予以财政支持。

二、国土空间开发保护制度

随着中国人口总量持续增长、工业化和城镇化加快发展、经济规模迅速扩张，有限的国土空间将承载规模更大、强度更高的经济社会活动。“未来10～20年，在我国资源环境压力已较大的背景下，如何在有限的国土空间合理布局，以承载人口增长、经济扩张带来的高强度的经济活动，使我国生态脆弱和环境恶化的地区得到保护和改善，使大都市区、城市密集区、经济带等实现可持续发展，关系到国家的长治久安。”①因此，生态文明建设需要建立国土空间开发保护制度。

当前，国土空间开发保护主要包括五大经济措施：积极打造国家级重点经济带，创造条件加快发展城市群，着力构建有影响力的经济区，努力建设区域性中心城市，以及有重点、有选择地培育增长极。除了经济措施以外，国土空间开发保护的生态文明制度建设也要提上议事日程，即重点实行区域生态文明建设一体化制度。

国土空间开发保护的经济措施，即区域经济一体化，无论是经济带，还是城市群，它们体现的都是经济联系。这种经济联系，可以由市场来自发形成，当然这并不是否认政府在一体化过程中也起着重要的推动作用。而区域生态文明建设一体化制度，仅靠市场是无法形成的，生态文明建设受益者具有“跨域”特性，生态文明受益者的“搭便车”行为，单个区域的生态建设在现有体制下往往难以得到相邻区域政府的协作和配合，区域生态文明建设一体化制度建设受制于各生态建设主体的行为。要实现跨域生态文明建设的一体化，仅靠市场是无法实现“集体行动”的。这是因为，“空间依旧是被看作是刻板的、僵死的、非辩证的东西，而时间却是丰富的、有生命的、辩证的，而且对批判社会理论化来说，是能揭示问题的语境”②。各地方政府在辖区内推进生态文明建设易，甚至跨越时间(如2020年生态建设远景规划)也成为可能，但要打破空间的桎梏难！跨域的生态文明一体化制度建设需要自中央政府至地方政府的集体行动，社会制裁和社会奖励这两种“选择性激励”是必不可少的，它们可以用于动员潜在的集团，这种社会激励的本质“就是它们能对个人加以区别对待：不服从的个人受到排斥，合作的个人被邀请参加特权小集团”③。区域生态文明建设也需要这样的选择性激励，只有这样才能推动跨区域生态文明建设的集体行动。

三、最严格的耕地保护制度

耕地保护事关国家粮食安全、经济社会的可持续发展及国家长治久安，而处于经济快速发展时期的中国，尤其是东部沿海地区，对土地资源的消耗具有强烈且刚性的需求。人多地少、人均耕地少、优质耕地少、耕地后备资源少是中国土地资源的基本国情，耕地保护

---

① 黄征学.优化国土空间开发格局[J].中国发展观察，2012(7)：19-21.

② 爱德华·W，苏贾.后现代地理学——重申批判社会理论中的空间[M].王文斌，译.北京：商务印书馆，2004：16.

③ 曼瑟尔·奥尔森.集体行动的逻辑[M].陈郁，郭宇峰，李崇新，译.上海：上海三联书店、上海人民出版社，2003：71.

的生态文明制度建设面临着严峻形势。保障发展和保护资源的双重压力与两难局面，将在相当长的时期内存在。切实实行最严格的节约集约用地制度，更加严格地落实耕地保护责任，坚守耕地红线，这一项工作的确需要常抓不懈。而面对即将来临的人口65%的城市化过程，最严格的耕地保护制度需要进行制度创新的完善，具体来说应该做好如下制度建设：

首先，既要切实坚持和完善最严格的耕地保护制度，又要有国土利用的新制度。把划定永久基本农田作为确保国家粮食安全的基础，强化耕地保护责任制度，健全耕地保护补偿机制，从严控制各类建设占用耕地，这些都是必须做好的基本工作。但是保守地进行这些工作又是不够的，因为，城市化、工业化、现代化过程，必须在某些发达地区快速地进行，这个过程中也是一个土地工业化、城市化运用的过程，在某些区域耕地减少势不可当。基于此，最严格的耕地保护制度，不仅在于节约用地，还要"开源"，即增加耕地。在发达地区扩张用地的同时，应该建立耕地资源占用的补偿机制，完善耕地的占补平衡，应该运用制度创新来实现，如在发达地区占用耕地，就应该在欠发达地区创造出"新的耕地"来补偿，实现资源的最优化利用。事实上，在中西部地区，仍然是有许多国土可以开发成耕地的，只是中西部地区的人口外流严重，资金紧张，开垦能力弱，无法实现土地的最优利用。对于东部沿海地区来说，与其严控其用地，不如令其更加规范地造地。东部沿海地区发展快，缺地却有资金；中西部地区发展慢，有待垦、待复垦的土地，却缺资金，两者有机结合，就可实现既保证用地，又保证总量平衡乃至增加。

其次，既要切实实行最严格的节约用地制度，又要有城乡土地置换的新理念。强化土地利用总体规划的整体管控作用，合理确定新增建设用地规模、结构、时序，走集约式城市化道路，这些也都是必须做好的基本工作。但是，节约用地制度不能仅限于此，要有辩证思维，大规模向城镇集约式移民，其实这样做是为了置换出大量的原有农村分散居住占用的国土。从工业化的角度来看，分散化的农村居住方式是最不利于农业的工业化生产的。农民移居城镇，原来的分散居住地可以腾出进行农业的工业化生产，以规范化的工业方式来生产农产品，就可实现农业的现代化，从而实现有限的土地的集约化生产，增加农地的利用率。

最后，既要切实推进土地管理制度改革，又要有有偿使用国土的新思维。国土管理，不仅要管，更要将国土运用盘活，要深化国有土地有偿使用制度改革。一分地的有偿使用，要实现再造出超出一分地的使用效果来。如城市建设中通过有偿使用土地，要求使用者多空间层次，向高空要土地资源。通过一分土地的运用，从高空中获取多分土地。制度创新，需要建立在新思维、高技术的基础上。

四、最严格的水资源管理制度

2012年1月国务院发布的《关于实行最严格水资源管理制度的意见》中指出："水是生命之源、生产之要、生态之基，人多水少、水资源时空分布不均是我国的基本国情和水情。当前我国水资源面临的形势十分严峻，水资源短缺、水污染严重、水生态环境恶化等问题日益突出,已成为制约经济社会可持续发展的主要瓶颈”[①]。因此,建立最严格的水资源管理制度非常迫切。解决我国日益复杂的水资源问题,实现水资源高效利用和有效保护,根本上要靠制度,而最严格的水资源管理制度包括:

一是用水总量控制。水资源时空分布不均,西北、北部普遍缺水,节制地表水和地下水资源的运用能达成共识,但在水资源相对丰富的长江以南区域,洁净的淡水仍然短缺,究其原因是水资源利用总量缺乏控制、流域取水无限制、水体使用无节制,本就不太丰富的水资源在无偿使用的前提下,予取予夺,随心所欲,污染有限的水资源的行为未能得到控制,全国优质水资源严重缺乏。针对这种状态,在发展的同时,严格实行水总量控制,实现有偿使用制度,迫在眉睫。

二是用水效率控制制度。中国水资源并非十分丰富,水资源短缺与水资源利用效率低乃至浪费现象并存。人们对用自来水冲洗汽车习以为常,人们对向河流排污习以为常,人们对抽取深层地下水洗煤习以为常。当水生态危机出现时,人们再也不能对此习以为常了,因为再也没有那么多洁净的水供我们挥霍了,节水、限水、改水将成为生活中的常态,必须从生活中的各个层面进行用水效率控制。

三是水功能区限制纳污制度。区域、流域水资源利用的“搭便车”行为,决定了跨域的水体治理的外部性。严格控制入河湖排污总量,限制纳污,“谁污染谁治理”,“谁修复和保护就给谁补偿”。在一些地区,污染者付费制度,保护者获得生态补偿制度,都已在一定程度上实现。

四是水资源管理责任和考核制度。对于地方官员来说,“一票否决”制度往往能让某项工作得到重视。水资源管理责任也应成为其中重要的“一票”,以考核地方官员的生态治理成绩。喝上一口洁净的水,是美好生活的重要标志。

五、最严格的环境保护制度

未来中国发展的道路必须充分考虑环境的承受能力,实行最严格的环境保护制度,坚决避免以牺牲环境换来的 GDP 增长。

的确,从现有体制来看,我们有最严密的环境保护职能部门,有最专业的环境保护队伍,也有最为规范的环境保护立法,但是,我们仍然缺乏最严格的环境保护,最严格的环境保护制度未能建设起来。出现上述悖论的原因是地方保护主义,以及现有的地方发展竞争的格局,再加上缺少跨区域的环境保护协作机制。

最严格的环境保护制度应从如下几个方面着手:

其一,在空间上严格界定。需要从全国的总体上优化产业布局,实现东部—中西部梯度发展战略。

其二,在产业上严格定位。沿海地区应率先实现产业结构转型升级,发展低能耗、高附加值的产业,大力发展第三产业。中西部地方在接受转移来的产业时,必须注意环境保护,

---

① 国务院.关于实行最严格水资源管理制度的意见[EB/OL].(2012-12-13)[2013-01-03].http://baike.baidu.com/view/7849485.htm.

不能走"先污染后治理"的老路子。

其三,在项目上严格准入。需要严格落实环保优先方针,制定和执行国际最先进的环境准入标准,凡在环境评估方面不合格的产业,不能进入中国市场。以此标准,对中国产业转移过程中地方政府为了本地 GDP 增长不顾环境危害引进企业的做法,要进行严格核查,必须防止出现群体性的环保事件。

六、资源有偿使用制度

生态也是资源,生态也是资本,利用生态就要付费。生态资本是指"存在于自然界可用于人类社会经济活动的自然资本,因为现代生态系统已经是人化的自然系统,只有投入一定量的劳动和资本,才能再生产出维持生态环境具有人类生存和社会经济发展程度所需的使用价值,因此,生态资本在本质上是自然—人工资本"①。人们投入生态建设就期望从中得到回报。生态资本理论认为,对生态资源的保护使生态资本增值。伴随着生态产品稀缺性的凸显,人们意识到,对生态环境,不能仅有索取,还应有大量的投资。如果要保持这种投资的持续性,就要通过制度创新保障生态资源保护者的合理回报,而资源有偿使用制度能够有效地激励人们从事生态投资,并使生态资本增值。

首先,要深化资源性产品价值和税费改革。资源性产品主要是指水、能源、矿产、土地四大类产品,资源性产品大多不可再生。随着中国经济的快速增长,社会对资源的需求不断扩大,而且长期以来资源价格不合理,造成了资源浪费和资源配置效率的低下,资源紧张的态势正日益显现,资源问题已经成为制约中国经济社会可持续发展的现实瓶颈。"如何获得并高效利用资源,是实现我国经济社会可持续发展必须解决的突出问题。加快推进资源性产品价格改革,在更大程度上发挥市场配置资源的基础性作用,是完善社会主义市场经济体制的重要内容。"②必须将资源性产品全部当作资本来看待,因为它是自然赋予我们的宝贵财富,只有充分认识到每一种资源都是十分重要的,使用就要付费,给资源一个合理的价格,并课以合理的税费,才能保障资源性产品不被滥用。

其次,在利用资源时要充分体现生态价值。科斯坦萨(Costanza)等人在 *Nature* 杂志上发表了《世界生态系统服务价值和自然资本》一文,首次系统地设计出测算全球自然环境为人类所提供服务的价值方式,认为"生态服务"数值是全球国民生产总值的 1.8 倍(Costanza,1997),认为生态系统服务功能在提供物质资料的同时,维持了地球生命保障系统,形成了人类生存所必需的环境条件。生态系统为人类提供了生存的基础,只要利用了生态系统就应付费,而维系生态系统就应从中得到相应的收益。这是体现生态价值的两个方面。

最后,实现资源利用的代际补偿。地球上的资源不仅为当代人所有,也为后代人所有。几千年的人类农业社会生活对自然的索取是较为有限的,但是几百年的工业革命,却将自然置于人类的"控制"之下,最终遭到了"自然的反抗"③。当代人不能不顾后代的资源需

① 原新. 可持续适度人口的理论构想[J]. 人口与经济,1999(4):34 -39 +6.

② 马凯. 积极稳妥地推进资源性产品价格改革[J]. 求是,2005(24):5 -7 +21.

③ 威廉·莱斯:自然的控制[M]. 岳长岭,译. 重庆:重庆出版社,2007.

求，代际补偿制度极为重要。只有节约资源，节制需求，为后代多留资源，人类才能不断繁衍。十三亿人口的中国，不可能走美国式的高消耗生活方式，节约节制是重要的代际伦理。

七、生态补偿制度

有关生态补偿的概念出现的时间比较晚，也没有能得到学术界普遍认同的界定，笔者比较赞同吕忠梅在《超越与保守——可持续发展视野下的环境法创新》一书中阐述的观点。该书将生态补偿分为广义和狭义两种："生态补偿从狭义的角度理解就是指对由人类的社会经济活动给生态系统和自然资源造成的破坏及对环境造成的污染的补偿、恢复、综合治理等一系列活动的总称。广义的生态补偿则还应包括对环境保护丧失发展机会的区域内居民进行的资金、技术、实物上的补偿、政策上的优惠，以及为增进环境保护意识，提高环境保护水平而进行的科研、教育费用的支出。"①这一概念界定了生态补偿中的人与自然的关系、人与人的关系。

从人与自然的关系来看，生态补偿应该是从事对生态环境有影响的行为时对生态环境自身的补偿。如《森林法》第八条第六款中对森林生态效益补偿基金的规定，可以认为，森林生态效益补偿是一种人对自然的直接补偿，即用于提供生态效益的防护林和特种用途林的森林资源、林木的营造、抚育、保护和管理。《草原法》第三十九条中有关草原植被恢复费的规定，第四十六条中对退耕还草，已造成沙化、盐碱化、石漠化的，限期治理的规定，也可以理解为人对自然的直接生态补偿。

从人与人的关系来看，生态补偿应该是开发利用环境资源时对受损的人们的补偿。如《环境科学大辞典》上所定义的生态补偿："为维护、恢复或改善生态系统服务功能，调整相关利益者的环境利益及其经济利益分配关系，以内化相关活动产生的外部成本为原则的一种具有激励性质的制度。2007 年 9 月，国家环保部印发了《关于开展生态补偿试点工作的指导意见》，在四个领域开展了生态补偿试点，包括自然保护区的生态补偿、重点生态功能区的生态补偿、矿产资源开发的生态补偿、流域水环境保护的生态补偿。"②

有的生态补偿还体现为人与自然、人与人的双重关系。如开发利用所带来的生态风险（包括对环境的风险和对人的风险）的补偿，这种补偿是针对环境风险的不确定性而设，如设立生态风险基金。

生态补偿就其实质而言乃是对公益外溢的一种补偿，生态环境改善所带来的惠益由全社会无偿分享，而生态建设者却要自己负担对生态环境改善所支付的代价，承受着私益的损失。解决外部性问题，主要有两种不同的路径：一是"庇古税"路径，二是"科斯产权"路径。外部性的内部化是生态补偿的核心问题，庇古的福利经济学理论和科斯的交易成本理论都为生态补偿机制的建立提供了重要的理论基础。公共物品理论是生态补偿制度的又一理论基础。生态系统服务所具有的公共物品或准公共物品属性意味着其必然存在供给不足、过度使用、"搭便车"等现象，不可避免地产生"公地悲剧"，必须通过相应的制度安

① 吕忠梅：超越与保守——可持续发展视野下的环境法创新[M]. 北京：法律出版社，2003：355.

② 环境科学大辞典编委会. 环境科学大辞典（修订版）[R]. 北京：中国环境科学出版社，2008：566.

排——建立生态补偿机制——来规制生态系统服务的提供者与受益者之间的利益分配问题，激励生态系统服务提供者的生产、消费行为，抑制受益者不利于环境资源保护的活动，从而达到保护生态环境的目的。

从深层次来讲，生态补偿遵循“谁破坏，谁受益，谁补偿”的原则是符合生存伦理这一生态伦理学原则的。生存伦理，包括发展中国家求生存、求发展的伦理问题，也包括国内贫困地区生存发展的伦理问题。生存伦理关注生存权、发展权与环境权的协调发展，通过创设区域生态补偿机制，并将之作为一种极其有效的调和剂，使生存权、发展权与环境权并行不悖。生态系统服务功能价值是建立生态补偿机制、反映生态系统市场价值的重要支撑。自党的十七大以来，在建设生态文明的旗帜下，有许多地区正在投入生态资本，如何测算其生态服务的功能价值，并在此基础上测算不同区域的生态补偿值，是当前值得深入研究的课题。

八、生态环境保护责任追究制度

生态环境保护责任追究制度的重点，是对各级政府建立生态环境保护的约束性规范，要做到将主要污染物排放总量控制指标和其他重要指标层层分解落实到各地区、各部门，落实到重点行业和单位，确保约束性指标任务的完成。要实现这项重点工作的前提条件是，把环境保护目标纳入党政领导考核的内容，实行严格的环保目标责任追究制度。这就需要完善如下几个方面的制度：

首先，将环境保护与干部选拔任用挂钩。让那些不重视污染防治工作、没有完成年度任务的领导干部得不到提拔重用；让那些重视生态文明建设、防治污染工作取得成效的领导干部得到重用。地方发展，不仅是经济，还有美好生态的发展；无良好生态，则发展失去了目标。将环境保护目标与领导干部任用挂钩的制度，是最直接提升生态文明的制度。

其次，要对造成严重事故的责任人包括地方、行政官员严格追究其法律责任，尤其是刑事责任。用刑罚手段来保护环境、治理污染，是治国的一大利器。1997 年 3 月，我国修改刑法时就在刑法分册中专门增加了一节破坏环境资源保护罪的规定，增加了“重大污染事故罪”等新罪名，并对其罪状和量刑作了明确具体的规定。追究环境破坏者的刑事责任，是保护环境的重要制度安排。

最后，推行地方领导干部离任生态审计制度。中国要实现经济的转型升级，必须建立一整套可持续发展的制度框架。要把官员的升迁同对环境的考核挂钩，进一步把环保标准引入到官员的政绩考核中。尤其是在地方领导即将离任时，上级有关部门应对其辖区的山地、林地、草地、绿化、沿海、沙滩、江河等进行考察和检查。其中重点考核其在任期间生态环境是否遭受污染和破坏，特别是考核其在任期间各项经济决策和其本人政绩是否以牺牲生态环境为代价。生态审计制度如果能全面推行，将有利于地方的全面发展，尤其是生态文明的全面发展。生态审计制度可以从根本上遏制地方领导急功近利的冲动，它是考量地方政府领导在任期间进行生态建设的“尺子”。

九、环境损害赔偿制度

环境损害“是指因人类的各种生产生活行为致使区域性的公共环境资源受到污染或破坏，侵害了自然体的生态利益，有引起生态系统结构或功能发生不利变化的危险或产生了实际损害后果的事实状态，主要表现为区域性环境质量下降、生态功能退化”①。在经济进入快车道的当下，快速的工业化带来了越来越多的环境公害及由此带来的破坏性后果逐步显现，但是，对于环境损害的理论认知、法律实践还处于刚起步的阶段，环境损害赔偿问题严峻，公共环境安全堪忧。由此引发的环境损害抗争乃至环境突发公共事件，时有发生。

建立和完善环境损害赔偿制度，首先要在观念上克服“人类中心”理念。传统的人类中心理念是，一切以人为中心，自然界都是为人类服务的对象。基于此，人类行为产生了一种最不合理的目标：“把全部自然（包括人的自然）作为满足人的不可满足的欲望的材料来加以理解和占用。这一目标变成了强制的、盲目重复的，并将最终导致自我毁灭。”②人类中心说在对待生态环境问题上，强调资源的经济价值而无视其生态价值，强调当代人的经济利益及其舒适的生活而无视后代人的生存和发展。人类中心说导致了代际不公平、资源利用的国家间不公平，最终导致了自然反控人类——地球生态正在走向无法承载人类的生存。因此，“必须在观念上承认生态环境的内在价值或善性，而这种价值来源于生态环境本身所具有的满足人类生存和发展需求的属性而非人类的劳动创造”③。生态自身也是有价值的，谁破坏了生态，谁就应当承担起赔偿的责任。建立和完善环境损害赔偿制度，也要做到理论先行。中国生态文明建设刚刚起步，有关环境损害赔偿的理论研究也刚刚起步。何为环境损害？由于环境损害的加害主体和受害主体具有普遍性和交叉性，如何确定加害主体和受害主体？除了人类自身受害以外，自然界遭破坏，如何修复？谁来修复？跨国跨区域的环境损害如何赔偿？既知环境损害的致害过程及对公共环境安全和公共环境资源的危害巨大，而且在大多数情况下是不可恢复和难以逆转的，可人类却放任这种状态发生，谁之责？总之，在这些问题缺少理论研究加以界定之前，环境损害赔偿制度难以健全。

建立和完善环境损害赔偿制度，还要做到法制完备。环境损害赔偿涉及赔偿的原则及范围、赔偿资金来源、赔偿数额的评估、赔偿程序等诸多方面，其关键在于环境损害赔偿责任的认定。这些都需要制定专门的法律来加以规范，这是当前和今后生态文明制度建设的重要内容。

十、生态文明宣传教育制度

美丽中国，优美生态，需要亿万人共同努力。而破坏生态，只需少数人就能达到。百亩林地，需要数十人数十年精心培育，才能成林；而破坏它，在现代科技条件下，仅一人一夕就可完成。这就是当前人类投入了大量的时间、金钱、人力去保护环境，可生态治理仅局部有

① 张锋，陈晓阳. 环境损害赔偿制度的缺位与立法完善[J]. 甘肃社会科学，2012(5)：114－117.

② 威廉·莱斯. 自然的控制[M]. 岳长岭，译. 重庆：重庆出版社，2007.

③ 张锋，陈晓阳. 环境损害赔偿制度的缺位与立法完善[J]. 甘肃社会科学，2012(5)：114－117.

效而整体失灵的根本原因。人类为治理生态付出了很多,但生态危机并未逆转。发展的可持续问题,摆在了人类面前。我们无法让所有人都来保护生态,却必须努力争取每一个人尽可能地去这样做,这就是建立生态文明宣传制度的重要性。

生态文明需要全社会所有人共同努力,每个人都是重要的参与者,我们难以让每个人都具有高度的生态文明行为习惯,但我们必须争取每一个人都参与到保护生态上来。这个过程是一个“零和博弈”,每争取一人保护生态,则减少了一位可能对生态治理放任或冷漠的人,此增则彼减,反之亦然。因此,必须加强生态宣传教育制度建设,大力推动全民环境保护意识提升,构建全民参与环境保护的社会行动体系,这是当前生态文明的一项重要任务。2011 年,环境保护部等六部委首次联合下发了指导全国环境宣传教育工作的纲领性文件《全国环境宣传教育行动纲要(2011—2015)》,对于增强全民环保意识、建立全民参与的社会行动体系、提高生态文明水平,发挥了重要作用,生态文明宣传教育行动正在各地兴起。

结语

党的十八大报告中,将生态文明建设摆在“五位一体”总体布局的高度论述,并提出了生态文明的十大制度建设,这十大制度建设是一个完整的体系。美丽中国,需要有良好的生态。若失去了生态的支撑,经济发展就失去了目标。生态伦理、生态价值、生态补偿、生态赔偿、生态保护、生态宣传、生态治理、生态危机等等,围绕生态文明制度建设的这些关键词,将成为中国政治生活中的关键词。

生态治理:政府主导与市场补充[1]

张劲松

环境问题错综复杂,从表面上看,它是人类社会经济活动的副产品,实际上它反映的是人与人、人与自然、经济利益和环境利益的矛盾冲突。中国采用粗放型的发展模式,尤其是重化工业的高能耗、高污染,加剧了能源和资源消耗速度,破坏了生态环境。当前正在完善中的市场,虽说是政府治理生态的重要补充,但是它的这种补充功能未得到充分的发挥。生态治理既需要政府来主导,也需要在政府主导下克服市场的不足并充分地发挥出市场的补充功能。

一、主体:生态治理中的政府主导与市场补充

(一)政府是生态治理的主导性力量

政府是生态治理的主导性力量,在政府主导下,中国的成片生态城市群逐步出现。自改革开放之后,中国在经济快速发展的同时,生态问题日益严重。保护自然资源和生态环境,实现可持续发展,是中国改革开放、进行现代化建设、广大群众致富奔小康的客观要求,也是环境保护工作的重要组成部分。进入20世纪90年代,中国环境形势已经十分严峻,自然生态破坏呈加剧趋势,已引起社会各界的广泛关注。为了保护和建设我们赖以生存的生态环境,各级环境保护部门积极会同有关部门通过防治乡镇工业和农药、化肥污染,保护生物多样性,建设自然保护区,发展生态农业,治理生态退化区域,强化对建设项目的生态环境管理,预防新的生态破坏等一系列工作,促进生态环境的建设,使生态恶化趋势有所控制。

20世纪90年代初期,各地政府和环境保护部门,在生态建设方面进行了积极探索,一些地区开展了生态村、生态乡、生态县和生态市的建设,积累了经验,取得了一定成绩。在此基础上,为加快生态建设的步伐,实施可持续发展战略,促进区域经济社会与环境保护协同发展,生态示范区先后域建设试点工作在全国开展。自1995年至2010年,在政府主导下,国家级生态示范区先后推广了六批,共有389个城市[2]。可见,政府主导下的生态治理成绩是显著的。

生态保护从试点中的各个点,逐步向全局推进。在逐步推进的过程中,也逐渐形成了

---

① 本文刊发于《福州大学学报(哲学社会科学版)》2013年第5期。

② 资料来源于国家环保部网站,http://websearch. mep. gov. cn,2010年5月27日公布。

一个个区域性的生态保护带。其中长三角地带的发展最有代表性，长三角区域的生态示范城市由个别城市开始，继而向全局扩展，直至两省一市（江苏、浙江、上海）在长江三角洲地域建成生态环境保护区。

若没有良好生态，发展就将失去了意义。基于此，党的十七大、十八大一而再地强调建设生态文明。生态文明的崛起是一场涉及生产方式、生活方式和价值观念的世界性革命，是不可逆转的世界潮流。在政府主导下，生态文明是人类社会继原始文明、农业文明、工业文明后进行的一次新选择。人类文明的范式，从此由工业文明转向生态文明。从工业文明向生态文明转向有其内在原因，"环境危机是工业文明的结构性特征。工业文明的基本结构和运行机制决定了，生态危机是工业文明的必然产物。在工业文明的基本框架内，环境危机不可能从根本上得到解决"①。正因如此，政府依靠工业文明是无法彻底解决其本身结构性的矛盾的，出路是：在政府主导下，"只有实现从工业文明向生态文明的转型，人类才能从总体上彻底解决威胁和人类文明的生态危机。文明范式的转型，是人类走向生态危机的必然之路"②。

（二）市场是生态治理的补充性力量

从生态治理的成效来看，治理局部有效、整体失效的局面并未从根本上得到改变。建设良好生态，是关系人民福祉、关乎民族未来的长远大计，它需要利用一切可以利用的力量，共同投入到生态治理中来，市场是政府生态治理的重要补充力量，我们应该认识到市场力量的重要性。

1．市场主体是对政府生态治理力量的重要补充

从市场主体方面来看，持续的生产过程逼迫资本不断地扩张，要么积累，要么死去。"过去，这种积累一直靠全球环境不断被系统地剥夺其自然财富得以维持。环境被蜕变成了索取资源的水龙头和倾倒废料（经常是有毒废料）的下水道。所以，过去500年的历史实际上是一个不可持续发展的历史。"③市场主体拥有工业化生产所需要的资本，在资本生产过程中不断扩张，是资本发展的内在要求，生态危机伴随这一过程。

当生态危机出现后，政府首先觉醒，政府反映公众的需求，从人类社会发展的可持续的角度，领导社会全面地进行生态治理，阻遏生态恶化的势头。全社会的生态文明建设任务的提出，就是阻遏生态恶化的重要措施。政府的这种主导作用，已经起到了应有的作用。但是，我们也要认识到，仅有政府的力量远远不够。

市场主体是制造生态危机的主要源头，离开了市场主体的参与，政府生态治理的成效是有限的。必须进行市场主体的工业化再生产方式的变革，这种变革既需要政府外部力量的挤压，也需要市场主体的自觉参与和主动选择。市场主体选择一种与生态更加协调的再生产形式既是可能的，更是必要的，"新的发展形式追求适度，而不是更多。它必须以人为本，特别是要优先考虑穷人而不是利润和生产，必须强调满足基本需求和确保长期安全的

---

① 杨通进、高予远. 现代文明的生态转向 · 总序[M]. 重庆：重庆出版社，2007.

② 杨通进、高予远. 现代文明的生态转向 · 总序[M]. 重庆：重庆出版社，2007.

③ 福斯特. 生态危机与资本主义[M]. 上海：上海译文出版社，2006：74，75，2－3.

重要性”①。涉及企业与生态协调的总体发展战略的选择，没有企业的参与是无法实现的。

2. 市场机制是对政府生态治理手段的重要补充

在生态治理过程中，市场机制对市场主体的调节作用是显而易见的。市场机制主要通过“看不见的手”调节市场主体，使他们达到政府所要求的生态治理的目的。诚然，政府“看得见的手”在生态治理中的作用是有目共睹的，但这种作用必须与社会的自然冲动保持一致，“人们渴望繁荣富强，任何干扰这种愿望实现的自然保护体制，最终必将遭到他们的拒绝”②。当人们看到大量的自然物种不断消亡的时候，自然而然地出现这样的主流思想：有必要强制行使高于民主国家立法认同的权利，以控制人们对生态的破坏。事实上，“看得见的手”在行使这种强制控制时，往往成效有限，因为人们会有意无意间产生抗拒，抑或排斥。

因此，相对强制力量实现生态治理来说，利用市场机制“看不见的手”来调节，同样也可以取得生态治理的成效。正是基于这样的认识，许多国家非常重视利用市场机制来补充政府生态治理。政府政策向生态产业倾斜；巨资投入新能源，打造经济新引擎；实现碳关税，控制碳排放；等等。当政府制订了一系列有利于生态治理的经济政策后，市场机制的作用就体现了出来，市场会引导市场主体更多地投资于少污染、低碳排放的可持续发展的产业。在政府有效利用市场机制作为补充手段的前提下，生态治理成效会更高，“一项好的设计使人类摆脱与荒诞的破坏性行为的神经质关系，从而使人与自然的关系变得更加现实与持久。创造美的愿望是一种尚未开发的动力，它不仅存在于社会也存在于商业”③。市场机制作为政府生态治理手段的重要补充，它可以引导市场主体参与到生态治理中来，市场机制相对于政府行政强制手段来说，它更易被人们在潜移默化中接受，而千万个市场主体的积极行动是形成良好生态、实现美好中国所必不可少的。假如政府将处置死猪等废弃物利用市场机制变为“有利可图”的生态产业，市场主体自然不会往河道抛弃死猪了。

3. 市场规则是对政府生态治理方式的重要补充

政府在生态治理过程中必须重视、遵循市场规则，任何使生态恶化逆转的计划，如果需要改变整个市场动态，那都是推行不下去的。“我们都有强烈的本能到市场选购，以最低的价值购买相对高质量的产品。我们不能一味要求人们为拯救这个星球而多掏腰包。在有些情况下，他们不愿意这样做，而在多数情况下，他们力不从心。”④

不管人们主观的想法如何，市场规则总会约束市场主体的行为，市场主体的成功与否，并不取决于其是否承认生态危机。他们不顾忌“今天的行为是在掠夺子孙的财富”，即使不顾及代际公正，他们仍然可以致富；相反，若他们以生态伦理约束自己的行为，而其对手没有这种约束，这对他们来说并非好事，因为无形中增加了生产的社会责任成本。由此可见“将使我们摆脱失控的经济破坏的商业行为，尽管在自然的原理上是合理的，但按照经济的标准却是不合理的”⑤。参与市场活动的人们也是如此，政府很难让人们做到为了保护地球

---

① 福斯特. 生态危机与资本主义[M]. 上海：上海译文出版社，2006：74 – 75.

② 保罗 · 霍肯. 商业生态学[M]. 上海：上海译文出版社，2007：前言 4 – 5.

③ 保罗 · 霍肯. 商业生态学[M]. 上海：上海译文出版社，2007：前言 4 – 5.

④ 保罗 · 霍肯. 商业生态学[M]. 上海：上海译文出版社，2007：前言 4 – 5.

⑤ 保罗 · 霍肯. 商业生态学[M]. 上海：上海译文出版社，2007：33 – 35.

而多掏腰包，即使政府在某种程序上让人们承担了“生态责任”，也不可持续，因为市场规则总会引导人们“趋利避害”。

遵循市场规则、利用市场规范，是政府生态治理方式的重要补充。我们应该认识到这样的一个悖论：自由市场一般认为是高效的，但是它影响到环境时的整个经济情况是低效的。其原因是市场擅长于定价，却不擅长反映成本。今天的市场主体的活动对自然产生的危害，一个重要的原因是市场没有反映出产品或服务的真实成本，其中最重要的成本——自然的价值——没有反映出来。因此，政府遵循市场规则，就得充分利用市场规则。按市场规则办事，就应将“自然的价值”计入成本，然后引导市场按“市场规则”交易，这才是有效地保护自然的手段。市场规则可以成为政府生态治理方式的重要补充。

二、在生态治理中影响市场补充功能发挥的主要因素

市场主体虽然也是政府生态治理依靠力量之一，但市场主体很难独自承担起生态治理的责任，这是因为市场主体受一些因素的影响，难以完全发挥出作为生态治理补充者的功能。

（一）逐利本性制约了市场主体的功能发挥

市场主体的利润目标与生态治理目标之间不尽一致。市场主体的利润目标是其最高目标，与之不一致的任何目标都有可能被抛弃，哪怕那一目标关乎人类的未来。

首先，市场主体只要有利可图就难以自觉地抛弃危害生态的生产方式。从工业文明转向生态文明，这一目标是不可更改的。所有市场主体也都明白这一点，但是如何实现这一转向呢？“正如铁器时代的结束，不是因为我们用光了铁；工业时代的终结，也不会是因为继续工业扩张的机会逐步消失。工业时代走向终结，是因为个人、公司和政府组织正在逐步认识到，工业时代的副作用是不具有可持续意义的。”①终结工业文明转向生态文明，不可能在一夕之间完成。一方面，因人类行为的习惯，当巨大压力发生时，绝大多数人和组织机构都会极尽全力保持现状。市场主体亦如此，向生态文明转向的压力越大，市场主体越会表现出继续习惯性的行为模式，只有等到可持续的商业行为模式为社会所认可及推崇时，这种改变才可能成为全体市场主体的自觉行为；另一方面，“工业时代极大地改进了公共教育、人权以及特质生活，但同时也摧毁了生态系统，吞噬了繁荣数世纪的传统文化，创造了一种不会太久地持续下去的生活方式”②。工业文明的利与弊是形影相随的，正是因为工业文明能给人们带来舒适的生活，而人们又依赖市场主体提供这种舒适，因此，保持熟悉的生产和生活方式的“习惯性”行为具有市场，在外在压力不大的前提下，市场主体自主选择转向生态文明道路的难度较大。

其次，市场主体的逐利本性易主导其行为。“资本主义经济把利润增长作为首要目的，所以要不惜任何代价追求经济增长，包括剥削和牺牲世界上绝大多数人的利益。这种迅猛

---

① 彼得·圣吉.必要的革命[M].北京：中信出版社，2010：7－8.

② 彼得·圣吉.必要的革命[M].北京：中信出版社，2010：7－8.

增长通常意味着迅速消耗能源和材料，同时向环境倾倒越来越多的废物，导致环境急剧恶化。”[①]市场主体的资本生产过程都具有这种逐利本性，有利润，企业才能生存和发展下去，有时为了利润不惜牺牲环境，这就与政府所提倡的生态治理目标相悖。

最后，市场主体的逐利行为，不仅为企业所推崇，也常被政府所认同。因为企业为盈利而扩大生产并不断增长的生产方式“与生产所需商品和服务、保持充分就业等社会目标是协调一致的”[②]，只有企业在不断逐利的过程中实现经济增长，才能为社会提供更多的就业岗位，政府社会服务、保障民生的目标才能实现，“增长优先的经济学创造着不断的压力，驱使人们匆匆忙忙地向市场推出最终危及社会和环境的新产品”[③]。在生态治理目标与经济增长的民生目标出现冲突时，地方政府有时也会让步或放任。这种让步的代价是，只要企业能实现大量的就业，政府就认同企业为了盈利而有损环境的行为。由此，多种因素的共同影响下，市场主体的行为导致生态治理的市场失灵。上海黄浦江面出现的死猪，与上游某些地方政府的放任行为不无关系。

（二）市场机制的缺陷限制了市场主体的功能发挥

1. 市场机制与生态治理的公共性冲突限制了市场主体的功能发挥

生态的基本经济特征是效益的公共性和外部性。外部性理论主张对正的外部性环境影响予以补贴，对负的外部性环境影响处以罚款或征税，使环境外部性问题内部化——“如果要给予决策者以动力以便使他们达到污染减少的有效数量的话，就必须使外部成本内在化”[④]。产权理论则认为生态环境问题产生的根本原因是市场体系不健全，应通过产权界定来完善，通过生态产权的自由交易可以做到生态问题外部效应的内部化。

市场机制与生态治理的公共性冲突，限制了市场主体的功能发挥。生态环境是人类生存的物质基础，也是经济系统运行的基础。生态环境问题是由于人类长期的生产和生活等社会经济行为所引起的生态环境破坏而反作用于人类社会经济生活的不良影响，其实质是经济发展与环境保护、人与自然关系失调。生态环境与生态治理所具有的外部性，是无法通过市场机制来解决的。以黄浦江的死猪事件为例，治理死猪的主要途径是通过无害化处理池来处理，这种技术被称为“高温湿化”处理。其原理类似于“高压锅”，每10吨病死猪可回收1吨油脂，剩余的烘干渣可作肥料。用无害化处理池来处置死猪，既体现了生态治理的公共性，又有一定的经济效益。但是，市场机制决定了单个个体无法通过提供无害化处理池来获益，制造无害化处理池的任务就落在了政府头上。若政府提供的无害化处理池数量不足，死猪被抛弃于江河等“公用地”就成为必然。环境效用具有公共性，环境影响具有外部性，两者都无法通过市场机制来予以解决，市场机制与生态治理的公共性冲突限制了市场主体的功能发挥。

市场机制与生态资源的不可分割性冲突，也影响了市场功能的发挥。根据产权理论，

---

① 福斯特. 生态危机与资本主义[M]. 上海：上海译文出版社，2006：74－75.

② 科尔曼. 生态政治[M]. 上海：上海译文出版社，2002：76－85.

③ 科尔曼. 生态政治[M]. 上海：上海译文出版社，2002：76－85.

④ 萨缪尔森，诺德豪斯. 经济学（第12版）[M]. 北京：中国发展出版社，1992：1203.

产权明晰才能有效地实现产权保护，并由此获得利益。但是，生态资源的不可分割性，却使生态资源保护和治理无法因此获利，这就使生态资源的保护和治理失去了市场的支持，市场失灵在所难免。“生态环境资源由于不可分割性导致产权难以界定或界定成本很高，它往往属于公共物品，或者至少具有一定的公共性，因而不能把任何人排除在外，且使外部效应内化的服务或措施本身也是公共物品，由于其不可分割性导致产权难以界定或界定成本很高，而通过市场力量提供的环境质量和数量的公共物品一般严重不足，由于外部性、信息不对称、存在交易费用，市场的自发运行往往偏离理想中的最佳效益点，从而产生类似‘公地悲剧’的市场失灵。”①生态环境资源的确能够便宜地向一部分消费者提供，使这些人从中受益，但是一旦该物品向一部分消费者提供，就很难阻止其他人也消费。生态环境产权关系稳定性脆弱存在以下目标冲突：政府积极治理和市场主体参与程度不高的矛盾，生态环境外部性与受益者“不患贫而患不均”的小农意识之间的矛盾，生态环境效益长期性与市场主体追求短期经济效益的矛盾，这些因素限制了市场主体生态治理的功能发挥。

2. 市场机制与生态消费的有限性冲突限制了市场主体的功能发挥

市场机制表明，只有不断地消费及不断地扩大消费，才能保证市场的不断扩大。在市场机制的引导下，企业有着不断扩大再生产的积极性，企业将在不断扩大再生产的过程中创造出更多的物质财富，从而赚取更多的利润。若市场萎缩，企业扩大再生产的能力减弱，那么企业的生产和发展前途就堪忧。

在市场这种渴求不断扩大的推动力下，过度消费很容易形成。目前中国占主体的经济理论是“以消费促生产”，在这个理论的支持下，鼓励消费成为一种必然选择。因此，改革开放以来，每当经济发展受挫，国家必定会提出扩大内需，以鼓励消费。在市场机制的推动下，中国许多行业的确大大地发展了起来。社会上有许多人由于对超前消费的理解存在偏差，盲目跟随，甚至超过了自己的经济承受能力，形成了过度消费，使自身不堪重负。市场发展是有极限的，企业不断扩大生产也是有限度的，特别是环境所能提供的资源是有限的。拼命地发展市场、扩大消费，其实是在拼命地消耗地球上有限的资源。资源有限，生态资源更有限，如果不加节制地消耗大自然，经济发展是不可持续的。

市场机制不可能引导人们节约生态资源，相反，市场机制有意无意地引导着人们消费自然，自然资源的有限性决定了这种市场机制必将影响市场主体治理生态的功能发挥。

（三）市场规则的非生态性束缚了市场主体的功能发挥

1. 市场成本规则的非生态性束缚了市场主体的功能发挥

市场主体的行动遵循赢利原则，为了能赢利就会不惜一切代价降低成本，而这一市场成本规则却时常与生态保护不一致，它更多地体现为非生态性，如废物的产生，“工业向空气中释放化学品，向航道和海洋排放废水，将毒素注放深深的地下或是四周浇上混凝土的大桶和陆地填埋物。有时，工厂还直接将废物从洗手池冲下去”②。市场主体的生产所造成的切实社会成本不是由污染制造者承受，而是让全社会分担，这种让社会而非企业承担的

① 罗慧等. 我国生态环境治理中的非营利组织的性质与功能[J]. 人文杂志，2004(1).

② 保罗·霍肯. 商业生态学[M]. 上海：上海译文出版社，2007：33－35.

成本及财务影响被称为“外部性”。环境遭受破坏的主因，就是这种外部性。根据市场规则，企业常常寻找外部性的机会。

而当外部性无法实现时，市场主体则会想方设法使其成本外在化。如政府的许多“规定”均以类似方式向企业界提供某种避免成本的服务。一些地方政府为了吸引外资，向外资企业提供超国民待遇，甚至由政府承担某些企业污染治理的成本。市场运转成本规则的这种非生态性的特性，使得仅靠市场的力量无法实现生态治理。特别是随着市场主体的日益强大，他们会积聚庞大的经济权力，并通过政府中颇为集中的政治权力来使自己的优势制度化，而这反过来又促进其赢得进一步的经济利益。

2. 市场价格规则的非生态性束缚了市场主体的功能发挥

市场价格规则要求公平地进行交易：出售商品必须实行明码标价，一切交易都必须在自愿、等价、互惠的基础上进行，严禁欺行霸市和强买强卖、囤积居奇、哄抬物价等行为。市场价格规则的职能是规范交易行为及规范交易价格。市场价格机制重点保障“公平”地交易，这种“公平”又侧重价格的公平。然而“公平”远非价格公平就能概括得了的。除了价格公平以外，还有环境的公平，代际的公平，甚至更多。在市场价格机制的作用下，公平交易主要是公平的价格，而不包含生态的公平、代际的公平，也就是说，市场价格机制是不考虑生态因素的，更不考虑代际的生态因素。

价格机制的非生态性束缚了市场主体的功能发挥：城乡生态保护的不均衡。东部沿海各地城市的生态建设，的确取得了极大的成就，这一成就的代价也是很大的，主要体现为：城乡的经济差距拉大，城乡的生态建设工作也在拉大。因为，沿海大中城市的生态建设，特别是城区的绿化建设主要建立在大量的“大树进城”的基础上，周边乡村为沿海大中城市生态文明城市的建立做出了巨大贡献。一批批的大树被运往城市，其行为遵守“市场价格规则”，按照“等价”“公平”交换原则，从农村运出。大树进城虽然在一定程度上增加了农民收入，且这种交易也是在农民自愿的基础上进行的，但是大树进城的不可阻挡的趋势，却造成了农村多年才种成的大树被整批整批地运往城市，城市虽然绿化了，但是农村生态的恶化却形成了。缺少农村生态的保护，城市生态局部治理即使有效也毕竟是有限的，只有广大的农村生态良好，才能保证整体的生态的良好。市场价格规则在保护整体生态上是失灵的，市场价格规则促进了城市生态的良性发展，但是这种发展却建立在农村生态恶化的基础上。在这样一个零和博弈的过程中，市场力量促成了生态保护城乡之间的不均衡。

三、在政府主导下市场生态治理补充功能充分发挥的途径

生态治理需要由政府来主导，引导市场充分发挥生态治理的补充功能，亦需要政府来主导。

（一）政府界定生态产权以促进市场生态治理补充功能的发挥

生态治理的公共性与生态资源的不分割性，产生了极为严重的生态治理市场失灵，当前政府克服市场功能发挥不充分的手段主要是对生态破坏的负外部性的管理，而忽视产权市场对生态建设作用的研究。从负外部性的管理上进行政府干预以克服市场的不足，的确

是不可缺少的治理手段,但是仅有这一手段仍不足以纠补市场功能发挥不全面的问题。要解决目前存在的生态问题,“一要靠保护,二要靠建设。而对这两者,中国20余年的生态经济实践和理论研究证明,仅靠政府生态规制和政府投资是远远不够的。必须革新生态经济制度,在理论上有突破性创新,使企业在生态产权市场上与政府的生态规制对接,并成为生态建设的主导力量”①。对于生态资源,中国现有的国有产权制度并不利于保护生态,“解决生态资源的产权困境的基础在于界定清晰的生态产权边界,并以此为基础优化生态资源的产权配置和维护生态资源的产权制度,从而提高生态资源的产权效率”。具体来说,可以通过如下途径来重新界定生态产权,以之克服生态治理中的市场功能发挥不充分:

其一,对非生物性的可再生的生态资源,在大多数不改变其生态产权的基础上,界定一部分并非紧缺的生态资源的产权(包括其中的使用权)。非生物性可再生的生态资源,最有代表性的是土地和水资源。这两种资源,当前属于国家产权,它对于中国来说极为重要,严格控制土地和水资源的合理运用,关涉到中国的将来,由国家严格管制更有利于生态保护。而一些并非紧缺的生态资源,如荒山、滩涂、沙化地等,这类资源国家投入会有管理困难,也难以收益,可以考虑在规定这些区域总体功能为生态建设(如植树、水土保持)的基础上,将其使用权拍卖,以鼓励市场资本进入,这类生态资源虽然国家经营无法从中获利,但并不表明市场力量无法做到。市场主体在综合考虑投入和产出之后,不排除有既实现生态功能,又实现市场主体赢利的可能。这是解决生态治理市场功能发挥不充分的重要手段,也使得生态保护成为有利可图的事业!

其二,对生物性可再生的生态资源,政府可调动多元的市场力量介入。我们身边生活着的动物、植物、微生物,以及由这些生物所构成的生态系统,就是生物性的可再生资源。比如,草地、森林、鱼类、野生动植物等,这类资源具有可再生性,如果能够进行生态产权的界定,就可以收到良好的再生效果。一般来说,涉及国家整体生态保护的森林、生态草地、濒危动植物资源,其生态产权仍然应该由国家掌控。而对于诸如一般草地、经济林、生产性的鱼池等,可通过拍卖或转让使用权等方式,构成国家、集体、企业和个人在内的多元生态产权主体,共同开发这些可再生的生物资源,从而既发挥生态资源的生态作用,又实现物质资源的生产。

其三,对于不可再生的自然资源,则需要在国家掌控之下严格管制。开采和利用不可再生的自然资源一定要有节制。这类资源如矿石类燃料等,地球上的储量越来越少,在快速工业化的过程中将加速度地被运用,若开采无节制,将带来严重的灾难。当然,这类资源的开采,并不排斥私有资本的进入,但必须建立在严格管制的前提下。

(二)政府建立节约型社会以促进市场生态治理补充功能的发挥

工业文明与资源利用的节制相悖,在没有节制地利用资源的前提下,生态治理无法取得根本性突破。工业文明以其发展的高速,让人们过着“快餐”式生活。浮躁、肤浅是其主要特点,生活物质享受“一次性”,物质利用上缺少节制。工业文明不断提高着人们生活的

---

① 唐英.生态产权制度建设与我国生态环境保护[J].生态经济(学术版),2009(1).

便利和享受，工业文明越发达，享受越没有止境，而资源和生态承受力却是有止境的。节约也是社会财富的增加，因为，资源越来越有限，今日之节约，就是延长了财富的使用期限，等于明日有了更多的可用财富。当市场无力引导人们走向节约的时候，政府指导和引导人们走上节约型社会的道路成了当务之急。

1. 树立节约理念，从思想上重视市场生态治理补充功能的发挥

重生产轻节约的市场机制及其理念，是生态治理的市场失灵的重要原因，传统思想认为，经济发展是最重要的，市场发达是经济发展的表现。为了实现经济目标，拼命地发展市场，甚至引导人们拼命地消费、不加节制地消费，使资源和生态承受了极大的压力。因此，需要从思想上彻底解决这一认识上的误区。

一方面，要树立需求无限而资源有限的忧患意识。在中国，推崇工业化道路的思想仍占主流，“他们知道工业化会带来一些危险，可是他们看到，只有工业化才是达到高生活标准的唯一道路。由于发展工业会给人们带来粮食丰产，减少失业，有希望获得良好的公共卫生和相当好的舒适生活，所以，根据他们的看法，实际上，几乎任何发展工业的方法都优先于对未来环境损害的考虑”①。中国地虽大，资源却无法满足现有人口的需求，更无法满足未来不断增加的人口需求。随着经济的高速发展，淡水、土地、草地、森林等自然资源的消耗和占用将急剧增加。如果我们不注意节约和保护资源，经济社会发展和人民生活质量提高将受到严重制约；如果我们不注意节约和保护资源，那么我们的子孙将无资源可用。而节约和保护资源靠市场机制是无法解决的，相反，市场机制却会引导着人们快速地用尽现有资源。黄浦江上的死猪事件出现的一个主因，就是超量利用资源，区域生产牲畜严重超过土地承载能力。

另一方面，要树立善待地球、保护生态资源的理念。资源和生态具有跨国的特点，发达资本主义国家从其向海外扩张的时代开始，就一直在不断地掠夺其他国家的资源，特别是不发达国家的资源，在资本主义发展最快的两百年内，地球上的资源运用远远超过了人类社会全部历史上所使用的资源的总和。在人类快速发展经济的前提下，生态灾难不断出现，并不可能通过发展经济来解决，它需要从发展经济之外寻找非市场的力量予以纠补。善待地球、保护生态理念，就是一个重要的纠补手段。

2. 实现严格管理，从制度上重视市场生态治理补充功能的发挥

首先，环境成本内部化。利用经济手段调节生产和消费行为，管理环境，通过优化税收体系，调整不同行业的税负和优化税种，引导产业结构的优化升级和经济增长方式的转变，将环境资源价格化，将环境变成企业的成本，这才能让企业真正重视生态。

其次，以最小的环境代价换取最大的经济利益。以提高资源利用效率、降低污染排放和生态损耗强度为核心，以节能节水节材节地、资源综合利用和有效保护、改善环境为内容，实现环境资源节约、市场产品最大化。虽然环境代价最小、经济收益最大，这种经济发展模式对于一部分市场主体来说，要求的确高了点，但是，如果企业不按照这样的标准去发展，节约型社会就无法实现。粗放式发展模式将中国推向了环境和资源的危险境地，中国

---

① 芭芭拉·沃德，勒内·杜博斯. 只有一个地球[M]. 长春：吉林人民出版社，2005：11.

已经无法持续原有的生产和生活方式了。

最后,不管是个人消费,还是公共消费,都需要通过制度来实现节约。在公共消费领域,公共部门特别是政府部门浪费现象极为普遍。对于公共部门的浪费现象,不是没有制度规范,中央三令五申,且隔三岔五地出台各种“禁令”,然而效果总不尽如人意,往往是高压时段过后又死灰复燃。要解决公务消费浪费现象,重要的途径是进一步公开政务,将公务消费置于公众的监督之下,“阳光”是最好的消除浪费的手段。

(三)政府发展循环经济以促进市场生态治理补充功能的发挥

1. 作为全新的生态经济形态,循环经济对传统市场规则的纠补

循环经济作为一种全新的生态经济手段和方法,对治理生态危机有着重大启示。当地球上的生态环境遭受破坏的时候,新生态经济主义者认为:“仅仅靠人类的善意和政府的规范并不足以拯救自然,因此,要从创新角度应对全球环境危机的理念,以此作为保护自然生态环境的强有力的工具,促进经济活动与环境保护协调发展。”①

传统市场规则依据生产成本来决定企业生产,若成本过高或无利润,企业就不会选择这种生产方式。循环经济在考虑自然资源时,不仅将之视为可利用的资源而且认为其是需要维持良性循环的生态系统。循环经济从新的系统观念出发,它考虑的是企业生产的长远成本及企业生产的可持续性,如果企业仅从目前的成本出发安排生产,的确可以带来短期的赢利,但是从长远出发,资源越来越少,未来企业生产的成本将急剧增加,直至无可用之资源,到时企业也难以正常运转。循环经济给了人们一个全新思路:可以找到目前成本增加不多,未来能够可持续生产之路。只有这样才能达到人与自然的和谐,使生态保护建立在良性的基础上。因此,通过创新市场的运转模式,也可以纠补生态治理的市场失灵。

2. 作为高效的环境管理体系,循环经济对传统市场规则的纠补

循环经济是一种高效的环境管理体系,它突破了部门和行政区对环境管理分割的局限性,实施跨域的江河湖泊山川的统一治理,维护环境的整体性和完整性,将生态治理添进相关联的因果关系之中,“在社会公认的风险中,现代化进程的权威和机构,以及它们特殊的利益和依赖被假定并被置于(以因果的模式)与在社会、内容、空间和时间上相分离的破坏和威胁的征兆的直接关系之中”②。循环经济让环境作为一个完整的系统被管理起来,它打破了市场的分割,打破了市场产权的不清晰,它有利于实现区域生态治理的合作和协作,也有利于实现对生态治理市场失灵的有效控制。

3. 作为可持续的循环生产方式,循环经济对传统市场规则的纠补

延伸生产者责任是循环生态方式的一项重要内容,它可以促进市场生态治理补充功能的发挥。在传统的环境管理中,生产者仅对生产过程中的环境污染承担责任。生产者责任延伸制度(Extended Producer Responsibility)是现代环境管理原则实现产品系统环境性能改善的一种主要制度。在这项制度下,生产者要在产品的生命周期内承担环境责任,承担废弃产品的回收、处置等有关的法定义务。作为循环经济生产方式的延伸,生产者责任制度

---

① 见戴利,埃利森:新生态经济——使环境保护有利可图的探索[M].上海:上海科技教育出版社,2005.

② 乌尔里希·贝克:风险社会[M].南京:译林出版社,2004:26.

的推行将有利于纠补市场规则的缺陷。

服务替代产品制度也是循环经济的重要思想，它对传统市场规则也有着重要的纠补作用。《自然资本论》一书作者、美国前能源部顾问艾默里博士就如何具体实现循环经济亮出了独特的观点：让服务替代产品和浪费。即用户最终需要的不是产品，而是服务。如果我们能尽量减少有形产品的提供，又能满足用户需求，这就是一种很好的循环经济。“从商业规律看，为每个客户的需求，提供这种连续的、优化的、成本降低的方案，是客观必然的，因为供应商和消费者都以同样的方式——通过资源利用率的提高，来从中获益。这不同于销售设备，卖方竭力使你相信你需要买一个大些、贵些的，而你则想尽可能把价格降压下来。也不同于传统的设备租赁，经常寄希望于‘反复租赁收取租金’，一旦租期满则重新租用新的、改进的设备。这两种方式使供应商和消费者的利益背道而驰。相反，为客户提供连续的、源源不断的、满足其不断变化的需求的服务，则使两者的利益达成一致，创造了互利互惠。”[①]若将服务替代产品制度运用于市场活动中，则既可以节约资源、保护环境，又能解决中国第三产业发展长期滞后的问题，这无疑是促进市场生态治理补充功能发挥的又一重要措施。

---

① [美]艾默里. 自然资本论[M]. 上海：上海科学普及出版社，2002：163.

地方服务型政府生态职能构建：转型诉求与体制逻辑①

张　晨　周娜娜

改革开放三十多年来，中国的经济发展取得了举世瞩目的成就。然而，伴随着经济高速发展而来的还有环境的污染和生态的破坏。跨越型的发展模式，使得我们对发展实质、发展道路、发展方式、发展理念等来不及进行深入而冷静的理性思考。由于资源的消耗量大、利用效率低、污染排放严重，中国现有的生态环境和资源状况无法承载巨大的压力，经济发展已处于"过冲"状态②。针对这一问题，近些年来中国政府出台了许多行之有效的关于治理生态问题方面的相关政策与措施，但是，现行地方治理体制的基本格局实际上使得大多数的地方政府及其行动逻辑仍处在经济发展与环境治理的悖论之中。因此，不管是深究生态危机的根源，还是寻求解决环境问题的途径，抑或探寻地方服务型政府生态职能的构建以应对生态危机的挑战，都应该从中国地方治理体制及其转型问题上寻求答案。

一、经济发展向度下地方政府的运行逻辑：压力型体制与"政治锦标赛"

中国的发展是政府主导型的发展模式，因而生态问题的产生与地方政府在经济发展上的作用具有密切的关系。改革开放以来，随着地方治理体制的不断变革，地方政府权力不断增大，无论在政治方面，还是在经济发展自主权上，地方政府都拥有一定程度的资源调配权。这一方面体现了改革开放以来中国地方治理因地制宜，使得各地资源得到最优化配置；但另一方面，利益的驱使之下，地方政府在其治理行为上出现了一系列的偏差，而生态问题的日益严重和生态治理的乏力，就是典型表现。究其根源，就是自改革开放以来经济发展向度下地方治理的运行逻辑。这一逻辑具体表现在以下两个方面。

1. 压力型体制规约地方政府行为的行动空间

所谓压力型体制是指在中国的政治体系中，地方政府为了加快本地经济社会发展、完成上级下达的各项任务而构建的一套把行政命令与物质刺激结合起来的机制组合。这种体制运作的特点是上级给下级规定各种任务和指标，并以上级身份对下级规定任务和指标的完成情况进行考核，以一票否决的方式对下级施加压力③。

新中国成立后，中国实行计划经济体制，政治上体现为中央的高度集权，对资源进行统

---

① 本文刊发于《学习与探索》2012年第4期。

② 穆颜杰.从"增长极限论"到"科学发展观"[J].社会科学战线，2009(4)：257－260

③ 荣敬本，等.从压力型体制向民主合作体制的转变：县乡两级政治体制改革[M]北京：中央编译出版社，1998.

一分配和调拨。改革开放后,受农村改革的影响,20 世纪 80 年代开始,中央开始不断简政放权,试图以此重构经济、社会发展的动力机制,让各级地方政府在经济社会中扮演积极的角色。然而,其结果却导致中国的行政体制逐步由集中的"动员体制"转变为分权的"压力型体制"[①]。在分权过程中,人事管理由"下管二级"变为"下管一级",这使得地方层级的行政领导拥有了更大的权力,地方政府在一定程度上从"地方层级"转变为"地方国家"。这种压力型体制的形成,促使三十多年来中国地方政府在地方治理中基本扮演了"扶助之手"[②]的角色,并从管制型政府日益转变为发展型政府。这种体制基本规约了改革开放以来中国地方政府及其治理行为的行动空间,同时也导致了地方治理行为的"选择性政策执行"[③],所有不易被"数字化"的政绩表现都被有意无意地忽视或弱化,而最易"见效"的 GDP 及其增长率指标则成为有政绩追求的地方政府官员的核心工作。

2. 地方政府间的"政治锦标赛"是地方政府行为异化的内在动因

自改革开放以来,"以经济建设为中心"成为中国经济社会发展目标的基本定向。在这段时期内,地方政府都以追求 GDP 增长为发展目标。同时,中央下放一些权力也使得地方政府拥有了相对更多的自主权。在发展动力和权力支持的双重作用下,地方的经济发展问题在一定程度上转变为政治问题,作为当代中国地方政府行为激励基本结构的"政治锦标赛"也由此产生。在周黎安的"政治锦标赛"模型中,"上级政府对多个下级政府部门的行政长官设计的一种晋升竞赛,竞赛优胜者将获得晋升,而竞赛标准由上级政府决定,它可以是 GDP 增长率,也可以是其他可度量的指标"[④]。这样一种地方治理的政治激励模式,使得中国地方官员的升迁标准由过去以政治表现为主变为以经济绩效为主,其既引领了三十多年来地方治理绩效的快速提升,也造成了地方官员治理行为一定程度的异化。在这种政绩观的诱导下,"地方官员合作困难的根源并不主要在于地方官员的财税激励及其他们所处的经济竞争性质,而是在于嵌入在经济竞争当中的政治晋升博弈的性质"[⑤]。虽然这种"晋升锦标赛"也为地方官员发展当地经济提供了适宜的激励,但是,由于地方官员既是地区经济增长竞赛的"运动员",又是辖区内市场竞争的"裁判员",这种双重身份使得地方政府急于利用"裁判员"的身份做"运动员"的事情。地方官员利用一切手段去发展经济,甚至为促进经济发展而不惜以牺牲生态和自然环境为代价,这种情况既对原材料、能源、水资源等造成了极大的浪费,提前透支了中国发展的潜力,也让我们付出了生态环境恶化的高昂代价。

值得关注的是,现行的压力型体制和地方政府间的"政治锦标赛"还加剧了一些不具备或欠缺工业化和快速城市化基础条件地区的地方政府在生态治理上的行政不作为现象。如中国分税制改革以后中央和地方关系中极为重要的财政转移支付制度,这一制度的目的

① 李强. 经济转型与机构改革[J]. 经济社会体制比较,1998(4):31－35.

② 陈抗,Arye L. Hillman,顾清扬. 财政集权与地方政府行为变化——从援助之手到攫取之手[J]. 经济学,2002(4):111－130

③ Kevin O'Brien & Lianjiang Li. Selective Policy Implementation in Rural China[J]. Comparative Politics,1999,31(2):167－186.

④ 周黎安. 转型中的地方政府:官员激励与治理[M]. 上海:格致出版社,2008:89.

⑤ 周黎安. 晋升博弈中政府官员的激励与合作——兼论中国地方保护主义和重复建设问题长期存在的原因[J]. 经济研究,2004(6):33－40.

是平衡地区发展差异，但实际运行结果却加剧了中西部一些不发达地区地方政府的“等、靠、要、拿”的行政观念，甚至还鼓励了不少地方政府大量浪费公共财政资源的行为和寻租行为，弱化了地方政府生态治理的意愿和效果。

二、地方服务型政府生态职能诉求的凸显

进入新世纪以来，因生态环境恶化带来的问题逐渐增多，民众对改善环境的诉求日益强烈。因此，无论是在民众的价值追求上，还是在政府政策制定和体制转型上，都在向改善生态环境这一目标努力。这意味着，生态环境压力下地方政府行为的约束函数正在发生变化，作为地方服务型政府构建重要内容的生态职能建设日益凸显。

1. 经济“增长极限”的现实约束

20 世纪 70 年代初，罗马俱乐部提出的“增长极限说”，认为经济发展会受到有限的自然资源制约，不可能长期持续增长。经济增长离不开资源和环境的支持，因而不是无限度的。这一观点在今天已经成为共识。正是人们对高生产、高消耗、高消费、高排放的经济发展模式的认真反思，为后来的环境保护与可持续发展理论奠定了基础。中国经济自改革开放以来经历了一个持续的高速增长阶段，但这种增长是以一种粗放式的发展模式展开的，目前还没有完成向集约型经济增长模式的转变，这使得生态危机日益加剧，人居环境逐渐恶化，经济增长为人服务的目标被“异化”。因此，如何转变以牺牲环境、消耗资源为主要特征的发展模式，改善生态环境，是摆在当下各地方政府面前的重要命题，也是地方服务型政府构建的重要职能诉求。

2. 国家治理逻辑和导向的转变

面对日益严峻的生态危机，中央政府在价值导向上的转变已经开始。为了增强全社会的环境保护意识，促进经济增长方式和社会发展模式的转变，近十年以来，中央政府陆续制定了一系列的政策和措施。可以看到，深入贯彻落实科学发展观，即要求做到人与自然、经济发展与环境保护的协调。在具体经济发展策略上，中央政府强调走新型工业化道路，发展循环经济，建设资源节约型社会。在此基础上，党的十一七大报告针对改善当前生态问题提出了生态文明理论的新举措和新理念：“建设生态文明，基本形成节约能源和保护生态环境的产业结构、增长方式、消费模式。循环经济形成较大规模，可再生能源比重显著上升。主要污染物排放得到有效控制，生态环境质量明显改善。生态文明观念在全社会牢固树立。”这是中国特色社会主义理论体系的又一创新，是全面贯彻和落实以人为本的科学发展观、构建和谐社会的具体体现。由此，中国的国家治理逻辑在价值层面上正在探索建立一种人与自然和谐相处的发展模式。环境保护与生态治理，寻求经济与社会的可持续发展，正日益成为中国今后经济、社会与生态文明建设的重要目标。

政府除了在价值观方而转变外，在政策制定上也在逐步向加强环境保护这一目标努力。2006 年 4 月，国务院总理温家宝在全国第六次环保大会上提出了中国环境保护的指导思想，即要由重经济增长、轻环境保护向经济增长和环境保护并重转变，把环境保护滞后于经济发展向环境保护、经济发展同步转变，由单一靠行政手段来保护环境向既依靠行政手段又依靠政策、法律、技术等综合手段来解决环境问题。这一指导思想体现在体制改革和

政策制定上，就是提升环保部门地位，完善政府绩效考核体系。过去的政府绩效看重的仅仅是经济发展，特别是把经济发展简单化为 GDP 增长，使得 GDP 的增长速度成为衡量各级政府绩效评价的“指挥棒”。以生态文明建设为导向的政府绩效考核反对只单纯追求 GDP 增长数量和增长速度，重视以人为本，重视人与自然的和谐发展等目标要求；加强对环境保护的评估，大力发展绿色 GDP，即“将发展过程中的资源消耗、环境损失和环境效益纳入经济发展水平的评价体系，建立和维护人与自然相对平衡的关系”①。这一系列相关的政策措施还有很多，都是对科学发展观的有力实践，更体现了中国政府强化环境保护与生态治理职能的政策导向。相应地，地方服务型政府构建也应体现这一政策要求。

三、地方服务型政府生态职能构建的阻碍：现行地方治理体制的路径依赖

从中央政策的转变、社会环保观念的普及到民众环保意识的觉醒，客观上已经从体制内外对地方政府职能面向环境保护和生态治埋的转变提出了基本诉求。这一诉求要求地方政府在经济发展方面要从单纯追求经济增长转向注重生态文明建设，生态职能成为地方服务型政府构建的重要维度。然而，这一转变在当前各地方服务型政府构建的实践中却举步维艰，主要表现为各地方在开展环境保护和生态治理工作方面的收效甚微。究其原因，是由现行的地方治理体制及其所造就的地方治理核心行动者——地方官员及其行为所造成的。正如昆明市委书记仇和在滇池及昆明河流污染治理过程中所一再坚持的：治理水污染的要务，在于“治污先治河，治河先治官”。只有从体制上解决地方治理核心行动者——地方官员及其行动逻辑的问题，环境保护和生态治理问题才能真正被地方政府作为社会治理的核心要务，地方服务型政府的生态职能构建才能落到实处。

然而，既有的以压力型体制和“政治锦标赛”为基本特征的地方治理体制仍主导着地方治理的核心行动者及其治理行为。这套被历史经验证明在经济早期增长过程中行之有效的地方治理体制，客观上构成了影响和制约地方治理转型和地方服务型政府生态职能构建的“路径依赖”。在不改变现行体制的前提下，现有各类地方服务型政府的生态职能诉求尚难以撼动这一体制下的地方治理核心行动者及其行动逻辑，进而也难以从根本上扭转中国生态治理绩效的基本态势。新制度经济学的路径依赖理论认为，一旦在起始阶段带来报酬递增的制度，在市场不完全、组织无效的情况下，阻碍了生产活动的发展，并会产生一些与现有制度共存共荣的组织和利益集团，那么这些利益集团就不会推动现有制度的变迁，而只会加强现有制度，由此产生维持现有制度的政治组织，从而使这种无效的制度变迁的路径持续下去。这种制度只会激励进行简单的财富再分配，却给生产活动带来较少的报酬，也不鼓励增加和扩散有关生产活动的特殊组织。结果，不仅出现不佳的经济增长实绩，而且会使其持续下去并且得到不断的自我强化②。

这一体制作用于当前的实践，即体现在地方政府仍然在单纯地追求经济增长，以 GDP 增长作为衡量地方政绩和官员晋升的主要标准。这是因为：(1)初始设置成本的存在。即

① 叶鹏飞. 中国绿色 GDP 命运多舛[N]. 联合早报，2007-07-30.
② 彭德琳. 新制度经济学[M]. 武汉：湖北人民出版社，2002：187.

设计一项制度需要大量的初始设置成本，但随着这项制度的推行，单位成本和追加成本都会下降。长期以来，地方政府在发展地方经济模式和制定相关政策制度方面都已经形成了一套相对成熟的框架和规范，例如地方官员的绩效考核和晋升标准，体现在对当地经济增长所做的贡献上，而发展诸如“绿色 GDP”等新的环保评估标准势必会增加地方的发展成本，这会导致地方政府排斥有关的政策改革和创新。(2)学习效应。因适应制度而产生的组织会积极抓住制度框架提供的获利机会。这意味着，在当前的地方治理体制仍有相当获利空间的前提下，地方核心行动者仍会最大化体制提供的获利可能，而不会寻求体制本身的替代策略。(3)协调效应。即通过适应制度而产生的组织与其他组织缔约，以及具有互利性的组织产生和对组织的进一步投资，以实现协调效应。这一点突出体现在各地方政府的内部组织架构和组织关系的固化上，也表现在各地方政府间的竞争与合作关系上。(4)适应性预期。随着以特定制度为基础的契约的盛行，这项制度持续下去的不确定性将减少，如 1994 年的分税制改革即通过制度化方式确立了压力型体制下中央和地方关系的财政基础。

当前中国经济发展过程中出现的生态环境破坏现象以及地方政府治理绩效低下就是路径依赖副作用的重要体现，这实际上造成了生态问题的政治化——地方政府在地方经济发展和生态治理两难中的异化行为。这些异化行为表现在三个方面：(1)单方面追求经济增长现象仍然存在。由于中国目前尚处于政治体制转变时期，很多体制规定和部门设置仍不成熟，例如官员绩效考核标准、地方环保评估指标等，所以地方政府往往仍然以单纯追求经济增长作为地方发展目标，地方保护主义现象严重。(2)出现“越治理越污染”现象。有些地方政府虽然就环保工作开展了一系列努力，但由于种种原因，不仅没有使环境问题得到改善，反而出现了“越治理越污染”的现象。究其原因是：在经济发展过程中兼顾环境保护的成功案例在中国尚不多见，可以借鉴的成功经验更是少之又少；地方保护主义现象严重，地区间只关注本地区环境污染和生态破坏的整治，而忽视周边地区的联合治理，甚至相互推卸责任。(3)生态治理中出现腐败问题。沃尔夫认为，公共机构是政府部门及其官员追求自身组织目标或者自身而非公共利益或者公共福利，这种现象被称作内部性或者内在效应①。这是导致生态治理失败的重要原因之一。正如公共选择理论所指出的那样，地方政府、司法集团、企业或者个人是独立的利益体，都会追求个体自身的利益，他们会因为基于共同利益处于相对均衡的状态，占统治地位的集团会竭力维护现有制度，并反对各种企图进行制度路径替代的其他利益集团的活动。而当它们其中一方的利益受到损害时，为了维护自己的既得利益，有权机关可能就会“以权谋私”，为企业或者个人发放绿色“通行证”，这样势必会产生贪污、腐败现象，从而使生态问题政治化，进而阻碍当地政治经济的发展。

四、地方服务型政府生态职能构建的路径

进入 21 世纪以来，生态危机问题更加严重，直接威胁着全人类的生存和文明的持续发

① 陈振明. 非市场缺陷的政治经济学分析——公共选择和政策分析学者的政府失败论[J]. 中国社会科学，1998，(6)：89－105.

展,正残酷地撕毁人类关于未来的每一个美好愿望和梦想。但是,只有理论的支撑和观念的转变并不足以实现由单纯地追求经济增长到实现生态文明社会建设的转变。中国地方生态治理的解决不仅仅是技术和政策问题,从根本上说,取决于深化行政管理体制改革,实现中国地方治理体制的转型,这才是改善当前生态治理问题、实现地方服务型政府生态职能构建的根本和关键所在。

首先,健全地方政府行政监督制度。健全行政监督是推进政府勤政、廉政建设的需要,也是提高行政效率的关键。加强行政监督,可以对地方政府在行政过程中的“政府失灵”起到预防、控制、补救和评价的作用,使政府机构的运行沿着正确的轨道前进。例如,可以健全行政监督的领导和责任机制,增强政策执行者的责任意识,建立地方生态治理的问责制;完善相关的法律、法规,使生态保护问题有法可依,并指导执行主体正确行使职权。其次,引入市场竞争机制,寻求地方生态治理中地方行政部门和市场、企业之间的合作竞争机制,从而提高地方政府加强环境治理的效率。再次,完善科层制度建设和地方治理体制。在中央和地方之间、地方政府之间、市场和政府之间、政府和社会之间建立合理有序的体制规范,使地方政府在发展当地政治经济的过程中权责明确,从而形成良好的竞争秩序,实现经济和生态的同步发展。最后,完善绩效考核机制和官员晋升标准,探索建立基于地方民众满意度而不是 GDP 数字指标的地方服务型政府绩效考核体系,为实现从压力型体制向民主合作型体制的真正转型、构建面向生态文明的地方服务型政府奠定制度基础。

第五部分

社会文化与文明创建

关于当前中国社会组织文化建设的探索[①]

王卓君

中国正在加速全面小康社会建设的步伐，中华民族正在大步走向世界。在这样一个历史的关键时刻，作为中华优秀传统文化的忠实传承者和弘扬者、中国先进文化的积极倡导者和发展者的中国共产党，纵观全局，审时度势，提出了在新的历史时期加强社会主义文化建设大发展大繁荣的战略任务，这就为中国特色社会主义整体性、全局性发展规划了更加全面高远的目标。2011 年 10 月 18 日，中共十七届六中全会通过的《中共中央关于深化文化体制改革推动社会主义文化大发展大繁荣若干重大问题的决定》（以下简称《决定》）明确指出："文化是民族的血脉，是人民的精神家园。""文化越来越成为民族凝聚力和创造力的重要源泉、越来越成为综合国力竞争的重要因素、越来越成为经济社会发展的重要支撑。"可当前存在的突出矛盾和问题主要是："一些地方和单位对文化建设重要性、必要性、紧迫性认识不够，文化在推动全民族文明素质提高中的作用亟待加强；一些领域道德失范、诚信缺失，一些社会成员人生观、价值观扭曲，用社会主义核心价值体系引领社会思潮更为紧迫……"

当前中国社会文化建设的各项任务都紧迫而繁重，专题研究和探索组织文化的有关问题，或许能对社会主义文化体系的整体建设和发展提供相应的观察视角、分析意见和工作建议，故撰此文以供讨论。

一、社会系统、社会组织、组织文化

1. 社会系统

根据不同的标准，社会系统可以划分为不同的内容。从逻辑周全和研究严谨而言，这里将社会系统划分为政治、经济、文化三个互祸的子系统，它们的结构形式如图 1[②]。

这三个子系统之间既有一定的清晰的划界，又是紧密相连，相互渗透的。在社会的发展中，这三个子系统必须协同进化，互相发展，任何一个都不可离开另两个系统单独发展。如果这三个系统之间或两两之间的发展脱节，则将引起社会发展的畸形甚至社会秩序的崩溃。

社会这三个子系统本身又都是十分复杂的大系统，内部包含了许多层次的亚子系统，且彼

---

① 本文刊发于《苏州大学学报（哲学社会科学版）》2012 年第 5 期。

② 王卓君. 文化视野中的政治系统[M]. 南京：东南大学出版社，1997.

此纵横交叉,相互作用。社会组织系统即贯穿于三大系统中重要的结构层次和亚子系统。

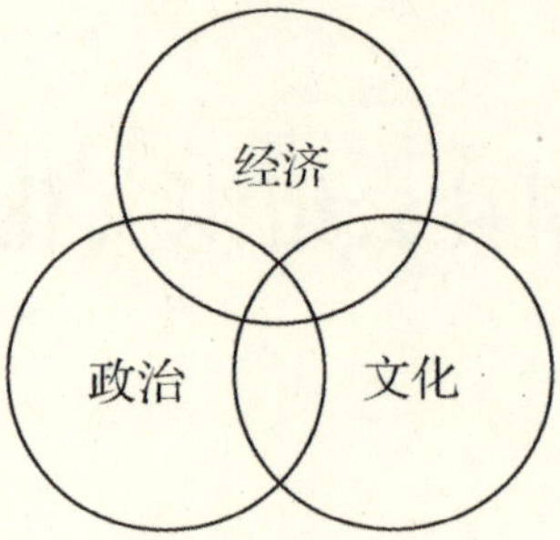

图1 社会系统的三个子系统

2. 社会组织

自从人类进入文明社会,尤其是进入工业社会之后,社会组织就成了社会有机体最为重要的结构要素和基本单位。任何社会个体,纵向从生到死,横向从个人生活到社会生活,无论愿意与否,须臾离不开组织的覆盖与笼罩。这是因为现代社会自身的复杂性和各个社会组成系统功能的特定性,决定了每一个在社会中生存的个体,必须“被”放入一个或若干个组织当中。

什么是组织？最先关于组织的观察和思考来自对工业企业管理的研究。多少年来对企业组织的论述和研究有各种各样的说法,但并无完全一致和精确的定义。将企业管理中有关组织的研究方法引入对社会组织的观察和研究,在近来还只是刚刚开始。为便于研究和讨论,笔者在这里试图给出一个关于社会组织的概念:所谓社会组织,是社会大系统中的结构单位,它由吸纳①的社会个体或社会个体组成的亚组织构成,其本身具有明确的系统边界、层次结构、活动领域、活动目标和行动功能,且为一定的规则所约束②。

3. 组织文化

文化贯穿于社会系统的每一个角落,是社会系统生命流淌的血脉和思想的灵魂。对任何一个社会组织而言,无不融注着文化系统的精神血脉,同时又深深地标示出一个特定组织的鲜明印记,这就是组织文化的必然存在性。当代对组织的研究肇始于企业组织研究,至今的主要研究对象也还是工业企业(组织)。同样对组织文化的研究,学术界至目前还主要集中于对企业组织文化,亦即企业文化的研究,所以本文的探索将要跳出前人的研究视角,将目光投注于社会组织及其组织文化的研究。

一般认为,“组织文化是一个在组织内影响成员行为的价值、信念、规范和传统”③,“组织文化可以理解为逐渐形成的、组织成员共同遵守的一系列共同假设、观念、行为规范、惯例、可以识别的符号等的总称。”④笔者试图从上述角度延展出对组织文化的认识:组织文化

① “吸纳”指的不是自然形成,如生育。

② 由于“组织”的概念最先来自于对企业组织的研究,将此引申到对社会组织的研究并由作者给出以上定义之后,本文就在“社会组织”的意义上简用“组织”一词。

③ 谭昆智.组织文化管理[M].北京:北京大学出版社,2008.

④ 金东日.组织学[M].天津:南开大学出版社,2008:162.

是以组织的价值观念为核心要素，以组织的制度和规范为结构规则，并通过组织自身的外部表现和组织成员的社会行为所显示的社会组织的亚文化系统。组织文化在整个民族文化和社会文化的大系统中生成和发展，同时附着了该组织于发展历程中逐渐形成的特征和价值取向，是与该组织在社会系统中发挥特定功能相关联的一种社会亚文化。

由此可得出几点认知：一是组织文化离不开社会文化和民族文化的大背景；二是组织文化作为亚文化系统，与文化系统的结构相似，但又有其特定的性状，这个性状与组织的历史发展过程和社会功能相关；三是组织文化的承荷者是组织成员，因此组织成员的行为表现是组织文化最为重要的外部显现；四是组织文化是开放的也是不断变动的，这与民族文化的相对稳定性正好形成了互补。

二、当代中国组织文化建设的若干问题

1. 当代中国组织文化建设的紧迫性

中国至晚清社会，一直是高度农业化的国家，中央集权的封建统治，依靠的是结构严密的政治组织。自秦以来，从中央政府所在地到各个地区均有非常严格且等级森严的政治统治秩序和严密的管理措施。晚清以降，中国民族资本主义的发展，并没有像西方资本主义国家那样形成完备的企业组织制度和相关的组织文化。新中国成立之后，由于中国共产党在战争时期形成了强大思想资源和组织资源，为了新中国的稳固和发展，必然更加强化社会的组织性，并在统一的意识形态指导下，形成了社会全体成员对组织的认知、评价和依附。但是从另外一方面看，却使组织文化的建设呈现出单一、泛同和进化缓慢的情形。从新中国成立后的三个历史阶段看：1919—1966 年，是强化社会组织的阶段；1966—1976 年，是强化与弱化并存的阶段；1976 年至今，是社会组织分化并进的阶段。由于历史的强大惯性，在改革开放三十多年后，当今的中国社会仍然是一个组织依赖型的社会。“有事情找组织（单位）”不仅是老一辈人的传统观念，更成为今天许多社会成员的一种传承信念，也是我们处理社会事务的主要思维习惯和路径依赖。

中国共产党的领导，使中国人民摆脱了三座大山的压迫，也使中国走上了独立自主的社会主义道路。但在改革开放的今天，市场经济体系正在逐步建立和完善过程中，不断形成的市场主体的价值导向和多元组织的出现与壮大，已经使传统的社会组织形态向着现代的形态过渡。同时随着政治体制的改革和政府职能的转变，政府的部分职能正在不断向社会组织让渡。在这种情形下，逐步改变过去过度依赖组织的认知态度和行动路径已经成为必然。多元的社会组织在承担社会职能的同时，必须建立起富有自身组织特色和行为特点的组织文化。在社会主义核心价值体系的统领下，在民族文化的大熔炉中，形成丰富多彩的组织文化，成为中国当代社会文化体系的有机组成部分，并对各个社会组织的成员发挥有效的导向和规范作用。与此同时，组织文化的建设，也让所有的社会成员对各级各类社会组织的文化体认有着更加确切的把握和认同，这是一个非常迫切的任务。

2. 当代中国组织文化建设中的问题与缺失

组织文化建设是社会文化系统健康发展和运转的重要元素和结构环节。进入中国特色社会主义和市场经济时代后，中国当代的组织文化虽然也有一些值得肯定的方面和实

例，但确实面临重大考验和存在许多问题。

《决定》指出：必须“深化政风、行风建设，开展道德领域突出问题专项教育和治理，坚决反对拜金主义、享乐主义、极端个人主义，坚决纠正以权谋私、造假欺诈、见利忘义、损人利己的歪风邪气。把诚信建设摆在突出位置，大力推进政务诚信、商务诚信、社会诚信和司法公信建设……”这在某种程度上已经指明了中国当代文化建设中存在的问题，也非常清晰地指明了中国当代各类社会组织文化的缺失。以下做简要分析略述。

（1）虽然中国社会经历的工业化时期较短，市场经济体系的发育和现代企业的发展也不够完备，但由于长期以来政治社会的历史积淀和中国作为一个独立的社会主义国家的发展过程，使得中国社会从新中国成立以来就成为高度组织依赖型社会。进入改革开放以后，要在比较落后的国家完成三步走的战略，要让中国人民站起来、富起来并且自立于世界民族之林，必须依靠我们党的组织力量和组织资源，集中力量办大事，政治组织动员社会全体全力以赴抓经济建设，这样的举措很有必要且确实取得了举世瞩目的成就。进入新世纪之后，我党及时提出了将工作重心从经济建设逐步转向社会建设和民生幸福的方向，并为此做出了很大的努力，但由于各种原因，政府体制改革和职能的转变比较缓慢，社会组织的发育仍然不够健全，政治组织运转仍然是当代中国社会发展的体制基础和心理保障。但是，组织文化的建设呈现了远远落后于组织建设的情形，甚至许多组织根本就不存在真正意义上的组织文化。

（2）由于长期以来对组织文化的研究和建设重视不够，许多时候过分强调组织文化的普遍性，而忽略了组织文化的特殊性即个性，致使目前即使存在某些组织文化，但其表现雷同已成为一个显著的特征。前面说了，组织文化是一个社会组织的价值观及其外部表现，应该具有该组织的显著特征或个性特征，可是我们的各个社会组织所形成的组织文化——如果说还算有的话——可以说是大同小异，雷同太多。如大家熟知的各个大学的校训（这是大学文化精神的价值表达）。《人民日报》曾报道，一项针对国内256所高校的调查显示，高校校训同质化、标语化现象严重。在被调查的256所高校中，有192所学校的校训为“四词八字”的口号式，比例高达75%。校训中带有“勤奋”字样的有68所，“求实”的为65所，“创新”的为59所，“团结”的为49所，“严谨”的为25所。在256所高校校训中，包含以上5个词语任何一词以上的有147个，占到被调查高校的近六成。还有一些学校的校训一模一样，有8所高校的校训同为“团结、勤奋、求实、创新”，有27所高校的校训同为“严谨、勤奋、求实、创新”，不同的只是先后排列顺序①。

（3）这种过分追求一致性的组织文化内涵和表现方式，必然导致组织文化的空洞性及其与行动的脱节性。大必然空，统一必然缺乏个性，这是无法改变的规律。综观当前中国社会的各类组织文化，空洞性是其难以避免的内在缺陷。如前述提到的大学的文化表达，大多是创新、求实、严谨、至善之类的提法，让社会觉得无法捉摸，让员工觉得难以落实，让学生觉得空洞无力，更不用说能够实实在在地让某一所大学发挥一个特定的社会组织的精神文化的熏陶作用和对全体组织成员的导向作用以及对社会文化精神的引领作用。空洞

① 刘阳．大学校训为何似曾相识[N]．人民日报，2007-07-25．

的组织文化会使组织成员的行为无所适从，容易导致组织成员向着流俗的方向前进，从而产生许多不良的现象。

（4）上述问题的存在使得中国社会当代组织文化的实际作用极为有限，其功能领域受到了很大的制约。按照相关专家的研究，组织文化有如下功能：导向功能，约束功能，凝聚功能，辐射功能。或者从内部来讲有内化功能、调适功能、维持功能，从外部来讲有互动功能、发展功能和变革功能，等等，但是我们现存的许多社会组织文化的作用停留在有与无，响亮与否，可否向上交代、向下表现，是否扮美组织形象这样的境地，而对其能否发挥重要的组织功能，却没有很好地进行研究和下功夫去实施。相反，少量社会组织单位在履行其组织文化的价值导向和行动导向方面出现的问题，成为人们质疑这类组织的导火索，反过来又对组织文化的建设产生了雪上加霜的消极作用。最为典型的例子如郭美美事件对红十字会精神和形象的摧残，中石化天价白酒事件对国企形象的破坏等。

3. 对上述问题的原因分析

上述出现的困难与问题，绝非是一朝一夕形成的。认真地分析其原因，对于我们加强社会主义文化建设，尤其是加强适应新时代需要和社会发展需求的组织文化建设，具有十分重要的意义。

（1）中国传统政治文化中最为明显的特征是求统一，只唯上。这种意识形态的特征在改革开放之后受到了一定的冲击，但是仍然拥有很大的存在和发展空间。由于这三十多年来，国际环境对中国社会主义建设形成的压力，再加上我们将主要的精力放在集中力量发展经济，运用全部的组织资源去努力建设小康社会和走向基本现代化，因此不可避免地在文化建设上寻求统一的、上下一致的口径，以利于国家意志的贯彻和执行。另外，从中国社会的稳定和我们党在意识形态工作上的传统优势与有效做法来看，也需要这样做，这在特定的环境和阶段是完全正确的。这种倾向对中国社会各类组织文化的形成和发展建构了一种定势。但是随着形势的发展，我们党越来越感觉到文化建设的重要性，也充分认识到进入新的历史阶段后，现代化的中国没有现代化的文化是短缺的或者是残缺的，而文化建设中各种组织文化的丰富多彩和各具特色、名至实归已经成为社会文化建设的紧迫任务。

（2）在政治、经济、文化这三大系统中，我们非常重视经济建设和政治治理，但是文化自觉和文化建设的意识却显得特别不足。改革开放以来，在经济建设的巨大压力下，经济建设的各类指标成为考核和晋升干部最为关键的要素，而文化的缺失不足可以放在一边，忽略不计。长此以往，文化自觉意识的短缺就成为各级干部的一种比较普遍的现象，也成为各级组织的一种通病（公允地说，各级经济组织即企业从20世纪90年代起开始慢慢地形成一定的文化自觉，而过去我国对组织文化的研究也大多限于企业文化的研究）。组织文化建设上的意识不强、指导和领导不力，是造成组织文化建设弊病的重要原因。

（3）在改革开放的进程中，我们的组织文化建设遇到了如下的困难：一是随着经济体制改革的前进，各类社会组织有所发育，却远未发育完备，特别是政府和企业以外的第三方组织发育不全，这必然导致此类组织文化建设的缺失；二是改革开放过程中外来文化良莠不齐，我们的正确引导又比较乏力，使得我们在借鉴优秀的外来文化方面遇到了困难，一些糟粕大行其道，这就反过来对我们建设优秀的组织文化形成了障碍；三是因为在当代社会转型期,正确价值体系的建立尚需时日,社会大众更多地关注个人利益。体现在组织文化方面,表面性与实际行动的脱节、组织单位利益寻租现象的存在、国家利益单位化、单位利益个人化、个人利益扩大化,使广大民众对各个组织的文化标识产生了怀疑,这也就加重了组织文化建设的困难。四是我们长期以来重视经济建设人才和党政管理人才的培养与使用,而对文化建设人才的培养和使用却重视不够,组织文化建设常常变成了工会活动、文艺体育活动等,而对最为重要的核心价值观的提炼和弘扬却付诸阙如。

三、当代中国组织文化建设方略和要求

当代中国社会组织文化建设绝非易事,也不是短时期内可以完成的。针对上述现象和问题,根据中央《决定》的精神,我们尝试着提出当代中国社会组织文化建设的一些构想。

1. 建设的方略

一是坚持文化建设的坚定性和务实性。从全党全国的高度,将文化建设的重要性、文化建设的艰巨性、文化建设的长期性、文化建设实施过程中的困难和问题、文化建设的目标与任务向广大的干部和群众讲清,并将文化建设的各项工作任务落实到各级党政领导班子,是当务之急,也是组织文化建设最重要的保障。在文化建设这种较为“形而上”的领域,针对目前普遍存在的形式主义和走过场的干部与单位作风,需要下大力气整顿唯上、唯文件、唯形式、唯过场的风气,真正做到认准方向,踏实建设,务求实效。

二是在解放思想的基础上,以社会主义核心价值体系为总的原则,将组织文化建设的指导方略确定为:分类有序,平实利行,传承创新,总分和谐。分类有序,指的是正确认识各类社会组织的属性和功能,将各种社会组织按其性状和功能分类,以便于各类组织的文化建设,并且将组织文化建设与它在社会运行中发挥的作用密切结合起来。切忌将组织文化建设整齐切割,同步拔高,要花大力气推动组织文化建设的丰富性、多样性、个性。平实利行,指的是各个社会组织的组织文化,不要盲目攀高,也不要以其组织状态而千篇一律,而是要平实着地,结合组织特性、区域环境、社会功能形成自己的组织文化,让组织的工作对象和组织内成员容易认同和便于行动。利于行动是组织文化成功的关键,而言行一致是组织文化为大家认可的唯一标准,发挥效用则是组织文化存续和发展的必要条件。传承创新,指的是组织文化建设,是一个过程,我们必须系统地继承中国传统文化的精华,汲取西方组织文化建设过程中形成的精粹,并且随着中国社会整体的发展和中国社会组织的不断完善而创新前行。组织文化建设不是简单地将现有的东西总结出来、表达出来就完事,而是必须注重组织文化自身的开放性,创新组织文化的内容和表达方式,提炼组织文化实践过程中的典型表现,整合组织成员的行为方式,为组织文化新的发展提供素材。总分和谐,指的是在社会整体的文化建设系统中,各个社会组织的文化是部分,但因为各个组织文化相互补充,相互辉映,有序组合,总与分、分与分相互之间形成有序的整体系统,整个社会的文化建设呈现了多样的统一,总体的和谐,这就为社会文化系统的建设与发展奠定了重要的结构要素和运行秩序。

三是在宏观法律和制度设计方面为组织文化建设的繁荣发展提供相应的保障,对各级组织的认知、评价、考核和社会认同,必须从政策和制度方面考虑对其组织文化的评价,缺

失者或是实践脱节者将会被制度所规整或被社会所否定。

四是大力培养文化建设的人才，并为社会各类组织输送相关的文化建设人才，为组织文化的建设提供最为重要的人才资源。

2. 建设的要求

在中国当代社会文化建设的总进程中，确定建设各类组织文化的方向，明确建设任务和要求，是组织文化建设具体展开和逐步成形、逐步成熟的关键。当然这是一个非常复杂的理论和实际问题，我们不可能在这样的一篇论文中完全系统清晰地将各种组织文化建设的相关要求论述清楚。这里只就某些方面给出大致的轮廓。

按照组织分类的原则，可将中国当代社会各类组织划分为三个大类，即政治组织、经济组织和第三类组织。政治组织中主要包括政党和政府组织；经济组织主要指各类从事经济活动的企业单位，有国企、外企、民企等；除此之外的社会组织统统划归到第三类组织中。由于中国特定的政治体制和具体的国情，我们将政治组织中的政党文化建设和政府文化建设分开论述。

（1）建设先进的政党文化。中国共产党是中国社会主义事业的开拓者和领路人，在建设社会主义现代化和实现中华民族的伟大复兴中是不可替代的领导力量。可是“全党必须清醒地看到，在世情、国情、党情发生深刻变化的新形势下，提高党的领导水平和执政水平、提高拒腐防变和抵御风险能力，加强党的执政能力建设和先进性建设，面临许多前所未有的新情况新问题新挑战，执政考验、改革开放考验、市场经济考验、外部环境考验是长期的、复杂的、严峻的。精神的懈怠的危险，能力不足的危险，脱离群众的危险，消极腐败的危险，更加尖锐地摆在全党面前，落实党要管党、从严治党的任务比以往任何时候都更为繁重、更为紧迫。”[①]我们党遇到了执政能力、执政合法性和执政危险性的考验。作为中国最重要的政治组织，中国共产党的组织文化建设是全社会组织文化建设的标杆和样本。我们党必须在自身组织文化的建设方面下大力气和真功夫。我们认为，中国共产党的组织文化所奉行的最为重要的文化价值观是信仰和先进。作为马克思主义的政党，她与别的资产阶级的政党不同，是将真正远大的理想作为自己党的目标，并以此作为党的组织和成员的坚定信仰。她要为全社会建立起这样的形象，我们的党始终不渝地向着认定的理想和信念努力奋斗，她要让党的全体成员坚守这样的信仰。信仰的坚定和坚守包括了纯洁性、坚定性和牺牲精神，包括了立党为公、执政为民。党有信仰，党员有信仰，社会全体成员才能够有信仰、有目标、有精神、有行动，中国特色社会主义才能够真正傲立于世界。先进指的是我们党一贯坚持的“三个代表”，我们党没有党自身的利益，她代表的是全体中国人民的利益，是中华民族利益的集中体现，因此必须将全中国人民的利益与党的全体成员（也包括党的领导人和各级领导干部）的利益和谐统一，合理区分，统筹考虑。一切先从人民的利益出发，一切先从社会的发展出发，一切先从民族的复兴出发。在中国社会，当然还有参政的各个民主党派。这些民主党派的政党文化建设，从中国特色社会主义共同理想的角度，各自可以从其自身政党的党纲出发，形成相关的政党文化的价值方向，如民主、求真、大同、和谐等。

---

① 参见胡锦涛在庆祝中国共产党成立九十周年大会上的讲话。

（2）建设先进的政府文化。由于中国特定的政治体制，在中国共产党的领导下，由多党合作而形成了中国特定的政府体制（广义的政府也包括政体内履行政治职权的其他组织，如人大、司法系统等）。建设相应的政府文化也是中国社会组织文化建设的重要内容。政府是对社会发展和社会管理负有直接责任的权力组织，在当代中国社会一直存在的大政府、小社会的体制内，在中国政府一直呈现出强势作为的情形下，可以明确地指出，当前政府文化建设的主要价值观念应该是公正和民本。公正指的是政府掌握着社会运行的各种权力，政府权力可以为善也可以为恶，而一旦为恶，则对社会发展的破坏作用极大，对社会成员的负面影响也极大。各级政府要切实负起社会责任，真正坚持公平与正义的价值取向，政府的各项政策要兼顾社会的绝大多数成员，政府的各类作为要公平处理社会的各类事务。坚持正义原则，是指政府绝不偏向于任何一个利益集团，更不能为政府组成人员的自身利益去扭曲公平行政的方向。民本指的是政府的一切工作指向都是为人民群众服务，为老百姓谋利益，政府不以个人好恶、不以上意为准，急老百姓之所急，解老百姓之所难，责任所在，拼命为之，发展的一切成果为群众所用，发展的一切利益为老百姓所享。政府官员的行为应以此为准绳，政府行政的方向应以此为原则。政府不能简单地去追求发展的政迹，努力追求 GDP 的好看，最后以能否晋升作为各级官员的取向，而不与人民的要求相符合，不与社会的进步相符合，不与未来的方向相符合。如是之，则总书记所指执政的危险就会愈积愈重。

（3）建设先进的企业文化。作为特定组织文化的企业文化，在中国的建设和研究应该说还比较充分。这一方面是国外的工业化进程给我们提供了许多成功的经验，另外也是近来我国经济发展所致，故在此不再展开。作为社会经济组织的企业，其组织文化的确立和发展，是各个企业发展的不同历史经历和企业家理想的产物，有其形态上的差异性和相似性。就中国当代各类企业而言，已经走过了改革开放初期粗放的原始积累阶段，现阶段最主要的是要在两个方面加大企业组织文化建设的力度：诚信与责任。诚信是市场经济体系完备过程中作为经济组织的企业必须建立的品质。而我国当前的企业在这方面缺陷较多（如各类产品的质量与安全问题），社会大众诟病甚烈。重疾必须下猛药，即使矫枉过正也在所不惜。现阶段必须大力推动企业组织文化向着诚信这一价值目标靠近。其次是责任。企业在完成其发展的初级阶段后，其文化的目标指向就不应该局限于企业自身，或是比较空洞地提出企业、员工、社会三统一这样的口号，而是要更多地担当起社会责任，在国家、社会、民众三个方面做出更大的贡献，为国家的发展和社会的繁荣贡献力量。要倡导企业家为社会的和谐贡献财富，为民众的幸福提供力量，而不是一有了钱就光顾自己过上奢侈的生活或者是让自己的后代享用财富。①

（4）建设先进的第三类社会组织文化。广义上讲，第三类社会组织是介于政治组织和经济组织之间的其他社会组织的统称。当前中国第三类社会组织的情况比较复杂，有承担部分政治职能和政府职能的半官方组织（比如作协、社科联、科协），也有作为政府体制改革

---

① 如某老板为自己女儿的婚礼狂掷7000万。又如有这样的言论：人最悲哀的莫过于人死了而钱没有花完，这对年轻人的毒害何其之大。

后部分履行政府管理职能的各种行业协会，还有完成政府交办的各种社会职能的一类组织（如学校、公立医院等），更有一些真正承担第三方职能的相应组织（如各种事务所、中介机构等），不一而足。要真正厘清其组织文化的发展问题，是一个异常复杂的问题。在这儿我们只能原则性地提出第三类组织的组织文化建设，当前最为重要的建设方向和要求：道义和德行。当中国社会进入到社会分工逐步充分和细密、社会各类组织职能明确的时代后，作为政治组织和经济组织之外的第三类社会组织，必须将政府所不能也不需要承担的部分职能担当起来，将社会经济组织需代办的社会职能承担起来。因为是中间层次和代办层次，这类组织的当务之急是要让广大的民众建立起对他们的信任和寄托。而要真正做到这一点，第三类社会组织首先应该承担起社会的责任和良心，亦即逐步成为其功能所服务和指向的各类社会成员的代表，在正直、正义、勇敢、公正上下功夫，为社会正义事业和大众的利益需求呼号奔走，竭尽努力，让社会大众感觉到它们的铁肩和其铁肩所承载的道义。这类组织不应该成为政治压力下的传声筒或消音器，更不能成为某些利益集团的代言人或是庇护者。若是通过放弃道义而谋得自身组织的利益，则所谓的第三类社会组织就会被社会大众所鄙弃和疏远，从而根本无法成长壮大。到头来他们所承担的社会功能的压力仍然还是由政府或经济组织来担当，则政府体制改革及和谐社会的建设就成了空话。所谓德行，就是讲这类社会组织在行动过程中的道德良心如何，将直接影响到这类组织存在的正当性和社会对其的信任感。这类组织要成为社会的良心，要遵循传统美德中贫贱不能移、富贵不能淫、威武不能屈的原则，以德立身、以行立名、以心立世，即使在发展初期可能遇到挫折和困难，甚至会夭折，但只要坚持德行，坚持良心，总会为世人所识、所重、所倚，长此以往方可使这类组织的基业长青长存。

以上论述了中国当代社会组织文化建设的目标、方略和要求，但实际建设过程道路崎岖、困难重重，绝非轻言漫举一蹴而就的易事。但我们坚信，在中国共产党的领导下，切实按照十七届六中全会通过的决议精神，厘清认识、上下同心，认准目标、切实行动，坚持不懈、终有所成。我们这个民族是一个伟大的民族，中华文化五千年发展，就是一个不断激浊扬清、自我更新、自强不息、厚德载物的发展史，在文化大发展大繁荣的进程中，中国社会的组织文化建设一定能也必须走在前面，为中华民族的伟大复兴提供重要的文化基础。

网络文化与社会秩序构建①

李　娟　王卓君

虽然互联网已经深入到了社会生活的方方面面，"作为'技术的互联网'和作为'文化的互联网'却显示出巨大的背离倾向"，"今天我们普遍见到的电脑和网络，其实是庞大的'秉持笛卡尔精神'的现代商业力量的胜利，而不是电脑和网络自身精髓的自由体现。"②网络社会的形成为人们表达情感和需求提供崭新的更加自由而开放的话语场所，但这种语言主体间性结构③的自由并未带来社会良性秩序的维持和重构，在人们为网络自由欢呼的同时，不可忽视网络公共规范缺失与话语释放能力增强两者共振后带来的社会秩序和文化规范问题。网络社会秩序是现实社会秩序的集中体现，网络事件映射了现实社会失序的客观现实。规范网络行为，构建网络规范结构，实现网络空间和谐有序发展，有利于形成整体上良性的社会秩序。

一、网络文化危机与社会矛盾的内在相关性

网络空间为语言主体间交往和互动创造了条件与可能性，虚拟空间互动和交往的增加反过来作用于现实社会，网络技术的成熟为现实世界建造了一个"影子社会"，与人类社会形成一虚一实的对应关系。然而，网络并不仅仅是反映社会，它还可以能动地构建社会，因为社会与网络并非两个可以完全割裂的独立系统，事实上，它们互相渗透，互相争夺社会可用空间。然而，网络与社会这种亦虚亦实"亦钟亦云"④的网络空间关系背后到底隐藏着怎样的社会逻辑和问题呢？

（一）网络文化是现实社会在网络空间的映射

网络社会的技术特征在网络，而核心和实质在信息流通，人们借助网络手段实现了语言主体间性的互动功能，拓展的不仅仅是语言的基本功能，而且包括语言的转化功能，"语

---

① 本文刊发于《学术界》2012 年第 12 期。

② 段永朝. 互联网：破碎化生存[M]. 北京：中信出版社，2009.

③ 哈贝马斯话语。

④ "亦钟亦云"是研究计算机和互联网技术哲学的段永朝工程师结合目前计算机流行概念"云计算""云存储"和波普尔在其著作《客观知识：一个进化论的研究》收录的他的一篇名为"云与钟"的演讲，对网络社会存在和发展逻辑的概括。"波普尔用'云'这个词来概括那些不规则的运动、看上去毫无规律可言的生物种群的行为、人的心理活动、湍流的水、难以预测的股票市场曲线等，总之，这类事物有一个共同的特点，就像天边的云彩一样，变幻莫测。'钟'则象征确定性、精确、可拆解成更加细小的组成部分，这意味着严格遵从某种内在的规律，它的行为是完全可知的、可以预测的、可以掌控的。"段永朝. 互联网：碎片化生存[M]. 北京：中信出版社，2009.

言所发挥的是一种转化功能：由于诸如感觉、需求及其情感等心理过程被转移到语言的主体间性结构中，因此，内在事件和内在经历就转变成了意向内涵，而认知则转变成了陈述，需求和感觉则转变成了规范期待（戒律或价值）。”[①]网络中语言主体间性互动转化而成的规范期待其实是对现实社会中精神和物质需求的外在表达和获取规则的认同。在网络社会中，网民通过各种网络应用模式实现个体间信息、情感和价值的交流，互相影响，逐渐形成各自不同的价值认同群体。人们在通过网络进行互动交流的过程中，在相互的激励下，将人类社会创造的文化成果和财富在网络上传播和发扬光大，尤其是对散落民间的、几近消失的文化遗产的继承和延续意义非凡。同时，网络文化对现实社会的映射还体现在对社会既已存在的现实基础和潜在的社会风险的反映。排除共同的兴趣爱好，网络中各种不同价值认同群体划分的最根本依据依然是在现实社会中的经济基础、政治地位[②]和职业性质等，即使兴趣爱好也常常因经济基础不同而异。从网络应用结构分析可见，虽然娱乐消遣占据相当大比例，但是其余网络舆论主题无不直接或间接反映网民在现实生活中的遭遇与无奈。网络将现实社会中普遍存在的不公平现象通过网络的放大效应，使事件在网络中裂变式夸大甚至扭曲，目的和用意往往不止于特定事件，而在于借机发泄内心对现实世界的愤怒与不满，大有唯恐天下不乱之嫌。而且由于网络传播的即时性同时也具有短暂性特点，同类社会事件会因某一事件的网络曝光而密集涌现，向社会公众的社会问题承受能力集中加压，此种负面消息在现实社会和网络社会的相互作用之下，极易使事态滚雪球式发展，强化人们内心的负面效应，加剧对社会和政府的不满与不信任。

（二）传统诉求渠道狭窄不畅导致网络文化危机

网络的出现是技术进步和生产生活需要的产物，网络文化是伴随着信息在网络上传递所应运而生的现实社会系统在互联网中的文化映射，这种文化映射是一种客观而直接的文化反映，优劣、真假裹挟其中。网络文化不同于传统文化之处在于网络文化的沉淀较少而且变动更加频繁。因此，浮躁的文化状态中消极和负面因素往往甚于积极与正面的因素。网络文化过于躁动不安在于网络诉求缺乏制度和规范而导致的网络文化混乱。网络诉求激增形成的充要条件分别是：传统利益诉求表达狭窄、单一和科层化渠道淤积了太多利益表达和要求；网络表达具有的低成本和权力分散化两个特质。正如王卓君教授在讲中国网络文化特点时所言，“这种现象在中国有其特殊之处，亦即在现实生活中大众的表达渠道不畅是造成中国网络文化弯曲度高的主要原因。”于建嵘教授认为：“这与中国目前政治的一个很大特点有关，就是中国目前所谓的不透明的‘宫廷政治’有关，所以民众希望通过网络这种方式来表达他们的意见。”[③]在罗伯特·基欧汉和约瑟夫·奈看来，“信息革命最本质的特征和最重要的意义在于信息传递成本的下降”[④]。尼葛洛庞蒂教授将权力分散化视为数字化生存的首要特质，认为“传统中央集权的关键将随着网络的发展而成为明日黄

① 哈贝马斯. 合法性危机[M]. 上海：上海人民出版社，2001：13.
② 哈贝马斯. 合法性危机[M]. 上海：上海人民出版社，2001：13.
③ 于建嵘. 寻找重构中国政治的力量：信息技术与民众抗议行为[Z]. 在香港大学的演讲，2010－04－09.
④ 〔美〕罗伯特·基欧汉，约瑟夫·奈. 权力与相互依赖[M]. 北京：北京大学出版社，2002：260.

花”[①]。简言之,网络诉求具有低成本、响应广、影响大、有回应、难打压和见效快的特点。正如娄成武教授对网络政治动员的理解——“网络政治动员[②]是一种新的政治提取能力,体制外成员更善于通过它获得同政府和传统权威抗争的力量。”[③]

黄建洪教授将利益表达渠道分为合法的利益表达渠道和强制性利益表达渠道。合法的利益表达渠道包括个人化道路、精英集团(代理渠道)、机构性接触渠道、政党表达渠道;而强制性利益表达则包含罢工、暴乱和政治恐怖等。[④] 作者认为此种分类略失严谨,而且有些利益表达方式在中国政治环境中没有存在和发展的可能。我国传统的利益表达渠道由两部分组成,一是制度化的表达渠道,即以人民代表大会制度为核心,包括政党制度、政治协商会议、人民信访制度及基层群众自治制度组成的制度化诉求渠道;二是个人化利益诉求表达途径,此途径与中国人情社会的文化传统有关,诉求实现与否取决于个人自身的社会资本和活动能力,此途径并非合法,但在中国社会确实是一种普遍存在的较为有效的利益诉求途径,在规范化表达渠道不能奏效的情况下有一定的合理性,但同时也是造成社会不公和更多利益诉求的一个重要方面。随着传统社会向现代化社会的转变,个人化解决途径必定逐渐退出社会。就制度化诉求渠道而言,它在中国现有的政治体制和社会环境中发挥着极为有限的作用。人民代表大会制度和政治协商会议是从宏观层面上解决关乎民生的重大利益结构调整问题,而且并非常设机构,无法及时解决人民群众的个别利益诉求;政党制度是组织内部利益诉求渠道,涉及的群体和范围比较狭窄,而且严格的科层制组织结构严重阻碍党组织内利益的表达,根本无法解决组织外诉求;信访制度是我国传统利益诉求方式中最普遍的一种表达方式,但由于我国党政不分[⑤]及政府组织结构问题,信访机构的独立性和权威性严重不足,导致渠道一直以来疏而未通,始终无法走出信“上”不信“下”、信“访”不信“法”、信“闹”不信“理”的信访怪圈;至于基层群众自治制度,它的确取得了不小的成效,但也有大量基层民主价值和技术手段问题需要解决,而且服务范围也相对有限。此外,随着我国经济的快速发展,社会结构层次增加,利益格局呈多元化趋势发展,传统的利益诉求渠道已经完全不能满足人民群众的需要,反而积压了更多的社会不稳定因素。

由此,网络诉求成为了当前中国网络文化的重要组成部分——一个有别于西方民主国家网络文化的重要特征,同时也是中国网络文化混乱和非理性的根本之所在。网络便捷而又低成本的表达渠道激发了潜在的社会风险。网络中不乏存在被社会中对立情绪“误伤”的政府官员和社会名人,不乏忽视和不尊重个人隐私权的恶意诋毁和炒作事件,也不乏打着维护社会公平正义之旗帜谋取个人或集团利益的诋毁事件,如活熊取胆媒体事件背后的阴谋等。网络空间犹如一个处于巨大外部压力的容器,外部诉求不畅累积的强大压强从互联网入口慌不择路挤入,必定造成网络空间的“消化不良”,而且未必能完全承受起所有社

① N.尼葛洛庞蒂.数字化生存[M].海口:海南出版社,1996:269-270.

② 政治动员包括自上而下的政府对公民,政党对群众的动员,也包括自下而上的群众自组织动员两种,因此网络政治动员是利益诉求通过网络表达的一种方式。

③ 娄成武,刘力锐.论网络政治动员:一种非对称态势[J].政治学研究,2010(2).

④ 此为黄建洪教授研究生课程上的授课内容。

⑤ 此为黄建洪教授研究生课程上的授课内容。

会问题的压力。警惕和解决网络中虚假的、缺乏理性精神及基本道德标准的文化现象是当前网络文化建设的重要课题。

（三）社会生存危机是网络文化危机的根源

网络文化是社会文化系统的子系统，网络文化危机映射出网络社会的不和谐，同时归根结底反映了社会生存危机。社会生存危机主要是指与人民群众生活密切相关的政治和经济危机。政治和经济危机此处意指微观层面上的个人所遭遇的政治权利危机和经济发展危机，而非国家层面的国家统治危机和全国甚至全球性的经济危机。政治权利和经济发展权利是人生存的基本权利。经济发展权是人维持生命有机体和谋求自身全面发展的基本物质基础和条件，倘若没有经济能力便没有实现自我价值和理想的可能，而政治权利往往又决定了人的社会地位和尊严，而且是经济权利最有力的保障。由于传统计划经济体制延续下来的二元制结构，我国在基本民生问题上的二元分治造成的城乡矛盾、地区矛盾、体制内外矛盾是产生社会不公平的根本原因。从网络舆情监控分析数据可见，关乎民生的社会医疗保障、公共教育、住房政策、就业和收入分配问题始终是舆情最持久、最激烈的话题。

市场经济体制显著的特征是生产力要素的自由流动和分配，然而由于我国户籍体系、国家系统编制体系等牵涉到的社会保障、子女受教育和劳动地位的严重不平等，劳动力在经济的驱使下流动的同时增加了社会不稳定因素。80后青年是这部分流动底层人口队伍的主体，他们具备使用互联网与法律知识的基本素质和能力，在面对无法改变生存权被剥夺的情况中，在“光脚的不怕穿鞋的”心理发酵下，通过网络方式呐喊成了他们更偏好的表达方式。此外，由于知识结构和网络运作使用能力的有限，其实剥夺感最强的、最底层的群体并非网络社会的“洪水猛兽”，而是那些网络中自称“屁民”的网络红人、网络意见领袖们及作为网民主体的具有较高学历的青年及大量知识分子们，他们大多处于社会的夹心层，对社会和自身发展的预期要求较高，但阶层固化导致的现实无力感强烈，在无奈现实和原有预期极大反差的情况下，网络成为人们宣泄内心愤怒和无奈的途径。网络不仅成为他们的泄愤工具，而且成为建立自身认同群体的方式，他们基于相似的现实社会生存状态和对社会的基本认知态度，通过语言在网络上的交流和互动，获得他们在现实生活中无法实现但虚拟空间可以赋予的身份和地位认同。有研究显示，在现实社会中生存状态良好、对生活和工作有良好预期的人群使用网络表达心声的比例非常低，可能的原因有：不属于利益被剥夺的群体，即使有诉求，也可以通过传统渠道解决；担心网络可能给自身带来不必要的麻烦。总之，社会现实需要决定了网络的用途，社会存在的生存危机决定了网络中文化呈现的内容和状态。

二、社会秩序的实然状态和应然结构

思考和探究网络文化的出发点和落脚点均在社会现实，而社会秩序状况反映出一个社会的“政治共同体水平”，在亨廷顿看来，“一个社会所达到的政治共同体水平反映着其政治制度和构成这种政治制度的社会势力之间的关系"①。亨氏将社会秩序理解为政治共同体水平，并将政治制度的合理化和效能作为决定社会秩序水平的决定性因素，而制度化建设正是转型期社会亟待改善但又步履维艰的政治任务。随着我国经济实力迅速成长、社会阶层分化增多、社会结构日益复杂、诉求和活动越发多样化，社会内部潜在矛盾和外部压力随之剧增，社会维稳成本巨大，社会冲突频发。李培林这样陈述其对社会冲突与政治文化关系的认识："阶层认同决定人们的社会冲突意识和行为取向；社会分化的两极具有更强的社会冲突意识"②。如何改善社会秩序目前存在的冲突状态，势必要搞清楚社会秩序的应然结构当如何。

（一）实然社会秩序：社会资源制度性分配不公导致社会冲突

从社会共同体构成主体角度分析，社会秩序令人担忧的主要矛盾关系体为：以社会资源综合占有情况划分形成的富人与穷人阶层之间的对立关系，和政府及其官员与公民之间的相互不信任关系。因为仇富者认为贫富对立的根源不仅仅在于资源占有，而是富人获得更多社会资源的方式和途径中夹杂着"官商勾结"的重大嫌疑，于建嵘教授将其归结为"公权力与公民基本私权利之间的矛盾"③，而笔者认为根源在于社会资源制度性分配不公。从静态角度分析，社会性资源制度性分配不公是产生社会冲突的根源；从动态角度分析，社会资源流动缺乏层次间上下流动，形成利益阶层固化，社会资源主要在平面上流动是产生社会冲突更为关键的因素。社会中对现实不满且无从改变不利处境群体的增多增大是社会矛盾严重和社会冲突发生的实质性原因。

从网络文化视角透视社会冲突表现，"寡"与"不均"并存形成的社会资源分配是导致社会关系紧张和人与人之间缺乏信任的根源。加之与"网络广场"④的消极效应的相互反应，网络消极文化催化了社会关系中的负面情绪。

社会冲突的网络表现方式之一是网络泄愤。周志强认为这是一个诡异的命题："我们越是依赖网络广场，也就越是会陷入对社会怀疑和对抗的情绪之中。"⑤他认为，网络广场在暴露社会不公现象的同时反映出的失败感和沮丧感具有强烈的情绪渲染力，必然具有鼓动集体愤怒情绪的色彩。一方面，这种通过网络泄愤营造的整个社会愤怒情绪是传统传播渠道无法实现的，而且造成的社会冲突情绪也是传统方式望尘莫及的，在网络空间貌似形成了为公平正义呼吁呐喊的群体性声音；另一方面，社会（包括网民）对制度性障碍和政体结构的普遍性认知，决定了目前网络结社⑥、网络民主和网络动员力量的有限性不足以动摇制度性障碍的根基，虽然网络文化正在改变着中国的政治生态环境。因此，网络文化中的有

① 〔美〕塞缪尔·P.亨廷顿.变动社会中的政治秩序[M].上海：上海世纪出版社，2008：7－22.

② 李培林，等.社会冲突与阶级意识[M].北京：社会文献出版社，2005：263－267.

③ 引用于建嵘教授的观点。在此，特别强调公民的"基本私权利"，在中国这样一种臣民文化积重的文化传统中，清官情结和恩赐思想是民对官的感情基调，因此民对官有强烈的向往而依赖的情结。在这种文化作用下的"现代公民"，只有在自身基本生存权利受到严重威胁的情况下，才会导致与官员、与政府的对抗行为。

④ 引用南开大学文学院周志强教授"网络政治""广场政治"概念。

⑤ 周志强.网络"广场政治"的非理性缺陷——"灭火器"与"减压阀"[EB/OL].人民论坛网，2009－08－05.

⑥ 周志强.网络"广场政治"的非理性缺陷——"灭火器"与"减压阀"[EB/OL].人民论坛网，2009－08－05.

序政治参与社会治理成分并不多，目前网络文化呈现更多的是文化形成过程中的各种因素调适和博弈的文化现象。社会冲突的另一种重要表现是：社会严重缺乏信任。在“质疑”已成一种习惯的今天，对任何表现、事实的怀疑与不信任已成为网络空间文化的集体征候。

这不仅深刻折射出人民对信息的焦虑心态——不知如何辨别真假是非，而且反映了深刻的社会政治问题——制度性资源分配。制度性资源分配问题不仅是政治问题，也是一个道德经济学问题。制度上形成的社会财富或社会资源分配的公平与否与国家的社会性质、意识形态和政治纲领和执政实践紧密相关。社会主义性质的国家性质、人民当家做主的政体、共产主义的伟大理想和“权为民所用、利为民所谋、情为民所系”的执政理念和意识形态所要求的社会财富分配理应是社会资源在各阶层间实现制度上公平合理分配，但是政治实践结果却与之截然相反，两者之间的反差导致政府权威[①]下降，失信于民。制度设计导致政治实践效率低下，与人民群众利益休戚相关的根本性民生问题无法有效地解决反而出现倒退和被剥夺感加剧的执政结果，进而导致政府公信力下降，在群众中形成“凡是政府说的和政府做的，都是假的、都是欺骗老百姓”这类对于政府的普遍怀疑。“公共权威的关键性职能是增加在全体社会人们心中普遍存在的相互信任”[②]。亨氏在研究社会文化与政治机构之间关系时认为，两者之间应是辩证的关系，社会文化中缺乏信任将给公共制度的建立带来极大的阻碍。“那些缺乏稳定和效能的政府的社会，也同样缺乏公民间的相互信任，缺乏民族和公众的忠诚心理，缺乏组织的技能。”[③]因此说，社会缺乏普遍的社会公德与广泛存在的不信任关系不仅仅是经济和社会现代化过程中制度性资源占有不公引发的，而且同时也是社会文化及网络文化建设上的欠缺导致的恶性互动。网络中“悲情与戏谑”[④]成分大大多于理性而诚信的合作精神，映射和推动了社会失序的恶性发展。

（二）社会秩序的应然结构：实际秩序与规范秩序互助

在网络的放大作用下，网络凸显了社会失序产生的各种社会问题，因此重构社会秩序成为一个新的、亟待解决的问题，但秩序的重构首先要明确应该构建一个怎样的社会秩序。国家强调秩序的重要性，社会重视自由的积极意义。在秩序与自由之间寻求一种动态平衡的社会秩序就必须深入探究社会秩序的应然结构。

稳定是保证改革开放继续深入发展的前提。虽然维稳的动机和宗旨值得肯定，但是维稳的方式和成效却有待反思。从维稳的效果来看，在国家刚性维稳思维的指导下，社会表面维稳效果成效显著，但潜在的不稳定因素却暗流涌动。因此，社会秩序的关键在人心秩序，而非外在秩序。人心秩序即规范性秩序——保有一定的道德信仰、政治理念、对国家和民族的忠诚和认可，对自身生存现状的理性认识。“规范性秩序则总与一定的规范体系或

---

① 实际上，此处应该是“公共权威”而非“政府权威”。依据西方公共选择理论学派的观点，政府有其自利性，并非“大公无私”，从此种意义出发，两个概念不能等同，但由于我国是社会主义国家，国家的权力属于人民群众，所以在此将“政府权威”等同于“公共权威”，更符合中国老百姓对政府和公共利益的理解。

② Bertrand de Jouvenel. Sovereignty: An Inquiry Into the Political Good[M]. Chicago: University of Chicago Press, 1963: 123.

③ 〔美〕塞缪尔·P. 亨廷顿. 变动社会中的政治秩序[M]. 上海：上海世纪出版社，2008：7－22.

④ 杨国斌. 悲情与戏谑：网络事件中的情感动员[J]. 传播与社会学刊，2009(9)：39－66.

规范性要素的体系联系着，不管它们是目的、规则还是其他规范。在这个意义上，秩序意味着依循规范体系的规定而发生的过程。”[①]规范性秩序强调对规范体系或规范性要素的遵循，恰是文化体系中最为核心的本质要求，也是秩序化社会生存的根本。此外是实际秩序，本文认为实际秩序首先包括社会秩序实际呈现的秩序状态，其次是维持社会秩序的一系列除内在规范之外的包括现行法律、法规和政党纲领等在内的程序性规定。在秩序范畴中，规范性秩序比实际秩序更具有决定性意义，更能决定整个社会秩序的实质状态，同时也是秩序构建中操作和改进最难的部分；而实际秩序则是可以立竿见影收到成效的部分，是外在、刚性、统一的代名词，但不能解决根本性秩序问题。实际秩序使用力度决定了其实际效果，力度克制在社会张力承受范围之内，能够起到压制社会骚动情绪的功能，但是力度过大，则极易造成失序反弹，使社会秩序陷入更加混乱的状态。正如帕森斯所言，“当过程在一定程度上符合规范性时会出现实际秩序；而为了维持这种实际秩序，规范性要素成为必不可少的。……但这种实际秩序如果没有某些规范性要素有效地发挥作用，以后就不会稳定地维持下去。”[②]反过来，规范性秩序构建的操作性同样也必须依赖于实际秩序程序和规则的调整。如此一来，社会秩序构建就是重构规范性秩序，进而影响到社会秩序的调整，使社会实际秩序处于秩序与自由的良性互动之中。清晰理解规范性秩序和实际秩序的关系是建构社会秩序应然结构的核心，但是仍需进一步明确秩序背后的动机因素。动机决定行为的正当性和合理性，同时也是规范性秩序的研究起点。“动机是在符号所表现出来的期望结构的内在化过程中逐渐形成的”[③]。良好社会秩序构建的关键在于正当动机与合理制度的结合。从动机而言，统治阶级需要秉持与社会性质一致的执政动机，而公民需要具有与社会文化结构相符合的普遍道德标准。就我国而言，执政党需坚持人民当家做主、全心全意为人民服务的执政原则，有效规制政党自身利益对公共利益的损消，进而得到社会的普遍性认可，从而获得执政的合法性和群众基础；而社会各阶层无论基于怎样的经济基础和遵循怎样的道德标准，必须从属于普遍道德，因为“相对于各种相互竞争的伦理，普遍道德不仅可以提出一种经验上的优势要求，而且也可以提出一种系统的优势要求”[④]。在统治者与被统治者之间，在各种利益集团之间，在各社会群体之间，动机上的正当和合理是构建社会秩序之根基。在动机正确和合理的基础之上，才有可能进行社会整合，实现秩序建构。此外，制度性调整是指关于社会利益分配的根本性制度改革，动机及内存信念需在制度性保障下维持和实现，利益制度调整不断趋于兼顾各方利益，尤其照顾弱势群体利益，不仅是社会公平之要义，而且是体现政府执政的人文关怀，是赢得社会支持的重要方式之一。目前，我国社会根本性民生制度瘤疾难除、官民对立状态及民族文化中存在的“双重道德标准”等都为社会秩序建构增加了阻力。

① 〔美〕T. 帕森斯. 社会行动的结构[M]. 张明德，等，译，南京：译林出版社，2003：103.
② 〔美〕T. 帕森斯. 社会行动的结构[M]. 张明德，等，译. 南京：译林出版社，2003：103.
③ 〔德〕尤尔根·哈贝马斯. 合法性危机[M]. 上海：上海世纪出版社集团，2009：103.
④ 〔德〕尤尔根·哈贝马斯. 合法性危机[M]. 上海：上海世纪出版社集团，2009：103.

三、网络公共规范：社会秩序从实然向应然转变的网络视角

网络文化建设虽不是实现社会秩序从实然走向应然的决定性因素，但是网络技术的发展改变了国家和社会的力量对立，正在逐渐改变着国家的政治生态环境。网络空间的不成熟和与生俱来的自由价值，为现实秩序转变提供了技术支持和突破口。因为网络社会是现实社会的一个子集，本文试图通过网络文化建设和网络技术规制等方式和手段，首先在网络空间内将秩序与自由、道德与利益之间的关系处理好，实现网络虚拟空间的规范性秩序和实际秩序平衡，进而由线上向线下转移，从而实现虚拟力量对现实力量的协助与对抗。

（一）转变网络监管理念：秩序与自由并重

邬焜教授认为，"由于网络化信息处理、创制和传播方式与工业文明时代创建的单向式、自上而下的大众媒体的信息处理、创制和传播方式构成了本质性的区别，并进而对工业文明占主导地位的国家集权体制提出了严峻的挑战，这就在网络文化、网络民主与国家集权体制之间形成了现实而深刻的矛盾和冲突"，"由网络化的交互性、平行性、开放性、全球性、多元性、自由性、共享性、平等性和非权威主义的基本特征所构成的网络民主，从根基上改变了支撑工业时代建立起来的国家集权体制的信息技术前提，所以网络民主乃是国家集权体制的挑战者和消解器。"[①]网络民主对传统国家集权的颠覆作用，并非个别学者的观点，而是一种普遍性认知，这一学术观点在实际政治领域的印证，使整个统治阶级或国家权力的掌控[②]者们对网络产生了更加强烈的担忧甚至恐惧。本文认为，民主与集权，自由与秩序并非网络文化所特有的价值矛盾，而是自人类产生以来，政治学领域一直争论不休的主题，无须因为网络时代的到来，夸大了自由对秩序的挑战，更无须将矛头指向网络技术。网络民主消解的是缺乏存在合法性的、隐藏在制度集权之下的非法权力和利益，对法定的和制度的集权形式，或者更准确地说，社会组织要求最低限度存在的集权并不构成实质性威胁。

"网络监管"在网络文化研究领域是一个处境比较尴尬的网络政策，究其根源，并非监管本身存在合理性，而是现实政治体制和权力方式影响到了民众（包括网民）对其的评价和态度。美国是一个民主制成熟的西方现代资本主义国家，美国的网络环境相对更加自由而开放，但美国同样在紧锣密布其21世纪网络安全战略，美国的网络安全意识和网络监管行动丝毫不曾松懈，却鲜有因其有碍网络自由而遭网民控诉；而在中国集权制统治环境下，在集权向民主转型的过程中，对网络监管稍有支持便被贴上"五毛"的标签。总之，无论是国家主权还是政治稳定，抑或保障网民健康安全的网络生活，有限而合理的网络监管是必要且需重视的。

第一，将国家安全和公民个人自由权利置于同等层面，明确网络监管的内容和边界，这是网络监管存在的合法性前提。网络监管遭受质疑的关键在于对个人自由权利内容的界定和划分，尤其是涉及网民对国家和政治的知情权与言论自由权（在网络发表个人政治观点的权利）及监督权。首先，国家必须转变刚性维稳的压力型思维模式和过于敏感的政治

---

① 邬焜．网络文化中的价值冲突[J]．深圳大学学报（人文社科版），2001(5).

② 邬焜．网络文化中的价值冲突[J]．深圳大学学报（人文社科版），2001(5).

意识，以一种更加开放、民主、协商的姿态对待来自社会的各种批评和质疑，将实质上对政权稳定和国家安全不构成威胁的网上政治言论与行为列在网络屏蔽的范围之外，逐步放开公共领域谈论政治问题的网络氛围；其次，更新和提升网络屏蔽和监管手段，降低“误杀”率，也是缓解网络政治文化紧张的重要方式；再次，网民对政府执政理念转变、网络技术掌握程度和网络法规[1]建设进程等应持有一种包容、发展的心态，在官民的互相包容与互助中推动网络文化和谐健康发展。

第二，将秩序与自由限定在法定的框架内，完善网络监督法治化建设。自1993年以来，中国政府将发展和普及互联网技术作为现代化建设的重要组成部分，积极推出了一系列发展互联网的政策性文件，从建立国家经济信息化联席会议到电信网、广播电视网和互联网三网融合，目标和宗旨都非常明确——快速促进互联网的普及与应用。虽然有关互联网法律法规的建立从1994年就已经开始，但是中国的网络立法一直处于问题应对型出台，在应对层出不穷的网络问题时，适应法律问题常常出现争议，尚未处理好网络空间立法与现实生活法律之间的关系和各自适用范围。完善网络监督法制化建设，不仅为政府网络监管提供了监管的依据，而且为网民的网络行为提供了明确的预期，也就是，将自由与秩序限定在公认的法律框架内，将极大地有助于缓解和处理网民和政府之间的矛盾。

2010年出台的《中国互联网状况》白皮书明确指出：“中国坚持依法管理、科学管理和有效管理互联网，努力完善法律法规、行政监管、行业自律、技术保障、公众监督和社会教育相结合的互联网管理体系。中国管理互联网的基本目标是，促进互联网的普遍、无障碍接入和持续健康发展，依法保障公民网上言论自由、规范互联网信息传播秩序，推进互联网积极有效应用，创造有利于公民竞争的市场环境，保障宪法和法律赋予的公民权益，保障网络信息安全和国家安全。”[2]

第三，有必要对网络监管结果进行网络公开，实行严明、合理的奖惩机制。

对网民的网上言行进行规范化引导是建设网络文化的重要环节，但对网络揭露事件的善后处理工作，尤其是网络行为的褒贬、奖惩尚未引起足够重视，更不用说，制度化、常规化的奖惩机制了。目前，由于奖惩机制的缺失，网络中各种虚假、中伤和无底线揭露他人（包括政府官员）隐私等行为此起彼伏、无所畏惧的网络破坏行为严重污染了网络文化环境。实行合理的奖惩机制可以规避网民为了奖励标的物的功利性网络行为，同时避免因为惩罚过于苛严而打击网络言行的积极性和正面效果的发挥，严明的奖惩机制有利于引导网民行为朝向理性而客观的方向发展。

（二）规范网络政治参与：消解激烈的网络政治行动逻辑

网络政治参与是网民关心政治、介入政治和表达政治诉求的便利渠道，对于提高民众政治参与水平和能力、提升政府社会管理水平具有重要意义，“尤其是在中国的语境下，媒体成为社会抗争诉求表达和合法化的重要资源”，[3]“通过舆论压力影响社会权利的执行过

---

① 邬焜．网络文化中的价值冲突[J]．深圳大学学报（人文社科版），2001（5）．
② 国务院新闻办公室．中国互联网状况（白皮书）[EB/OL]．人民网，2010－06－08．
③ 曾繁旭，黄广生，李艳红．媒体化抗争的阶级化：农民与中产的比较[J]．东南学术，2012（2）．

程和方式,从而缓解公民与政府的紧张关系,最终避免结构群体性暴力事件的发生。”①然而,目前我国通过网络实现利益诉求、参与政府决策及影响重大工程项目建设的行动逻辑与现代政治文明社会要求相悖。我国普遍存在的通过设置网络议程来实现现实利益诉求的偏好是我国畸形的网络政治行动逻辑的起点。于建嵘教授将网络议程设置总结为“悲情—民愤—诉求”和“娱乐—民怨—诉求”②两种逻辑,其实,无论是“悲情”还是“娱乐”逻辑起点依据的都是事情本身的性质和事件诉求主体的阶层差异,并未指出我国网络议程设置的根本性特点,我国网络议程设置的特殊性在于其激烈的议程起点和议程过程,因为基于我国政府目前应对网络事件的态度和积极程度而言,网民发现,越发激烈的行为越能引起社会和政府的关注,越能使问题得到快速解决,因此“表演性抗争”③——通过超常态的自虐或自谑行为方式来形成网络议程是我国网络行动的貌似民主、实则是缺乏民主和理性的诉求逻辑。因此,有必要通过规范网络抗争性事件或网络诉求事件的网络议程设置和网络行动发展进程,来引导网民和政府将社会问题框定在温和而理性的范围内进行。

通过畅通线下与线上诉求表达和政治参与的渠道,通过各种事先、事中和事后管理,对希冀以激烈方式解决问题的民众和事件指涉行政主体进行说服教育,逐渐使网民意识到通过温和方式更能减少牺牲、降低成本,且能使问题得到解决,从而实现理性网络政治参与的可能性,而且达到净化网络空气的效果。唐亚林教授从网络参与主体角度提出了构建理性政治文化的有效机制——“社会公众的自我约束机制,政府对网络政治参与需求的分流与疏导机制,政府和社会对网络政治空间的合作治理机制,以及政府与社会公众之间持续的沟通互信机制”。④ 他所提出的四项机制不是消除网络政治参与等网络政治活动,而是为理性且理智的网络行为创造一个合理且合法的程序框架,实现网络自由与政治逻辑相融洽的网络政治文化。

(三)平衡舆论导向:弱化网络监督倒逼政治改革进程的舆论

无论是目前的学术研究还是网络媒体宣传,均认为网络倒逼政治改革是我国政治改革的一大助推器,大有竭力宣扬和推崇之势。人民网舆情监测室秘书长祝华新认为:“互联网对中国政府的公共治理,是前所未有的挑战,也是前所未有的机遇。今年中央两次郑重提出‘社会管理创新’的议题。网络舆论是监测和研判‘影响社会和谐稳定突出问题’最新鲜、最丰富的信息源,借助互联网改进公共治理,撬动民间社会,促进官民沟通,又是当前成本最小、风险最低的政治体制改革举措。”⑤也有网络评论员提出,“逼,是中国官民互动的传统方式。现今这种方式经过技术的过滤,其悲情色彩有所减弱,但是作为一种行动快捷、效果明显的沟通方式,它没有被丢弃而是被重拾,甚至被广泛采纳。这在很大程度上是因为这种方式受到了技术的鼓舞,随着互联网的快速发展,网络舆论日趋繁荣,成为推动社会进步

① 周志强. 网络“广场政治”的非理性缺陷——“灭火器”与“减压阀”[EB/OL]. 人民论坛网,2009-08-05.

② 于建嵘. 寻找重构中国政治的力量:信息技术与民众抗议行为[Z]. 在香港大学的演讲,2010-04-09.

③ 黄振辉. 表演式抗争:景观、挑战与发生机理——基于珠江三角洲典型案例研究[J]. 开放时代,2011(2).

④ 叶敏,唐亚林. 论我国网络政治文化的理性建构[J]. 新视野,2009(4).

⑤ 祝华新. 网络舆论倒逼中国改革[EB/OL]. http://www.rmlt.com.cn/News/201110/201110091755354489_2.html.

和政府改革的重要力量。”[①]诚然,网络技术增强了民众倒逼官员、民意倒逼官僚表达[②]的效果。但是,本文认为网络倒逼改革是一种应急型、应对型且非程式化[③]的社会管理的附带效应,而非是一种针对改革而产生根本性的主治良方。而且,网络倒逼改革是一种短暂性的、遍地开花有可能不结果的社会改革效应。此外,此种舆论的集中和热烈程度助长了社会借助网络解决中国政治问题的心理,不利于循序渐进、有条不紊地推进改革进程。在网络的社会改革功能方面应该时刻保持沉着冷静的态度,坚持网络介入和解决社会问题的有限原则,才能将网络的社会功能发挥到极致,才能保持网络政治文化的和谐和活性度。

结论

网络政治文化映射和反映了现实政治生活的现状与问题,通过对网络政治化的研究更能深入地认识和反思社会现实。社会现实秩序与网络政治秩序为同根同源,社会现实问题的解决是解决网络问题的根源,网络政治文化的肃清和协调也势必有利于现实社会秩序的构建。不能过分夸大网络政治文化在整个政治生活中的作用和功能,应该坚持功能有限的原则,客观、合理地呈现网络政治文化在社会秩序构建中的地位和作用,警惕目前流行的各种有关网络政治文化的不切实际的观点。当然,将网络政治文化置于更大的政治场域——国际关系当中,网络政治文化也已经并仍将际遇国际政治发展形成的网络政治生态环境,如何将国际和国内环境合理地置于网络政治文化研究的视域,在国际政治环境的协调中,发展更加开放而秩序化的网络政治文化,值得我们深入研究和讨论。

① 何小手. 网络倒逼改革成为官民互动新样本[EB/OL]. http://news. sina. com. cn/m/2011 - 11 - 16/114123475281. shtml.

② “官僚表达”是指置身于政治系统之中、或多或少具有政治权责的个人,为其自身或小集团的特殊利益而向决策中心所作出的表达。逻辑上“官僚表达”还包括官僚作为特定公民或团体的政治代言人的表达,但本文更多强调的是“官僚表达”的自利性质。冯繁. 当代中国政治利益表达的方式及其特征[EB/OL]. http://www. snzg. cn/article/2009/1125/article_16364. html.

③ 在政治改革和社会管理过程中,包括程式化和危机处理两种处理方式,而程式化处理方式是必需而主要的方式。

生态政治文化论

——兼论与美丽中国的关系①

王卓君　唐玉青

一、公众环境治理诉求、生态政治运动与生态政治文化

生态环境被破坏的现象，令人心头时常萦绕类似哈姆雷特的"生存还是毁灭，这正是问题的所在"的忧思。生态环境危机的日益迫近和现实困扰，迫使民众自发走上街头，呼吁政府采取有效措施治理环境和控制环境污染，维护公民的合法权益，以环保为核心的公众运动日益高涨。至20世纪70年代，环境保护在西方逐渐超越利益算计的层面，成为社会普遍追求的一种"后物质主义价值"，促成了西方民间的生态政治运动。从早期的动员群众、唤醒社会的生态意识，转变到以"环境保护"为宗旨的"绿党"成为政治格局或者说议会政治的重要力量，西方生态政治运动已经成长为社会政治的潮流。这种政治力量在议会政治的体制环境中持续推动了政府的生态转向，产生新的政治理念，使西方的政治发展出现了新的变化，对西方未来的政治走向具有深远影响。与此同时，化解生态危机的重要性和迫切性也引起了学界的普遍关注和重视，于是便产生了"治标"与"治本"的分野，也就是所谓西方生态主义学理上"浅生态"与"深生态"危机化解的不同路径，形成了颇有影响的生态主义政治思潮。

诚然，并非只有西方国家掌握着人类通向生态可持续的"钥匙"，中国也不可回避作为一个现代化进程中大国的历史责任。事实上，"在中国，制度外的或对抗性的政治行动面临严重的合法性困境，严格意义上的集体行动和社会运动因为难以制度化而缺乏存在的空间"②。因此，面对频发的生态危机，在人们遇到的问题无法得到有效回应和合理解决的条件下，必然形成以环境维权为主要目标的群体性事件。要对环境群体性事件的复杂性有比较全面和充分的认识，我们既不能简单地用环境维权一概论之，也不能笼统用西方的冲突理论加以解释，更不能对具体事件简单地用合法还是非法来匆匆定性，因为生态问题实质上是根本性的政治问题。

显然，在当前我国面临比较严峻的生态危机时，西方的生态主义运动对我国的生态保护也具有一定的借鉴与参考价值。可是，中国场域的生态政治运动是否也呈现出如西方学者所言的功能呢？究竟中国的生态危机该如何有效治理？中共十八大报告给了我们明确

---

① 本文刊发于《南京社会科学》2013年第10期。

② 应星．草根动员与农民群体利益的表达机制——四个个案的比较研究[J]．社会学研究，2007(2)．

的昭示。十八大首次将“美丽中国”这个诗意化的概念作为未来中国生态文明建设的美好愿景,由此引发了全国上下的热议和共鸣。各个领域的学者们分别从理念创新、科技创新、制度保障等多个维度来探讨,呈现出理论的集聚现象,但亦有趋同化的表现。诚然,从制度和技术层面探讨生态文明建设是非常重要的,但仅仅停留在制度与技术层面,恐怕会陷入“用表象解释表象”的困境之中,难以自拔。

事实上,现代性的张扬,背离了对生活的承诺,给个体生存、社会发展提出了严峻挑战,尤其是全球性生态危机所引发的现代文明发展的困境,在一定程度上已成为当代人挥之不去的存在风险与焦虑,引发了人们关于生态政治的文化反思潮流。我们“今天面临的全球性生态危机,起因不在生态系统自身,而在于我们的文化系统”,“整个文化已经走到了尽头。自然的经济体系已经被推向崩溃的极限,而生态学将形成万众的呐喊,呼唤一场文化革命。”①由此,后现代主义等文化思潮随之崛起,这一势头强劲的文化现象与同样势头强劲的“绿色文化”不谋而合、聚成洪流,汇合为巨大的文化合力,赋予自然生态政治以文化底蕴。②

二、生态政治文化

生态政治文化是生态政治的文化映射,是人类在遭遇了环境问题压迫后所做出的基于文化价值观的政治导向,她主要包括生态政治价值观、生态政治心理和生态政治社会化等要素。

(一)生态政治文化是生态政治的文化影射

诚然,生态政治从自然—社会—经济—政治的系统思维入手,指出了人不仅仅是社会的人,更是受自然环境限制、约束的人,如果政治行为只是把握人与人、人与社会间的属性关系,而忽略自然规律对人的影响,甚至违背生态运行规律,那么由此而引起的生态危机将会使人类走向自我毁灭的绝境。③ 把生态问题提升到政治的高度,是认识传统政治系统运行的新视角和新高度,由此形成了生态政治的现实运行,而从生态政治文化角度去认知和解决社会政治系统需要直面的环境问题,是生态政治在文化方面的直接映射。

1. 生态政治文化的生成空间

在生存危机的挑战面前,要求人类站在自然系统与社会系统统一的高度用宏观的系统思维去重新思考和解决问题,“全球生态系统和地球上生命的进一步演化也将遭到严重危害,并有可能在一场大规模的生态灾难中彻底终结。过多的人口和工业技术以不同的方式导致了我们所赖以生存的自然环境的严重恶化。结果,人们的健康和福利受到严重的危害”。④ 20 世纪 60 年代,西方各界对生态危机开始了文化反思,他们注重环境保护,反对纵欲,渴望精神回归,甚至渴望丹尼尔·贝尔所主张的“重新向着某种宗教观念回归”,他们赋

① Donald Wors. Nature Econmy:A History of Ecological Ideas[M]. Cambridge University Press,1994:356.

② 孙正甲. 生态政治学[M]. 哈尔滨:黑龙江人民出版社,2005:172.

③ 郭庭天. 当代中国社会主义生态政治的特征分析[J]. 中国软科学,2006(1).

④ 弗里乔夫·卡普拉. 转折点[M]. 成都:四川科学技术出版社,1988:5.

予自然生态政治以文化底蕴①。环境问题引发的文化反思不仅使政治人成为生态的“道德代理人”，更是对政治文化一种新的绿色的引导，并有可能为现代人类开创新的文明样态。

事实上，在中华民族的传统文化中蕴涵着丰富的生态文明思想，如墨子的“去无用之费，圣王之道，天下之大利也”的“圣王节用”观的传统生态政治文化，就可以为我国建设生态政府提供重要思想资源；《周书》上“春三月，山林不登斧，以成草木之长。夏三月，川泽不入网罟，以成鱼鳖之长”等古代生态保护政令法令也可以为当代中国生态法制文明建设提供宝贵的经验借鉴。因此，对传统生态政治文化观的汲取与弘扬可以推动当代中国社会生态文明发展理论的成熟，进而在现实社会政治系统中帮助形成有效的生态治理结构，为当代中国建设生态文明社会奠定坚实的基础。

2. 生态政治文化的场域分析

生态政治文化是生态政治的文化映射，它的结构图如下：

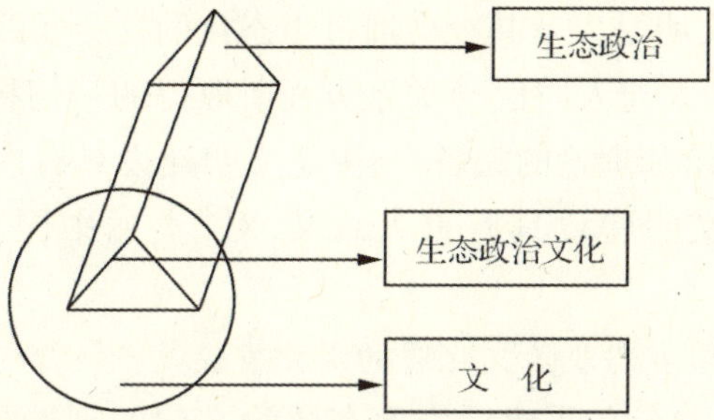

生态政治文化是人类在遭遇了环境问题压迫后所做出的基于文化价值观的政治导向，以“生态政治”为核心，建构一种新型的政治文化，可以成为当代政治系统运行和政治文化发展新的理论指导与重要方向。作为生态政治在文化方面的一种映射，“生态政治文化”试图通过反思人与自然关系的演化进程，重新建构一种新的文化价值观，力图解决人与自然的冲突和矛盾，描绘人类生存发展前景，实现社会的和谐发展。

当然，生态政治文化的形成不是一蹴而就的，而是一个循序渐进的过程。环境问题日益凸现，人与自然的矛盾不断尖锐化，不可避免地在一定程度上引发了对人与自然关系的重新认识，以及对工业社会发展中所形成的固有观念的反思和批判。人们逐渐认识到仅仅依靠现代性的技术、法律等外部因素是远远不够的，必须从人类文明发展的高度去重新看待生态问题，如此就催生了生态政治文化的出场。生态政治文化的出场不单依靠对现代性的文化反思（尽管这是非常重要和必要的），更需依靠国家的政策和国家的行为——“要想使众多思想和学说中的某一种思想和学说成为在国家中占统治地位的政治文化，还必须借助于国家的政策和国家的行为”②。也就是说，国家通过政策和行为所形成的强制力，保障生态政治文化观的生成空间，并相应地为生态政治文化观的思想和学说的存在与发展开辟通畅的道路，同时积极创造条件去实现这种生态政治文化观，这是理论变成现实的重要途径之一。

---

① 孙正甲. 生态政治学[M]. 哈尔滨：黑龙江人民出版社，2005：173.

② 李景鹏. 政治文化历史变迁析论[J]. 天津社会科学，2006（5）.

（二）生态政治文化与生态文明的关系

生态政治文化是一种社会意识，是渗透于社会大众中能动的精神文化作用力。生态政治文化的理论成果对中国特色社会主义建设具有特殊意义，可以引导中国特色社会主义生态文明的建设；反过来，生态文明建设的实践可以进一步深化生态政治文化的理论研究，推动生态政治文化向着更加完备的形态发展。

1. 生态政治文化引导生态文明建设

诚然，生态文明的建设离不开政府管理、科技支持和制度规制等因素，但生态政治文化对此起着重要的引导作用。

生态政治文化作为建设生态文明的价值观或文化意识，是现代人类文明发展陷入困境的文化反思。它以转变人的思维观念和行动导向为目标，相应地调控制度构建和现实政治的运行机制，以其实现社会的可持续发展，解决人与自然的矛盾、实现人与自然以及人与人（社会）的和谐。而生态文明是人及其社会通过生态化的社会实践方式，在处理人（社会）与自然关系以及与之相关的人与人（社会）关系方面所取得的一切积极成果。因此，在一定意义上，生态政治文化的提出和理论的完备，与生态文明建设具有内在的逻辑一致性，对于中国特色社会主义的生态文明建设具有重大意义，对“美丽中国”的建设具有重要的引导作用。

2. 生态文明建设推动生态政治文化观的深化发展

在社会主义制度下，生态文明建设为生态政治文化的理论构建和系统发展提供了保障。当前，我国经济的超常规增长引发的生态危机，使人们扪心自问：究竟是学习西方国家“先污染、后治理”的模式，或者有效控制经济发展的步伐来拯救和保护环境，还是寻求两者统筹兼顾、协调发展的路径？答案是显而易见的。但如何实现这样一个目标，则见仁见智，众说纷纭。

党的十八大给了我们明确的路径选择：将生态文明建设作为社会主义现代化建设的重要目标。这就为生态政治文化的形成与发展提供了强大的动力。生态文明建设将生态理念引入到我国的社会实践之中，并从政治意识形态和社会统治的维度使之成为新的社会价值观，这就为我国的生态政治文化提供了现实的载体和鲜活的实践样本，从而使生态政治文化的发展具备了不断创新的源泉。

（三）生态政治文化的结构

生态政治文化是生态政治的文化映射，反映了生态文明的基本要求，引领生态文明的建设。生态政治文化作为一个亚文化系统，它由生态政治价值观、生态政治心理和生态政治社会化等要素构成。

1. 生态政治价值观

频繁的生态危机，压缩了人类的生存空间，危及人类的可持续性发展，无疑对当代政治价值观提出了严峻的挑战。这就要求人们转变以往的价值观念，以自然系统和社会系统高度统一的宏观系统思维，重新审视和建构生态政治价值观。现代政治系统要以生态作为核心评价标准来形成新的政治价值系统，而生态政治价值观理应在其中占据较高“权重”，它的标志就是内在价值理念的意识形态化，即"嵌入政治制度——行政机构、法律、规范以及运行程序"①。纵观我国一系列生态政治价值观的演变，从科学发展观到生态文明，再到"美丽中国"的倡导，表明了生态政治价值观的逐步意识形态化。生态政治价值观的转变是社会关系中各项变量深层内在关系的转变，是事物发展短期和长期效应之间复杂关系的转变，是战略预测所需要的理论模式的转变。生态政治价值观不仅为生态文明建设提供了理论与理念支撑，而且也规约着生态文明建设的成长、变革、路径和速度。因此，生态政治价值观是生态政治文化的核心。

2．生态政治心理

政治心理是政治文化的重要组成部分，是社会成员在社会政治实践以及政治社会化过程中对社会政治关系及其表现出的政治行为、政治体系和政治发展等政治生活各方面现象的一种心理反应，具体表现为人们对政治关系的认知、情感、态度、情绪、兴趣、愿望和信念等，是人们对社会政治现象的主观反映。生态政治心理是人们在现实社会政治运行过程中对生态政治的心理映射，是对生态政治现实的反应和主观倾向。

生态政治心理的形成，与人们过去与现在的政治生活有很大联系。儿童早期的政治社会化，将为成人期的生态政治心理奠定基础；而成人期的政治社会化，则会反过来进一步调整和改变儿童期留下的观念，从而不断完善自身的生态政治心理系统。生态政治心理一旦形成，在个体层面上所发挥的作用或显现出来的力量是非常有力的，它是一种潜移默化的间接的过程，不会被轻易改变。因此生态政治心理是生态政治文化的深层结构和有效载体。

3．生态政治社会化

社会化是个人逐渐接受社会文化规范并使自己成为合格社会成员的过程，政治社会化就是个人逐渐接受社会的政治文化规范，并使自己逐渐成为合格的社会公民的过程。政治社会化就是政治文化的传递②，是个体与社会不断互动的过程。基于此，生态政治社会化也就是生态政治文化的传递过程，是上一代人向下一代人传递生态政治标准和生态政治信念的途径；是社会成员在政治互动中逐步接受生态政治文化教化，学习生态政治知识、习得生态政治技能、内化生态政治规范、形成生态政治态度、完善生态政治人格的过程③。它不是一蹴而就的过程，个体即使经历了相当长时间的努力，仍然需要不断地接受与更新已有的生态政治价值观、生态政治理论与生态政治心理，同时在与社会的互动过程中修正和改造社会的生态政治文化内容。对当下中国而言，通过有效的生态政治化过程，在全体国民中形成生态政治文化的政治价值观、政治心理与政治人格，是建设生态政治文化与美丽中国的重要任务和必要进程。

三、生态政治文化引导生态文明的建设

生态文明是指以人与自然、人与人、人与社会和谐共生，良性循环，全面发展，持续繁荣

---

① 朱迪斯·戈尔茨坦，罗伯特·基欧汉．观念与外交政策[M]．刘东国，于军，译．北京：北京大学出版社，2005：1．

② 王卓君．文化视野中的政治系统——政治文化研究引论[M]．南京：东南大学出版社，1997：210－211．

③ 李元书．政治社会化：涵义、特征、功能[J]．政治学研究，1998(2)．

为基本宗旨的文化伦理形态。可以说,生态文明是超越原始文明、农业文明、工业文明的新的文明形态。生态文明的本质要求是解决好生态危机,解决好发展方式。而生态文明建设的思想动力来自生态政治价值观,生态政治心理是生态文明建设的主体导向,生态政治社会化则对生态文明建设不断发挥传递作用。

(一) 生态政治价值观是生态文明建设的思想动力

自西方国家进入工业社会以来,不可否认,工业社会带来了人类先进的文明,“资产阶级在它的不到一百年的阶级统治中所创造的生产力,比过去的一切世代创造的全部生产力还要多,还要大”①。然而,伴随着工业文明的生态危机,西方国家不可避免地面临着自然资源日益枯竭、生态环境不断恶化的困境。“当代世界由于科技进步加速,生态危机出现,建立在自然与社会对立基础上的传统进步观也变得有问题了。”②片面追求经济发展的价值观使西方国家付出了巨大的代价。

事实上,“从 1978 年到 2010 年,中国的 GDP 增长了 20 倍,能源消费增长了近 6 倍,单位产值能耗远超西方发达国家”③。我国作为后发现代化国家,理应吸取西方国家工业化的教训,即避免经济发展与环境污染的相伴而生,实现经济发展与环境保护的良性协调。十八大报告对上述经济发展模式和生态污染的现实给予了自觉回应,该报告首次单篇阐述生态文明,首次用一个充满诗意和想象的文学词语——“美丽中国”作为未来中国生态文明建设的美好愿景,这就为处于加快发展与转型发展的中国树立了全新的生态政治价值观。

要建设生态文明,实现“美丽中国”,完成“中国梦”,我党和各级政府在社会主义和谐社会建设的全过程中都必须具有强烈的生态政治价值观。要从政治学的高度和现实发展的要求出发,充分认识生态环境对于中国特色社会主义现代化事业的特殊价值,充分认识生态环境危机引发的一系列政治问题对我党执政可能带来的危害,对中华民族生存带来的危险。生态政治价值观是生态文明建设的思想动力,生态文明建设是生态政治价值观的表现形式,这两者之间存在着相互的映射关联。其实,自 1995 年我国提出可持续发展概念后,相继提出了科学发展观(2003),资源节约型和环境友好型社会(2004),和谐社会(2005),创新型国家(2006),生态文明(2007),绿色经济和低碳经济(2009),转变经济发展方式(2010),绿色低碳发展(2011),美丽中国(2012)等一系列生态价值观。可以说,以生态文明建设为愿景,以美丽中国为核心的先进理念,从执政层面上建构了调整和改变社会发展方式和社会行动方式的观念系统。

正如丹尼尔·A. 科尔曼所说:“物质至上的价值观今天无比强大,故此必须再三强调,应当花大力气有意识地铸造可望取而代之的新型价值观。”④观念是行动的先导,任何政治行为的驱动,都必须具有相应的价值观念的指导,否则就不可避免地使行动形成多样而凌

① 马克思恩格斯选集:第 1 卷[M]. 北京:人民出版社,1972:256.

② 乌尔里希·贝克,约翰内斯·威尔姆斯. 自由与资本主义:与著名社会学家乌尔利希·贝克对话[M]. 浙江人民出版社,2001:40.

③ 中国科学院可持续发展战略研究组. 2012 中国可持续发展战略报告——全球视野下的中国可持续发展[M]. 北京:科学出版社,2012:序 4.

④ 丹尼尔·A. 科尔曼. 生态政治[M]. 上海:上海译文出版社,2002:112.

乱的方向，从而引起社会的冲突和个人的混乱。同政治、经济、文化、社会文明建设一样，生态文明建设也是一种社会谋划，需要首先建立清晰完备长远科学的生态文明价值观，引导全社会的生态文明建设。确切地说，只有发挥先进理念或价值观的引领作用，通过人与自然的和谐促使人与人、人与社会的和谐，才有可能解决好发展方式和担负起破解人类历史斯芬克斯之谜的重任，这正是生态文明的本质要求。

"人类遵循人、自然、社会系统和谐发展这一客观规律而取得的物质与精神成果的总和，是以人与自然、人与人、人与社会和谐共生、良性循环、全面发展、持续繁荣为基本宗旨的文化伦理形态。"①生态文明的内在价值通过生态政治价值观在现实社会运行中的强势推进而得以实现。

（二）生态政治心理是生态文明建设的基本导向

事实上，"社会历史中的任何政治现象和活动的过程都是通过参与该过程的人们或集团的行为表现出来的，而人们的政治行为又必然在一定程度上受他们心理因素调解……如果政治学研究的具体对象中不考虑和不注意社会政治心理现象的因素，及其在社会政治生活中与各种现象的相互作用关系，就难以理解、说明和把握社会政治生活过程的复杂性、曲折性，就容易把社会政治历史和现实的全部丰富内容变成是'一种空洞的抽象'"②。而政治心理是一种自发的心理反应，是人们对社会政治现象的主观反映。因此，把握整个社会的生态政治心理方能对整个生态政治系统、对生态文明建设形成导向作用。

1. 生态政治心理是制定生态文明政策的心理依据

要实现生态文明的可持续性发展，就必须制定出一套顺应历史、合乎民意的生态文明政策规制。而生态文明政策的制定，虽然与当前政治体系运行和制定者对政治体系及自身的角色有关，但我们决不能忽略政治行为受政治心理支配这一要义。生态文明政策的制定是在生态政治理论与实践和生态政治社会化的过程中，由制定者的生态政治心理所导向，其过程是极其缓慢的、无形的、隐形的，但一经形成就很难改变，具有相对稳定性。

不可否认，生态政治心理反映并显现了生态文明建设的可行性。生态政治心理作为社会群体生态政治的晴雨表，在一定程度上，不仅折射出了人民群众的利益、愿望、信念、信仰和态度，而且反映了社会阶级、阶层和利益集团的生态政治诉求、生态政治价值观、生态政治理论等。因此，从政治的高度认识和把握威胁中国乃至全球生存和发展的生态危机问题，充分尊重社会大众的生态政治心理，顺应大众合理的生态政治心理，并以此为依据来运行现实政治系统和经济建设方略，才能实现美丽中国的生态梦。

2. 生态政治心理促进生态政治理论和实践的发展

生态政治心理和生态政治理论分属两个层次的社会意识。生态政治心理属于自发的、低层次的、差异的社会意识，其内容会随着突发政治事件或政治更迭发生变化；而生态政治理论则属于自觉的、高层次的社会意识形态，相对于生态政治心理而言，生态政治理论体系内的生态政治思想、法律思想、哲学思想，其内容是相对完备和学理化的。生态政治心理促

---

① 姬振海. 生态文明论[M]. 北京：人民出版社，2007：2.

② 王科. 政治心理学[M]. 成都：四川人民出版社，1988，2.

进生态政治理论的不断发展和完善，在很大程度上，生态政治理论又来源于生态政治心理，是对生态政治心理的集中、加工、提炼和升华，因而也可以有效地引导社会大众的生态政治心理。

（三）生态政治社会化对生态文明建设的持续传递

事实上，党的十八大报告将生态文明建设与经济、政治、文化、社会建设一起确定为中国特色社会主义现代化建设的五大战略方向，以此回应和治理中国现代化寻梦途中所不得不承受的现代性之痛。生态文明是在“解构”工业文明范式中产生的一种新文明，生态文明建设绝非“临时工程”，也绝非一时一地的“权宜之计”，而是关乎子孙后代发展的千秋大计。要实现生态文明建设的可持续发展，就必须通过生态政治社会化这一重大进程。生态政治社会化过程包括：生态政治信息传播、生态政治观念内化和生态政治态度演进三个层面，并按照其内在的逻辑顺序渐次递进，构成一个连续统一的动态发展过程。

1. 生态政治信息传播

生态政治社会化首先是生态政治信息传播的过程，即在政治体制内的各种生态政治社会化组织和群体以一定的方式和渠道向社会成员传播生态政治价值观、生态政治思想、生态政治理论、生态政治行为准则等生态政治文化信息的过程。生态政治社会化的全部过程，首先必须有生态政治信息传播，然后才能有生态政治意识的形成、生态政治理论的出现和生态政治运动的发生，才可能从社会主体的角度实现生态文明的建设之路。

2. 生态政治观念内化

生态政治观念内化是指社会个体本身已有的观念、意识、思维经由生态政治信息的传播，加工、转化而形成的生态政治知识、生态政治观念的一系列心理和行为过程。生态政治观念内化的过程需要经过认知、结构化与繁殖三个过程。认知是生态政治观念内化的初始过程，通过生态政治信息的传播与主体的思维加工、逻辑整合，生态政治信息进入个体心理意识结构，这是生态政治认知图式与生态政治信息之间相互作用的过程。结构化是生态政治认知图式在新信息被吸收、融合的基础上的规模扩张和结构重组。繁殖是在认知与结构化的基础上，对生态政治现象的深化与拓展，体现为生态政治价值观、生态政治理论的塑造与发展。

3. 生态政治态度演进

生态政治态度是态度主体对生态政治这一政治对象稳定的心理反应倾向，是个体对生态政治的认知倾向、情感倾向和评价倾向的有机组合。生态政治态度会因为主体的社会化进程而形成一般态度，并因相互吸引结成生态政治态度群。生态政治态度群并不是一成不变的，它会随着生态政治社会化进程的不断深入而导致生态政治态度群的分化与重组，于是社会个体的生态政治态度体系就不断趋于理性化。个体逐渐摆脱情感因素的束缚，用理性的眼光去审视政治世界，寻找合理的政治目标，选择有效的政治行为方式，实现自己的生态政治愿景。于是，合理的生态政治文化得以传递和发展，形成相对固定的社会化范式，并在社会发展演进中持续发挥作用。

四、结语:生态政治文化与美丽中国

未来的中国政治不仅应给予生态环境以更多的关切,更为重要的是,它将建立起能够使自然发展、经济发展与社会发展相统一的政治架构。在现代化建设进程中的中国,生态文明建设正在起着关键的引领作用,而其中生态政治文化价值观又是核心。生态政治文化是生态政治的文化映射,是中国特色社会主义生态文明建设的“上层建筑”与社会心理基础。“美丽中国”不仅是中国现代化条件下一种自然的生态美丽,更是交融了自然与社会、物质与人性、政治、经济与文化多样互耦、协调发展的一种和谐进程。因此,只有形成符合时代需要和中国特色的生态政治文化,并在政治系统和经济建设的社会运行中真正践行生态政治价值观,才能够实现“美丽中国”的伟大梦想。

以文化科技融合促进江苏新兴文化产业发展的制度创新研究

芮国强　常　静

一、研究背景

（一）项目研究的目的和意义

1. 研究目的

本项目研究的目的集中体现在以下三个方面：一是系统梳理并评估国内其他地区以文化科技融合促进新兴文化产业发展的制度支持体系的制定与实施，认真借鉴其成就并总结其不足，为本课题的研究以及后续研究提供支持；二是系统总结江苏近年来促进文化科技融合、推动新兴文化产业发展的好的做法和成功经验，诊断存在的不足及薄弱环节，剖析其原因，从而提出推进文化科技深度融合的对策建议；三是根据产业融合理论、新制度经济学、创新经济学、治理理论等理论及方法，论述以文化科技融合促进新兴文化产业发展的制度创新的内在机理及途径，从而健全文化科技融合的体制机制。

2. 研究意义

如何充分发挥江苏省科教发达、自主创新能力居全国之首的优势，跟踪文化科技发展前沿，加强核心技术研发，积极参与文化技术标准制定，提高文化科技自主创新能力，是摆在江苏经济社会发展尤其是文化发展面前的现实课题。国际经验告诉我们，制度环境、政策环境对于文化与科技的融合起着关键的作用，政府应当寻求一种适当的制度结构，以使涉及文化科技融合的多元主体之间的竞争与合作保持平衡。本课题研究将认真总结江苏近年来在促进文化科技融合、推动新兴文化产业发展的制度创新方面所取得的积极进展和成功经验，科学研判并分析其间存在的不足及薄弱环节，进而提出相应的对策建议，为江苏在文化科技融合的制度创新方面提供理论支撑，为江苏在现有基础上出台促进文化科技融合发展的意见、健全文化科技深度融合的体制机制、提高新兴文化产业的科技支撑能力提供决策依据。因此，作为2013年省软科学研究重点支持领域之一，该项目研究对于江苏培育和发展新兴文化产业，转变文化产业发展方式，构建文化产业体系，提升文化产业核心竞争力，进而建设文化强省都具有重大而深远的现实意义。同时，该项目还将为苏州创建国家级文化科技融合示范基地提供决策依据。

（二）主要研究内容及方法

1. 主要研究内容

以文化科技融合促进新兴文化产业的培育和发展既是重大实践问题，也包含了一系列的理论问题。本项目在跟踪发达国家文化科技发展前沿、把握我国文化科技融合战略部署、学习国内其他地区好的做法的基础上，积极探讨江苏文化与科技融合发展的工作思路、目标和重点，并就如何建立健全推进文化与科技融合的工作机制、创新文化与科技融合的政策与制度、促进江苏新兴文化产业的发展等进行理论探讨和实践思考。本项目的研究主要包括以下内容：(1)基本理论问题研究：包括文化科技融合的科学内涵、理论基础、运行机制、战略目标、文化科技融合创新体系的有效运作和优化发展以及文化科技合作制度、指标体系的研究等内容；(2)其他先进国家文化产业技术发展的国家战略以及文化产业技术的最新发展趋势研究；(3)国内其他地区以文化科技融合促进新兴文化产业发展的案例研究及比较研究；(4)近年来江苏以文化科技融合促进新兴文化产业发展的成效及问题研究；(5)建立健全以企业为主体、市场为导向、产学研相结合、具有江苏特色的文化创新体系研究；(6)江苏省文化科技融合支撑新兴文化产业发展的制度创新研究：包括体制创新、机制创新、政策创新等内容。

2. 主要研究方法

本项目以文化科技融合支撑新兴文化产业发展的制度创新为研究对象，基于新制度经济学的制度创新理论，并整合产业融合理论、博弈论、创新经济学、治理理论等相关原理，探讨如何在以文化科技融合促进新兴文化产业发展的进程中进行制度创新；并以江苏省为个案开展实证研究，诊断文化科技融合、新兴文化产业发展中既有制度安排的不足和缺陷，提出推进文化科技深度融合、推动新兴文化产业科学发展的制度创新的相关对策。

(1) 文献分析法。根据研究内容和创新方向有针对性地借助 CNKI 等数据库收集和整理相关文献，重点是分析现有文献关于以文化科技融合促进新兴文化产业发展的研究。同时，从相关地区的工作规划、总结，以及相关部门提供的文本资料、权威的统计年鉴等渠道收集文本资料，进行客观分析。

(2) 比较研究法。通过比较国外发达国家、国内其他地区以文化科技融合促进新兴文化产业发展的制度创新的异同，发掘推进区域文化科技融合制度创新的特点与影响因素，重新审视区域文化科技融合制度安排的科学性和差异性。

(3) 案例分析法。以江苏及其他发达国家或国内先行先试的地区为例，着重分析文化与科技融合以及与新兴文化产业、制度创新之间的互动关系，着眼于创新以文化科技融合促进江苏新兴文化产业发展的制度体系，从而推动文化科技的深度融合及新兴文化产业的发展。

(4) 跨学科研究法。从跨学科的角度，以文化科技融合、新兴文化产业发展中的制度创新为侧重点，综合产业融合理论、新制度经济学、创新经济学以及治理理论对于江苏省文化科技融合过程中的制度创新进行研究，并对既有的制度创新的效果进行评估。

（三）主要创新点及应用前景

1. 主要创新点

(1) 研究团队创新：苏州大学联合苏州市科技局、苏州市政府研究室等政府部门的力量共同组成研究团队，将高校的理论优势和政策部门的实践优势有效结合，致力于实现协同创新。

（2）研究内容创新：以文化科技融合促进新兴文化产业发展的制度为研究对象，研究论题集中明确。

（3）研究方法创新：综合运用产业融合理论、新制度经济学、创新经济学、治理理论等理论及方法开展研究，突破既有研究的局限。

2. 应用前景

本项目研究致力于为江苏创新制度改革体制构建机制完善政策，进而推进文化与科技的深度融合、促进新兴文化产业的发展，使文化产业成为江苏国民经济支柱产业提供理论支撑，研究成果的预计去向是省科技厅、省文化厅和省委宣传部等部门，从而为省委、省政府进一步完善文化科技融合、促进新兴文化产业发展提供决策参考。同时，本项目研究还从苏州实际出发，研究编制了《苏州国家级文化和科技融合示范基地建设发展规划》，为苏州申请创建国家级文化和科技融合示范基地提供了核心理念支撑与规划文本支持。

（四）核心概念的内涵

本研究主要是从产业融合的视角来研究文化与科技融合的制度创新问题。因此，主要涉及文化产业与科技产业、文化与科技融合、制度创新等核心概念。

1. 文化产业和科技产业的内涵

（1）文化产业（Culture Industry）。2012年8月，国家统计局与有关部门修订的《文化及相关产业分类》给出的文化产业定义是：为社会公众提供文化产品和文化相关产品及服务的生产活动的集合。其范围包括：以文化为核心内容，为直接满足人们的精神需要而进行的创作、制造、传播、展示等文化产品（包括货物和服务）的生产活动；为实现文化产品生产所必需的辅助生产活动；作为文化产品实物载体或制作（使用、传播、展示）工具的文化用品的生产活动（包括制造和销售）；为实现文化产品生产所需专用设备的生产活动（包括制造和销售）。该分类将文化生产分为"文化产品的生产"和"文化相关产品的生产"两部分，前者包括新闻出版发行服务、广播电视电影服务、文化艺术服务、文化信息传输服务、文化创意和设计服务、工艺美术品的生产等；后者包括文化产品生产的辅助生产、文化用品的生产、文化专用设备的生产等。

（2）科技产业。又称高科技产业（High-Tech Industry）。根据全国科学技术名词审定委员会审定公布的名词，科技产业通常是指研究与开发在生产或服务中起到关键作用的部门，包括信息、电子、新能源诸多产业。科技产业不同于一般的产业系统组合，它是由科技—生产—市场共同作用的整体性产业系统。科技产业通常具有如下三个方面的特点：一是科技产业是科学技术物化的产物。科学技术是前提，商品化、市场化是保障，只有通过研发—生产—市场这一系统，形成大规模和批量化，才能真正形成产业；二是科技产业需要以市场需求为先导，引导资金进入技术前期研发阶段和试制生产阶段，而这些最终将为科技产业发展提供广阔的市场前景和发展机会；三是产业发展水平直接影响科技产业的变革。实践证明，科技产业结构变动直接受产业发展均衡程度以及工业化发展水平的影响，往往在那些工业化水平较高、科技水平较高的国家和地区，产业结构增长率也会比较高。

国际上科技促进产业发展的创新模式主要有四种。一种是大集团创新模式，即大集团以自己的研究院作为技术储备和科学转化为技术产品的主要实体，对于一些自己没有涉及的技术则通过强大的资本实力收购小的创新单元来补充完善自己的创新体系；第二种是创业模式，即一些小的创新单元通过单项技术的革新，加之新的模式，逐步发展壮大，最终或者是以上市融资的形式加入大集团行列，或者被大集团收购从而实现自己的价值；第三种是技术育成模式，像我国的台湾地区由于大企业集团不多，工研院担负起了科技中介的角色，一方面，了解企业的实际需求，另一方面跟踪国际科学技术发展动态，把科学问题培育成为技术实现的方法后，交给企业去实现；第四种则是联盟创新模式，即由产业链上下游各方联合构建产业协同创新战略联盟，实现优势互补、分工协作和利益分享。

2. 文化与科技融合的内涵、形式及动力

(1) 文化与科技融合的基本内涵。20 世纪 70 年代以来，对文化和科技融合问题的研究主要围绕产业视角展开，主要有三个方向：一是文化内容信息的技术转化。哈佛大学的 Anltaony Oettinger 关注到信息的数字转化和传输产生的融合，提出了“数字融合”。美国学者 Yoffie 认为“融合”即采用数字技术后原来各自独立产品的整合，欧盟则于 1996 年提出“数字内容产业(Digital Content Industry)”。二是文化信息产品传播的技术应用。联合国新闻委员会用“新媒体”概念泛指以现代技术促成的新的信息媒体。三是文化产业与信息产业的融合。麻省理工学院的 Nicholas Negroponte 认为，计算机、印刷和广播业的技术融合，三者的交叉处将是成长最快、创新最多的领域。欧洲委员会“绿皮书”认为，数字技术导致产业联盟和合并、技术网络平台、市场等三个角度的重合。总体上讲，这些研究都将文化和科技融合视为由科技突破与技术创新所带来的产业形态和产业结构变革。

从产业融合的角度来看，文化科技融合主要包含两个层面：其一，以科技产业为主，打造科技企业文化；其二，以文化产业为主，借助高科技产业的产出方式及生产结果，提升文化产业水平。张树武指出，在现代文化产业的经济模式下，单纯以文化资源企业为主的“内容为王”发展模式和以科技企业为主的“科技引领”模式，都不能有效主导现代文化产业的发展方向，只有实现“内容为王”和“科技引领”的高度融合，才是未来文化大发展、大繁荣的主流趋势。鉴于上述认识，他强调指出，“文化和科技的融合”一定要从人的思想统一、组织的统一、活动的统一上推动其深度融合和互动发展。本研究立足于后者，即只考虑科技促进文化产业发展的融合现象。从这一意义上说，文化科技融合的实质是一种技术诱发的产业创新和融合模式，是指文化产业依托高科技产业的技术手段或产出结果，以拓宽传统文化产业的表现形式和传播手段，提升文化产业的服务水平，催生新的文化产品甚至新的文化业态等一系列现象。

文化科技融合的核心是价值的创造与分配，引致产业内部和产业之间建立新的分工与协作关系。波特的价值链理论认为，价值链是为创造价值所进行的一系列活动，并不是每个环节都创造价值。企业的竞争优势，实质上是在价值链某些特定的战略环节上所具有的优势。从横向来看，文化和科技融合表现为线性整合。市场主体倾向于在价值链中的一个或多个要素中被授权，在保持原有线性价值链结构的基础上，通过新技术的导入，增加文化产品和服务创制过程的迂回度，延长最终产品的价值链，进而巩固原有的市场或者获得新的市场。从纵向来看，文化和科技融合表现为网状整合。通过技术的整合实现产业间延伸或产业内部重组，吸纳新的参与者，形成一个可将不同产业部门容纳于其中的新业务框架，建立产业之间相互交叉渗透的网状价值链结构。例如，传媒业、信息服务业和通信产业之间的融合引发交互式文化科技创新，建立以内容、渠道、终端为框架的新型竞争协同关系，产生更大的复合经济效应。这一过程很可能引起价值链的转移，导致新进入者有机会把原有的业务扩展到较高的价值区域。

（2）文化与科技融合的形式。从产业融合的形式分类看，文化科技融合，有的源自产业的技术升级，例如多媒体技术、数字版权保护技术的出现等，其最大特点在于产业升级、技术驱动；有的源自文化与科技产业交叉重叠部分融合所形成的新的产业部门，或完全通过行业内垄断企业自身的扩张行为完成融合，例如文化旅游、数字出版、网络教育等新生业态，又如大型科技企业多元化经营从事文化业生产。其共同之处在于不一定依赖技术进步，但是融合现象均出自产业分工组织形态改变这一前提。本研究将文化科技融合分为生产方式进化型和产业分工异化型两大类，进而分析其融合机制。

发生生产方式进化型融合的必要条件包括：技术创新支持、技术转化成本不影响企业的未来收益、融合过程中不存在非经济性壁垒，即无产业进入限制。融合路径分为两种，第一种是生产方式外延式融合，即通过多元生产方式得到相同或具备类似功能的产出结果。例如，相同的文艺演出节目可以通过传统的表演方式呈现，也可通过激光特效舞台的方式呈现。又如，传统方式下生产的读物和网络出版的电子书也是一种生产方式外延或融合。第二种是生产方式内涵式融合，即通过一元生产方式可以获得多种产出结果。例如，基于互联网技术诞生的在线影院、网络游戏等。

与生产方式进化型融合不同的是，产业分工异化型融合的发生不依赖于技术进步，而重经济利益，融合的必要条件为，企业在扩大经营范围跨产业分工时，须满足经济性要求。此时，企业的边界决定于分工扩大规模带来的边际收益与由此引发的边际成本相等。其融合路径可描述为：企业的跨产业经营活动引起产业分工的内部化，最终导致产业融合发生。根据融合的结果可以分为两种，第一种分工异化，导致在原有不同产业之间形成了新的业态，例如文化旅游业、网络出版业；第二种分工异化，促使在某个产业内部最终形成有着明显外部产业特征的新分工部门，如科技企业内部有从事文化产业生产活动的部门。典型的例子如水晶石数字科技有限公司、华强文化科技集团等。

表一　文化科技融合机制

融合类型	融合动机	融合条件	融合路径	融合实例
生产方式进化型	通过高效生产追求超额利润	技术条件、经济性要求、无壁垒	外延式进化	电子书与传统读物、3D 电影
			内涵式进化	宽带技术引发各类文化业消费
产业分工异化型	追求规模经济和范围经济	经济性要求	新生产业	文化旅游、网络出版、网络教育
			产业内新部门	水晶石、华强等企业的跨越发展

（3）文化与科技融合的动力机制及模式。文化产业与制度环境、社会环境相互协同，

形成了科技创新与文化产业发展的良性循环，成为文化产业链升级和科技创新的动力。因此，要加快文化产业的发展，就必须充分发挥市场、政府、社会三方功能，形成三者之间良好有序的联动机制，进而为文化产业发展过程中文化与科技的融合提供重要的制度环境、市场环境和社会环境。具体而言，作为市场主体的企业要顺应现代文化产业的发展趋势，加大科技创新力度，通过推进文化与科技的融合来增强企业的核心竞争力；政府要为文化产业发展过程中文化与科技的融合提供切实有效的扶持和优惠政策，营造良好的外部政策环境；社会组织和中介要切实发挥作为连接市场和政府纽带的功能和作用，进而有效缓解文化产业发展中在文化与科技融合方面所存在的市场失灵和政府失灵问题。文化科技的融合主要有技术驱动、跨越发展以及政府推动三类模式。

（1）技术驱动模式。技术驱动模式是从企业角度提出的，指企业自身通过不断加强技术创新，加快科技创新成果转化，提高我国出版、印刷、传媒、影视、演艺、网络、动漫等文化领域的技术装备水平，增强文化产业的核心竞争力。这里的企业不单指文化企业，还包括科技企业中致力于科技促进文化发展的广大群体。技术驱动模式可以从三个方面落实。首先，应该加大技术研发力度，投入更多的资源到研发工作中；其次，可适当引进国外先进技术，取他人所长完成企业自身的技术升级；再次，可通过设立技术研发部门、举办技术研讨会议等多种途径，在制度建设上倾向于技术创新，在企业内部形成创新的文化氛围。

（2）跨越发展模式。跨越发展模式是从产业角度提出，指通过微观企业个体的跨产业经营活动，改变产业原始分工状态，带动科技促进文化产业发展，提升演艺娱乐、工艺美术等传统文化产业，加快发展动漫游戏、网络文学、数字文化服务等新兴文化产业，从而构建结构合理、门类齐全、科技含量高、竞争力强的现代文化产业体系，实现文化产业的跨越式发展。文化科技跨越式经营发展的最终结果是，或将文化生产并入科技产业下的一个部门，或产生出一个全新的文化业态。典型的跨越发展模式案例有，科技企业出身的深圳华强公司多元化经营，从事数字影视发展和以盛大、中文在线等为代表的数字阅读新兴文化产业。

（3）政府推动模式。政府推动模式是从公共服务角度提出，强调政府营造外部环境，对文化科技融合的支撑作用。首先，政府推动成立国家级文化和科技融合示范基地，通过规模集聚、协同创新，提升集聚区域内文化企业的科技创新能力；其次，通过制定税收优惠政策、建立产业投资基金等资金支持手段，推动科技在文化产业上的应用，提升文化产业的竞争力；再次，政府应致力于文化科技融合的人才培养，一方面加强高校学科建设，为人才的培养提供教育基础，一方面打造“产学研”一体化平台，使三者有机结合，在增强文化企业科技创新能力的同时，也提升了科研院校的技术转移能力。

3. 制度及制度创新的主要内涵

对于制度的定义，不同经济学家有不同的看法。旧制度经济学的代表人物凡勃伦在《有闲阶级论》一书中将制度定义为个人或者社会对相关的某些关系或某些作用的一般思想习惯。而康芒斯将制度定义为集体行动约束个人行动的一系列行为准则。青木昌彦则在《比较制度分析》一书中从博弈的角度将制度定义为博弈如何进行的共有信念的一个自我维持系统。道格拉斯·诺斯在《制度、制度变迁与经济绩效》一书中把制度定义为一个社会的博弈规则,或者更规范地说,是一些人为设计的、形塑人们互动关系的约束。

“创新理论”最早是由美籍奥地利著名学者熊彼特在其著作《经济发展理论》中提出的。他认为创新就是一种从来没有过的生产要素与生产条件的“新的组合”。根据熊彼特的观点,企业家是资本主义的灵魂,其职能就是创新,引进新的组合。这种“新组合”的实质也就是一种制度上的创新。以科斯和诺思为代表的新制度经济学派在熊彼特“创新理论”的基础上又进一步向前发展,《企业的性质》和《社会成本问题》两篇文章的发表奠定了制度创新理论的基石。20 世纪 70 年代以后随着这一理论研究的深入,最终形成制度创新理论。

制度创新是指新制度(或新制度结构)产生并否定、扬弃或改变旧制度(或旧制度结构)的过程,是一个动态的过程。董志强从博弈论的视角提出制度创新是从一个博弈均衡到另一个博弈均衡的变化。何自力则从创新动力的视角,把制度创新定义为人们为了获取在现存制度结构内无法实现的潜在收益,寻求、设计并建构一种用以替代现存结构安排的新的制度安排。从这几个概念可以看出,制度创新是动态的、变化的创造性的活动。

制度创新的前提一定是制度处于一种非均衡状态,这是制度创新的必要条件。但非均衡的状态并不一定会出现创新,制度创新还要受到其他因素的影响,包括制度约束,环境因素、变迁主体对旧制度的容忍程度以及变迁成本等复杂因素的影响。

二、现状分析

(一)基本情况及特点

1. 文化科技融合的政策不断健全

改革开放以来,历届江苏省委、省政府高度重视发挥科技创新对文化发展的重要作用,坚持把科学技术放在优先发展的战略位置,有力地促进了文化的发展和繁荣。20 世纪 80、90 年代,江苏在全国率先提出了“科技兴省”战略,并在实践中进一步丰富和拓展为“科教兴省”战略,于 1996 年在全国率先提出建设文化大省。2006 年 10 月,省委、省政府《关于发展先进文化建设文化江苏的决定》提出,江苏要建设文化强省,强调要“运用高新技术成果,加快文化载体的数字化、信息化、网络化建设,丰富文化表现形式,拓展文化传播方式”。2009 年 8 月,江苏省委、省政府《关于深化文化体制改革加快文化产业发展的决定》对加强公共文化服务、文化数字化、传播体系和文化遗产保护等文化科技工程建设作了具体部署。根据到“十二五”末基本建成“文化凝聚和引领力强,文化事业和产业强,文化人才队伍强”的文化强省的战略部署,江苏于 2011 年 5 月出台了《关于加强文化科技创新的意见》,提出“以培育自主知识产权、自主品牌和创新型企业为重点,加快构建有利于文化与科技紧密结合的体制机制,大力推动文化与科技紧密融合,积极运用高新技术提升文化创作、生产和传播方式,建立健全以企业为主体、市场为导向、产学研相结合、具有江苏特色的文化创新体系,提高文化企业自主创新水平和文化产品、文化服务的科技含量,增强江苏文化的创造力、影响力和传播力”。

近年来,特别是党的十七届六中全会以来,江苏提出着力把科技创新贯穿于文化发展的各个领域和各个方面,着力培育科技含量高的战略性新兴文化产业,着力提升文化企业自身的科技创新能力，着力完善和落实文化科技创新政策，制定了关于加强文化科技创新、金融支持文化产业发展等一系列文件，召开了文化科技创新工作会议，出台了江苏省重点文化科技企业管理办法和文化科技产业园认定管理办法。经过全省上下的共同努力，文化与科技融合取得了新的重要进展，科技推动文化产业结构优化升级能力有了显著提高，文化企业自身的科技创新能力有了显著提高，文化科技人才的数量和质量有了显著提高。

2. 文化产业步入快速发展轨道

2011 年，全省文化产业法人单位完成增加值 1535.8 亿元，按不变价计算，比上年增长 21.1%，比全省国民经济生产总值的增长速度高 10.1 个百分点；比第三产业增加值的增长速度高 10 个百分点。目前，增势强劲的文化产业已成为江苏省经济增长的新亮点，对全省国民经济发展的支撑作用亦显著增强。2011 年，江苏全部文化产业（含个体经营户）增加值占地区生产总值的比重为 3.69%；法人单位文化产业实现增加值占 GDP 的比重为 3.16%，比 2010 年提升 0.29 个百分点。文化产业在国民经济中的地位日益提高，市场竞争力显著增强。江苏文化产业总体规模、发展速度和发展潜力，均列全国三甲。一批优秀的创意城市、创意基地、创意企业、创意项目、创意产品等在江苏大地涌现。

3. 传统产业与新兴产业并驾齐驱

近年来，江苏省委省政府积极投放文化产业引导资金，改造和提升传统文化产业，加快新兴文化产业发展步伐。2011 年，以新闻、出版、广电、文化艺术等传统文化为主的"核心层"实现增加值 373.1 亿元；以网络文化、休闲娱乐、旅游文化、广告、会展及文化商务代理等为主的新兴文化产业"外围层"实现增加值 423.4 亿元。以互联网技术为基础的新闻、游戏、短信、广告等网络文化服务业亦得到了迅速发展——2011 年底，江苏互联网接入用户达到了 1221.2 万户，互联网信息交流量也大幅提高。

4. 文化与科技、金融、旅游融合发展

文化与信息技术、网络技术、数字技术对接，派生出网络游戏、网络视听、手机文化、网络出版、数字节目、三维动画等一系列新的文化业态，为文化艺术提供了新的表现形式和传播渠道，使文化的内容更加引人入胜，文化的传播更加迅速便捷。江苏广播电视信息网络公司自主研发的"云媒体电视"可以让用户足不出户享受浏览网页、在线购物、阅读报刊等多项便利服务。2011 年，江苏动漫游戏产业收入继续位居全国第一，江苏广电集团收入跃居全国省级台第一，江苏新闻出版业营业收入约占全国新闻出版产业的十分之一。新华日报报业集团依托传统新闻资源优势，大力发展新兴媒体，江苏手机报用户目前已超过 220 万。建成了 4 个国家级动画产业基地、2 个国家级影视基地、10 个国家级和 27 个省级文化产业示范基地，开评了江苏省首批文化科技产业园。无锡灵山的佛教音乐盛典《灵山吉祥颂》，通过三维立体舞台，将原创音乐、数字影像、现代舞美与互动体验完美融合，而集"网络科技研发应用""动漫文化体验旅游""动漫内容博览交易""绿色网游电子竞技"于一体的世界级动漫游戏体验博览中心常州环球动漫嬉戏谷是江苏文化产业与科技完美融合的最新成果。科技已成为江苏文化产业发展不可或缺的重要基础。

推进文化与金融的融合发展。2010 年江苏组建了总额达 20 亿元的江苏紫金文化产业发展基金，用资金引导文化企业启动了一批重大文化产业项目。江苏还积极推进"银企对接”。2012年6月，作为省内首家与文化厅建立战略合作关系的商业银行，北京银行南京分行与江苏省文化厅签署了100亿元的意向性综合授信合作协议，用于支持江苏省优质文化创意中小企业的发展。该行还首开我国影视版权质押贷款业务先河，与江苏感动文化发展有限公司签署1000万元的影视版权质押贷款协议。

积极探索“文化、科技、旅游”三者的融合。文化解决旅游的内容问题，科技解决旅游的表现问题，旅游与文化、科技的无缝连接释放了叠加效应，提高了旅游档次，提升了旅游的产业素质。

（二）存在问题与原因分析

虽然近年来江苏的文化与科技融合取得了显著进展，但与水平更高的国家和地区相比较，与融合的任务要求相对照，在广度、高度、深度、跨度等四个维度上还存在着问题。

1. 广度上存在的问题

全社会文化与科技融合发展的思想观念还不到位，科技强、文化弱的状态没有根本改变，融合的地区、行业差异明显。

2. 高度上存在的问题

江苏文化与科技融合缺乏顶层设计，缺乏文化装备的核心技术和关键产品，缺乏规模、品牌、活力兼具的文化科技企业，能够在文化科技融合方面引领全国，抢占文化科技融合的制高点，制定出规则、标准的企业还极少。

3. 深度上存在的问题

江苏绝大多数文化与科技的融合还只是简单地做加法，仍停留在浅表层次，这导致文化与科技融合的“两张皮”，文化作品难以令文化消费群体形成深层次文化认同。科技对文化发展的支撑不够，尚未形成支撑和引领文化发展的科技支撑体系。

4. 跨度上存在的问题

构成文化与科技融合成效的技术链、资金链、人才链、信息链、服务链和政策链还不完整，缺乏文化与科技融合的跨界人才。

三、经验启示

（一）其他国家基于文化与科技融合的文化产业发展模式

1. 美国：市场主导型

美国文化产业的发展属于典型的市场型发展模式，市场在国家文化产业发展过程中具有核心和决定性的影响与作用。美国文化产业的发展更加注重消费导向，强调市场在文化产业发展过程中的资源配置的基础性作用，政府除了利用行政力量如宏观政策、法律、税收、公共财政等工具对文化产业产生影响、调节和少量公共资助外，基本不介入文化产业领域的运作过程，文化市场中的生产商、销售商、运营商等成为文化产业发展的主导。

2. 日韩：政府主导型

韩国和日本文化产业发展属于典型的国家战略推动型的发展模式。政府在文化产业发展过程中具有决定性的影响，全面介入文化产业发展的整个过程，市场机制尽管也起到了重要的作用，但文化产业的发展都是通过国家政策、法律、税收、公共财政等强有力的手段来推动的。韩国提出了“文化立国”的战略口号，通过设立文化产业局、文化产业振兴院、文化产业基金、游戏产业振兴中心，颁布《文化产业促进法》，制定《文化产业发展5年计划》，鼓励文化产业发展。日本大力支持文化产业发展，制定了包括《著作权法》《文化艺术振兴基本法》等在内的法律法规保障体系，促进文化产业的快速发展。2010年，日本政府出台《新增长战略》，制定了在海外拓展相关创意文化和技术产业业务的政策。

3. 法国：混合型

法国文化产业属于典型的混合型发展模式，对于整体的国家文化产业而言，政府和市场的作用与影响力是难分伯仲的。在法国，政府对文化事业以及相关产业给予不同形式的财政支持，主要分中央政府直接提供资助、地方财政的支持以及政府通过制定减税等措施鼓励企业为文化发展提供各类帮助。

（二）国内其他地区促进文化与科技深度融合的经验启示

1. 上海市的做法

2012年，上海出台了《推进文化和科技融合发展行动计划（2012—2015）》，提出从关键技术、示范工程、基地建设和支撑要素四个层面推进文化和科技融合发展：在关键技术层面上，聚焦文化创意产业链上的创作、传播、展示等环节，实施文化科技融合关键技术突破；在示范工程层面上，聚焦互联网影视、立体电视、数字出版、高清电影、数字媒体、现代设计、公共文化服务等领域开展创新示范工程，提升技术支撑水平，创新文化表现模式，促进文化繁荣发展；在基地建设层面上，以张江国家自主创新示范区为载体，加快各类文化创新要素的集聚融合，着力打造具有示范带动作用和国际影响力的文化创意产业集群和文化科技业态；在要素支撑层面上，从文化科技企业、跨界人才和公共服务平台等要素着手，加快形成文化科技融合发展支撑体系。

2. 天津市的做法

2013年7月，天津市科委、市委宣传部联合出台了《天津市促进文化和科技融合发展实施意见》，确定了四项重点任务：一是加强文化领域共性关键技术研究，加快推进原创动漫、数字游戏、3D影视、数字新媒体和文化旅游发展。二是运用高新技术优化和提升传统文化产业，利用现代数字技术和传媒手段，推动广播影视、新闻出版、舞台装备产业升级换代。三是打造文化和科技融合聚集区，重点建设滨海新区国家级文化和科技融合示范基地、中新生态城动漫影视聚集区、中心城区创意产业园，形成一批特色鲜明、主业突出、配套齐全的园区品牌。四是建设文化和科技融合发展关键要素支撑体系，建设文化和科技融合创新载体，加强人才培养和人才引进，积极开展对外交流。采取四项具体措施：一是建立联席会议制度，各有关部门分工负责，共同推动文化和科技融合的各项工作。二是加大资金支持力度，对取得成效的市级文化和科技融合重大项目，市文化与科技专项资金、市文化产业发展专项资金予以支持，并推荐申报国家专项计划。三是建立金融支撑体系，搭建文化与科技投融资服务平台，推动有条件的科技型文化企业上市融资。四是搭建文化和科技对接平台，建立天津文化和科技融合重大项目名录，举办项目推介会、银企对接会等多种活动，支持企业建立文化和科技融合产学研资联盟。

3. 深圳市的做法

2012年11月，深圳市出台了《关于促进文化与科技融合若干政策》，提出实施文化与科技融合的“十大工程”，即文化装备技术水平提升工程、文化科技创新平台建设工程、文化科技集成创新与应用示范工程、文化领域标准规范体系建设工程、文化科技管理工程、文化科技产业集群培育工程、传统文化产业优化升级工程、文化科技新业态培育工程、文化科技人才引进和培育工程、文化科技国际和区域合作工程。

4. 杭州市的做法

杭州市近年来先后出台了《杭州市十二五文化创意产业发展规划》《杭州市人民政府关于扶持我市十大产业科技创新的实施意见》《“市长杯”创意杭州工业设计大赛实施办法（试行）》《杭州市科技创新服务平台建设与运行管理办法》等政策文件，为全市文化与科技融合发展提供政策保障。

四、对策建议

（一）促进江苏文化与科技融合的基本思路

1. 抢占融合的制高点

紧紧抓住加强技术攻关、提高自主研发能力这个关键环节，坚持产学研相结合，力争文化与科技融合取得突破性进展。一是加强基础技术研发，逐步建立产学研一体化和利益共享、风险共担机制。加强文化技术标准的制定，促进标准制定与科研、开发、设计和制造相结合。加强文化版权保护，支持现代著作权的保护、开发和应用。二是加强科技成果转化。建立推进产学研结合的协调机制，完善文化技术中介服务，提高文化科技创新成果的转化率。三是加强高新技术创新。瞄准世界文化科技发展的前沿，在加快技术引进的同时，积极进行二次开发和集成创新，逐步形成具有自主知识产权的新技术、新成果。

2. 提高融合的集约化水平

以文化企业为主体，以产业基地为平台，集成资源、集聚优势，切实提升文化与科技融合的效率。一是打造带动辐射性强的文化科技企业。通过产业规划、政策支持，推动科技创新要素向文化企业聚集，引导文化企业加大技术投入，主动与高校、科研机构联合开展技术研发和创新平台建设，建立利益共享、风险共担的协作机制，使文化企业真正成为创新项目实施的主体和创新成果转化的主体。二是打造产业链完备的文化科技产业基地。推动以创意设计、动漫游戏和数字内容原创为主的文化企业向高科技文化创意产业基地集聚，加强园区公共技术、投融资和综合服务等保障体系建设，加快对中小文化创意企业的孵化培育，使之成为引领文化产业发展的骨干力量。三是打造具有核心技术的文化品牌。强化品牌意识，树立内容为王的观念，立足于专、精、特、新，开发具有自主知识产权和自有品牌的原创作品，努力打造更多技术含量高、思想含量高的文化产品。

3. 拓展融合的广度深度

把科技进步的最新成果渗透到文化创作、生产、传播和消费的每一个环节，贯穿到文化产业发展的各个方面，提升江苏的文化创新能力。一是运用高新技术改造传统文化业态。鼓励出版企业开发和制作数字图书、数字报刊，发展电子阅读、有声阅读，鼓励印刷复制企业加快生产流程和设备更新，逐步实现传统出版向数字出版转型。加快推进广播电视有线网络的数字化转换和双向改造，跨部门集成文化资源、产品和服务，更好地拓展广播电视服务业务。将特技、三维动画和视觉仿真技术等现代技术手段运用到传统影视产品中去，使电影、电视等产业更加紧密地联系起来。二是运用高新技术培育新兴文化业态。以数字内容产品开发为核心，大力发展数字电视、移动多媒体广播电视、网络视听、数字出版和手机报等新兴媒体，大力发展数字视听设备制造业，构建有线无线全覆盖的现代传播体系。三是运用高新技术增强文化产品吸引力。充分运用高新技术，增加现代科技元素，为文化创意的实现提供强大技术支持，增强文化产品的思想表现力和艺术冲击力。

（二）科学确定政府在江苏文化与科技融合发展中的角色及其职责

通过对发达国家文化与科技融合发展模式的剖析，我们发现，无论是市场型、国家战略推动型还是混合型的融合发展模式，国家都能够因地制宜选择适宜本国国情的方式来配置政府与市场的力量，以发挥其各自优势。政府从科学的制定规划、完善法律法规体系、制定扶持产业发展的政策、搭建融合的载体平台等方面为产业发展提供良好的发展环境，而在政府对文化产业发展所需环境逐步建设和完善的同时，市场主体也被激活，市场潜力逐步被释放，市场力量将逐渐成为配置文化产业发展所需资源的重要力量，文化产业与科技的融合发展便水到渠成。江苏文化产业正处于培育发展阶段，发展的阶段性特征比较显著。在推动文化产业与科技的融合发展过程中宜实施“政府引导、市场主导”的发展模式，进一步明确划分政府与市场的作用、所扮演的角色及所承担的相应责任，既充分发挥政府这只“看得见的手”对产业发展提供帮助和扶持的作用，又切实发挥市场这只“看不见的手”对资源的基础性配置作用，以避免政府的缺位、越位和错位现象。

1. 政府作为决策者的职责

政府作为决策者，负责制定文化与科技融合的战略、规划和产业政策。通过宏观确定一定时期内江苏文化科技融合的战略、目标、计划和具体执行方案，明确文化与科技融合及文化产业的地位和发展方向；通过制定文化与科技融合专项规划，形成科学的空间布局和合理的产业结构，不断缩小地区之间、产业之间和城乡之间的差距；通过制定产业政策，制定系统扶持政策，出台投融资政策和财税政策等，扶持文化与科技融合和文化产业的发展。

2. 政府作为监督者的职责

政府作为监督者，负责制定法律规章制度，以保障文化与科技的融合和文化产业的合法合理发展。通过制定知识产权保护制度和相关法律法规，加速文化立法进程，保障创意人才和企业的合法权益，规范和监督市场有序发展；通过制定文化体制改革方案和措施，消除经营性事业单位的体制障碍，不断完善体制机制，推动文化产业和文化事业和谐发展；通过强化市场监管，推动资金、人才、技术等生产要素合理流动，引导企业合理合法经营，营造公平竞争的市场环境。

3. 政府作为服务者的职责

政府作为服务者，负责积极推动公共服务平台、中介组织和行业协会的建设和发展。

通过建立公共服务平台，如投融资平台、人才交流平台、版权交易平台等，降低交易成本，提升行业整体效益；通过建立各种中介组织，如咨询、法律、会计、广告、评估、对外贸易等中介服务，建立丰富多彩的行业组织和协会，充分发展行业自律和行业维权职能。

（三）促进江苏文化与科技融合的重点政策

文化与科技创新的产业发展不是孤立的，而是前后联动、左右衔接的产业链、产业体系的整体发展。要进一步加强顶层设计，在已经相继出台的金融、旅游、财政、税收、工商等文化产业发展的配套政策的基础上，针对文化与科技融合，研究出台重点领域、关键环节的专项政策和文化科技融合发展的总体政策、财税政策和产业优惠政策等，形成覆盖齐全、门类广泛、科学有效的政策体系。同时，实现政策重心的转移，从原来单纯的要素供给促进政策转向要素融合的促进政策，围绕产业龙头企业、核心企业培育文化与科技创新主体，建立和完善创新服务平台和体系，打造创新型的产业集群。

1. 完善促进文化与科技融合的财政金融支持政策

一是进一步强化和创新财政支持政策，强化财政专项资金和基金政策的灵活性，拓宽文化产业的资金投入来源，建立公开透明的管理模式，形成多样灵活的财政政策机制。二是鼓励各类非公有资本、境外资本投资文化科技产业，鼓励文化企业和社会资本对接，落实、完善鼓励文化和科技融合产品和服务出口退税政策，落实鼓励文化产业研发和高新技术发展的税收优惠政策。鼓励和引导非公有制文化企业发展，在投资核准、信用贷款、土地使用、税收优惠、上市融资、发行债券、对外贸易和申请专项资金等方面给予平等支持。将文化和科技融合重点项目用地纳入土地利用总体规划和年度用地计划，推动建立无形资产质押贷款、联贷联保、第三方担保等工作机制。三是建立文化和科技融合的政府采购制度，将文化科技产品和服务纳入政府采购范围，鼓励并促进我省预算管理机关、事业单位和社会团体优先选用我省自主创新并拥有自主知识产权的文化科技产品与服务。四是创新完善融合投融资机制，支持文化科技创新和文化高新技术产业化。积极吸引民间资本、海外资本参与创投机构发展，引导创投机构加大对文化科技创新尤其是初创期文化科技型中小企业的投入。建立和完善文化科技金融合作机制，构建多元化、多层次、多渠道的文化科技投融资体制，使文化科技金融发展成为江苏创新驱动发展的重要支撑和活力源泉。

2. 完善促进文化科技融合的产权保护政策法规

一是抓紧制定和完善知识产权的保护和转化机制。管理知识产权的相关部门切实加强协调，群策群力，有序地进行权力、责任和工作的分配和落实，相互之间形成有效的沟通和交流。加强和相关专业机构的合作，加强对管理人员和执行人员的业务培训和考核，并建立相应的奖惩机制，提高相关人员的素质和水平。二是推出有效配套的知识产权管理办法，在确保效率的前提下简化知识产权的审批、审查手续，同时建立配套的鼓励和优惠机制，推动知识产权的不断创新。建立健全知识产权的服务机构，从知识产权的注册、使用、交易等各个方面进行指导和服务，同时与高校、专业机构进行合作，建立良好的知识产权咨询体制。完善文化科技融合重点领域的知识产权评估体系，建立健全知识产权信用保证机制。三是建立健全知识产权法律制度并保证有效实施。在借鉴国际先进经验的同时，紧密结合江苏实际，建立专家咨询机制和实践考查体系，使知识产权法律制度切实有效。鼓励文化科技企业自主创新形成的成果及时申请、注册、登记知识产权。设立数字著作权登记中心，鼓励文化科技企业登记著作权。同时，明确知识产权的范围，简化和完善相关法律程序并建立灵活有效的考查机制，为文化产业的知识产权的交易、使用等各种行为进行规范和指引，不断根据现实的发展而进行相应的政策、方法调整，减少因知识产权纠纷而造成的资源浪费。

3. 完善促进文化与科技融合的人才培养引进政策

一是文化与科技人才培养由“重量”向“重质”转变。深入实施“333 高层次”人才培养工程、宣传文化系统“五个一批”人才工程和“文化名家”工程，构建完善高端文化人才选拔培养机制，力争全国文化名家、“四个一批”人才和经营管理人才数量在全国处于领先水平。鼓励和扶持有条件的高等院校开设文化产业管理等相关专业，以及建立并增加相应的硕士、博士学位授予点。加强高校与社会的联系，建立一批配套的文化企业和文化产业园区、专业人才的实习基地；鼓励企业人才到高校、人才双向联合培养和深造等措施，切实提高文化人才的质量和水平。二是文化科技人才引进由“刚性”向“柔性”转变。发挥市场配置文化人才资源的基础性作用，建立统一的文化人才信息数据库和信息化平台，构建完善文化人才信息发布机制等。完善“企业为主、政府支持、人才满意”的引进政策，建立高层次文化人才引进专项资金，支持企业、园区面向海内外引进高层次领军人才、创新团队，构建完善紧缺文化人才引进机制。探索建立和健全专门的文化产业人才信用和评价政策与体系，为文化产业人才的发展和流动提供参考标准。三是文化科技人才选用由“相马”向“赛马”转变。立足江苏，构建完善文化重大项目负责人全国和国际招聘机制。推行党委决定文化企业领导任用票决制，构建完善文化企业领导选拔机制。四是文化科技人才激励由“单一”向“多元”转变。建立完善文化人才分配、激励、保障制度，建立以岗位职责为基础、以能力和业绩为导向，充分体现文化人才价值、有利于激发文化人才活力和维护文化人才合法权益的评价激励机制。建立一批专业培训基地，并邀请国内外相关领域的专家学者进行定期交流合作，探索建立文化新业态人才职称评定和职业资格认证机制，开展动漫网游等文化科技领域的职称评定和职业资格认证工作。对在文化强省建设中做出杰出贡献的人才进行表彰奖励，建立“人才能进能出、职务能升能降、薪酬能高能低”的绩效考核和表彰奖励机制等。

（五）强化促进江苏文化与科技融合的组织领导

1. 加强组织领导，形成工作合力

健全由省委宣传部、省科技厅牵头，省政府相关部门参加的江苏省文化与科技融合联席会议制度，联席会议负责统筹协调、决策部署文化和科技融合发展的重大规划和重大项目。健全联动机制，引导各市、县整合优势资源，发展特色文化科技融合产业集群。建立由专家学者与业界精英组成的文化和科技融合工作专家委员会，为省委、省政府制定法规、政策提供决策参谋，为重大示范工程和重点项目实施提供咨询，为技术创新、产业发展等重大问题提供参考意见。

2. 完善运作体制,创新融合机制

按照中央关于文化和科技融合的精神及有关部署,开展文化和科技融合宣传,指导督促和组织实施文化与科技融合规划及项目开发,建立健全方案实施的考核、监测、评估机制,形成有利于文化和科技融合的运行机制。一是创新完善产学研管理机制。加强地方立法,制定促进文化科技产学研合作的相关条例,切实维护产学研合作各方合法权益。二是创新文化科技平台管理机制。完善基础性和公益性平台绩效评估、运行保障、滚动支持机制,确保公共资源的开放共享。对市场化平台管理实行优胜劣汰、绩效优先的评价体系,确保服务质量和水平。三是创新完善评价激励机制。深化文化体制改革和科技体制改革,发挥高校和科研院所知识创新的主力军作用,加强应用性基础研究。完善高校科研评价体系,加强以应用和产业化为导向的评价考核。完善知识产权、技术等作为资本的参股制度,激发科技人员创业活力,鼓励高校为地方经济发展多做贡献。

3. 做好科技金融,助推产业发展

进一步加大文化、科技专项资金的财政投入力度和范围,综合运用贷款贴息、融资担保、信贷风险补偿等方式引导金融资本、社会资本参与文化科技相关领域的研发和产业化。鼓励在科技和金融结合创新方面开展更多尝试与创新,鼓励文化产权交易机构、创业投资机构、担保机构、保险机构搭建文化与科技投融资的服务平台,加大产品创新,引导金融扶持科技政策向文化科技企业倾斜。推动条件成熟的文化科技型企业上市融资。

4. 强化技术支撑,完善服务体系

深入实施创新引领战略,加强核心技术、关键技术、共性技术研发和攻关,以先进技术支撑文化装备、软件、系统研制和自主发展。健全以企业为主体、市场为导向、产学研相结合的文化技术创新体系,鼓励企业建立研发中心、技术中心,或与大学、科研机构联合建立研发机构,加强技术共享服务平台、产业技术开发平台、专业人才培训平台,加快文化科技创新成果转化和产业化。加强政府、行业协会、企业和高校科研机构合作,加快建立和完善信息、技术、人才、市场交易、创业孵化、融资等公共服务平台,培育和发展项目推介、商业经济、人才培训、风险投资、代理服务等各类中介服务机构。努力形成以市场化为方向,以公共服务平台为支撑,各类中介服务机构和行业协会为主体的文化与科技融合服务体系。

参考文献

一、论文

刘云山. 在更高起点上推动文化与科技融合[J]. 时事报告,2012-08-15.

王志刚. 推进文化科技创新,加强文化与科技融合[J]. 求是,2012(2).

王丰. 中国文化与科技的融合发展[J]. 演艺科技,2013(6).

张树武. 融合科技与文化发展的机制和模式[EB/OL]. 新华网,2013-08-19.

章剑华. 文化与科技融合的江苏实践[N]. 中国文化报,2011-06-07.

魏东,刘惠忠,朱司宇. 天津市科技支撑文化产业发展现状及对策研究[J]. 天津经济,2013(8).

刘洋. 北京促进文化与科技融合需建立四种机制[J]. 前线,2013(2).

胡劲军. 对推进上海文化与科技融合发展的思考[N]. 中国文化报,2013-03-29.

王京生. 文化与科技结合的深圳之路[J]. 艺术百家,2013(1).

何慧芳,胡品平.广东文化与科技融合发展现状、问题与建设[J].科技管理研究,2013(5).
张桂华,林原.加强文化产业与科技融合提升文化产业竞争力的对策研究——以大连市为例[J].辽宁行政学院学报,2013(4).
杨彩凤,曾科,易科.长沙市科技支撑文化创意产业发展的做法及成效[J].当代经济,2013(16).
王冰.温州文化与科技融合发展研究[J].今日科技,2013(7).
束春德,蒲艳春,辛丽轲,刘福恒.科技促生新兴文化业态机制研究[J].经济研究导刊,2013(21).
陈清华.江苏文化与科技融合模式探讨[J].唯实,2013(3).
陈清华,张吉林.积极探索文化与科技深度融合的模式[J].群众,2013(1).
陈清华.加快文化创新发展构筑江苏"两个率先"新优势[J].群众,2012(4).
谢凯.金融支持地方文化产业发展现状与对策——以苏州地区为例[J].现代金融,2013(3).
陆淑敏,饶元,金莉,吕晓宁,李勇.面向科技融合的文化创意产业协同创新机制研究[J].西安交通大学学报(社会科学版),2013(3).
陈少峰.以文化和科技融合促进文化产业发展模式转型研究[J].同济大学学报(社会科学版),2013(1).
向勇.文化与科技融合发展的历史演进、关键问题和人才要求[J].现代传播,2013(1).
龙莉,蔡尚伟.科技政策创新助推文化产业发展——我国文化科技政策的问题与对策研究[J].西南民族大学学报(人文社会科学版).2013(6).
彭英柯,宋洋洋.文化科技融合理论研究——基于产业融合机制角度的分析[J].经营与管理.2013(8).
尹宏,姚毅,王伟.文化产业发展路径探析——基于文化和科技融合视域下[J].当代经济,2013(13).
邹龙妹.科技与文化融合进程中的知识产权制度变革[J].北京交通大学学报(社会科学版).2013(3).
沈颖.科技创新推动文化产业发展的对策建议[J].科技与经济,2006(5).
郑庆伟.论科技创新与文化产业[J].文化学刊,2010(7).
曹京明、王国华.论科技在文化创意产业中的作用[J].科技信息,2007(22).
雷鸣.新兴文化产业集群与科技创新合流发展趋势研究[J].理论与现代化,2010(4).
花建.2013年文化产业的四大亮点[EB/OL].中国文化传媒网,2013-02-02.
黄韫宏.科技创新与文化产业管理制度间的波动关系[J].中共珠海市委党校珠海市行政学院学报,2013(2).
王国成,俞坚.搭建文化科技融合服务平台,促进文化产业发展[J].中国高校科技,2013(3).
吴天勇,章可.促进文化科技融合,实现文化产业振兴[J].政策,2013(1).
张祖群.基于文化与科技融合的北京文化产业路径研究[J].北京理工大学学报(社会科学版).2013(4).
肖庆.加快文化与科技融合亟待政策推进[J].艺术科技.2012(2).
祁述裕,刘琳.文化与科技融合引领文化产业发展[J].国家行政学院学报.2011(6).
冯国梧.天津:如何推进科技与文化融合——天津市委科技工委书记、市科委主任赵海山访谈录[J].天津科技,2012(1).
吕克斐.世界各国推进科技与文化融合打通技术和文化产业链[J].杭州科技,2012(3).
欧阳薇荪.科技与文化融合再造文化产业新优势[J].杭州科技,2012(3).
竺坚.实施科技带动战略推动文化科技融合发展[J].安徽科技,2013(3).
徐治淮.推进科技文化融合支撑文化强市建设[J].安徽科技,2013(3)
江苏省统计局.文化产业发展成果丰硕——党的十六大以来全省经济社会发展成就系列分析之十四[Z].2012-10-29.
江苏省统计局.科学技术引领江苏文化产业快速发展[Z].2012-02-20.
推动文化与科技深度融合促进事业和产业快速发展[N].中国文化报,2010-10-20.

杭州市促进文化和科技融合带来的经验与启示[EB/OL].浙江在线新闻网站,2012-10-08.
Kong L. Culture, Economy, Policy: Trends and Developments[J]. Geoforum,2000(31).
Frith S. Knowing one's Place:The Culture of Cultural Industries. Cultural Studies From Birmingham[J].1991(1).

二、著作

凡勃伦.有闲阶级论[M].北京:商务印书馆,1964.
青木昌彦.比较制度分析[M].上海:上海远东出版社,2001.
道格拉斯·诺斯.制度、制度变迁与经济绩效[M].上海:格致出版社,2008.
熊波特.经济发展理论[M].北京:中国画报出版社,2012.

三、文件

科技部,中宣部,财政部,文化部,广电总局,新闻出版总署.国家文化科技创新工程纲要(国科发高[2012]759号)[Z].2012-06-27.
文化部办公厅.文化部"十二五"文化科技发展规划(办科技发〔2012〕18号)[Z].2012-09-12.
上海市人民政府.上海推进文化和科技融合发展行动计划(2012—2015)[Z].2012-08-22.
江苏省人民政府办公厅.关于加强文化科技创新的意见(苏政办发〔2011〕70号)[Z].2011-05-23.
深圳市人民政府.关于促进文化与科技融合若干措施(深府办〔2012〕52号)[Z].2012-11-02.

苏州率先创建全国文明城市群的路径与保障

常　静　芮国强

一、苏州率先创建全国文明城市群的路径

1. 大力加强文化建设，夯实创建全国文明城市群的文化基础

文明的本质是文化，文化的最好外现形式是文明，文明的重要载体是行为。加强公共文明建设，创建全国文明城市群，本质上强调的是提高市民的文明素质，养成良好的行为习惯，进而提升全域苏州的整体文明程度。市民良好行为习惯的养成离不开一定文化尤其是精神文化产品的熏陶和影响。苏州未来发展总定位、总目标的一个重要内容是把苏州建成历史文化与现代文明相融的文化旅游城市。正是从这个意义上说，苏州创建全国文明城市群，必须坚持以科学发展观为统领，保护传承好苏州优秀传统文化和历史遗存，重点建设社会主义核心价值体系、公共文化服务体系和文化产业发展体系，全面推进文化建设，加快推进传统文化与现代文明相融，形成新的文化优势，充分发挥文化引导社会、教育人民、推动发展的功能，不断提升苏州文化软实力，努力把苏州建设成为文化事业繁荣、文化产业发达、文化人才辈出、历史文化与现代文明相融的文化强市。

（1）一是大力加强社会主义核心价值体系建设。总结和发展“张家港精神”“昆山之路”和“园区经验”，赋予吴文化新的时代内涵，大力弘扬“崇文、融和、创新、致远”的苏州城市精神，积极倡导敢为人先、崇尚创新、鼓励成功、宽容失败的创新文化，加快形成敢于创新、勇于创业、不断创优的城市氛围，培养和造就公民适应现代社会的综合素养，完善具有苏州特质、时代特色的社会价值体系，努力将苏州建设成为社会主义核心价值体系建设示范区。倡导“公平、正义、和谐”理念，深化以“讲文明、树新风”为主题的教育实践活动，弘扬集体主义、爱国主义、人道主义思想，营造“知荣辱、树新风、促和谐”的社会环境和“人人为我、我为人人”的社会风尚。加强社会公德、职业道德、家庭美德和个人品德教育，倡导公民自觉履行责任和义务，强化公德意识、参与意识、法律意识和公共精神。抓好青少年的思想品德和心理素质教育，完善学校、家庭、社会三结合的思想文化教育网络。建立健全志愿服务保障体系，推进志愿者服务工作机制化、常态化，积极引导各类公益活动。实施《全民科学素质行动计划纲要》，加大民生科普宣传力度，建立科普资源、设施和服务共享机制，提高公民基本科学素质。

（2）大力加强公共文化服务体系建设。按照公益性、基本性、均等性、便利性的要求，加强公共图书总分馆、文化馆（站）、广电站等文化设施建设，率先建成较为完善的、覆盖全

社会的公共文化服务体系，力争建成全国公共文化建设示范区。积极开展文化共建共享活动，以高效节约、方便快捷为原则，着力突破区域行政、管理体制、流通体制等体制性障碍，加强跨地区、跨部门、跨系统的文化交流与合作，形成优势互补、良性互动的格局。到2015年，苏州公共文化设施每万人拥有量将力争达到3000平方米，人均公益性文化设施面积达0.18平方米，建立覆盖城乡、结构合理、功能健全、实用高效的公共文化设施网络体系。做优做强"苏州阅读节"这一品牌活动，实施"群星璀璨"文化惠民系列活动，深入开展文化"三送工程"（送书、送戏、送电影）、专业文艺院团和文化馆舞台艺术"四进工程"（进社区、进乡镇、进学校、进企业），力争年均各类公益性展演活动达3万次、公共文化服务活动年均惠及城乡群众3000万人次、年均向基层送书10万册、送戏3000场次、送电影1.3万场次。

（3）进一步健全文化产业发展体系。通过优化文化产业结构，明显提升发展水平和发展层次，逐步确立现代文化市场体系，使文化产业成为重要支柱产业和战略性新兴产业，努力将苏州建成全国具有较强竞争力的文化产业重镇。力争到2015年，全市文化产业增加值占全市GDP的比重达到6%左右，将苏州建设成为全国具有较强竞争力的文化产业城市。充分利用苏州开放型经济发达的优势，把具有浓厚地方特色的昆曲、评弹、古琴、江南丝竹、传统工艺、吴门书画和苏州园林推向全国乃至世界，不断提升"文化苏州"的国际知名度和美誉度。

2. 深化生态文明建设，构建创建全国文明城市群的优美环境

全面落实江苏省《关于推进生态文明建设工程的行动计划》的部署，深入实施节能减排、绿色增长、碧水蓝天宜居、植树造林、生态保护与建设、生态示范创建"六大行动"，推动苏州生态文明建设继续走在全国前列，力争到"十二五"期末率先建成一批县市级全国生态文明城市和生态文明园区，把苏州建成生态环境优美的最佳宜居城市。

（1）深入推进节能减排行动。采取更加过硬的措施，确保完成"十二五"节能减排目标任务。重点推进城镇污水处理厂及其配套管网、垃圾处理设施建设。继续实施污水处理厂和重点工业企业提标改造工程，进一步提高城镇和工业园区污水处理水平。实行差别化环境价费政策，形成能够反映环境稀缺程度、供求关系和污染治理成本的环境价格机制。

（2）大力推进绿色增长行动。实施严格的环境准入和土地管理制度，全面推动区域协调发展。以提高资源产出率为目标，推进生产、流通、消费各环节循环经济发展，加快构建覆盖全社会的资源循环利用体系。全面推行清洁生产，促进资源节约利用、集约利用和综合利用。全面推进低碳经济试点示范，加快形成一批各具特色的低碳城市、低碳园区、低碳企业和低碳社区，研究开发一批共性关键低碳技术，应用示范一批典型低碳产品，加快建立以低碳排放为特征的工业、能源、交通、建筑等产业体系、生产方式和消费模式。按照减量化、资源化、再利用的发展理念，以农业废弃物资源循环利用为切入点，积极发展生态农业，推广种养相结合、循环利用的生态健康种养生产方式。培育壮大节能环保产业，推进环保科技创新，加大环境保护力度。

（3）全面推进碧水蓝天宜居行动。突出湖泊、河流休养生息的理念，重点实施大中湖泊、主要河道的水环境综合整治，以调水引流为手段，实现河网水体的有序流动，改善城乡水环境。加强大气污染源控制，推广使用清洁能源，努力控制灰霾污染，切实改善大气环境

质量。强化重金属、固体废物和辐射污染防治，加强对重大环境风险源的动态监控与风险控制，推广环境污染责任保险制度，落实环境应急管理措施，有效防范和妥善应对突发环境事件。全面实施农村环境综合整治，稳步改善农村环境质量。大力推进城市居民区社区环境和城市内河水环境综合整治，加强城乡噪声污染防治管理，解决机动车排气污染、城市扬尘污染、油烟污染、交通和商业噪声污染等扰民问题，持续改善城市人居环境。

(4) 扎实推进植树造林行动。加强沿江、沿湖、沿河、沿路的生态林网、经济林网建设，进一步提升公路、铁路、航道两侧绿化品质，在产业集中区周围建设绿化隔离带，加强机关、企事业单位庭院绿化，构建区域生态安全屏障。深入开展“千村示范、万村行动”绿色村庄建设活动，把村旁、宅旁、路旁、水旁作为绿化重点，形成点线面相结合的村庄绿化格局。城市园林绿化由质量普遍提升向绿地系统效应有效发挥转变，在城市绿化总量保持平稳增长的基础上，进一步完善城市绿地布局的均衡性，提升园林绿化品质，提高城市绿地系统综合效益。到“十二五”期末，全市陆地森林覆盖率达27%，市区建成区绿化覆盖率达45%。

(5) 积极推进生态保护与建设行动。加大湿地建设和保护力度，在太湖、阳澄湖、长江以及较大湖泊沿线等重点区域设立湿地保护区，建成市级以上湿地公园20个。加强宕口整治和修复，加强自然保护区、森林公园、地质公园建设。加强风景名胜资源保护与培育，有效发挥风景名胜区及城市综合公园在生物多样性保护中的积极作用。完善区域生态补偿机制，加大对基本农田、水稻主产区、水源地、重要生态湿地、生态公益林等区域的生态补偿力度，确保所在区域的农民人均纯收入不低于当地平均水平。

(6) 继续推进生态示范创建行动。巩固生态城市建设成果，健全法规规章，完善生态文明建设法治保障体系。广泛开展生态文明宣传教育和知识普及活动，提高全社会生态文明意识。广泛开展卫生城市、森林城市、国家园林城市(县城、镇)、节水型城市、生态农业县、生态旅游示范区、生态工业园区、生态军营、生态村、绿色学校、绿色社区、绿化模范单位等各层面的创建活动，不断推动生态文明建设向纵深发展。

3. 深入推进城乡一体化发展，完善创建全国文明城市群的城市形态

坚持把城乡一体化改革发展作为苏州最大的品牌，抓住长三角建设世界级城市群的历史机遇，以“建设宜居新苏州、打造创业新天堂、共筑幸福新家园”为目标，坚持中心城市和县级市互动发展，着力在优化城乡布局、完善城市功能和统筹发展上下功夫，实现城市发展从规模扩张向内涵提升转变，着力建设文化品位高、市民素质好、“三创”环境优的新城市，把苏州整体打造成为长三角地区重要的核心区域城市群。

(1) 打造长三角核心区域城市群。着力完善城市空间布局，做大做强中心城市，增强县级市城区的枢纽功能，大力推进中心镇建设，努力形成“市域中心城市、二级中心城市、中心镇、一般镇”协调互动的现代化城镇新格局。科学规划建设“新市镇”，加强跨乡镇行政区域的规划协调，加大中心镇基础设施和社会服务设施建设力度，提升服务功能，扩大辐射范围，把中心镇建设成为既有相应人口规模和经济实力，又有各自风貌和特色的现代化小城市。增强城市的资源聚集度、辐射带动力和综合竞争力，把苏州整体打造成为长三角重要的核心区域城市群。

(2) 优化提升城市功能。深入实施“东融上海、西育太湖、优化沿江、提升两轴”的空间

发展战略，加快建设滨湖新城和高铁新城，强化提升工业园区和高新区，完善优化观前、石路和南门商圈，综合整治虎丘地区、桃花坞历史文化片区和南门危旧房等老住宅区，进一步提升城市形象。加快推进以轨道交通、城铁综合交通枢纽和城市快速路系统为重点的城市基础设施建设，加强各种交通方式之间的沟通衔接；着力做好水环境治理、生态功能区建设和空气污染防治，提升城市便捷功能和人居生活品质；完善信息基础设施，广泛应用现代信息技术，推动电信网、广播电视网、互联网“三网融合”，加快提高城市智能化程度。力争通过五年努力，全面实现城市发展从规模扩张向内涵发展提升，城市交通从汽车公交时代向轨道交通时代提升。

（3）加快推进城乡一体化发展。深入推进城乡一体化发展综合配套改革试点，组织实施城乡规划引导计划、村庄环境整治行动计划、城镇功能品质提升计划、节约型城乡建设推进计划四大计划。推进城乡规划有机融合，完善城乡规划体系，促进城镇建设、土地利用、产业发展、生态建设“四规融合”，镇村布局、村庄建设、农业发展、乡村旅游、水网水系等规划紧密衔接。合理调控城乡人口规模和分布，推进城乡社会保障制度全面并轨，鼓励引导更多农民换股、换保、换房进城进镇落户。制定相关政策，实现农村基本养老保险、新型农村合作医疗保险、农村最低生活保障与城镇社会保障并轨，并逐步提高标准。发展现代高效农业，壮大农民专业合作组织，创新农业经营形式和生产组织方式。支持镇、村集体经济发展，壮大农村集体经济实力。加快推进城乡基础设施、基本公共服务一体化，扎实办好农村实事工程，完善城乡义务教育、文化事业均衡发展机制，健全城乡居民共享的医疗卫生、计划生育和养老服务体系，推进农村社区服务中心全覆盖。

（4）提升城市综合管理水平。以“洁化、绿化、亮化、美化”为目标，完善城市道路建设养护体系、环境卫生管理体系、绿化建设养护体系、城市照明管理体系、停车设施建设管理体系、违章违法建筑和户外广告设施管理体系、“数字城管”综合协同平台，加强对街市流动摊点、占道经营和城市生活无着落人员的管理，提高城市管理的现代化、规范化、长效化水平。加强城市交通管理，加大城市道路综合整治和停车设施规划建设力度，缓解城市交通拥堵和停车难等问题。充分调动广大市民参与和监督城市管理的积极性，不断增强市民的环境意识、生态意识、法制意识，形成全民协力促进城市建设和管理的良好社会氛围。

4. 创新方式方法，探索全国文明城市群创建的苏州模式

以《全国文明城市测评体系》为标准，落实文明城市建设长效机制，组织实施政务效能提升、公共环境优化、文明素养培育、交通文明共铸、公共服务普惠、文明建设示范和城乡文明一体化等七大工程，推进全国文明城市建设示范城区和各类群众性精神文明创建活动，积极争创全国文明城市群。

（1）转变创建方式，形成创建合力。胡锦涛总书记强调：“在共建中共享、在共享中共建。”[①]创建文明城市，要遵循共建文明城市、共享文明成果的原则，既要以提高居民生活质量为重点，又要以人民群众的满意度、参与度为标志。但在长期的精神文明建设和文明城

① 胡锦涛. 在看望工会、共青团、青联、妇联的全国政协委员并参加联组讨论的重要讲话[N]. 光明日报，2007－04－03.

市创建活动中,形成了带有强制性和单向性特点的创建工作理念和创建方式,不利于人民群众的共建共享。为此,在全国文明城市群创建这一全新的实践中,要在充分尊重群体主体地位的基础上,积极探索构建"以尊重为前提、以精神为内容、以群众为主体、以道德为内核"的创建新模式,即遵循"知情意行"的文明养成内在规律,坚持群众自行创建、自愿参与、自我教育,实现相互认同、相互尊重、相互促进的文明实践氛围,形成"自下而上、自内而外、由点到面"的群众性文明创建新路子,从而使文明创建由"政府强势主导、自上而下、注重结果"转变为"政府重引导、群众唱主导、管创相分离",真正做到还创建权于群众,不断激发并推动创建工作从自发变为自觉、从被动变为主动,从而在文明城市群创建中实现从"创制"的文明秩序向"自觉"的文明秩序的转型[①]。在此过程中,主管部门要进一步转变职能,实施管创分离,把有限的人力、管理资源和工作精力,放在方向性把握、规范化指导上来;把创建的重心从烦琐的具体创建事务转到服务创建上来,努力发挥自身优势,利用手中掌握的各种管理资源,为群众创建提供资源和智力支持。如,利用党管媒体的优势,积极发挥新闻舆论的导向功能,强化宣传激励,倡文明新风;抓好政策保障服务,积极鼓励和发动社会各界多渠道、多形式地集资,形成以政府拨款为主、民间赞助为辅的经费筹措机制,并对基层好的文明建设项目或者团体活动给予必要的资金和物质支持,等等。

(2)创新活动载体,丰富创建内涵。深入开展"道德模范·精神文明建设十佳新人""精神文明建设十大新事""苏州好人·百名文明公民标兵""苏州骄傲""百名美德少年"等评选表彰活动,继续推动"寻访身边好人""学楷模、讲道德"等贴近群众的道德模范宣传活动,注重发现和培育反映人民意愿、体现时代精神、代表社会前进方向的先进典型,使广大市民学有榜样,不断增强精神文明建设的吸引力和感染力,增强针对性和实效性。同时,对以往探索出来的具有苏州特色的创建活动载体注入新内容,赋予新内涵,展现新活力,实现新突破,并根据社会环境的新变化、工作对象的新特点、人民群众的新需求,积极探索精神文明建设新的活动载体。如,根据文明创建形势的发展,择时组织开展"文明乡风进万家""新农村新家庭计划""农村新型文明示范社区""星级农家乐""文明旅游村镇"等创建活动,评选表彰"苏州市文明城市建设十大品牌"和"苏州市农村精神文明建设创新工作十大品牌"等。

(3)拓展创建内容,实现全域覆盖。按照创建全国文明城市群的工作要求,扩大创建覆盖面,把创建全国文明城市示范城区工作扩大到"全域苏州",实现全覆盖。从人民群众

① 从文明秩序的生成机制来看,自觉秩序与创制秩序有着质的不同。创制秩序主要是出于社会控制的目的和愿望而"被创制"出来的,这种秩序是以低度复杂性和低度不确定性的社会结构为基础的,在等级化的"中心—边缘"结构型的组织社会里是有效的,而且往往是高效率的。但在面对开放、流动、"去中心化"的高度复杂性社会时,这种创制秩序就显得无比僵化,甚至失灵,难以满足城市文明的内在秩序要求。与创制秩序相比,自觉秩序表明文明秩序是发生和存在于具备文明素养的平等、自由的行为主体的内心之中,而不再仅仅是一种外在于行为主体的力量。虽然这种秩序也是创制的,但它不是由政府或少数社会精英所创制的,而是由一切参与社会活动的人乃至文明社会所共同创制的。在这种秩序下,人的"文明"自主性、创造性不再受到压抑,并有了实现的空间和机会,生活会变得更加自由、快乐和文明。这样一来,不仅建构文明秩序的过程是自觉的,而且这一文明秩序本身就是存在于人的自觉性之中。因此,以"自觉"文明秩序逐渐替代"创制"文明秩序,是社会结构性变化和人的自由全面发展所提出的要求,是符合城市文明发展内在规律的。详见张康之,张乾友.论复杂社会的秩序[J].学海,2010(1).

的认同度和感受出发,抓住全国文明城市群创建的关键点和薄弱环节,建立覆盖全域苏州的公共文明指数测评体系。不断完善文明城市示范城区、文明行业、文明单位、文明社区、文明村镇创建的考核、激励和监督机制,提升创建成效,推进文明创建活动向新经济组织、新社会组织延伸,夯实文明城市建设基础。以区、镇合一和各级各类经济开发区、高新技术产业开发区为重点,在全国、全省率先探索建立文明创建新途径、新模式。

(4) 创新创建方法,提升创建质量。每年度组织开展以“文明礼仪我示范”“文明秩序我维护”“文明生活我倡导”“文明行为我践行”“文明市民我争当”“文明创建我参与”等公共文明主题实践活动,推动公共文明教育实践工作持续发展。各类新闻媒体应精心策划开辟全国文明城市群创建的专题、专栏,集中宣传一批特色鲜明、时代感强、具有普遍指导意义的全国文明城市群创建工作先进典型,重点报道它们的好思路、好做法、好经验,真正树立一批立得住、传得开、叫得响的创建品牌,从而带动和影响全国文明城市群的创建。各地各单位应充分发挥典型的示范引领作用,广泛开展向典型学习活动,用典型的经验指导工作,组织道德模范、文明市民标兵开展道德模范基层巡讲等各类公民教育活动和社会公益活动,以点带面、点面结合,推动全国文明城市群创建工作的深入开展。按照“发展增收共促、思想教育共施、文明新风共创、文化生活共荣、社会和谐共营、文明生态共建”的工作思路,统筹推进全国文明城市群创建,组织市级以上文明单位开展城乡文明结对共建活动,整合区域资源,实现资源共享,做到城乡联动、上下联动、行业联动,推动现代城市文明建设向农村、社区以及各基层单位延伸,全面提升城乡文明程度。建立完善社会公示制度和听证制度,广泛发动市民为文明城市群建设建言献策。

二、苏州率先创建全国文明群的保障

1. 健全管理体制,切实加强对文明城市群创建工作的组织领导

创建文明城市群工作起点高、要求高、覆盖面大、协调面大,需要一套完善的创建体制为创建工作提供保障。全国文明城市群创建不是传统意义上各项文明创建工作的加总,而是以全新的理念、整体的思维、统一的谋划、协调的行动进行的创新性工作。文明城市群创建工作实行大市统筹,县市为主,部门参与,社会联动的管理体制。在发挥各县市主体作用的基础上,市里应加强指导协调,特别是市直有关部门,应发挥其权威性高、协调性强的特点,积极参与其中。作为市委、市政府的重点工作,苏州要成立由市文明委牵头,各地各部门各单位参与的“苏州市创建全国文明城市群指挥部”(现有的“苏州市创建全国文明城市指挥部”升格或更名即可)及办公室,负责对“全国文明城市群”创建工作进行精心运筹,统一规范、统一部署、统一行动、统一考评。定期召开各县市文明办和市直有关部门参加的会议,部署工作,明确任务,统一行动。当务之急是要根据中央文明办有关工作和《苏州市国民经济和社会发展第十二个五年规划纲要》及《苏州市十二五公共文明建设规划》,对照《全国文明城市测评体系》相关条款,结合我省创建工作的实际,抓紧研究制定《苏州率先创建全国文明城市群行动计划》。制订《苏州率先创建全国文明城市群行动计划》,这不仅是推动全国文明城市群创建工作进一步制度化、规范化,确保苏州及各县市有计划、有步骤、有重点、有特色地参与文明城市群创建、为苏州建设长三角地区区域核心群奠定坚实基础

的需要，也是确保苏州“五个文明”同步协调发展，最大程度提升苏州文明程度的抓手。

各级党委、政府和有关部门要高度重视文明城市（含示范城区）和文明城市群创建工作，牢固树立大局意识、责任意识，切实把文明城市（含示范城区）和文明城市群创建工作纳入经济社会发展总体规划，把文明城市（含示范城区）和文明城市群创建纳入全局工作统筹考虑，摆上重要议事日程，列入主要领导的任期目标。充分发挥各县市的主体作用，以“张家港精神”为引领，细化各地、各部门在文明城市（含示范城区）和文明城市群创建中的职责，将文明城市示范城区创建和公共文明指数测评从现在仅仅面向苏州市的建成区拓展到面向全域苏州，将公共文明指数测评结果纳入机关作风效能建设考核，把公共文明指数测评结果作为衡量各地、各部门“创先争优”工作的重要内容，并纳入年度业绩评价考核序列，积极承担责任，主动推进工作，实现各县市梯度推进，逐步全部进入“全国文明城市”的目标。

市直有关部门要根据各自工作职责，加强工作指导，完善保障措施，抓好工作落实，推动更多创建力量有机融合到全国文明城市群创建中来，做到同规划、同部署、同推进。按照“政治强、业务精、纪律严、作风正”要求，从机构、编制、投入等方面切实加强并规范各级文明办的自身建设，充分发挥其在文明城市建设工作中指导、协调、检查、督促、考核奖惩等的重要作用。由于文明城市群的创建还处在探索之中，建议市文明办向省文明办及中央文明办专题汇报率先创建全国文明城市群的相关事项，争取将创建全国文明城市群纳入中央文明办的工作重点，使苏州成为全国的试点城市，并争取中央文明办在活动开展、典型培养、宣传报道等方面提供支持。同时，争取中央文明办对苏州各县级市创建全国文明城市等给予更多的指导和支持。

2. 完善工作机制，推动文明城市群创建工作持续深入开展

（1）构建工作格局。按照“重在持续、重在规范、重在提升、重在实效”的要求，深入贯彻执行《关于建立健全创建全国文明城市长效机制的意见》，进一步完善“党委统一领导，党政主要领导亲自抓，分管领导具体抓，文明委组织协调，有关各方负工负责，人大、政协视察指导，群团组织密切配合，新闻媒体引导推进，城乡联动，军警民共建，全社会积极参与”的工作机制，形成组织有力、高效务实的文明城市群创建工作格局。

（2）健全动力机制。动力机制是一种激发内在活力的诱导性、驱动性机制，它可以唤起抓文明创建的内在动力，引导市民增强自律性，引导单位与市民的观念行为朝城市管理和创建目标预期的方向发展。文明创建的动力源于它能够推动苏州经济社会和“五个文明”全面协调可持续的发展，加快建设科学发展的苏州，让市民充分得到实惠。因此，要确保文明城市创建工作的连续性、有效性、科学性和系统性，率先全国创建文明城市群，通过创建提升城市品位，促进人的全面发展，必须建立健全全员参与创建的动力机制。

一是建立和完善共建共享的机制。坚持以人为本的创建理念，坚持创建为了群众，创建依靠群众，创建成果惠及群众。只有这样，才能充分调动广大人民群众参与文明创建的积极性、主动性和创造性，而这也是文明城市创建的根本动力所在。建立健全全民参与的社会动员体系，搭建市民乐于参加、便于参加的各类文明城市创建活动平台。如，可以与苏州的重要门户网站开展文明城市群创建网民讨论专区，发动网民积极献计献策。再如，充

分积极发挥包括党政领导、企业家、道德模范、优秀党员、劳动模范、志愿者等群体在内的社会精英的示范带动作用，引领社会文明风尚，带动市民参与创建。

二是要坚持正确的舆论导向机制。舆论导向机制是文明城市群创建的先决条件，也是动员社会各界广泛参与的必要条件。舆论导向的工作机制包括以下五个方面：新闻舆论导向，在新闻媒体开设全国文明城市群创建的专题专栏，跟踪报道新思路、新做法、好经验；公共宣传导向，即在城市重要道路、重要公共场所设置宣传标牌和公益广告；定位宣传导向，在党政机关、企事业单位、社区、园区、学校充分利用各种宣传工具和阵地，开展形式多样的宣传活动；网络宣传导向，充分利用网络、动漫、手机短信等多种形式，扩大全国文明城市群创建公益广告的覆盖面；广电媒体互动，通过创新节目类型，寓全国文明城市群创建内容于其中。通过以上五个方面的工作机制，着力宣传市委、市政府推进全国文明城市群建设的重大战略部署，宣传创建活动所取得的成绩，宣传创建活动中的先进典型和宝贵经验，营造氛围，凝聚共识，确保市民对文明城市创建工作的支持率保持在80%以上，形成推动文明城市群建设的强大合力。在条件成熟的时候，组织“全国文明城市建设太湖论坛”，搭建开放式的公众研究、交流和宣传平台。

三是建立和完善激励机制。通过文明创建目标管理制度，使文明创建有具体的目标，对做得好的单位、部门进行大力表彰和奖励，努力营造表扬先进、鞭策后进的良好氛围。要运用典型、榜样的教育、示范作用，营造学先进、赶先进、争先进的良好氛围。实行物质激励和精神激励相结合的原则和方式，激发各个单位和市民个体争创文明创建先进单位和个人的荣誉感、责任感，激发行业、部门、单位、个人投身创建的进取精神。

此外，通过文明创建，不断创造新的经验，探索新的模式，为江苏省乃至全国的文明创建提供示范，这是苏州全国文明城市群创建的外部动力机制。

（3）完善运行机制。着眼于管理的长效化、统一化、规范化、标准化，通过“把散的变成整的、把软的变成硬的、把虚的变成实的”的方式，形成文明城市群创建的运行机制。把散的变成整的，就是将当前相对独立的文明建设力量、文明建设资源、文明建设行动进行整合，由市文明办对全市公共文明建设和文明城市群创建工作进行统一规划、协调、指导，形成工作合力，产生集聚效应，实现共建共享；把软的变成硬的，就是要把需要各市及市直相关部门共同承担的工作、开展的活动具体化、项目化，使之变成硬任务、硬指标，明确工作要求和责任主体，加强督查和考核；把虚的变成实的，就是要以具体的制度、具体的投入、具体的载体、具体的行动来把工作落到实处。此外，在不同层级之间的日常工作协调层面，要在健全包括创建工作例会制度、联席会议制度、经验交流制度、情况通报制度、信息反馈制度等在内的制度体系的基础上，建立起科学、高效的工作协调机制。

（4）健全督查机制。加强对文明城市群创建工作的督促检查和跟踪分析，定期开展工作评估，深入总结先进经验，认真查找存在的问题和薄弱环节，研究改进对策，推动创建工作深入持久地开展，确保取得实实在在的效果。在定期通过新闻媒体通报每次公共文明指数测评结果的基础上，健全公共文明指数工作通报制度，在全市半年度、年度全局性会议上将测评结果作为重要内容通报点评。强化社会监督，邀请人大代表、政协委员指导、督促、检查文明城市群创建工作。建立多层次的群众点评制度，如定期在新闻媒体、网络平台上开设专栏或者设计调查问卷对全国文明城市群创建活动的结果进行点评或者抽样调查,并依采用信息化技术,建立“全国文明城市群创建在线测评系统”。健全工作约谈机制,市委、市政府主要领导与全年公共文明指数测评排名靠后的地区和市直部门主要负责人进行工作约谈。

3. 整合创建资源,形成文明城市群创建的整体合力

创建文明城市群概念的提出,为整合多种力量参与创建提供了可能。充分发挥已建成的国家卫生城市群、国家环境保护模范城市群、全国环境综合整治优秀城市群、全国文化工作模范城市(区)群、国家园林城市群、国家生态城市群等的创建优势,对各条线各类型的创建活动进行统一规划部署,使之与创建文明城市群的步伐、要求相一致,把更多政府部门的创建力量有机融合到文明城市群的创建中来,共同夯实创建基础。建立区域合作联动机制,相邻或有相似条件的县市要以创建文明城市群为载体,积极探索在我们的节日、文明创建、志愿服务、文化建设等关联性工作项目上进行合作,开展一系列有特色的创建活动,形成联动机制,共同推动文明城市群创建向前发展。

4. 推进依法创建,使文明城市群创建步入法治轨道

文明城市群创建是一项长期艰巨的历史任务,是一项高要求、高标准的创新工程,既要大胆突破制约文明城市群建设的制度性障碍,又要依法规范地推进改革,把行之有效的改革举措适时制度化、规范化,巩固已有的改革成果,保障各项改革举措的有效实施。按照全国文明城市标准,加强在城市管理、市民行为规范、革除陈规陋习等方面的立法,进一步修订完善市民公约、职业规范等行为准则,并把创建“全国文明城市群”上升到法律地位,提高文明城市创建和公共文明建设的权威性和可持续性。相关部门要严格执法,依法惩戒违法行为,用法律手段引导和规范言行、培养文明习惯,发挥法规对市民公共行为的强制约束作用。

5. 加大经费投入,为文明城市群创建工作提供资金保障

各级政府要根据财政收入增长逐步增加各种投入,为文明城市建设和文明城市群创建提供强有力的财政支持,每年办成一批人民群众呼声高、对区域文明程度提高有带动和促进作用的实事项目;健全公共文明建设资金投入保障机制,在财政预算、计划立项上保证公共文明建设需要,对市重大项目和活动所需经费按照市委、市政府意见给予保证;市财政每年拨出专款设立“文明城市长效管理专项奖励资金”,奖励在城市公共文明建设和文明城市(群)创建工作中做出突出贡献的地区、部门、单位和先进个人;制定和完善相应政策,建立多元化的公共文明建设和文明城市群创建筹资机制,鼓励社会各界为公共文明建设提供资金和物质支持。对于公共性公益性活动和项目,可以采用“政府补贴、部门帮助、社会赞助、群众自助”相结合的经费投入机制。对于收益性营利性活动和项目,可以采用“政府主导、效率优先、市场配置、利益共享”的经费投入机制;加大对基层文明创建的投入力度,建立区、街道资金投入机制,设立专项经费,保证公共文明建设活动正常开展。

率先创建全国文明城市群的目标及实践,标志着苏州全国文明城市创建工作进入了区域整体文明创建的更高层次,赋予了苏州这一长江三角洲核心城市群更为深刻的文明内涵和文明品质,推动了文明城市创建和公共文明建设苏州模式的形成,丰富了新时期苏南模

式乃至长三角发展模式的内容。全国文明城市群创建是一个具有全局性、基础性、长远性的社会系统工程，既无现成的模式可循，又无成熟的经验可鉴，唯有以改革创新为动力，融全国文明城市群创建于率先实现基本现代化的过程之中，把全国文明城市群创建与城市现代化发展、城乡一体化改革、新农村建设有机结合起来，以文明城市示范城区和公共文明指数测评为抓手，创新体制机制，汇聚创建共识，形成整体合力，深化各类文明创建工作，着力提升市民文明素质和城市文明程度，不断优化“八大环境”（廉洁高效的政务环境、民主公正的法治环境、公平诚信的市场环境、安全稳定的社会环境、舒适便利的生活环境、健康向上的人文环境、可持续发展的生态环境以及有利于青少年成长的文化环境），更好地实现城市文明和谐和“城市让生活更美好”的期待，为把苏州建成现代化、国际化、人文宜居的创新名城提供思想保证、精神动力、智力支持和文化条件。

第六部分

城乡一体化与新型城镇化

政府强力推动与城乡一体化发展:"苏州道路"解读[①]

夏永祥

曾在20世纪80年代以创造"苏南模式"而闻名的苏州市,最近几年又在探索推进城乡一体化发展方面走出了一条成功的"苏州道路"。解读这条道路,无论是对于加深理解中央关于统筹城乡发展的方针政策,还是对各地走出具有自己特色的城乡一体化发展道路,都有重要的借鉴价值。

一、从"苏南模式"到"苏州道路"

苏州能够走出城乡一体化发展的成功道路不是偶然的,当年的"苏南模式"应该是它的起点。改革开放以后,国家放松了对农民进入工厂和城市的限制,开始尝试打破计划经济时期所形成的城乡二元分割体制与格局。"苏南模式"在这种背景下应运而生,它的特点主要是依靠集体力量兴办乡镇企业,进入非农产业,分享其利润并反哺农业、富裕农民、繁荣农村。苏州是"苏南模式"的主要发源地之一。这一时期的乡镇企业发展对于当时的整个国民经济发展和解决"三农"问题发挥了重要作用,从"三分天下有其一",再到"半壁江山",甚至"四分天下有其三",都记录着乡镇企业当年的辉煌与贡献。也正是得益于乡镇企业的发展,苏州市的农民收入增长速度明显快于江苏省和全国平均水平,城乡差距迅速缩小。

进入20世纪90年代中期,"苏南模式"开始向"新苏南模式"转变,由于外部宏观环境的变化以及自身经营机制的缺陷使乡镇企业发展陷入困境,迫使乡镇企业改制转变为民营企业或股份制企业。也正是在这个时期,受益于上海浦东新区开发的"溢出效应",苏州的外资经济迅速崛起并发展壮大,成为苏州经济发展新的动力与支柱。外资经济固然有许多积极作用,但是对于广大农民而言则好处有限。为了大规模地兴建工业园区,广大农民牺牲了大量农田,产生了众多的"无地村"甚至"无地乡(镇)",失地农民没有得到妥善安置,由失地进而失业、失居失教、失保(障)、失身(份)。工业化和城市化不仅没有为他们带来好处,反倒使他们陷入窘境,成为游走于城乡之间的非农非工、非乡非城的"社会边缘人"。在这块土地上创造出来的财富更多地转化为国家的财政收入、外商的利润以及外地打工者的收入。苏州的城乡居民收入之比长期稳定在2∶1左右,继续缩小这一比例却受到了很大的瓶颈制约。在纵横交错的高速公路边、在光怪陆离的高楼大厦下却在悄然恢复和强化着一

① 本文刊发于《农业经济问题》2011年第2期。

度开始走向弥合的城乡二元结构。这种结果在苏州、在全国其他地区同样存在，它是传统体制的必然产物，苏州仅仅是这种现象的代表与缩影而已。

自从中共十六届三中全会提出科学发展观以来，按照统筹城乡发展、以工促农、以城带乡的发展思路，中央连续出台了七个解决“三农”问题的一号文件。从增加农民收入到发展现代农业、强化农业基础地位、推进新农村建设、实现城乡一体化发展，形成了一套系统的思路与政策，也正是在这种背景下催生出了苏州探索实践城乡一体化发展的成功道路。2008 年 9 月，江苏省委、省政府批准苏州市成为江苏省唯一的城乡一体化发展综合配套区。同年 10 月，国家发改委把苏州市列为城乡一体化发展综合配套改革联系点，同时，苏州市还和重庆、成都、嘉兴一起被国家发改委列入中澳管理项目试点城市。这一年年底，苏州市下辖的常熟市又被国务院发展研究中心确定为首个城乡一体化综合配套改革固定调研联系点。由此，苏州市在推进城乡一体化发展中走在了全国前列，成为名副其实的排头兵与探路者。

正是在各级党和政府的强力推动和支持下，在万众瞩目与期望中，苏州市勇敢地开始了走向城乡一体化发展的征程。2009 年 8 月，中共苏州市委十届七次会议提出了苏州市新的发展战略目标：“要把苏州建设成为科学发展的样板区、开放创新的先行区、城乡一体的示范区，以现代经济为特征的高端产业城市、生态环境优美的最佳宜居城市、历史文化与现代文明相融的文化旅游城市”（简称“三区三城”新战略目标）。“三区三城”是一个有机整体，其中“城乡一体的示范区”居于中枢地位，它是整个发展目标的重要抓手，也是今后发展的总定位与最终目标。

由此可见，从 20 世纪 80 年代的“苏南模式”到 90 年代的“新苏南模式”再到新世纪以来的“苏州道路”，苏州市在探索打破城乡二元结构方面走过了一个漫长的路程。三者之间是一脉相承的，“苏州道路”是对前两种模式的继承、创新与发展，是它们的嬗变与升华。

二、“苏州道路”的实践

作为排头兵与探路者，苏州市在推进城乡一体化过程中没有现成的经验与做法可以照搬，唯有解放思想、大胆地创、大胆地试，在坚持整体推进的同时，确定了 23 个城乡一体改革先导区，充分发挥基层干部群众的创造精神，“允许试、允许闯、允许错了改”。经过一段时期的实践，苏州城乡一体化道路已经越来越清晰，渐成雏形。“苏州道路”的特点和实质在于，在各级党委和政府的强力推动下，依靠雄厚的地方经济和财政实力，统筹城乡发展。

以城乡一体化发展为目标，以制度创新为动力，以资源配置为手段，以基本公共服务均等化为重点，坚持整体推进和先导示范相结合，引导各种资源和利益从城市向农村流动，最终实现从城乡二元结构向一体化发展的转变，使广大农民群众能够真正分享工业化和城市化的成果。“苏州道路”的实践主要表现在以下方面：

（一）七大领域全面推进，相得益彰

城乡一体化涉及经济社会发展的方方面面，相互掣肘和制约，单方面突进势必会因受到其他方面的拖累而失败。苏州市在城乡一体化过程中审时度势，坚持从城乡发展规划、

资源配置、产业布局、基础设施、公共服务、就业保障和社会管理七个方面全面推进。这七个方面既经纬交织又环环相扣,相互衔接、相互促进。

(二)用"三形态"优化城乡空间格局

城乡一体化并不是要城乡一个面孔,也不是城市和农村千镇一面、千村一面,而是要深化和优化城乡分工。苏州市在城乡一体化过程中提出了"三形态",即让城市更像城市、农村更像农村、园区更像园区,以此来矫正20世纪80年代以来工业化和城镇化过程中由于规划滞后所导致的"走过一村又一村,村村像城镇;走过一镇又一镇,镇镇像农村"那种城乡形态和功能不分的混沌状态。

(三)用"三集中"优化要素空间配置格局

与"三形态"相配套,苏州市同时推进"三集中",即农民向社区集中、工业企业向园区集中、土地向规模经营集中。通过农民向小区的集中居住,既可以整理原有村落,改变长期以来分散居住造成的浪费土地、污染环境、生活不便问题,又可以降低自来水、燃煤气、有线电视、上网等公共服务的成本。截至2013年7月,全市已有49.5%的农户实现了集中居住。通过工业企业向园区集中,可以解决乡镇企业发展过程中"村村冒烟,户户办厂"所遗留的浪费土地、污染环境、投资成本高、缺乏聚集效益等问题。截至2010年10月,全市已有82%的农村工业企业进入工业园区。通过土地向规模经营集中,可以解决家庭经营规模过小带来的与市场脱节、劳动效率低、收入难以提高等问题,为发展现代高效农业创造条件。截至2010年10月,全市已有61.3%的承包耕地实现了规模经营。

(四)用"三置换"保障农民权益

为了保证"三集中"与"三形态"的顺利推行,切实保障其中所涉及的农民权益,化解和减少土地征用、房屋拆迁中的矛盾,苏州市大胆创新,改革传统的土地征用与房屋拆迁办法,代之以"三置换",即鼓励农民以农村土地承包经营权置换成土地股份合作新股权或社会保障,以农民宅基地及住房置换成城镇住房或三产用房,以集体资产所有权、分配权置换成社区股份合作新股权,进而让农民进城、进镇、进社区,实现由农民向市民的身份转换。其中第一个转换切实保障了被征地农民的权益,免除其后顾之忧,并推进了土地集中。第二个转换切实保障了被拆迁农民的权益,农民家家都住进了宽敞明亮的别墅或拥有几套公寓房,其住房条件大大超过城镇居民。这些房屋既可自住又可出租,农民也有了稳定的收入。第三个转换则成功解决了长期以来集体所有制中所有者缺位、虚幻、利益无法落实的难题,使集体财产量化落实到农民个人并真正为他们带来收入。"三置换"是机制创新,它成功化解了长期以来困扰各级地方政府的土地征用与房屋拆迁这个"天下第一难"问题,实现了各方共赢,保证了城乡一体化进程中的土地征用,房屋拆迁、资产重组等顺利进行。在这个过程中苏州市较少发生大的群体性或恶性事件,这在全国都属少见。

(五)用公共服务均等化缩小城乡差距

长期以来我国的城乡差距不仅表现在货币收入差距上,更表现在非货币收入差距上,农民不能享受城镇居民的公共服务。苏州市在推进城乡一体化过程中着力缩小这方面的城乡差距,使农民也同城镇居民一样享受基本的公共服务,包括义务教育、养老保险、医疗保险、失业保险、最低生活保障,以及道路交通、绿化环保、文化娱乐、自来水、商场超市、体育健身等方面。目前,苏州市农民参加养老、医疗等社会保险的近100%,农村低保更是应保尽保,并且标准与城市接轨拉平。

(六) 用全面推进和先导区相结合来保证城乡一体化有序进行

作为一项巨大的经济社会变迁工程,由于缺乏经验,为了减少不必要的反复、震动与损失,苏州市一方面不等不靠、令行禁止、雷厉风行,在全市范围内全面推进城乡一体化的各项工作,同时又确定了23个先导区(镇),鼓励其大胆探索、积累经验,允许试、允许闯、更允许错了就改。这些先导区要一年一个样,三年大变样,发挥出示范带动作用。

(七) 用户籍制度改革填平横亘在城乡居民之间的最大、最后一条鸿沟

长期以来我国的城乡二元结构和差距主要是靠户籍制度维系的,由此造成"城乡分治,一国两策",不破除这道障碍就不能去除笼罩在农民心头上的阴影,也不能实现法律上的真正的城乡一体化。苏州市在城乡一体化过程中对农村户籍制度改革进行了有益探索,配合全国户籍制度改革,鼓励农民进城安户,对于那些确实已经进入城镇、有固定住所与收入的农民可以为其办理与城镇居民相同的户口或居住证,使他们成为名副其实的市民。农民的安置房可以办理土地证与房产证,具有完整的产权。由于在上述过程中,特别在"三置换"过程中农村户口含金量陡升甚至超过城市户口,反而出现了部分城镇居民要补办农村户口的逆向流动,这也就使得这场用农村户口置换城市户口的改革阻力出奇的小并得以顺利推进。

除了上述做法以外,苏州市还创造了在农村发展"三大合作"、深化"三大改革"、建设高效环保的现代农业园区等经验,有力地提升了"三农"的经济和社会地位,使它们迅速向城市接近和靠拢。

三、"苏州道路"的解读

(一) 城乡一体化是我国经济社会发展的必然趋势,是一场伟大的经济社会变迁工程,工业化和城市化是人类经济社会发展的必经阶段与方向

在初期,农业、农村和农民要做出必要的牺牲以支持工业与城市的发展,因而工农城乡差距的存在有其必然性。但是,这种差距并不能长期存在和无限扩大。不可否认,在我国过去几十年的工业化与城市化过程中,广大农民群众通过土地、劳动力和资金等形式做出了巨大贡献,他们也因此有理由共享工业化和城市化的成果。尽管我国在计划经济时期所形成的城乡二元结构有一定的历史原因与合理性,但是这种二元结构同样不能长期存在,更不能扩大,否则就必然是一种畸形的工业化与城市化,背离了初衷,更遑论全面建成小康社会和实现现代化。正因为如此,党和政府在科学发展观中提出统筹城乡发展、实现城乡一体化。

苏州市作为我国改革开放的先行者、排头兵与发达地区,更有理由走在城乡一体化前列。从20世纪80年代的乡镇企业到90年代的外向型经济,广大农民群众做出了巨大贡

献，由此造就了苏州今天的经济强市地位。在这样一个发达地区，如果仍然维系城乡二元结构、维持城乡差距，苏州就必然是一个畸形的经济强市，必然制约和阻碍其和谐与可持续发展。所以，苏州市的城乡一体化发展就显得更为迫切，它既是对广大农民群众长期贡献的回报与反哺，又是保证下一步健康发展的必要条件。苏州市以自己的实践诠释了统筹城乡发展的必要性与可能性。

（二）政府强力推动是城乡一体化发展的发动机

城乡一体化发展作为一场伟大的经济社会变迁工程，其中必然涉及不同利益集团的利益关系调整，由此也就必然引起他们之间的博弈。不同的利益集团从自己的利益得失出发，或支持或反对。作为其中的受益者，广大农民自然非常拥护这场变革。但是，在我国现行政治体制下，农民还无法直接在各种决策机构中发挥作用。经过三十多年的改革，我国仍然是政府主导的市场经济体制，而且我国的二元结构本来就是在过去的工业化与城市化过程中由政府决策所形成和维系的，解铃还须系铃人，今天要打破这种二元结构自然也应该由政府来推动。因此，政府从经济社会全局出发，有必要也有条件成为这场社会变革的发动机，由此也就注定了这场社会变革是以广大农民群众为社会基础、由政府所发动、上下配合的。政府的作用不仅表现在它是决策者，更是组织者和监督者。也就是说，政府不仅要制定城乡一体化发展的方针政策和方案，尤其要加大各级财政的投入力度，更要组织落实，饬令下级组织不折不扣地贯彻实施。

苏州的城乡一体化发展正是这样，在学习和实践科学发展观的背景下，在上级党和政府的大力支持下，苏州市委、市政府是这场社会变革的最大推动者。2008 年以来，苏州市委、市政府先后颁布了 10 多个政策文件来推动城乡一体化发展。这些文件不仅向全市各行各业、各部门发出了城乡一体化发展的动员令，规划了城乡一体发展的总目标与进程，而且详细规定了解决各种具体问题的实施意见。为了具体组织实施城乡一体化发展，市委、市政府及所辖市、区都成立了专门的工作领导小组，下设办公室。正是由于市委、市政府的强力推动，苏州市的城乡一体化发展才会如此有声有色，一年一个样，三年大变样。

（三）雄厚的经济和财政实力是城乡一体化发展的重要经济保证

作为对"三农"的回报与反哺，城乡一体化发展也是一场社会财富的重新分配过程，其中各级财政必须拿出足够的财力用于"三农"。无论是"三形态"建议还是"三集中"过程以及公共服务均等化无不需要财政的巨大投入。也正因为如此，城乡差距只有在国家经济和财政实力较强的时候才能启动。

改革开放三十多年来，苏州市委、市政府带领人民因地制宜、审时度势，走出了一条成功的跨越式发展道路，经济和财政实力急剧增强，使苏州市成为最有条件率先实现城乡一体化发展的地区。2009 年，全市 GDP 达 7400 亿元，三次产业构成之比为 1.8∶58.8∶39.4，地方一般预算收入 745 亿元，按户籍人口计算的城镇化率为 46%，城镇居民人均可支配收入 26320 元，农民人均纯收入 12969 元，远远高于全国及全省平均水平。所辖昆山、常熟、张家港、吴江、太仓 5 市均连年进入全国百强县前 10 名，其中昆山市更是高居榜首，成为"华夏第一县"。财政收入达 10 亿元以上的镇比比皆是。苏州工业园区、苏州高新区、张家港保税区闻名全国。正是由于拥有如此雄厚的经济与财政实力,城乡一体化发展中巨大的资金需求才有了保证,也才能化解各方矛盾。在城乡一体化发展中,市、区财政投入了大量资金,2009年全市财政投入新农村建设资金36.5亿元,比上年增加24%。也正因为如此,“苏州道路”对于那些经济较为落后、财政实力较弱的地区尚不具有可复制性。

(四)制度创新是城乡一体化发展的重要体制保证

我国原有的城乡二元结构是在计划经济体制下形成的,有一套系统的制度与政策作为支撑与保证,包括土地制度、财政制度、金融制度、社会保障制度、户籍制度等。为了实现城乡一体化发展,就必须大胆、全面、系统地进行制度创新,构建新的制度体系,颁布新的政策法规。

苏州市在城乡一体化发展中把制度创新放在非常重要的位置,以全面综合配套改革来破旧立新,探索建立新的体制与机制,包括建立健全土地、财政、金融、社保、产业、就业户籍、行政管理等新体制。“三置换”就是从苏州市实际出发,借鉴各地经验教训所探索建立的新的土地征用、房屋拆迁与集体所有制改革的新机制。在制度创新中,各市、区、镇都放开手脚,探索出了许多行之有效的新机制。如苏州高新区就形成了一套既有利于发展又具有区域特色的“六个新机制”:城乡一体化规划建设新机制、城乡均等的公共服务新机制、富民强村新机制、现代农业发展新机制、多元投入新机制和城乡一体的社会保障新机制。

(五)农民既是城乡一体化发展的参与者,更是受益者

在二元结构下广大农民群众直接、间接地参与了工业化和城市化过程,承担了巨额成本,但是在工业化与城市化的成果分配上他们却所得甚少,二者之间严重不对称。在城乡一体化发展中必须有广大农民群众参与,发挥他们的重要作用。但是,与以往不同的是,农民群众同时还应该是受益者,他们所分摊的成本要与所得到的收益相对称。作为一种利益关系调整,在这个过程中农民的利益增长速度甚至要快于城镇居民,以此来矫正长期所形成的城乡差距。应该说,城乡差距是否缩小是检验城乡一体化发展成败得失的根本标准。

苏州市在城乡一体化发展中正是遵循这一宗旨,让广大农民群众从中得到切实的实惠。通过一系列大力度的措施,农民的收入、工作、生活、出行、社会保障、文化娱乐等方面的条件与水平有了迅速改善和提高。在全国城乡收入差距继续扩大的背景下,最近几年苏州市的城乡收入差距已经由过去一个时期的稳定、徘徊重新走向缩小。特别是在“三置换”中,农民的居住条件有了很大改善,明显超过了城镇居民,而且为农民提供了稳定的收入来源。正因如此,作为最大受益者的农民主动热情地参与到这一进程中,由以往的抗拒、抵制征地拆迁,变为配合甚至请求征地拆迁,这是一个了不起的变化,它的背后则是利益关系的调整和对农民权益的尊重与保障。

(六)城镇化是城乡一体化发展的重要载体与平台

城市化是与工业化相适应的经济社会空间结构转换形式,它适应了工业化所要求的聚集效益、保护环境等要求,因此二者应该是相伴而行、同步推进。在计划经济体制下我国工业化与城市化明显背离。由于对国外曾经产生的“城市病”的恐惧,我国曾经对城市发展采取限制政策,使城市化进程明显滞后于工业化。自从中共十六大以来,党和国家在提出新

型工业化道路的同时又把城镇化作为我国今后经济社会发展的一大战略，进而作为扩大内需、拉动经济增长的一个强大动力。其后，国家又提出了新农村建设方针，以进一步完善和优化我国的城乡空间结构。毫无疑问，在城乡一体化发展中必须把城镇化作为一个重要的载体与平台，使大量脱离农业、走出土地的农民进入城镇、融入城镇，最终完成从农民向市民转换的历史过程。

改革开放初期，在乡镇企业的发展过程中苏州市也曾囿于当时的历史条件与认识水平，“离土不离乡，进厂不进城”，“村村冒烟，户户办厂”，使工业化与城市化背离，带来了土地浪费、环境污染、成本增加等诸多问题。20 世纪 90 年代虽然普遍实现了撤乡建镇，但却徒具形式，只是换块牌子而已。进入 21 世纪以来，苏州市的城镇化无论是从形式上还是规模、速度上都有了质的飞跃。通过合并，全市撤销了 2/3 的镇，使镇的数量大幅度减少，规模明显扩大，聚集效益凸现。每个镇的人口一般都在 5 万人左右，甚至达到 10 万人，镇的规模、经济实力甚至可以超过中西部地区一个县乃至一个地级市的水平。“三集中”更使农民告别祖祖辈辈遗留下来的分散居住的村落，进入社区集中居住和生活，充分享受现代城市文明。同时，工业也进入了园区，土地实现了规模经营，城乡之间的分工及其形态更加清晰。相应地，居民的社会管理工作形式也发生了重大变化，由原先的镇、行政村、自然村形式转变为街道办事处、居委会等形式。

四、“苏州道路”的前景

（一）建立真正的城乡一体化发展的一元经济社会

随着城乡一体化发展的深入推进，长期以来阻挡在城乡之间的各种制度障碍将被消除，城乡之间的经济差距将会缩小，尤其是农业将实现质的提高，成为优质、高产、高效、多功能的现代农业。更重要的是，城乡收入差距将迅速缩小，半个多世纪以来烙在农民身上的户籍印记将被消除，他们也同城镇居民一样享有同等的社会地位，拥有平等的政治、经济权利，承担同样的政治、经济义务，真正成为国家的主人和我国经济社会发展的主力军。

（二）全面、系统地解决“三农”问题

2004 年以来以中央一号文件和党的会议决议等形式提出了近期解决“三农”问题的工作重心、目标与政策，而城乡一体化发展是其集大成。城乡一体化发展是全面、系统解决“三农”问题的系统工程，通过城乡一体化发展的深入，苏州市的“三农”问题有望得到彻底解决。

（三）率先全面迈向小康社会，实现现代化

中共十六大提出到 2020 年我国要全面建成小康社会，到 2050 年要率先基本实现现代化。苏州市的小康社会和现代化进程走在全国前列。早在 2005 年底全市已经率先全面建成小康社会，到 2010 年底苏州市将率先基本实现现代化。但是，这两个“率先”基本上都是以大市为单位、以全市人均值为依据，掩盖了人均数值背后的城乡差距等问题。而通过城乡一体化发展，城乡差距将被拉平，广大农民也将迈入小康社会和现代化社会的门槛。这样，一个不含水分的、真正惠及全体社会成员的全面小康社会和现代化社会将会展现在世人面前。

参考文献

[1] 王晓宏,等.历史性的新跨越——关注苏州市城乡一体化发展综合配套改革[N].苏州日报,2010-06-02.

[2] 沈石声.苏州市城乡一体化发展的实践与启示[J].苏州农村通讯,2009(5).

[3] 顾建列,等.吴中区推进城乡一体化发展情况综述[J].苏州农村通讯,2010(3).

[4] 陈启元,等.苏州高新区城乡一体化发展的实践与思考[J].苏州农村通讯,2010(3).

[5] 陈平,等.(常熟市)加快城乡一体化发展的调查与思考[J].苏州农村通讯,2009(3).

[6] 张觉良,等.践行科学发展观 着力推进城乡经济社会发展一体化——太仓市新农村建设的调查[J].苏州农村通讯,2009(4).

“苏南模式”的演进轨迹与城乡关系转型思考[①]

夏永祥

曾经在20世纪80年代享誉全国的“苏南模式”,20多年来,几经演进,在近年又成功地走出了一条城乡一体化发展的道路。总结“苏南模式”的演进轨迹,对于正确认识我国的城乡关系整合规律,不无裨益。

一、“苏南模式”的演进轨迹:城乡关系从对立走向融合

在20世纪,苏南地区主要是指苏州、无锡和常州三个地级市,它们是“苏南模式”的主要发源地。2000年,江苏省委、省政府重新对省内区域进行划分,把南京、镇江二市也归入苏南地区,由此,苏南地区就扩大到长江以南的五个地级市,在这五个市之间,经济发展水平同样存在着明显差异,苏州、无锡两市发展水平最高,是苏南地区的核心地带,其余三市则发展水平稍低,但是比之苏中、苏北地区,仍然属于发达地区。

所谓“模式”,通常是指对某个国家或地区具有自己特色的改革和发展道路的理论概括。“模式”并不是一成不变的,随着实践的发展,“模式”也有一个不断演进的过程。对于“苏南模式”的内容及其演进轨迹,人们可以从不同的视角、用不同的标准进行概括和分析。我们认为,从本质上看,“苏南模式”反映了该地区改革开放以来在工业化和城市化过程中城乡关系的整合规律,故而从城乡关系整合视角,可以把“苏南模式”的演进轨迹概括为三个阶段。

第一阶段:“苏南模式”阶段,城乡关系处于对立状态。从时间上划分,大致在20世纪80年代到90年代中期。在这一阶段,“苏南模式”的主要内容是:大批农民群众以兴办乡镇企业的形式参与到区域工业化过程中,分享工业利润。1958年后,随着城乡户籍制度的颁布,我国形成了城乡分割的二元经济和社会结构,农民原则上只能在农村从事农业生产,而不能涉足工业生产,更不能进入城市。改革开放以后,随着国家政策的调整,农民可以从事非农经济活动。苏南地区的农民群众抓住这一机遇,大胆兴办乡镇企业,这是对我国传统二元经济社会结构的一次尝试性冲击。这一阶段的工业化是内生性的,其动力和投资主要来自于区域内部的农民群众。与“温州模式”下采取个体经济不同的是,“苏南模式”下的乡镇企业主要采取集体所有制形式。但是,这一时期,城乡之间的二元社会结构依然存在,滞后于城乡二元经济结构的变革,农民不能自由地从农村向城市迁徙和流动,导致城市化与

① 本文刊发于《苏州大学学报(哲学社会科学版)》2011年第4期。

工业化割裂,城市化滞后于工业化。农民“离土不离乡,进厂不进城”的政策限制就是对这种状况的真实写照。允许农民离开土地和进厂,反映的是农民可以从事非农产业,参与工业化,但是不离乡和不进城则是不允许农民参与城市化。所以,苏南地区这一阶段的工业化,仍然是在城乡对立的状态下进行的,由此带来了乡镇企业“满天星”式的空间布局,村村冒烟,户户办厂,严重浪费了大量的土地等宝贵资源,还造成了经济效益不高、环境污染等问题。当然,为了平衡农村内部的利益关系,苏南地区实行了“以工补农,以工建农”,一大批农民群众也分享了一部分工业利润,收入水平和生活水平有了明显提高,得到了实惠。但是,这仅仅是农民和农村内部的调整,而从国家层面来看,城乡之间依然壁垒森严,处于严重对立状态。

第二阶段:“新苏南模式”阶段,城乡关系发生碰撞和摩擦。从时间上划分,大致是在20世纪90年代中期到2003年左右。在这一阶段,“苏南模式”发生了第一次蜕变与演进。推动这次演进的动力,一是从1994年开始,全国乡镇企业的发展开始走下坡路,这在以集体经济为主的苏南地区表现得尤为明显,这就需要寻找新的区域发展动力与投资主体;二是从1990年开始,随着上海浦东新区的开发和开放,为苏南地区发展外向型经济提供了绝好的机遇。正是在这种背景下,“新苏南模式”应运而生。“新苏南模式”的主要内容有:一是乡镇企业的改制。通过股份合作制等过渡形式,到21世纪初,大多转变为民营经济形式,而且,根据中共十四大提出的把乡镇企业发展和小城镇建设结合起来的方针,乡镇企业开始走出家庭院落,向开发区集中。二是利用外资。由于毗邻上海,有近水楼台之便,苏南地区这一时期的招商引资工作成绩斐然,外资在区域工业化和经济发展中扮演着重要角色,由此使工业化由内生性向外生性转变。为了招商引资,也需要兴办各级各类开发区,正是在这一阶段,苏南地区的开发区建设如星火燎原,蓬勃发展,大大小小的开发区不计其数,往往一个乡镇就有几个开发区,这成了“新苏南模式”的一大特色和亮点,为全国所关注和称道。为了兴办开发区,就必须征用农民土地,并动迁农民,但是土地和房屋的补偿极其有限。在这个过程中,有部分农民进入工厂和城市打工,脱离了农业与农村,但是其农民户口和身份并没有发生变化,充其量只是农民工,不能享受市民待遇。还有大量农民被排斥在工业化和城市化之外,不能融入城市,由失地而衍生出失业、失居、失保、失教和失身(份),变成了游走于工农城乡之间的边缘人。所以,在“新苏南模式”阶段,城乡关系从先前的对立和隔绝状态走向激烈的碰撞与摩擦状态。工业化与城市化开始同步推进,工业开始从村落向开发区集中,由此推动了中小城镇和城市的发展。但是,在这种城市化进程中,许多进入城市的人口,并不是当地的农民,而是外来人口,外来人口在地区常住人口中占有三分之一到一半的比重。区域要素组合模式为:国外境外资本 + 本地上地环境 + 外地劳动力。工业化和城市化的收益,大部分以外资利润、国家税收和外地人口的工资等形式归其他利益集团与群体所有。如果仅仅从苏南地区来看,则表现为人口城市化与土地等要素城市化的割裂。由于征用了农民的大量土地,这些要素的用途由农业转变为非农业,变为城市的一部分,长期依靠这些土地为生的农民却被排斥在工业化和城市化之外。这种工业化和城市化模式固然对整个区域工业化和城市化水平的提高具有重要作用,地方经济实力和财政实力也会大大增强,但当地农民却从中受惠有限。苏南地区的城乡居民收入差距,在这一时期内甚至有所扩大，苏州市的城乡居民收入之比2000年为1.70，2003年为1.85，2007年为2.03。同期无锡市城乡居民收入之比分别为1.65、1.84和2.08。在纵横交错的高速公路旁，在光怪陆离的高楼大厦下，却在悄然恢复和强化着城乡二元结构。由此，“新苏南模式”就被一些外地学者讥讽为只长骨头不长肉、市强民穷。这种批评不无道理。其实，这种结果不仅在苏南，而且在全国其他地区同样存在，它是传统制度与体制的必然产物，苏南地区仅仅是这种现象的代表与缩影而已。

第三阶段：“后苏南模式”阶段，城乡关系走向融合与一体。从时间上划分，大致是在2003年以后，特别是中共十七大以后的最近几年。十六大后，在科学发展观的指引下，全国从上到下大力推进统筹城乡发展，实行工业反哺农业、城市支持乡村。十七大以后，国家着力推进城乡基本公共服务均等化，提出要尽快形成城乡一体化发展新格局。在这种宏观背景下，“新苏南模式”再次蜕变与演进，城乡关系在经过前一阶段的碰撞和摩擦之后，开始走向融合，从二元经济社会结构向一元结构转变，实现城乡一体化发展。所谓“后苏南模式”，就是指这种城乡共同发展和繁荣的最终格局。在这一阶段，一大批农民群众不仅仅是作为看客与局外人，而是作为参与者与受益者，深度介入工业化和城市化。一方面，工业化的动力和投资主体变为多元化和混合性，在继续保持外资发展优势的同时，经过政策调整和乡镇企业改制，民营经济和股份经济快速发展，部分农民的创业潜力得以发挥，身价上千万、上亿元的老板比比皆是，这对提高农民平均收入水平有重要作用。另一方面，凭借前期积累的强大经济和财政实力，在政府的强力推动下，资源配置和利益分配向“三农”倾斜，各级财政拿出巨额资金，用于支农惠农。由此，苏南地区走在了全国城乡一体化发展的前列，成为名副其实的排头兵和示范区。2008年9月，中共江苏省委、省政府批准苏州市成为全省唯一的城乡一体化发展综合配套区。同年10月，国家发改委把苏州市列为城乡一体化发展综合配套改革联系点，并把苏州市和重庆、成都、嘉兴一起列入中澳管理项目试点城市。国务院发展研究中心也把苏州市下辖的常熟市列为首个城乡一体化发展综合配套改革固定调研联系点。同样，在这一阶段，无锡、常州市的城乡一体化发展也搞得有声有色，江阴、宜兴、武进等市、区的农民从经济发展中得到了实实在在的好处。经过几年的实践，苏南地区成功地走出了条以“三形态”“三集中”“三置换”“三改革”等为主要内容的城乡一体化发展道路，城乡一体化发展格局已现雏形，农民收入水平迅速提高，城乡居民收入差距势头初步得到遏制，并趋向缩小。无锡市城乡居民收入之比2008年为2.09，2009年为2.02。同期，苏州市则为2.03和2.10。农民居住条件和生活环境也大有改善，能够和城镇居民一样，充分享受工业文明和城市文明。特别是随着农村社会保障制度的建立，农民也可以和城镇居民一样，享受医疗、养老、失业、低保等待遇，农村的公共设施和公共服务水平有了很大的改善。在华西村、蒋巷村，农民的福利水平甚至超过城镇居民。而随着户籍制度的改革，长期横亘在城乡居民之间的身份差别鸿沟被填平，二元社会结构逐步消失，农村户口的含金量甚至超过城市户口，出现了一些以前通过“农转非”进入城市的人，现在要再“非转农”返回农村而不得的情况。可以预料，再经过“十二五”时期的努力，一个崭新的城乡一体化发展新格局，将率先在苏南地区得以实现。这真是一个天翻地覆的历史性变迁过程。

二、城乡关系的整合规律:从对立、碰撞到融合

从20世纪50年代开始,我国在工业化和城市化过程中,形成了城乡分割的二元经济和社会结构。从经济层面看,它类似于刘易斯的二元结构;而从社会层面看,则有明显的中国特色,即“城乡分治,一国两策”,农民不能享受平等的国民待遇,不能参与和分享工业化和城市化的成果。对于这种二元经济社会结构,尽管它的形成有一定的历史必然性和无奈性,但是从整个经济社会发展趋势看,终究要转变为一元结构,走向城乡一体化发展格局。然而,也正是因为中国城乡二元结构的特殊性,其演进轨迹与规律并非完全符合刘易斯模型和托达罗模型所指引的融合道路,而是更加复杂。这个转变并非一朝一夕可以完成,而是要经过几个必不可少的阶段。

改革开放以来,苏南地区作为我国经济社会发展的排头兵与先行者,在破除城乡二元经济社会结构方面积累了大量成功的经验。上述“苏南模式”的演进轨迹,实际上揭示了我国城乡关系的整合规律。从中可以看出,从城乡二元结构走向一元结构,必须要经过三个阶段。

在起点阶段,我们所面对的是一个经过几十年发展、具有一套严密体系的城乡二元结构。在既得利益集团的维护下,它以强大的“路径依赖”,惯性而前行。同时,由于较低的经济发展水平与匮乏的财政实力,也客观上决定了无法一步到位地让农民与城镇居民一样,享受平等的国民待遇。因此,这一阶段的工业化,还只能在这种城乡对立状态下推进,农民可以介入工业,但是不能进入城市。但是这毕竟打开了一个缺口,农民进入工业,不仅为自己,也为整个国家和社会打破二元结构在积蓄力量。

在擅变阶段,必不可少地会碰到尖锐的城乡摩擦与冲突。农民介入工业化与城市化,本质上是对二元结构下城乡关系的挑战与冲击,这不仅会引起既得利益集团的反对,而且会与维系这一利益关系格局的一系列制度发生激烈碰撞。然而,正是在这个过程中,区域与国家经济和财政实力急剧增加,蛋糕迅速做大,从而可以以增量财富分配的改革来提高农民的地位与待遇,实现农民与城镇居民的共赢,实现农村与城市的共同繁荣,这也符合“帕累托改进”的要求,因而有可能成功。

在结局阶段,实现从二元结构向一元结构的彻底转变与融合。随着时间的推移,财富的增加,制度创新也在进行,社会观念同样会发生变革。特别是在政府推动下,通过财政资金向“三农”的大力倾斜,社会财富的分配天平更多地倒向农民一方。农民社会地位与待遇的提高,客观上使农村户口的含金量在提高,而城市户口的含金量相对下降,直到二者拉平时,即使不用政府文件宣示,传统的维系二元社会结构的户籍制度最终将自动淡出人们的视野,归于消失,到那时候,城乡一体化发展格局也将最终得以确立。

“苏南模式”的演进轨迹,既揭示了我国城乡关系从二元结构走向一元结构的必然性,也揭示了其中必须经过的几个阶段。对于这三个阶段,我们不可以跳跃,但是完全可以因势利导,积极创造条件,缩短转变时间。这是全国人民的期盼,也是全面建成小康社会和实现现代化的必由之路。

参 考 文 献

[1] 洪银兴. 苏南模式的演进和发展中国特色社会主义的成功实践[J]经济学动态,2009(4).

[2] 顾松年. 苏南模式创新发展和苏南经济的转型升级[J]南京:南京大学出版社,2009.

[3] 曹宝明,等."新苏南发展模式"的演进历程与路径分析[J]中国农村经济,2006(2).

[4] 王安岭. 做大做强中心城市核心极 加快打造城乡一体都市区——无锡城市现代化和区域城市化思路研究[J]现代经济探讨,2010(2).

[5] 贺广华. 再做探路"排头兵"——苏州推进城乡一体化的创新实践[N]人民日报,2010-08-01.

[6] 王晓宏,等. 历史性的新跨越——关注苏州市城乡一体化发展综合配套改革[N]苏州日报,2010-06-02.

[7] 沈石声. 苏州市城乡一体化发展的实践与启示[J]苏州农村通讯,2009(5).

[8] 黄国强. 江阴市改革开放30年发展路子解读[J]苏南发展,2008(7).

[9] 李雪根. 苏南模式正在创新中发展[J]现代经济探讨,2006(12).

[10] 光明日报调研组. 幸福哪里来——关于幸福江阴的调查思考[N]光明日报,2011-04-19.

[11] 吕美晔,金高峰. 发达地区农民增收长效机制研究——基于沪杭苏锡四市的实证分析[J]现代经济探讨,2011(4).

[12] 夏永祥. 政府强力推动与城乡一体化发展:"苏州道路"解读[J]农业经济问题,2011(2).

苏州市城乡一体化建设综合配套改革的制度创新[①]

于海云　夏永祥

苏州争当城乡一体化改革发展的领跑者，已经率先形成城乡发展规划、资源配置、产业布局、基础设施、公共服务、就业社保和社会管理一体化的新格局。为了更快更好地推进城乡一体化进程，苏州市政府通过户籍改革、土地使用、农村财税金融体制、城乡一体管理、新农村转型升级、富民强村等制度创新，在全面加快城乡一体化示范建设方面取得了突破。

一、户籍改革制度创新——城乡居民公共服务均等化制度

改革与户籍相关的配套政策，在更多层而上打破“二元”结构制约，使城市居民和农村居民在劳动就业、社会保障、计划生育、文化教育、医疗卫生及其他社会事务方而享受均等化公共服务。苏州市通过改革旧的户籍制度，逐步理顺户籍制度背后的各种利益关系，消除城乡人力资源自由流动的体制机制障碍，加快城乡经济社会的融合发展。苏州市将坚持把集就业社保、商贸超市、卫生计生、教育文体、综治警务、民政事务、环境保护等多种功能于一体的农村社区服务中心作为促进城乡公共服务均等化的重要载体，引导农民转变观念和生产生活方式。鼓励优秀师资配备、医务人员向农村流动，鼓励社会力量开办农村养老机构。加快城乡社保制度接轨，把被征地农民和在非农产业就业的农村劳动力纳入城保体系，基本实现城乡养老保险并轨，推进新型农村合作医疗制度向城镇居民基本医疗保险制度过渡。

二、土地使用制度创新——城乡建设用地增减挂钩制度

实行城乡建设用地增减挂钩制度，进一步打破城乡资源二元分配的格局，使城市先进生产力要素与农村土地等不可再生资源统筹起来，使农村土地的集约化利用水平不断提高，农民的土地流转收益、经营收益不断增加，城乡优势互补、实现共赢。苏州市推进城乡建设用地增减挂钩试点政策，在实现项目区内建设用地不增加、耕地而积不减少、质量不降低的前提下，加快农民居住点向中心村镇、工业向园区集中，土地向适度规模经营集中，促进节约和集约利用建设用地，城乡用地布局更加合理。积极鼓励和引导农户用集体资产所有权、土地承包经营权、宅基地和住房置换成股份合作社股权、城镇社会保障和住房保障，实行换股、换保、换房进城，促进农民身份转变，减少农民，致富农民。

① 本文刊发于《宏观经济管理》2010 年第 4 期。

三、农村财税金融体制创新——完善农村金融服务体系

苏州市通过农村财税金融体制创新，使农村基层组织财力不断提升，农村金融政策环境不断完善，农村发展活力不断增强。稳步推进农村财税管理体制改革，规范乡镇财税组织秩序，完善乡镇财政分税制体制，理顺乡镇事权与财权关系，提高乡镇发展社会事业和提供公共服务的财力支撑能力。完善农村金融体系，加强农村金融服务，加快建立商业性金融、合作性金融、政策性金融相结合，资本充足、功能健全、服务完善、运行安全的农村金融体系。建立健全政府主导、市场运作、社会协同、农民参与的农村土地管理监督营运平台，优化土地增值模式，不断提高乡镇投融资能力。加大对农村金融政策支持力度，出台相关政策措施，支持和鼓励城市优质的金融服务向农村延伸，引导更多信贷资金和社会资金投向农村。规范发展多种形式的新型农村金融机构，坚持为“三农”服务和小企业服务，加快组建和规范发展农村小额贷款公司。争取村镇银行和土地银行试点，支持邮政储蓄银行及其他金融机构扩大涉农业务范围，鼓励发展适合农村特点和需要的各种微型金融服务，开发针对农民的生产性小额贷款产品，允许有条件的农民专业合作社开展信用合作，稳步发展农产品期货市场。健全政策性农业保险制度，加大政府补贴支持力度，不断扩大业务覆盖面。建立健全政府扶持、多方参与、市场运作的农业担保体系，扩大农村有效担保服务。

四、城乡一体管理制度创新——“区镇合一”的行政管理体制

苏州市通过制度创新探索“区镇合一”、城乡一体的行政管理体制改革，切实加强基层经济和社会管理。首先，向省里争取支持，探索符合条件的中心镇与跨越镇村区划的现代农业园区，实行“区镇合一”的行政管理体制，以区带镇，以镇促区，区镇协调发展。其次，改革创新农村行政管理体制，根据当地经济和人口规模，适当增强农村地区公安、市容、卫生、人口计生、食品和药品安全、工商、税务等方面的行政执法力量，有效加强农村经济和社会管理。第三，深化完善农村和农业管理体制改革。进一步理清和理顺市（县）、镇政府对农村和农业的行政管理、村民委员会对农村的社会管理、村经济合作组织对农业的专业管理这三组关系，明确各自的管理权限范围，依法强化管理。第四，加快构建触角延伸、覆盖城乡的市容环境管理体系。继续推进市容环境管理重心下移，加强向乡镇派驻执法管理队伍的工作，完善“网格化管理”模式和数字化管理手段，切实加强对违法建设等重点问题的查处力度，不断提高农村地区市容环境管理的覆盖率和有效性。第五，深化完善综治、警务、治保、调解、外来人口管理“五位一体”的治安管理模式，建立健全“五位一体”、联防联控的城乡治安管理体系，全面建立农村“户与村”联动、城区“派出所与社区电视监控”联网、“亲民岗亭、治安巡逻区、群防群治”三区联防、市区“内与外”联控、路面与水域联守的“五联机制”。

五、新农村转型升级制度创新——农业发展保护与支持促进机制

苏州市围绕发展现代农业，不断提升农业的生产、生态、生活、生物等“四大功能”，深化改革，加快创新，进一步稳定农业生产，优化农业的内部结构，提升农业的科技含量，改善农

村的流通环节，提高农业的综合效益。未来几年内，苏州市将积极借鉴我国台湾地区发展现代农业的理念，加快实施万顷良田工程，以30个市级示范区为重点，深入推进农业向二、三产业拓展延伸、融合发展。积极发展生态休闲观光农业，通过乡村旅游渠道提高农产品的附加值。同时，全面推进农村生态绿化建设，加强湖泊湿地资源保护，把湖泊、湿地和森林建成生态区。建立生态补偿制度，对规模经营粮油作物的基本农田、生态公益林、水源保护地（生态湿地）实行财政转移支付。

六、富民强村制度创新——新型股份合作经济制度

苏州市政府将坚持就业、创业、产业、物业并举，利用农村新型社区蕴藏服务业发展的商机，大力发展餐饮娱乐、卫生保健、废品回收、保洁保安保绿等农村新型服务业。加大对现代农业的投入力度，做大做强农村新型股份合作经济组织，通过深化股份合作改革，推进资源资产化、资产资本化、资本股份化，使股份分红成为农民增加财产性收入的基本途径，农民专业合作社、土地股份合作社等原则上扣除风险基金后收益部分全额按股分红。

苏州在城乡一体化发展综合配套改革实验中不断创新实践，使农村与城市、农民和市民在先进和谐的建设进程中加速融合。苏州城乡一体化发展在更多的层面上打破了“二元结构”的制约，为所有居民提供全面的社会保障、便捷的生产生活服务体系、同等的就业体制、方便的公共交通等，使市民和乡村农民在越来越多的均等化公共服务中，享有同样的权利和服务。江苏省城乡一体化发展综合配套改革在苏州的试点实践取得了初步成功，为各地城乡体化发展提供了可供借鉴的有益经验。

关于苏州市木渎镇城乡一体化发展的研究[①]

赵鹤鸣　田芝健　夏宗懿　张雪根　曹　洁

木渎镇位于苏州城西，是有两千多年历史的江南古镇，自然风光秀丽、人文底蕴深厚。木渎镇充分发挥区位等综合优势，积极探索全镇城乡一体化发展的有效路径。以木渎镇为个案进行城乡一体化发展专题研究，具有理论和实际意义。

一、木渎镇城乡一体化发展的概况

木渎是一个拥有悠久历史文化的江南水乡古镇，2006 年原藏书镇 27.74 平方公里并入后，木渎镇总行政区域面积达到了 62.28 平方公里，拥有 9 个行政村，1 个社区，9 个居委会，根据苏州城市总体规划，木渎大部分地区被纳入苏州中心城区范围之内。到 2009 年底，木渎总人口已近 30 万，其中在册人口 8.1 万，外来人口更是突破了 20 万人。

2009 年在全球金融危机影响下，全镇地区总产值仍然达到了 70.5 亿元，较 2008 年增长幅度达 10.5%，人均生产总值也增长了 5.3%，三大产业的比例同以往相比，第三产业与第二产业之比基本持平，农业的比重下降，全口径财政收入、地方一般预算收入、镇可用财力、人均可支配收入和农民人均纯收入增长迅速，分别达 5.89%、12.5% 和 10%，村镇集体收入涨幅达 37.5%，较好地完成了全镇经济总目标的阶段性任务。近年来，素有石雕之乡、书法之乡、民间艺术之乡、园林之乡、花木之乡等美称的木渎镇，先后获得了“全国创建文明镇工作先进镇”“中国历史文化古镇”“全国环境优美乡镇”“国家卫生镇”“江苏省先进基层党组织”“苏州市科学发展十佳镇”等荣誉。

木渎镇推进城乡一体化发展，在发展规划、资源配置、产业布局、基础设施、公共服务、就业社保和社会管理等方面走上城乡一体化发展的轨道，使全镇城乡经济社会发展越来越体现社会主义公平正义的本质要求，以城乡一体化发展的实效不断提升城乡共同发展的协调性、科学性、和谐型。

二、木渎镇推进城乡一体化发展的主要做法

（一）注重城乡科学规划

作为苏州市 23 个城乡一体化先导区之一，木渎镇将城乡一体化发展、城乡管理等通盘

---

① 本文刊发于《中国发展》2011 年第 6 期。

考虑，不断完善包括城乡建设、环境生态建设、公共服务在内的城乡一体化的规划体系。主要抓好两个片区和特色板块的建设：

两大片区，一是借助木渎胥江运河以北20平方公里被列入苏州中心城区的有利机遇，加强胥江运河南北地区的建设，在胥江运河以北地区建设高标准的现代化城市，努力打造城市形象和水准俱佳的苏州西部新城，同时在胥江运河以南加大力度建设产业集聚区，吸引包括汽车相关产业、精密机械、节能环保等产业集聚；二是将藏书地区建设成为生态旅游休闲片区，充分发挥藏书地区秀美的自然风光、丰厚的人文底蕴和驰名远近的羊文化资源，充分发掘其独特之处。

特色板块。规划发展八个特色片区：一是对已形成的板块继续加强优化建设，在原有的基础上，加强基础设施建设，改善环境，如将原有的金桥工业园做大做强，调整招商选资方式和力度，加快产业结构升级；发挥凯马广场的优越地理位置优势，并借助其优势与滨江新城的建设相结合，建设新城市综合体；将山陵文化提升为具有"精、特、美"特征的文化产业。二是规划建设新版块，包含长江路专业市场、藏书北部高科产业园、金山浜地区生态人居中心和藏书地区生态、文化休闲旅游区。三是在原有基础上进行新一轮的规划建设，如金枫路创新创意街区建设。

（二）注重城乡资源整合

对全镇各项资源进行整合，优化资源配置，将资源整合放到一个战略调整的地位，以资源整合的方式促进发展方式的升级。按照整体规划的要求，从资金、资源、政策、人才等方面进行整合，将各种有限资源重新分配利用，使其效用能够获得最大限度的发挥。

1. 整合资金，科学使用

新项目规划后要进行建设，需要资金支持。将有限的资金整合，经过科学规划后，投入使用，木渎镇在资金筹集和流转上下苦功，重点抓好村级资金、农民入股金、镇征地补偿金、银行融资、镇惠民股份公司投资入股基金等五个方面的资金整合。"两大片区""八个板块"的建设，离不开资金的筹集和合理调度。正如中山商业广场的建设，原本的商业房建设规模小，但在木渎镇惠民股份联合开发后，规划的楼房建设高度比原来的规划增长一倍，建筑面积也大幅扩展。整合资金，进行各项基础设施建设，做好社会事业和保障等工作，保障城乡一体化的稳步推进。

2. 整合资源，充分利用

土地资源、水资源等都是资源的重要种类，在木渎镇发展过程中，土地成为制约其经济发展的最紧要资源。木渎镇将镇村内有限的土地资源集中管理，科学规划使用，对镇内企业的标准厂房加大力度进行调整和优化，回购和整理土地资源。近年来，木渎镇陆续回购土地达3000千多亩，对于优质的土地资源更是格外重视，同时做好拆迁工作以储备后备土地资源。

3. 整合政策，大力支持

组织专门的招商队伍，按照镇对工业主导产业招商的要求进行统一操作，因此，在招商选资方面更加谨慎，注意引进技术含量高、产品附加高、节能且污染少的企业，实行多种优惠政策和奖励政策，帮助解决资金、服务等方面的难题。组织专门的管理队伍，对镇村内的商业圈等地的企业实行统一、高标准的管理，如对商圈和市场内的环境清洁工作、招工等进行统一管理，辅助企业融资等工作。

4. 整合人才，形成合力

做好人才吸收和管理工作，与资金、资源、政策形成合力，共同推动城乡一体化的发展。在引进和培养一批专业素质强、能吃苦、品德高的人才的基础上，整合全镇的人才，形成以人才促产业发展，以产业集群和产业链带动人才发展的良性循环。

（三）注重城乡产业布局优化

建设城乡一体化的新经济形态，调整和优化产业布局，加快经济发展方式的转型，已经成为整个苏州市乃至全国的迫切需要。在木渎镇的工作规划中，关于“两大片区”和“八个板块”建设的规划也正是为了能够优化产业布局，促进镇村经济的转型升级。为了促进产业布局的优化，早日实现经济转型，木渎镇采取多项措施配合，大胆创新进行产业转型升级的实践。

1. 在科学规划的基础上，找准产业转型的空间定位

加速第二产业向第三产业的转型，将工业企业向固体的开发区集中，加快金桥开发区的产业集聚，大力发展旅游业尤其是生态休闲旅游，发展山陵文化区，打造集餐饮娱乐于一身的综合发展区域。

2. 集约整合土地资源，促进镇村经济转型升级

为了提高镇村土地资源的集约性，木渎镇将原来售出的企业用地根据实际需要进行回购；对失地农民进行住房补偿并给予奖励，入股惠民股份合作社的农民均享有每年的分红。镇村发展的空间和土地资源得到拓展。

3. 改善融资环境，优化融资机制

企业的融资能力有限，尤其是一些比较新兴的企业，单纯依靠一己之力很难获得足够的资金用于周转。木渎镇建立创业投资公司、小额贷款公司、润济置业和惠润置业有限公司，建立村级股份合作社并进行市场化运作，吸收了众多闲散资金，为镇村产业转型提供了有力的资金支撑，也给农民带来了丰厚的收入。

（四）注重城乡基础设施建设

基础设施是发展社会经济发展的基础条件，经济转型、产业转型等都离不开基础设施的完善和提高。木渎镇坚持用高标准来要求镇村的基础设施建设，每年投入大量资金优化基础设施。在全镇范围内建成了“六横五纵”的道路交通网，优化环境。在城乡道路格局形成的前提下，木渎在城乡交通网中开通新的木渎镇交通线路，与原有经过和到达木渎的交通线路组合，方便居民出行。在设计居民基本生活的水、电、气方面，建成覆盖全镇的自来水管道、电网，天然气和污水管道分别向居民小区和农村扩展。据统计，到 2009 年，木渎镇生活污水的处理已达 95.5%。加强新农村环境建设，形成了诸如白象湾生态村和范家场老村改造等新农村建设示范点。

（五）注重就业和社会保障体系构建

木渎镇积极建立健全社会保障体系。第一，建立促进就业的平台和就业培训机制，为失地农民、大学毕业生定期举办招聘会，全镇居民实现充分就业。第二，完善五大保险，提高对失地农民的补贴标准，关注和帮助弱势群体，落实最低生活保障制度和廉租房制度等。第三，继续发展农村股份合作社，继2001年建立了第一件股份合作社后，木渎又陆续组建了村级投资性物业股份合作社和镇惠民合作总社，将农村股份合作社与农民收入分红相连，将农民手中的闲散资金集中入股，将拆迁奖金入股，促进农民手中的资金安全并增值。

三、木渎镇推进城乡一体化发展的基本经验

城乡一体化，科学发展是主题。城乡一体化不是目的，而是为了实现城乡统筹发展、协调发展、共同发展、融合发展，不断体现社会主义本质要求，增进城乡发展进程中的公平正义。因此，必须围绕实现发展这个第一要务，打破城乡分隔的二元体制的桎梏，克服各种体制性障碍。木渎镇党政领导班子深入学习实践科学发展观，突出科学发展主题，抓住城乡一体化发展这个镇村工作的主线并取得突破。

城乡一体化，以人为本是核心。在推进城乡一体化发展进程中贯彻以人为本，必须尊重城乡居民的主体地位，发展和维护农民的合法权益。推进城乡一体化发展，必须解决好土地集约利用、人口集中居住过程中的突出问题，妥善安置、合理补偿，促进就业、支持创业。通过城乡一体化发展更好地服务城乡居民，不断满足人民群众的物质文化需求，回应群众对过上更好生活的新期待，促进农民向市民的转变，通过城乡精神文明建设创建活动，促进居民素质能力的全面提升和人的全面发展。

城乡一体化，全面协调可持续是基本要求。全面发展城乡经济建设、政治建设、文化建设、社会建设和生态文明建设，架设和改进城乡基层党建，调整和优化城乡产业布局和经济结构实现经济发展转型升级。通过深化城乡体制改革，优化城乡政治生态，推进文化体制改革，发展城乡文化事业和文化产业；深化社会管理体制促进社会稳定和谐，加强生态文明建设，优化人居环境。木渎镇的实践证明，城乡一体化发展能够发挥城乡比较优势，促进以城带乡、以工补农。随着城乡一体化的深入发展，和谐的城乡关系、工农关系也会日益巩固。

城乡一体化，离不开统筹兼顾根本方法的运用。统筹城乡发展，必须兼顾城乡居民安居乐业的需要和利益诉求，必须具有城乡共同发展的全局观和整体观，这种城乡共同发展，不是在城乡搞平均主义，而是顺应城乡发展的规律，努力缩小城乡之间的发展差距，促进城乡均衡发展，增进城乡之间、工农之间的公平正义。木渎镇规划建设的“两个片区”和“八个板块”，在五大商圈、五大市场、主干道沿线和轻轨站周边发展第三产业等，体现出统筹兼顾的领导力和领导艺术。

四、木渎镇推进城乡一体化发展的问题与对策

木渎镇城乡一体化发展正面临着长江三角洲区域一体化发展和苏州实施“三区三城”

战略等重大机遇。城乡一体化的有效推进，为木渎镇进一步发展新兴工业、商贸服务业、创新创意产业提供了有力支撑，为把木渎镇建成苏州西南部商贸中心、商务办公中金融结算中心、生态人居中心、旅游集散中心奠定了坚实的基础。同时也必须得看到，木渎镇城乡一体化的发展正面临新的挑战。

（一）产业结构调整任重道远

木渎镇二、三产业比重已经十分接近，但第二产业比重仍然偏高，第一产业即农业比重下降十分迅速，产业结构仍然存在不协调的因素。除此之外，科技含量有待提高，科技创新能力亟待增强，要加快培育具有国际影响力的自主品牌。加快发展具有木渎镇特色的优质服务业。

（二）镇域发展不平衡的现象值得重视

木渎目前城乡一体化的整体水平有了极大的提升，但由于客观差异和主观因素，各村、各社区之间发展不平衡，新合并进木渎镇的原藏书镇部分地区城乡一体化水平偏低，建议对此认真研究解决。

（三）土地资源的日趋紧张

随着城乡一体化的发展，土地资源紧张的问题变得日益突出。木渎是"三置换"工作完成比较好的地区，如何在保护农田的同时储备更多的土地资源，满足发展的空间需要，是目前面临的比较严峻的问题。

（四）城乡基层民主发展水平有待提升

对于如何以党内民主带动城乡群众自治，提高城乡居民当家做主的能力，如何扩大城乡居民有序的政治参与，加强城乡干部交流，促进城乡政治发展和能量交换等问题，都需要进一步加强研究，寻求解决之策。

（五）加强基层政权建设，发展城乡一体化公共服务体系

建议加强城乡社区公共服务体系标准化建设，为城乡居民提供高效优质的公共服务，健全社会矛盾预警调处化解体制机制，提高基层干部联系居民群众、服务居民群众、造福居民群众的能力，促进城乡科学发展。

参考文献

黄坤明. 城乡一体化路径演进研究：民本自发与政府自觉[M]. 北京：科学出版社，2009.
顾建光. 苏南太仓市发展模式新探[J]. 上海经济，2009(2)：27－29.
张国平. 加快苏州城乡社会保障一体化的思考[J]. 重庆工商大学学报，2006，16(1)：43－46.
马丁，陈祖卫. 苏州农村城镇化、城乡一体化问题研究[J]. 江苏经济探讨，1999(3)：21－26.
张建春. 推进苏州城乡一体化发展的对策[J]. 经济研究导刊，2009(34)：149－150.

城乡一体化与社会管理体制改革

——以江苏省苏州市为例①

张　明

党的十七大提出了城乡一体化发展的战略目标，面对社会快速转型、城乡格局发生重大变化的新形势，坚持城乡统筹、实现一体化发展，努力开创城乡共同繁荣的新局面，对于我国全面建成小康社会，加快实现现代化具有十分重要的意义。2007年6月，经国务院同意，国家发改委正式批准重庆市为全国统筹城乡改革试验区。同年，成都市被国务院批准为全国统筹城乡综合配套改革试验区。此后，地处长江三角洲地区的江苏、浙江两省分别以苏州市、嘉兴市作为全省城乡一体化发展综合配套改革试点区，通过积累实践经验，为区域乃至全国起到引领作用。

为了加快推进城乡一体化，2008年8月江苏省委、省政府批准苏州市作为全省城乡一体化发展综合配套改革试点区，率先进行实践探索。探索通过新一轮制度、政策、管理等方面的创新，为农民收入增长寻求更大空间，为现代化规模农业发展铺平道路，为新农村建设创造条件，为土地资源节约、城乡环境保护等提供制度性保障。苏州通过综合配套改革，将着力在建立城乡统一的土地市场、社会保障体系、公共服务体系、现代金融体系和社会管理体制上求得新的突破，努力在促进城乡发展规划一体化、资源配置一体化、产业布局一体化、基础设施一体化、就业社保一体化、公共服务一体化和社会管理一体化等方面取得新进展，全面提升城乡统筹水平。城乡一体化必然引起城乡关系的变化，迫切要求社会管理体制改革创新，以适应日趋一体化的城乡关系，本文以苏州为例，重点研究如何推进社会管理体制改革，实现城乡社会管理一体化。

一、城乡一体化发展与社会管理体制改革的必要性

（一）苏州城乡一体化发展简况

苏州是我国著名的历史文化名城、重要的风景旅游城市和长三角的中心城市之一。辖区陆地面积8488平方公里，2012年9月行政区划调整后，苏州现辖张家港、常熟、太仓、昆山4个县级市，吴中、相城、姑苏、工业园区、高新区（虎丘）5个区。2011年末全市户籍人口642.3万人、外来暂住登记人口648万人，总人口1290.3万人。在户籍人口中，农业人口261.3万人，其中真正从事农业的只有32.1万人。

---

① 本文刊发于《苏州大学学报（哲学社会科学版）》2010年第6期。

改革开放以来,苏州始终以解放思想为先导,坚持城乡协调发展。20世纪80年代乡镇企业异军突起,加快了农村工业化进程;90年代开发区和开放型经济的蓬勃发展,加速了城市化、国际化步伐;进入21世纪,苏州坚持以科学发展观统领全局,按照统筹城乡发展的要求,推动"三农"(农民、农业、农村)与"三化"(工业化、城市化、国际化)互动并进,城乡统筹、城乡一体化发展已经成为苏州新的发展阶段的重要特征和战略选择。2008年,苏州地区生产总值达到6701.3亿元,城镇居民人均可支配收入23867元,农民人均纯收入11785元,城乡居民收入差距缩小为2:1,是我国城乡差距最小的地区之一。但在新的发展阶段,苏州也面临着经济发达地区普遍存在的一系列问题:外来人口增多、土地资源紧缺、农户分散居住比较突出、农业规模经营不够等,制约了城乡一体化发展。苏州的提升发展迫切需要通过综合配套改革,着力改变二元经济和社会结构,坚持制度创新,科学合理配置资源,推动集约发展,破除瓶颈制约,加快推进发展方式的转变。面对发展中遇到的新问题,苏州市始终以解放思想为先导,把城乡统筹发展作为总揽全局的重要指导思想,大胆探索,勇于改革。第一,按照城乡统筹发展要求,统筹城乡建设规划。全市坚持把城市与农村作为一个整体来规划,基本完成了农村镇村布局规划、生产力布局规划、水系规划、基础设施规划、态环境规划。第二,按照建设新农村目标,合理安排村广布局。针对江南水乡特点,分类指农村社区建设,努力展示吴文化、水文化的传统风貌和深厚底蕴。第三,按照统筹城乡发展的新思路,率先探索建立一系列新制度,解决农民就业、增收、公共服务及社会保障的享受等相关问题,帮助"农民"顺利变身为"市民",出台了一系列相关文件,提出了若干具体政策意见,加大力度推进城乡一体化发展。苏州在推进城乡统筹中走出了具有区域特色的以城带乡的成功之路,城乡统筹发展态势领跑全国,为新形势下推进城乡一体化奠定了坚实的基础。

(二)社会管理体制改革的必要性

目前,苏州已处于工业化中后期,经济社会结构正在发生重大变革,利益格局深刻调整,公共需求急剧增长,人们的思想观念不断更新,社会管理领域里存在的一些问题日益凸显,社会管理滞后于经济发展。无论是从社会管理的主体还是从社会管理的对象看,社会管理的任务比以往任何时候都更加繁重,管理难度不断加大,积极推进社会管理体制的改革刻不容缓。社会管理体制改革有利于为经济的发展提供坚实的社会基础,进一步刺激经济的健康、持续发展;有利于提高城市化水平,推动城乡一体化更好更快地进行;有利于保证城乡一体化的效果,维护社会的安定团结;有利于增加人们的幸福感,促进和谐社会的构建。总之,社会管理是社会的"软件",深化社会管理体制改革将为经济社会良胜运行和协调发展营造良好的社会氛围。

二、社会管理体制改革的理论基础

(一)社会管理体制的概念

现代管理的思想起源于对经济实体实施管理的各种科学手段。在《中国大百科全书》中对社会管理的定义是:"政府和社会团体为促进社会系统协调运转,对社会系统的组成部分和社会生活领域及其发展过程所进行的组织、指挥和调节。它是相对于经济管理而言的。”当代管理科学的奠基人、国际管理学大师彼得德鲁克(1909—2005)认为,对社会管理而言,社会机体是由各种制度性设置组织起来的,管理就是对各种制度性设置的控制和调度①。

在我国,构建社会主义和谐社会,势必要把社会管理体制改革创新放在重要的战略位置。2007年,北京大学中国政府创新研究中心主任俞可平撰文指出,社会管理体制的改革和创新,已经成为我国现实生活中一个新的重大课题。他认为,社会管理体制就是国家为了维护社会秩序而用以规范和协调社会组织、社会事务和社会生活的一系列制度和机制,就目前我国的现实情况而言,诸如社团管理体制、社会保障体制、社会治安体制、社会应急体制、社会服务体制、社区管理体制和社会工作体制都可列入其范围。在社会管理体制创新探索实践过程中,必须首先树立与之相适应的价值观念,即以人为本、治理与善治、公平正义、依法管理的理念。

（二）关于社会管理的主要理论观点

建构与完善社会管理体制,是一个复杂的系统工程,对其认识有许多不同的视角。有的学者从政治文化、国家与社会、多元治理、民主政治等视角,对中国社会管理进行透视,对建构完善的体制进行探讨。也有的认为纵观中国行政管理体制改革的历史,来自西方的公共选择理论、多中心理论、新公共管理理论和治理理论等对中国社会管理有较深的影响。尤其是治理理论强调寻求政府、市场与社会三者之间的合作和互动,寻求一种通过调动各种力量和资源达到“善治”的社会体制的理论观点,对探讨社会管理体制改革与创新具有重要的借鉴意义。从中外社会管理的理论和实践来看,对于社会管理体制的改革创新不能仅仅集中在国家政策、法治等正式制度层面,还需要重视社会力量及其非正式制度的约束作用,并以两者兼容并举作为创新社会管理体制的重要路径选择。

三、社会管理体制改革的实践探索

改革开放30多年来,苏州形成的一大鲜明特点,就是城市与农村协调发展。苏州不断创新实践,使农村与城市、农民与市民在先进和谐现代文明的丰富内涵中加速融合。苏州把推进城乡一体化发展综合配套改革,作为深入贯彻落实科学发展观的重要内容,作为当前保增长、促转型、谋发展的实际行动,以率先改革推动率先发展,抢抓战略机遇,谋求新的跨越,城乡一体化发展综合配套改革取得了良好的开局。

（一）行政管理体制改革

改革开放后,经济社会的快速转型,使原来的行政管理体制已经不适应新的经济形势②。经过改革,苏州市基本上形成了机构合理、政事分开、政企分开的机构管理体制。在区域划分方面,通过撤县设区,基本形成了五大城区,同时优化了县域乡镇格局,形成了结

① 彼得·德鲁克.卓有成效的社会管理[M].北京:东方出版社,2009.

② 卢汉龙.新中国社会管理体制研究[M].上海:上海人民出版社,2009.

构较为合理的行政组织体制。在职能调整方面，加快推进政企分开、政资分开、政事分开、政府与市场中介组织分开，把不该政府管理的事情移出去，进一步下放管理权限，深化行政审批制度改革，减少行政许可，从制度上更好地发挥市场在资源配置中的基础性作用，更好地发挥公民和社会组织在社会公共事务中的作用。各级政府更好地履行“经济调节、市场监管、社会管理、公共服务”四项基本职能，并在企业、市场、社会中介组织中扮演好自己的角色。在机构设置方面，调整和优化行政组织结构。在运作机制方面，进一步完善科学民主决策机制、推进政府管理机制创新、强化政府日常管理机制、推进法治政府建设。政府的执政水平有了很大的提高，行政组织的结构更加合理，机构设置更加科学，工作效率大大提高。

（二）社区管理体制改革

1. 城市社区管理体制创新

推进以社区为主要载体的基层社会管理体制改革，整合基层社会管理资源，减轻基层自治组织的行政性工作负担，增强基层自治功能，是健全社会管理格局、提高社会管理能力的一项基础性工程。基于这一认识，苏州市市区较早启动了这项改革。2006 年 4 月，苏州市委、市政府办公室制定了《关于推进社区管理体制改革和创新的若干意见》，要求架构社区大党建格局，强化居民委员会自治功能，在城市社区增设社区工作站，发展社区民间组织，健全“四位一体”的社区管理体制及彼此互联互通互补的管理机制，形成社区管理合力。今，苏州所有社区都已基本形成了社区党组织、居民委员会、社区工作站、社区民间组织各司其职、紧密协同的基层社会管理体制，同步提升了社区党建工作、居民自治管理和社区服务的水平，促进了和谐社区建设。

2. 行政村(社区)建设

在农村，苏州市把推进农村社区建设与新农村建设有机结合起来，按照生产发展、生活富裕、乡风文明、村容整洁、管理民主的要求，设计改革思路。在实际操作中，从梳理现有的村级组织关系入手，整合基层管理资源，逐步建立健全村党组织、村民委员会、经济合作社、社区服务中心、基层民间组织“五位一体”的农村社区管理体制，农村民主管理和农民权益保护得到进一步加强。

3. 统筹城乡社区建设

在推进城乡一体化发展进程中，苏州一直致力于在社区管理体制上不断探索创新。按照现代社区型、集中居住型、整治改造型、生态自然型、古村保护型等五种模式，推进农民集中居住区建设。同时，以社区服务中心为载体，强化城乡公共服务体系建设。

（三）城市管理体制改革

1. 健全城市管理组织体系

在城乡一体化发展进程中，苏州市把科学发展观贯彻落实到城市管理工作实际中，主动更新管理和执法理念，健全组织体系，创新管理举措，转变管理方式，破解城市管理难题，提高城市管理效率。

2. 探索建立城市管理新机制

苏州市积极构建城乡统筹的城市管理新格局，不断健全城市管理和行政执法体制机制，加强宣传教育，加快规章制度建设，加大管理和执法力度，城市管理工作取得了明显进展。同时，强化城市管理科技支撑，运用苏州数字化城管平台不仅扩大了执法面，而且拓宽了执法渠道，大大提升了办案效率。

3. 加大城乡结合部和新城区管理

在苏州城市化发展过程中，不可避免地形成城乡结合部，这是一个随着城市产业和住宅区不断向郊区扩散，从而使原来以农村为主的城郊地带演变为兼有城乡特色的特殊空间。同时，城市向外扩张的典型产物就是新城建设，如沧浪新城、平江新城等，这里外来人口增多、社会结构复杂，管理任务繁重。苏州采取了一系列重要举措，不断加大城乡结合部和新城区管理。

4. 加强对流动人口的管理和服务

苏州作为长三角经济区重要的中心城市之一，改革开放以来，外来人口呈现出逐年增长的趋势。据有关部门统计，截至2008年年底，全市总人口1200万人，户籍人口与各类暂住外来人口之比为1:1，越来越显现出移民城市的鲜明特征。来自全国乃至世界各地的外来人员与原居住市民劳动、生活在同一个社会环境之中，必然发生不同生活方式、不同风俗习惯、不同文明程度、不同思想文化之间的交流与融合、摩擦与冲突，这对本地社会管理形成了巨大的压力。面对大量涌入苏州的流动人口，苏州市积极做好管理服务工作，促进外来人口融入城市。

（四）户籍制度改革

长期以来，我国通过严格的户籍制度的建立，形成了城乡二元结构的社会形态。对人口的自由流动进行严格的限制，其结果是在农村和城市，城市与城市之间构筑一道难以逾越的屏障。加快户籍管理制度改革，实现城乡统一的户籍制度势在必行。苏州市委、市政府在积极贯彻落实国家和省有关指导性文件的同时，结合苏州实际发布了一系列旨在推动户籍改革的政策性文件。

（五）社会治安综合治理体制改革

近年来，苏州市在社会治安综合治理中，坚持领导责任制原则；打防结合、以防为主原则；群防群治等基本原则，积极构建社会治安综合治理“大防控”体系。按照“防范严密、控制得力、全面设防”和“指挥统一、覆盖全面、运作协调、反应灵敏、实战高效”的要求，把打造现代社会治安防控体系作为平安创建的基础工作，重点加强街头路面、城市社区、单位内部、治安卡口和科技防范为大防控网络，提高对现行违法犯罪的发现控制能力。根据近年来城市大扩张、道路大发展的情况，苏州对全市的治安卡口布局和设置及时进行调整，构筑起了严密的社会防控网络，充实了防控人员队伍，并采取了高效防控手段，从而建立了防控服务系统，确保人民群众安居乐业、社会和谐稳定。

四、社会管理体制改革中存在的主要问题和基本路径

（一）主要问题

在推进社会管理一体化的进程中，苏州同样面临一些新问题。一是在行政管理体制方

面，政府职能的转变还不到位，政府缺位、越位、错位的现象依然存在；受行政区域的影响，城乡分割、城乡分治的局面还没有完全破除。在行政区域管理体制上，与强县扩权相比，乡镇政府处于尴尬的地位，乡镇政府承接的来自上级的任务过多，而对下的服务偏少；各种非政府组织（NGO）的作用还没有充分调动起来等。这些问题将成为苏州城乡一体化发展的制约因素。二是在城乡社区管理体制方面，传统的多头、分散的社区管理模式的影响；社区管理法律规范不配套；社区功能扩张而相应管理投入体制滞后；现行的城区区街管理职能和体制与城市建设要求不够协调；社区居民的归属感不强、参与社区管理意识淡薄等。三是在城市管理中，城乡结合部存在的问题比较突出，尤其是如何形成长效管理机制方面仍需积极探索。四是现行户籍制度与苏州经济社会的高速发展、各种生产要素的快速流动，尤其是苏州流动人口规模空前的现实还不匹配，城乡二元分隔的户籍管理制度限制了人口的自由流动、扩大了城乡差距、不利于城市化进程。五是城乡社会治安需要进一步明确防控服务目标，构建和完善社会治安综合治理"大防控"体系。六是社会管理人才队伍建设需要加强，社会管理的信息化水平有待提高等。上述问题成为制约苏州城乡社会管理一体化发展的主要因素。

（二）基本路径

1. 推进区域行政管理体制改革，增强政府公共服务和社会管理职能

（1）加快政府职能的转变，强化政府宏观调控和公共服务职能。各级政府是掌握和行使公权力的行政机关，在多元化的社会管理主体中居于主导地位。因此，整合社会管理资源，必须首先整合和优化政府自身的行政管理资源。这就要求各级政府把社会管理体制改革同行政管理体制改革有机结合起来，进一步加快政府职能转变，加强和改进社会管理，在更宽领域中和更高水平上提供公共服务，建设服务型政府。

（2）加强政府机构的建设，科学规划设置政府机构，合理划分各部门的职能，加强部门之间的合作沟通。在进一步精简政府机构、合并一些职能相似的部门的同时，使得机构的设置更加科学。明确各部门的职责，加强各部门的沟通交流和协调合作。特别是要统筹整合区域行政管理体制，按照城乡一体化发展的要求，改革和完善市、县（市）、乡镇行政管理机构和职能设置，变革乡镇等基层政府组织。探索"区镇合一""区镇互补"模式，促进资源整合，增强区域综合竞争优势。

（3）强县（市）扩权、强镇扩权，增强县（市）和乡镇自主管理、自我发展的能力。首先要把能下放的权力直接放到县（市），以减少过多的行政层级带来的行政效率低下，降低行政成本。因地制宜，统筹城乡解决"三农"问题和推进新农村建设，保证县域协调发展，全面提升县域经济实力。其次，要积极推进强镇扩权、权力下移，对具备一定人口规模和经济实力的中心镇赋予必要的城市管理权限。

2. 推进社会组织管理体制改革，深度开发自律管理资源

推进社会组织管理体制改革，要有序敞开"大门"，规范准入"门槛"，为社会组织的健康成长开辟广阔空间；制定并兑现各项扶持政策，为增强社会组织自我发展能力提供良好环境；坚持寓管理监督于优良服务之中，把社会组织引人规范、健康发展的轨道。

3. 推进城乡社区管理体制改革,完善城乡统筹的社区服务机制

(1) 建立健全新型社区管理体制。积极推进以城乡社区为主要载体的基层社会管理体制改革,按照地域相近、规模适度、有利于整合公共资源的原则,稳步推进镇、村体制向街道、社区体制转变。坚持以民为本,依法推进"撤村建居",逐步建立现代新型社区。

(2) 进一步加强城乡社区组织建设。要积极推进基层党组织设置形式的创新,进一步建立和完善村(社区)党组织领导下的充满活力的村民自治机制,强化村(社区)党组织协调农村社会发展的能力,形成以村(社区)党组织为核心,以村委会和各类经济组织为依托,以共青团为助手,妇女、民兵组织相互配合、各显其能、协调运转的工作格局。同时,要以服务农村生产发展为目标,积极培育民间组织,为广大农民生产致富提供更为优质的服务。

(3) 大力推进基层民主政治建设。必须有序扩大基层民主,保障城乡居民群众的知情权、参与权、表达权、监督权,使"民主选举、民主决策、民主管理、民主监督"的自治原则真正落到实处。尤其是农村社区建设,要通过扩大基层民主,完善村民自治,把广大农民群众组织起来;通过"公推直选"的方式,把优秀人才选拔到社区领导岗位;通过自治、自助,满足农民群众各方面的需求,增强村(社区)组织的吸引力和凝聚力。要在不断健全、完善村民自治制度的同时,着力探索构建农村社区基层民主建设的长效机制,激发农民群众参与基层民主管理的政治热情和积极性。

(4) 加强对农民集中居住社区的管理。必须将现代城市管理的理念和方法延伸到新型农民集中居住社区的管理工作中,进一步加强规划建设、规范物业管理、理顺管理体制、提高生活质量,构建居民需要的行政服务中心、商贸服务中心、医疗保健中心、老年活动中心、农村文化中心、警务治安中心等,以有效满足社区居民日常的生产、生活需求。

(5) 促进城乡社区共同建设。要树立统筹城乡协调发展的理念,建立和完善城乡联动、结对挂钩、共驻共享和社会化运作等机制。农村社区要积极借鉴城市社区的管理模式和服务理念,积极探索实践社区服务社会化的路子,要把社区服务延伸到自然村落,加快建设和完善社区服务中心,以建立"一站式"服务大厅和完善功能为抓手,进一步加大社区公共服务功能设施的建设力度;要不断拓展服务领域,丰富服务内容,最大限度地满足广大农民日益增长的物质文化精神需求;要积极开展面向农村、面向农民的社会管理和社会服务工作,形成更加完善的社会服务体系。

4. 推进城市管理体制改革,提高城市管理效率和覆盖面

(1) 完善城乡一体化的城市管理体制机制。城市管理属于现代公共管理领域,具有综合性和全程性特点。要将城市管理的理念和方法逐步引向乡镇、农村,探索建立"大城管"机制。转变管理观念,理顺管理体制,形成管理合力。要从有利于提高城市整体功能、有利于为城乡生产生活服务出发,理顺关系,明确职责,建立高效运行的"大城管"机制。进一步健全"建管分开、建管平行、管理实体"以及"二级政府、三级管理、四级网络"的城市管理制。进一步健全依法管理机制和公众参与、社会监督机制。

(2) 加强城市管理中责权利方面的管理。坚持责权利相一致、管理与服务相统一的原则,全面落实"条块结合,以块为主"的管理体制。考虑到基层管理机构在城市管理过程中所处的重要地位,赋予其必要的行政管理职能与权力。推进城市管理中心下移。通过向乡

镇派驻执法管理机构，依据管理区域的居住人口和面积，配备相应的执法人员和装备，以提高城市管理效率和覆盖面。

(3) 创新流动人口管理模式。在流动人口管理方式上，从人性化管理、社区化管理、息化管理、自我管理等方面积极探索，促进流动人口真正融入城市。

5. 推进户籍制度改革，健全城乡一体的人口服务和管理机制

(1) 妥善处理和解决好与户籍政策相关的配套改革。推进户籍管理制度改革，不单是一个身份转换、户口迁移的问题。要通过多种举措改变原来的城乡二元管理模式，实施与城乡统一的户籍管理制度相关的配套政策，使城乡享有同等的公共服务。

(2) 建立城乡统一的户籍管理制度。进一步深化完善户籍登记办法，实现以合法固定住所为依据的新型户籍登记管理制度。改造升级人口信息“全程通”系统，统一各县(市)管理系统，从技术上实现大市范围居民户口“一站式”迁移。通过户籍制度改革，将本地农民逐步纳入到统一的市民公共服务管理和福利待遇系统之中，推进本地农民市民化的进程。

(3) 实行灵活的户口迁移准入制度。根据苏州经济社会发展的需要，对在本市申请户口迁移实行条件准入制。制定合理、有效、稳健的外来人口政策，率先探索建立和实施流动人口居住证制度。在一定的条件下，鼓励区域内有稳定就业和住所的外来人口落户。大力推进本地和外来人口发展的双重统筹，不断完善流动人口社会融入机制。

6. 推进社会治安体制改革，全面提升城乡综合治理水平

社会治安综合治理工作是一项宏大的社会系统工程，关系到社会稳定和改革开放大业的顺利进行[①]。随着苏州市经济社会的快速发展，人口流动频繁的加剧，社会经济关系、利益格局迅速发生变化，社会不同群体间利益加速分化，因利益关系引发的矛盾日渐增多。各种违法犯罪活动更是日益猖獗，各种群体性事件时有发生。所以必须认清当前的形势，不断深化平安苏州建设，为人民群众提供一个安定的生活条件和工作环境。进一步完善城乡社会综合治理的“大防控”体系，加强人防、物防、技防在综合治理中的作用，减少和预防犯罪。建立健全社会调节机制，提高工作效率。建立党政统一领导、部门协调，统筹兼顾、标本兼治，各负其责、齐抓共管的调处工作格局，合力化解各种矛盾纠纷。

7. 推进社会工作体制改革，造就一支宏大的社会工作人才队伍

推进社会工作体制改革，加强和改进社会管理，要求造就一支宏大的社会工作人才队伍。要通过公开招聘和民主推荐等方式，把大批具有社会管理和服务专业知识的人才充实到社会工作者队伍中去，尤其要充实到城乡社区工作者队伍中去，为加强基层社会管理和服务输入新鲜血液。要通过多种方式，提升社会工作的专业化和职业化水平。一方面加强与高校的合作，培养一批经过社会工作专业教育或训练的专业社会工作者；另一方面，健全教育培训机制，加强对现有社区工作者的培训工作，帮助他们更新观念，更新知识，开阔视野，增强才干。此外，还要通过强化激励保障机制，提高社区专职工作者待遇，调动社会工作者的积极性、创造性，建立起一支相对稳定、充满生机和活力的社会工作者队伍。

---

① 何增科. 中国社会管理体制改革路线图[M]. 北京：国家行政学院出版社，2009.

8. 推进社会管理信息平台建设，提升社会管理的信息化水平

为了积极配合社会管理体制改革，很有必要建设城乡一体的社会管理信息平台，探讨把这项工作纳入“数字苏州”建设的大框架，制定方案并组织实施，以实现城乡社会管理信息资源共享。在实际操作中，通过建立城乡社会信息资源的管理协调机构，制定全市城乡社会管理信息平台建设的实施方案，编制各类社会管理的信息目录，在信息采集、汇总、加密、使用等环节加强统筹协调[①]。城乡基层单位要加强协作、积极配合，充分发挥各自的优势，积极主动地加入社会管理信息平台的建设行列中来，以保证社会管理信息的真实性、完整性和及时性。努力把社会管理信息中心建设成为信息完整、功能齐全的数据中心，不断提升城乡社会管理的信息化水平。

苏州城乡一体化社会管理体制改革的实践和探索，给人以深刻的启迪。它充分地说明：城乡一体化是经济社会发展到一定阶段的客观要求和自觉行动。经济社会发展到一定阶段，必然要求打破城乡二元结构；统筹城乡发展，必须大力推进城乡社会管理一体化；鼓励地方结合实际先试先行，有利于探索城乡社会管理一体化发展的多元模式，以形成党委领导、政府负责、社会协同、公众参与的社会管理格局。

① 何光耀，等. 和谐路上有道“坎”——苏州市社会管理体制改革调查与思考[EB/OL]. http://www.mca.gov.cn/article/mxht/ llyj/200803/200803000/12552.shtml.

空间—功能—社会：古城保护的三维解读

——以江苏省苏州市为例①

宋言奇

苏州古城是我国的著名古城之一，具有悠久的历史与重要的历史地位。在现代化与城市化的浪潮中，与我国其他的古城一样，苏州古城经历了新与旧、传统与现代、保护与发展的多重考验。尤其需要指出的是，苏州古城的情况比较特殊：一是古城面积比较大（环城河内占地14余平方公里，总体保护范围面积为22余平方公里），不像平遥古城等可以完整保护。二是苏州是社会经济发展极为迅猛的城市，发展的压力较大。在这种情况下，如何保护好古城，协调保护与发展之间的关系，成为重要的社会问题。

在我国城市化加速发展时期，很多城市大修大建，破坏了不少历史遗迹。作为一个高速发展的城市，苏州高度重视古城保护，并倾注了大量的人力、物力与财力。苏州的古城保护在全国处于领先地位，得到世人公认。苏州虽然也在大修建，但不是以破坏历史遗迹为代价，而是千方百计将整合历史遗迹与创造现代空间相结合，"在保护中发展，在发展中保护"。"留得小桥流水，方有现代新城"是苏州的基本态度，这也是苏州以"双面绣"城市著称的根本所在。

古城保护是一个系统工程，表象上是一个空间现象，但内涵非常复杂。空间只是社会的"外显"，古城保护的背后是一个复杂的经济化、社会化过程。探索古城保护，不能就空间而论空间，必须探索其中所蕴含的经济与社会因素。基于此，本文从空间、功能以及社会三个维度探讨苏州古城的保护问题。

一、古城保护的空间维度

作为一个历史文化城市，苏州不仅有一个相对完整的古城，而且古城中历史遗存很多。苏州政府明确将苏州古城的保护范围划定为"一城、二线、三片"。一城，即古城，含环城河；二线，即山塘线和上塘线，其中山塘线长3.5公里，上塘线长3.3公里：三片为虎丘片、留园片和寒山片。二线、三片面积共8.43平方公里，再加上"一城"面积，古城保护范围面积为22.63平方公里。在这22.63平方公里的范围内，保护内容分为三个层次，即单体历史遗迹（主要是建筑）、历史街区以及古城风貌。

（一）单体历史遗迹

单体历史遗迹是古城的基本要素。苏州单体历史遗迹较多，苏州市古城区共有各级文

---

① 本文刊发于《上海城市管理》2013年第1期。

物保护单位143处，其中国家级保护单位18处，省级保护单位34处，市级保护单位91处。另外还有控制保护单位248处。对于这些单体历史遗迹，苏州在修葺中采取“修旧如旧”的方式，以彰显历史本色。当然，最好的保护是利用而不是冻结，赋予一个合理的用途是最好的保护方法。因此，对于历史建筑，苏州或者作为开放的旅游景点，或者作为机关事业单位的办公场所，或者作为居民住宅，都一一给予了合理的用途。对于历史遗迹（主要历史建筑）的内部，苏州则采取“旧瓶装新酒”的方式对其进行宜居性改造，增加或者开辟厨房、卫生间等空间，提供供水、供电、供气、有线电视以及通信等设施。

除了文物保护单位外，为了更好地对历史遗迹进行保护，苏州还对历史建筑进行分类评估，决定其价值，决定哪些需要保护以及哪些需要更新，这样在很大程度上保证了保护的科学性，尤其是保护了一些不属于文物保护单位的建筑，实现了保护与发展的辩证统一。

（二）整体历史街区

历史街区是特定历史时期生活方式与历史文化的一种整体展现。与单体历史遗迹相比，历史街区具有整体性的特点。历史街区的保护与改造不一定像保护单体历史遗迹那样严格，可以适当更新，但更新不能破坏整体氛围。因此对于历史街区，需要在遵循原有机理的基础上，进行小规模与渐进性的更新，否则将破坏整体历史氛围。对于历史街区，苏州的做法是：其一，适度更新。在不改变整体历史风格的情况下，对历史街区中一些建筑进行更新。其二，改善基础设施。除了在建筑物内部设置卫生间、空调等设施外，街区也增添一些基础设施。其三，保护非物质文化遗产。历史街区弥足珍贵的地方在于其是延续的生活空间，蕴含着大量的非物质文化。在历史街区中，物质文化遗产为非物质文化遗产保护提供载体，而非物质文化遗产为物质文化遗产保护提供反哺，二者密切结合，不可分割。为了更好地保护历史街区，苏州大力推动非物质文化遗产的开发与利用，一方面增强了保护历史街区的凝聚力，另一方面通过市场机制为历史街区的保护奠定了一定的资金基础。例如苏州通过振兴昆曲、风俗小吃等多种形式，不仅保护了这些非物质遗产，也促进了对历史街区的保护。

（三）古城总体风貌

古城风貌是城市在古城整体形象上所显示的一种历史气氛。它不是指一楼一房，而是一个总体性的把握，一般通过布局、城墙、建筑控制以及建筑风貌等体现。

从布局而言，道路是古城保护的关键所在，它对城市平面格局起着骨架的作用。美国麻省理工学院城市规划教授邓尼斯·费伦赫在2000年7月的“北京中国文化遗产保护和城市发展会议”上，曾一针见血地指出，“保护悠久的文化遗产的重要秘诀之一在于：不要扩建老路，因为街道和周围的建筑是城市的公众形象，表达了它的个性。而一旦扩建老路，城市的个性就随着街道两旁的大树和建筑一并消失”①。苏州一直保持着“前街后河、河街并行”的双棋盘格局以及“三纵三横一环”的河道水系这一特色，这是苏州古城的鲜明特色，也较好地维系了古城布局。

---

① 周岚，等. 城市空间美学[M]. 南京：东南大学出版社，2001：152.

从城墙而言，城墙是我国古城格局中一个重要因[1]素，它对古城格局起到了限定作用，可以凸现出古城的轮廓。

从国际上看，把古城残留结合在生态公园以及环城交通中是普遍做法。苏州由于环城河尚存，因此采取了适度恢复城墙的做法。苏州政府委托相关机构进行古城墙调查，在调查基础上，恢复部分古城墙（尽量使用原有材料）。古城墙的恢复与环城河浑然一体，清晰彰显了古城的轮廓。

从建设控制角度而言，苏州严格控制古城内新建建筑的高度。2003 年《苏州市城市规划若干强制性内容暂行规定》规定，在古城内不再新增工业、仓储用地，不准新建水塔、烟囱、电视塔、微波塔等构筑物，不再新建医院、学校及行政办公楼，现有的不得扩大。而且，对建筑的檐口高度也作了明确规定，干将路、人民路两条主干道两边新建筑檐口不超过 20 米，水巷两岸建筑檐口高度控制在 3 至 6 米，以确保古城沿河建筑特色。今天在苏州古城 14 余平方公里的范围内，没有一幢十层以上的高楼，控制状况良好。

从建筑风貌而言，古城中如何建设新建筑，是一个重要问题。新建筑所面临的问题是如何与旧的文脉相呼应，吴良镛先生"戴着脚镣跳舞"[2]的说法就生动地反映了这一点。为了保护古城的既有风貌，苏州在街廊、空间的比例、色彩、材质、气氛等方面颇下功夫，新建建筑风格保持黑、白、灰三种色彩基调，保持与传统建筑相同的装饰风格和纹理。为了保护古城风貌，苏州还大力拆除旧建筑。人们往往认为"拆"是对保护的一种破坏，实际上很多"拆"本身就是一种保护，拆法不同，决定了是保护还是破坏。由于历史原因，苏州古城内建设了很多"鸡肋"建筑，这些建筑不是古建筑，而是后来添加的，不伦不类。对于这种类型的建筑，苏州逐步拆除，以"拆"促"保"，开创了古城保护的新思路。

二、古城保护的功能维度

古城保护不仅要注重空间维度，还要注意功能维度。如果功能方面解决不好，保护与发展之间就会产生尖锐的矛盾，古城保护就会成为发展中的"负担"，也就失去了可持续性。为了协调保护与发展之间的矛盾，实现双赢，苏州在功能层面采取了很多措施，促进古城保护。

（一）发展新城

要想保护好古城，就必须发展新城区，缓解古城压力，这是国际经验。早在 20 世纪 90 年代初，苏州就按照自身的实际情况，开辟"一体两翼"的模式发展新城区——古城东部发展工业园区、西部发展高新区。这种思路使苏州成为典型的"双面绣"城市，新其所新，旧其所旧，各得其所，能够带来视觉上的震撼。来苏旅游的客人，跨越东环路（古城区与工业园区的交界），就有"恍如隔世"的感觉。这是苏州真正的魅力所在。

发展新城区只是空间形式，还必须进行功能上的疏散，才能真正缓解古城的压力。为此，苏州大力夯实新城区的各项功能，古城的一些功能（例如医疗、教育等）也采取机构搬迁

---

① 周岚，等. 城市空间美学［M］. 南京：东南大学出版社，2001：152.

② 吴良镛. 广义建筑学［M］. 北京：清华大学出版社，1989：102.

或者设置子机构的形式,积极向新城区辐射,真正实现了伊里尔·沙立宁所说的"有机疏散"。苏州工业园区、高新区不仅成为功能完善的地域综合体,更在整个长三角区域乃至全国都占据较为重要的经济地位。

目前,苏州在"一体两翼"的基础上,实现了"四面开花"。古城东部发展工业园区、西部发展高新区、北面发展相城区、南面发展吴中区,古城压力得以大大缓解。随着2012年9月吴江撤市变区,苏州又迎来了崭新的"大城"时代,古城也面临更大的发展机遇。

(二) 转型产业

古城实现保护,必须在产业方面合理定位。苏州将文化旅游作为古城的首要产业,实现产业转型。为了实现这一目标,通过"退二进三"("二"和"三"分别指第二产业与第三产业),古城的工厂向外搬迁,古城区内集中发展商业、旅游业、服务业。例如著名的平江路历史街区通过业态布局的控制,目前已经形成了以休闲茶馆、咖啡馆、酒吧、画廊为主的特色商圈。古城区内还充满各种特色街,例如多个餐饮一条街、十全文化休闲街、乌鹊桥路电脑街等,既彰显了古城浓浓的文化氛围,又促进了经济发展,为古城保护带来雄厚的资金支持与产业支撑。

(三) 改善水质

水是苏州之魂,苏州因水而生,因水而荣,苏州也因此有了"东方水城"的名称。苏州古城保护的好与坏,与水是息息相关的,不仅水路格局十分重要,水质也非常关键,"三纵三横一环"的河道水系是古城的血管,水质不好就会"大煞"风景。为了保护好水质,苏州对古城内三横三纵河道进行定期治理。由于水系的网络性与一体性,苏州还开展"两河一江"环境综合整治工程,从更大层面为古城水系的保护奠定了基础。

当然,为了维护水质,必须减少产业与人口。苏州通过发展新城迁移了大量人口,同时"退二进三"迁出了大量工厂企业,也为古城水质的保护创造了条件。

(四) 疏解交通

"一体两翼"的格局虽然缓解了古城压力,但也给古城交通带来一定的负面影响。工业园区与高新区之间的很多联系,即使不做功能性停留,也要从古城穿过,给古城带来了一定的交通压力。为了缓解这种压力,苏州最早是通过贯通干将路来连接东西交通,但由于社会经济的迅猛发展,干将路也难以承受巨大的交通压力。在这种情况下,苏州开始兴建轻轨,第一条轻轨就是贯穿东西,从古城地下穿过,从而减轻了古城地面的交通压力。截至目前,苏州轻轨1号线和2号线已经投入运营。苏州未来还要兴建多条轻轨,对于缓解古城的交通压力将大有裨益。

三、古城保护的社会维度

在古城保护中,社会维度最为重要。不注重社会维度,单纯强调保护,就会陷入"见物不见人"的狭隘思维中,这样的保护没有任何意义。古城保护不能以牺牲弱势群体的利益为代价,必须与社会和谐相辅相成,这一点尤为关键。在古城保护中,公平、参与、监督都是我们需要倡导的价值理念。苏州较为关注这些领域,从而赋予了古城保护更多的人文关怀色彩。

（一）倡导参与

古城保护是一个系统工程，与人们的生活和幸福息息相关，不能只依靠政府“孤军奋战”，必须发动全民参与。世界上尚未有脱离公众参与还能保护好古城的先例。苏州政府高度重视公众参与，积极推动社会民众参与古城改造。苏州将非文物古建筑通过转让、购买的方式，交由民间保管；老百姓修缮古民居，政府也酌情给予补贴；通过各种载体，向居民问计，鼓励居民投入古城保护与改造的建设中。为了更好地推动社会资金参与古城改造，苏州制定了《苏州市区古建筑抢修贷款贴息和奖励办法》《依靠社会力量抢修保护直管公房古民居实施意见》，允许和鼓励国内外组织和个人购买或租用直管公房古民居，实行产权多元化、抢修保护社会化以及运作市场化。社会力量的参与，使一批险情严重的古建筑得到了及时有效的抢救保护。在多方努力下，民间资本、企业资本，甚至外资，形成了“大合唱”的局面，为古城保护奠定了良好的社会基础。

（二）维护公平

古城保护涉及公平问题。按照需求角度，一部分人在物质生活极大丰富的情况下追求精神生活，古城保护对他们意味着“锦上添花”。但对于很多生活在古城里的人，改善生活意味着“雪中送炭”。在人们倡导保护古城的今天，很多生活在古城的人却有着不同的感受，他们希望通过动迁改善居住状况。很多生活在古城的人都经历过“三桶一炉”的生活（取水要用吊桶、上厕所要用马桶、洗澡要用浴桶，做饭要用煤炉）。另外，古城中的安全隐患也是非常大的。一些地方地势低洼，每当下雨，就会受到雨水倒灌的困扰。而且古城道路较窄，医疗急救也非常不方便。苏州市广播电视局和苏州市园林管理局联合拍摄的《苏园六纪》里有这样一段解说词：“外地人又说，老房子最有文化味，旧旧的粉墙黛瓦，该有多强的历史感。可是，那有文化的老房子夏天热、冬天冷，更缺少卫生设施，小巷子逼逼仄仄，巷口的河水也缺少了古意。江南的气候湿漉漉，人是滋润了许多，但是，风里来，雨里去，为生计奔波的滋味，全不是戴望舒《雨巷》的情调。房子漏了，用脸盆儿接雨水的时候也常常有，山墙泡湿了，却也只能等到天晴再理会。这样的古城，再不改造，怎么可以呢？”这代表了相当一部分古城人的心声。

必须承认，关于古城居民生活质量问题，目前还没有办法彻底解决，只能在一定程度上缓解。苏州目前的做法是：积极加强古城设施建设，更新古城建筑内部的设施与条件，为居民提供更多的生活方便。另外，针对古城居民大多属于社会弱势群体的特点，加大扶持社会弱势群体的力度，在社会保障、社会救助、医疗救助等方面倾注力量。这些举措，也为古城保护奠定了一定的社会基础。

（三）加强监督

为了更好地保护古城，同时维护古城居民的权益，苏州还积极推动监督机制。苏州目前已经建立了由职能部门、专业人员、新闻媒体、居民群众组成的监督网络。例如在古城著名的历史街区平江路街道进行“民情直通车”试点，通过民情民意的搜寻采集机制、研判分流机制、办理追踪机制、答复反馈机制，将居民的意见与要求递交相关职能部门，为居民解决实际问题。这种维护居民权益的做法也在一定程度上对保护古城有利。

总体而言,苏州作为我国著名的历史古城,其古城保护的理念与做法在全国也比较先进。但是必须看到,由于种种因素所致,古城保护面临的难题还是很多的。首先是居民生活的改善问题。由于古城空间与客观条件所限,虽然进行了一定的改善,但有些环节仍不尽如人意。例如由于地势低洼,不少区域的污水处理成为难题,势必影响人们的生活与整体水质。其次是保护的资金问题。尽管多元化的投入机制已经形成,但是随着时间的推移,一些古建筑不断需要维修,资金筹集也面临着一定的压力。再次是一些文化价值级别较低的古建筑前景比较令人担忧。国家级文物保护单位作为开放参观游览场所对外开放,通过发展旅游可以带来大量收入,有资金保障。省级文物保护单位与市级文物保护单位用途一般有二:一是由机关、事业、学校、医院等国有单位管理使用,用作公共设施、教育、办公、社区活动场所、福利院等;二是由企业、宗教团体等集体、民营单位管理使用,用作商业用房、游览场所、宗教场所、办公用房等,资金来源尚可,保护前景也比较乐观。而控制性保护建筑以及其他一些古建筑用作居民居住,这些建筑的保护前景则比较令人担忧。这些问题都需要在今后的古城保护中进一步解决。

江苏城镇化空间结构转型研究[①]

倪方枉　段进军

一、引言

改革开放以来，在国民经济高速增长的推动下，城乡之间的壁垒逐渐被打破，我国人口从农村向城市转移呈现出一种突然爆发的局面。1996 年至今，我国每年新增城市人口 1500 万至 2000 万。2012 年，我国城镇人口达 7.12 亿人，城镇化率达到 52.57%。城镇化发展将深刻改变我国固有的社会结构、组织方式、行为方式、生活方式和价值观念，进而对整个世界产生重大影响。

江苏作为经济发达地区，改革开放以来通过发展乡镇企业和外向型经济推动了工业化、城镇化和农业现代化的发展。截至 2011 年末，江苏城镇化率为 61.9%，以城市带、都市圈为主体的城镇空间结构初步形成。但江苏在城镇化进程中面临城市边缘持续不断的扩张、空间失控、城市无序蔓延和过度郊区化现象和土地资源紧缺、环境污染、人口过度聚集等约束问题。2008 年全球金融危机后，江苏建立在出口和投资驱动基础上的外向型发展模式面临着严峻的挑战。内外双重倒逼机制迫使江苏的城镇化必须走一条新型城镇化道路，实现城镇化空间结构的转型。

二、城镇化空间结构转型的内涵

1. 城镇化是一个区域发展的重大问题

在很长一段时间里，由于行政分割和传统观念，我们割裂了城市和区域之间的关系，往往就城市而论城市，这是导致空间失衡的重要原因。著名城市规划学者芒福德认为："城市和区域构成一个完整的有机生态系统。区域是一个整体，而城市是其中的一部分。真正的城市规划必须是区域规划，而区域规划的第一不同要素需要包括城市、村庄及永久农业地区，作为区域综合体的组成部分。"[②]因此，我们必须把城镇化放在一个区域范围内来理解城市和区域的辩证关系。

2. 要由"非均衡型"的城镇化转为"均衡型"城镇化，优化城镇体系空间格局

改革开放以来，我国城镇化发展战略经过了由"非均衡型"到"均衡型"的转变。1980

① 本文刊发于《南京邮电大学学报(社会科学版)》2013 年第 3 期。

② 刘易斯·芒福德. 城市发展史——起源、演变和前景[M]. 宋俊岭，等，译. 北京：中国建筑工业出版社，2005.

年的全国城市规划工作会议确定了“控制大城市规模,合理发展中等城市,积极发展小城镇的方针”。20世纪80年代乡镇企业带动了小城镇的发展,但也导致“小、散、乱”的无序化局面。随着市场经济改革的启动和我国加入WTO,建设大城市成为加速我国城市化战略的重点和必然选择。但是,地方政府在投资落地时过于把投入偏向大城市,中小城市和小城镇因区位相对偏远,重视不够,城镇等级体系和规模结构出现失衡。因此,国家“十二五”规划进一步提出,要以大城市为依托,以中小城市为重点,逐步形成辐射作用大的城市群,促进大中小城市和小城镇协调发展。

3. 城市要由原来单一的承担生产、消费的经济功能转变为具有经济、社会、文化、生态等的复合功能

由于过去受苏联计划经济体制的影响,长期以来我国城市过于注重工业发展,在功能方面强调单一的生产职能,忽视了城市社会服务功能和生态功能的发挥。地方政府在“GDP主义”的主导下,开始了大肆的“圈地”和“造城”运动,依靠土地财政,大力发展房地产市场,积累大量财富。城市中低收入者和农民工并没有享受到城市基础设施建设和土地出让收益带来的红利。据统计,全国有1.59亿在城市工作半年以上、户籍在农村的农民工及随迁人口并未真正融入城镇,未享受到城镇居民的公共服务,还不是真正意义上的城镇居民。地方政府在教育、社会保障和医疗保险等公共服务事业方面的投入不足。2012年我国人均GDP已超过6000美元,城镇化的发展也必须更加注重质量和效益,要着力提升城市的社会、文化、生态功能,促进城市的全面发展。

4. 由城市主导下的城镇化转为城乡统筹的城镇化,形成新型的城乡关系

芒福德指出:“城与乡,不能截然分开;城与乡,同等重要;城与乡,应该有机地结合起来。如果要问城市与乡村哪一个更重要的话,应当说自然环境比人工环境更重要。”①所谓新型城乡关系就是通过制度创新,构建城乡一体化发展新机制,实现城乡之间人口自由迁徙,要素自由流动,公共服务均衡覆盖,经济社会协调发展。新型的城乡关系将使城市促进农村的社会经济结构发生变化,同时使城市发展获得广泛的支撑,使城市化速度和模式与区域社会和经济发展相协调②。

三、江苏城镇化空间扩张及城市空间结构的失衡

1. 城镇化处于高速发展态势

2000年以来,随着经济社会的快速发展和城镇化战略的有效实施,城市的集聚和服务功能得到加强,江苏的城镇化率在达到50%之后,继续呈现快速增长的态势,仍处在高速增长时期。2000年至2011年,全省城镇人口由3040.81万人增加到4889.36万人,11年内共新增城镇人口1848.55万人,平均每年增加168.05万人,城镇化率由41.5%提高到61.9%,平均每年提高1.85个百分点,其中,2001年至2005年、2006年至2010年城镇人口年均增

① 刘易斯·芒福德.城市发展史——起源、演变和前景[M].宋俊岭,等,译.北京:中国建筑工业出版社,2005.

② 倪方钰,段进军.基于区域视角下对江苏城镇化模式创新的思考[J].南通大学学报(社会科学版),2012(5):11-15.

长分别为158.3万、187.1万，城镇化率平均每年分别提高1.8个、2.0个百分点。比较而言，这两个时期虽然低于1996—2000年城镇人口年均222.4万的增长规模以及城镇化率年均2.8个百分点的增长速度，但这是在城镇化更高水平上的增长。这表明，江苏城镇化在经历了“八五”“九五”时期的快速增长后，城镇人口增长势头依然强劲，城镇化仍处于高速增长时期，详见表1：

表1　各时期江苏城镇人口增长和城镇化速度比较

时期	年份	总人口增长率（%）	城镇人口总增长率（%）	城镇人口增长规模（万人/年）	城市化年均提高幅度（百分点）
“六五”时期	1981—1985	4.6	23.4	42.2	0.55
“七五”时期	1986—1990	8.9	31.2	69.4	0.73
“八五”时期	1991—1995	4.4	32.2	94.0	1.15
“九五”时期	1996—2000	3.7	57.6	222.4	2.84
“十五”时期	2001—2005	3.6	26.0	158.3	1.80
“十一五”时期	2006—2010	3.7	24.4	187.1	2.04

资料来源：《世纪之交的中国人口（江苏卷）》，中国统计出版社，2005年版；《江苏统计年鉴（2011）》，中国统计出版社，2011年版。

2. 城镇化水平的区域差距较大

由于不同区域间资源禀赋、历史条件、自然资源、经济基础、传统文化等差异的存在，江苏各地区城镇化发展不平衡。从三大区域看，苏南地区城镇化率最高，苏中地区次之，苏北地区最低。截至2011年底，苏南、苏中、苏北地区城镇化分别为71.9%，57.5%和53.3%。但是，伴随着近些年苏北、苏中地区经济发展、工业化推进速度的提升，城镇化进程也在不断加快，与苏南地区间的差距在缩小，改变了过去全省区域间城市化水平差距扩大的趋向。

相关情况详见表2：

表2　江苏不同地区城镇人口及其构成比较

	城镇人口数（万人）			城镇人口比重（%）	
	2000年	2011年	年均增长（%）	2000年	2011年
苏南地区	1467	2361	5.54	59.6	71.9
苏中地区	636	941	4.35	37.7	57.5
苏北地区	983	1586	5.57	31.2	53.3

资料来源：江苏省第五、第六次全国人口普查资料。

3. 大城市蔓延和低密度扩散趋势加剧

在城镇化快速发展过程中，主要以行政推动力为主导，突出表现在通过行政区划的调整、变动，即撤县设区、建设开发区来推动城市建成区和建设用地规模的快速扩张，由此带来土地城镇化快于人口城镇化。2000年至2010年，江苏13个省辖市市区土地面积、建成区面积分别年均增长7.68%、9.00%，而城镇人口年均增长仅有5.31%，致使人口密度不升反降，由每平方公里935人下降到805人，下降13.86%。更为重要的是，尽管江苏自2003年就实施了取消农业户口、非农业户口的户籍制度改革，但由于依附于城乡户籍上的相关政策和社会福利没有完全剥离，长期形成的与户籍捆绑的行政管理模式没有根本改变，进城农民难以及时转为城市居民，并且长期在城市生活下去，即使是已完全失去土地、长期在城市就业且有稳定收入和住房的农民，也难以完全改变身份并融入城市社会，进而平等地享受城市居民所能享受到的各种公共服务和权利。据公安部门户籍人口统计，2005—2010年，全省城区户籍人口年均增长2.79%，主城区户籍人口反而年均下降0.12%，城乡结合区户籍人口年均增长速度达到21.35%，由此，也可以看出城镇人口增长与土地扩张不匹配的程度较为严重。从表3可知，近60年来江苏几个特大型城市建成区的面积均呈现不断扩大的趋势，特别是2000年以后，建成区扩张的速度比以往更快了。

表3　江苏若干城市建成区面积情况　（单位：km^2）

	1952年	1978年	1997年	2003年	2005年	2009年	扩大倍数
南京	32.6	78.4	198.0	260.0	512.0	598.1	18.3
无锡	28.3	56.3	116.7	156.3	188.14	216.5	7.7
徐州	24.6	44.2	64.7	89.05	118	205.60	8.3
常州	14.8	38.1	68.14	102.32	145	133.90	9.1
苏州	19.2	26.6	70.2	129.14	195.0	324.34	16.9

资料来源：各地城市总体规划有关资料（2005—2010）。

4. 空间扩张引发的问题

城市的空间扩张引发诸多问题，其中包括环境污染和土地浪费现象。以太湖流域为例，2011年，受总氮影响，太湖全湖平均水质劣于Ⅴ类；5个湖区中除五里湖水质为Ⅳ类、东部沿岸区水质为Ⅴ类外，其余3个湖区（西部沿岸区、梅梁湖和湖心区）水质均劣于Ⅴ类。全湖综合营养状态指数为58.55，各湖区中，西部沿岸区处于中度富营养状态，其余4个湖区均处于轻度富营养状态。20世纪90年代以来，江苏通过吸引大量外资，提高了经济国际化水平，成为我国承接世界制造业转移的重要基地，2011年利用外资实际到账外资321.3亿美元。可与此同时，产业转移也带来了一定的污染，一些外商直接投资更多地投向了污染较重的行业，甚至引发了一些经济和社会问题。

5. 城市空间结构的失衡

城市空间结构包括内部空间结构和外部空间结构。城市内部的空间蔓延和失控导致城市内部功能配套不完善，从而产生了交通拥堵、住房紧张、环境污染等“城市病”。城市外部空间失衡表现为城乡二元结构和城镇体系不合理等。造成这种失衡主要是受行政区划分割的束缚，割裂了城市与区域之间的关系，忽视了城镇体系和城市群的带动作用。目前，江苏已经初步形成了以南京、苏锡常、徐州等特大城市和大城市为中心，中小城市为纽带，小城镇为基础，城乡协调发展的基本健全的城镇体系结构。但是，经过近年来几轮乡镇合并、行政区划调整，城镇空间布局和城市结构发生了很大变化（见表4），10年间，江苏20万人口以下的小城市减少了12个,建制镇减少了314个。城镇体系和规模结构的失衡,导致要素资源过于向特大城市、大城市集中,各种"城市病"凸显。政府财政投入是城市基础设施建设的主要资金来源,地方政府投资落地时主要偏向于大城市,忽视了对中小城市和小城镇的投入。以2010年市政公用设施建设固定资产投资为例,江苏的城市人均投资分别是县城的34.78倍、建制镇的47.77倍、乡的7.72倍和行政村的20.59倍。

表4　江苏城镇体系变化情况(2000—2010年)

年份	城市	特大城市	大城市	中等城市	小城市	建制镇
2000年	44	5	6	15	18	1191
2005年	40	5	5	9	21	1025
2010年	39	7	9	17	6	877

资料来源:《江苏统计年鉴》(2001、2006、2011),中国统计出版社。

近年来,由于行政区划调整和乡镇合并,苏南地区的城镇密度有一定程度的下降。2010年,苏南地区除镇江市的小城镇密度较高外,其余各市均低于全省平均水平。其中,沿沪宁线和沿长江两岸小城镇密度较为密集,构成江苏省东南部小城镇连续分布的密集区,小城镇呈现东密西疏的空间布局。从整体上看,2010年苏南各市的城镇密度较2006年有了较大幅度的下降,原因在于苏南已进入城镇化高级发展阶段,特大城市和大都市区的带动作用与辐射作用不断加强。苏中、苏北地区的城镇密度有小幅下降,但从绝对数量上看,仍高于苏南地区。苏北地区的城镇密度低于全省平均水平,更具有较大的发展空间,见表5:

表5　江苏三大区域建制镇数量和城镇密度变化情况(2006—2010年)

地区	建制镇数量(个)		城镇密度(个/万平方公里)	
	2006年	2010年	2006年	2010年
全省	994	877	96.9	85.4
苏南	255	175	91.3	62.7
苏中	276	260	135.4	127.6
苏北	462	441	84.8	80.9

资料来源:《江苏统计年鉴》(2006、2011),中国统计出版社。

四、基于区域视角下的江苏城镇化空间结构转型

1. 从全球化视角构建全球创新链,提升城镇化发展的内生性

从全球化视角来看,过去30多年来我国主要是基于出口导向融入经济全球化,以低端要素加入全球价值链。根据我国发展所处的阶段性特点,我国的制造业面临两大挑战:一是欧美国家为了提振经济,开始进行制造业的回归,同时3D打印技术开始在制造业领域应用,促进了第三次工业革命的发展;二是越南、印度和南美等发展中国家进入全球市场,以

更加低廉的劳动力成本逐渐实现对中国制造的替代。如果产业升级空间被发达经济封杀，而低成本竞争优势又受到欠发达经济的阻击，那么未来十年内中国经济社会将面临巨大的发展风险①。要实现由外生城镇化模式到内生城镇化模式的转变，必须把创新驱动作为城镇化发展的新动力，提升城镇化发展的内生性。要构建国内创新链（GIC）摒弃原有的贴牌代工或加工贸易的方式，逐步摆脱由跨国公司主导的全球价值链的生产分工体系，要从供应链型的全球价值链（GVC）走向基于区域的国内价值链（NVC）②。通过形成国内价值链来加入国内创新链，形成“创新环节全球分工、创新资源全球配置、创新能力全球协调、创新核心以我为主”的全球区域创新中心，提升发展的控制和支配地位③。一方面要发挥南京、无锡、苏州等特大城市在发展文化创意、金融服务业和总部经济等方面的作用，要求本土企业承担起领导型企业角色，而不是让跨国公司或外资企业作为产品链分工协作网络的领导型企业，提升本土企业的核心竞争力、原始创新能力和国际化水平。另一方面，苏中、苏北地区要积极承接苏南的产业转移，实施自身的跨越式发展。

2. 从大区域视角谋划空间发展战略，实现区域间发展的良性互动

从大区域视角来看，江苏位于我国东部沿海中心，通江达海，拥有面向国际、连接南北、辐射中西部的密集立体交通网络和现代化港口群，经济腹地广阔，对长江流域乃至全国发展具有重要的带动作用。在今后的城市空间转型过程中，要把城市群作为城镇发展的最大尺度来衡量，作为城镇发展的最高形态来追求。同时，注重与周边区域的互动，实现良性竞争和优势互补。

第一，要由单一大城市带动向城市群带动转变。2000 年来，南京、无锡、苏州、徐州、常州等城市的建成区面积都已超过 200km^2，市区非农人口超过 200 万人，步入特大城市门槛。2011 年，苏锡常、南京、徐州三大都市圈（江苏部分）城镇人口规模合计达到 3109.97 万人，占全省城镇人口总数的比例达到 63.6%。与 2000 年相比，这三大都市圈的城镇人口合计占全省的比例提高了 2.3 个百分点。在今后一段时期内，这些特大城市要进一步发挥区域的带动作用，促进自身的发展。要重点建设南京、苏锡常和徐州三个都市圈，以更好地促进核心城市功能的完善以及各类生产要素在更大区域范围内的流动，更加充分地发挥核心城市的辐射、带动作用，进一步优化城镇和产业空间布局，推动城乡一体化进程④。

第二，从区域间的角度来看，要继续发挥毗邻上海的优势，加强与上海的产业和空间资源互补，形成生产力布局互联、科技创新互动、体制机制改革互促的既配套协作又错位竞争的良好局面。要利用崇启大桥和沪通铁路建设的契机，加强苏中、苏北地区和上海的对接；要利用长三角建设世界级城市群的机遇和长三角推进经济社会一体化的契机，促进长三角地区要素、人才和资本的流动，实现资源的优化配置；主动对接皖江城市带承接产业转移示范区，实现产业梯度转移。皖江城市带通过科学承接产业转移，引导生产要素合理流动与

---

① 刘志彪. 战略理念与实现机制：中国的第二波经济全球化[J]. 学术月刊，2013(1)：88－96.

② 刘志彪，于明超. 从 GVC 走向 NVC：长三角一体化与产业升级[J]. 学海，2009(5)：59－67.

③ 刘志彪. 基于内需的经济全球化：中国分享第二波全球化红利的战略选择[J]. 南京大学学报（哲学·人文科学·社会科学），2012(2)：51－59.

④ 刘志彪，吴先满，等. 率先基本实现现代化的长三角[M]. 北京：社会科学文献出版社，2012.

优化配置，可以充分发挥中部地区比较优势，集聚发展要素，壮大产业规模，加快发展步伐，同时为东部地区腾出更大的发展空间，推动产业结构升级，提升发展质量和竞争力，更好地辐射和带动中西部地区发展，促进资源要素优化配置和区域经济布局调整，形成东中西良性互动、优势互补、相互促进、协同发展的新格局。

3. 从中观层面优化城镇空间结构，实现区域内的分工协作

（1）要注重区域内发展的良性互动。2003 年，江苏确定了“三沿”总体发展战略，即沿江、沿沪宁、沿东陇海。但这三条重要的空间轴线都是东西走向，没有连接江苏南北的重要轴线，使全省整个空间结构表现为横向的“三”字形结构。加上江苏地域范围是呈东西走向比较短、南北走向比较长的四边形，仅有东西走向的空间轴线，辐射范围比较小。而且全省南北发展不协调，如果缺乏连接南北的重要轴线，苏南地区不能通过其产品、资金、人才、信息的流动将其经济动力和创新成果辐射到苏北地区，不能促使苏北地区经济成长；另一方面还影响苏北地区产品及原料市场的增加、技术改良的加快、就业机会的扩大，这样将会导致南北不协调程度继续扩大，制约区域经济的协调发展。从区域内来看，“一圈五轴”应成为江苏省未来区域发展有效的空间组织形式①。“一圈”主要是指以上海为中心的长江三角洲大城市群。“五轴”主要指：南京到上海的沪宁轴；连接上海—南通—盐城—连云港的沿海轴；连接上海—镇江—扬州—淮安—宿迁的内陆轴；沿长江两岸的长江轴；东陇海轴线。此外，《江苏省沿海地区发展规划》上升为国家战略，有利于沿海地区与沿沪宁线、沿江、沿东陇海线共同构建全省生产力布局的主体框架，形成区域联动发展态势，促进苏中、苏北快速发展。

（2）要形成科学合理的城镇体系。江苏特大城市和大城市在政府的推动下发展势头很快。相比之下，中小城市尽管规模扩展也很迅速，但往往由于此类城市多为县级市，行政级别较低，政府的投入偏少，自身的造血能力也偏弱。当前，大城市重在优化产业结构，提升国际竞争力，增强中心城市综合功能，着力解决交通拥堵、环境污染等问题，防治“城市病”；要发挥中小城市、小城镇在城乡统筹和吸纳人口等方面的重要枢纽作用，合理分散特大城市过于稠密的人口，形成以“特大城市—大城市—中等城市—小城市—小城镇—农村新型社区”为框架的城镇等级体系。为了促进农村人口就近转移，就近就业创业，可以重点培育一批区位条件优越、经济基础好、发展潜力大的省级重点中心镇，有条件的要加快发展成为集聚 10 万人以上的现代新型小城镇。

（3）将产业空间开发布局与城镇空间布局有机结合起来。要构建具有江苏特点的“一核双带多极”产业—城镇空间战略格局，冲破行政壁垒，完善区域协调和分工机制，整合地区优势资源，形成区域发展合力，提高区域一体化水平，共同形成长三角地区分工明确、功能齐备、等级合理的网络状总体开发格局。“一核”，是指长三角（北翼）核心区，是国家层面的优化开发区域，为我国参与国际竞争的核心区域。以城市群为主体形态，推进这个区域新型城市化，逐步形成网络化的城镇空间布局，全面融入以上海为核心的世界级巨型都市圈。“双带”是指江苏沿海发展带和东陇海发展带。江苏沿海发展带是我国新的经济增长

① 段进军，季春霞. 江苏省区域发展空间结构研究[J]. 地域研究与开发，2007(4)：27－31.

轴，江苏持续快速发展的新引擎；东陇海发展带是国家层面的重点开发区。“多极”是指按照国家经济中心城市、国家综合交通枢纽城市等构建区域增长极，江苏主要城市都承担着一定区域增长极核的作用。

（4）增强区域内城镇的经济、社会、文化和生态复合功能。城市和区域的发展是一个综合概念，不仅在于经济领域，更包含了社会、文化、政治和环境等方面的内容。对于人口密度全国最大的江苏而言，人多地少的矛盾和严重的环境污染，已成为制约江苏城镇化进一步发展的最大问题。因此，必须要有效地遏制城市空间的急剧扩张，高效集约利用土地，提倡发展高密度居住，进行土地用途混合，增加社会和经济互动性，划定合理的城市发展界限，并按照主体功能区建设的要求，对限制开发和禁止开发的地区加以保护，构建城市生态空间。在城市内部，要促进公共服务、社会管理和医疗保障等公共事业的发展，转变政府职能，保证市民参与社会管理的权利，培养市民的归属感和荣誉感，让市民分享城镇化的成果。

（5）推进区域内的城乡一体化发展。推进城乡一体化发展需要协调好两对关系，一是实现人口城镇化和土地城镇化的协调发展，不能要“地”不要“人”。现行的城镇化率是按常住人口统计的，如果按户籍人口计算，江苏目前还有近 1/4 的农民工未取得市民待遇，不能和城镇居民一样享受教育、医疗和社会保障等待遇。少数地区为了兼并土地和拆迁需要，片面理解“占补平衡”政策，强迫农民“上楼”或集中居住，盲目扩大城镇的管辖范围，追求虚高的城镇化水平。因此，必须推进城镇常住农民工市民化进程，提高城镇化的质量，从制度上给农民工群体提供基本的城镇公共服务。二是要坚持城镇化与新农村建设相结合。由于我国人口众多、自然环境差异较大，不可能像一些发达国家一样把城镇化率提高到 90% 以上，必须考虑环境承载能力，不能不切实际地一味提高城镇化率。在强化城市综合服务功能的同时，要在规划编制、产业布局、基础设施方面加快城乡之间的衔接，特别是要实现城乡之间在公共服务、劳动就业和社会保障等方面的对接。通过新农村建设，发挥农村在粮食生产、环境保护、能源利用方面的作用，促进城乡统筹发展。

多维视角下低碳城市理论内涵及其发展研究综述[①]

韩 坚 魏 玮

随着世界工业经济发展、人口剧增以及城市化进程的快速推进,二氧化碳等温室气体的大量排放带来的全球气候变暖已成为威胁人类社会发展的严重问题。从2005年《京都议定书》生效,到2007年"巴厘岛路线图"以及2009年末的哥本哈根联合国气候变化大会,都体现了近年来国际社会对于解决气候问题所作出的努力。在此背景之下,世界上大多数国家都在大力发展低碳经济方面达成了共识。低碳经济的概念最早由英国政府在2003年发表的《能源白皮书》[②]中提出。这份《能源白皮书》指出,低碳经济是通过更少的自然资源消耗和降低环境污染,获得更多的经济产出,创造实现更高的生活标准和更好的生活质量的途径和机会,同时发展、应用和输出先进技术,创造新的商机和更多的就业机会。城市是全球温室气体排放的重要源头,因此,低碳城市的建设是发展低碳经济的重要手段之一。自2007年开始,城市的发展模式和发展轨迹成为全球低碳发展的关注焦点[③],国内外学者对低碳城市的发展进行了卓有成效的研究。本文首先对低碳城市的理论内涵进行梳理,对国内外有关低碳城市发展的研究理论进行总结,在此基础上比较分析国内外低碳城市发展的实践,以期对低碳城市的建设与发展提供对策建议。

一、低碳城市理论内涵的界定

国外学者对于低碳城市内涵的理解是建立在低碳经济的基础上的,即在城市空间里发展低碳经济。低碳的理念由经济发展领域扩展到社会生活领域。日本于2007年开始致力于"低碳社会"[④]的建设,力图通过改变消费理念和生活方式,即提倡节俭精神,通过更简单的生活方式达到高质量的生活,实施低碳技术和新的制度来保证温室气体排放的减少。日本的低碳社会概念实际上和低碳城市的内涵十分接近。对于低碳城市内涵的界定,国外学者并没有过多深入,他们的研究主要立足于本国的实际,解决城市发展中违背低碳理念的突出问题,探讨了低碳城市发展的实践模式。除了日本的低碳社会模式外,比较典型的还

---

① 本文刊发于《国外社会科学》2011年第6期。

② Department of Trade and Industry(DTI). UK Energy White Paper: Our Energy Future-Creating a Low Carbon Economy [Z]. London: TSO,2003.

③ 戴亦欣.低碳城市发展的概念沿革与测度初探[J].现代城市规划,2009(11):7-12.

④ K. Gomi,K. Shimada,Y. Matsuoka & M. Naito. Scenario Study for a Regional Low-carbon Society[J]. Sustainability Science,2007(1):121-131.

有:英国在应对气候变化方面提出的城市发展模式,德国的低碳经济、低碳城市发展,以及丹麦的低碳社区模式。国外学者从生产和能源的角度对低碳城市的内涵加以界定,认为低碳城市发展主要从生产、交通、建筑、消费等方面进行,其中要通过政府补贴、税收减免等措施大力推广应用可再生能源、低碳能源等,大力开发与推进低碳技术运用等。① 与此同时,国内学者对低碳城市也展开了深入研究。陈飞、诸大建②等学者在之前研究的基础上对低碳城市的内涵进一步细化,加入了绿色交通、低碳建筑、低碳城市规划等元素。国内外学者对低碳城市的内涵不仅从物质层面进行界定,更深入到制度、理念的角度。国内学者基于发展中国家的特征,更加注重低碳城市建设与发展经济的互动关系。尽管国内外学者的研究视角不尽相同,但对低碳城市内涵的理解基本一致。综上所述,低碳城市理论的基本内涵包括以下三个方面:(1) 通过低碳技术的科学应用,开发低碳能源,推行低碳生产,在保证经济高速发展的同时减少碳排放;(2) 城市规划融入低碳理念,建设绿色交通、绿色建筑,在公共资源领域率先实践低碳理念;(3) 通过有关政策扶持、制度建设,推广低碳理念,引导人们进行低碳消费,实现节能减排。

二、低碳城市发展理论的比较分析

随着学者们对低碳城市内涵研究的逐步推进,近年来,国内外很多学者将研究重点放在低碳城市发展的研究上,对低碳城市发展的认识逐渐深入,得出了一些具有实践意义的结论。国外学者对低碳城市的研究集中在城市碳排放、城市碳循环、低碳城市空间规划等方面。

1. 城市碳排放研究

美国哈佛大学经济学教授格拉瑟(Edward L. Glaeser) 从家庭消费的角度研究了碳排放因素,指出消费碳排放涵盖了家庭成员的衣、食、住、行、娱乐等各项活动。他选取了美国10个典型大城市中心与郊区的家庭,从采暖、空调、交通及生活能耗等方面进行实证分析,科学地提出了实现城市低碳化发展的政策建议。③ 日本学者柳下正治立研究了日本家庭、运输及工业部门的碳排放比重,并从建筑结构、低碳交通、产业分布及新节能技术应用等方面提出减少城市碳排放的具体措施。也有学者从生产的角度研究了影响城市碳排放的主要因素。影响城市碳排放的主要因素的研究集中在生产和消费两方面,生产碳排放包括工业、建筑业、交通运输业、商业等方面。

2. 城市碳循环、碳代谢研究

福尔克(Folke)等学者的研究指出,城市碳循环系统所涵盖的城市蔓延区和城市碳足迹区不一定毗邻,可能位于数百公里之外。他们的这一观点让许多学者关注跨境交易中存在的城市碳循环、碳代谢问题。④ 希尔曼(Hillman)等学者根据美国八个城市的数据,通过比较食物、水、燃料、水泥四种城市内部利用的能源和跨境交通运输及境外生产过程消耗能源

---

① P. G. M. Boonekamp, Price Elasticity, Policy Measures and Actual Development in Household Energy-Consumption, A Bottom-up Analysis for the Netherlands[J]. Energy Economics, 2006(29).

② 陈飞,诸大建.低碳城市研究的内涵、模型与目标策略确定[J].城市规划学刊.2009(4):8－13.

③ L. G. Edward, K. Matthew. The Greenness of City[J]. Rappaport Institute Taubman Center Policy Briefs, 2008(3):1－11.

④ C. Folke, A. Jansson, J. Larsson, et al. Ecosystem Appropriation by Cities[J]. AMBIO, 1997, 26(3):167－172.

的碳排放，发现跨境碳排放比境内平均多47%。[①] 彼得斯(Peters)和赫特维奇(Hertwich)的研究发现，国际贸易中碳排放量占全球排放量的21.5%。由此可见，商品和服务贸易产生的间接碳排放问题也十分严峻。[②]

3. 低碳城市空间规划研究

低碳城市空间规划需要整合低碳社会和低碳经济的理念，推进"低碳"排放或者"零碳"排放，包括低碳城市格局、用地、交通与道路系统、产业、居住区等方面内容。典型的城市规划理念是紧凑型城市的设计。紧凑城市是从城市自身角度研究的一种促进城市可持续发展的城市形态，通过对集中设置的公共设施的可持续综合利用，有效减少交通距离、污染排放量并促进城市发展，减少碳排放。冯(W. K Fong)等人以马来西亚为例，研究了能源消耗、碳减排与城市规划的关系问题，指出防止全球变暖主要是要减轻城市热岛现象，而紧凑型城市模式可以很好地实现这一目标。[③] 贾巴林(Jabareen)的"城市村庄群落"就属于紧凑型城市设计。[④] 同时，国内学者也从系统论、低碳城市规划、城市发展主体、低碳城市发展的具体措施等角度对低碳城市展开研究，主要结论如下：

(1) 从系统论角度研究，他们认为低碳城市系统是一类非线性反馈系统，具有开放性和多样性的特征。低碳城市系统的发展过程是自然生态系统的演替和城市有组织的经济、能源、城市规划、城市交通、技术创新、城市建筑、生产与生活、政府治理系统等子系统活动的相互耦合过程，其中任何一个子系统发生变化，都可能对其他子系统产生短期或长期的影响。低碳城市的发展本身就是一个长期的系统过程，因此从系统论角度研究低碳城市发展问题，既能从整体上把握，又能细化到各个影响因素，同时还能考虑到各因素之间的重要联系，这对制定低碳城市发展规划、实施低碳城市发展策略具有重要的借鉴意义。

(2) 从低碳城市规划角度研究。低碳城市规划是发展低碳城市的基本战略、有效策略和可靠保障，城市规划在建设低碳经济中对资源合理分配和使用具有协调能力。有学者进一步探索了规划在"低碳城市"建设方面的应用，建立绿色基础设施和交通之间的联系。

(3) 从城市发展主体角度研究。低碳城市是政府、公民、市场共同协作的新发展模式，需要三方通力合作；同时，低碳城市的发展理念注重政府的综合主导力量，并且政府的主导力量主要体现在低碳治理的制度设计方面。

(4) 从低碳城市发展的具体措施角度研究，如绿色交通、低碳建筑等。

国内外学者从不同研究角度对低碳城市的发展提出了各自的分析结论，对低碳城市发展的研究加以总结。① 低碳城市发展的根本在于城市中的各大主体，即政府、科研机构、金融机构、企业和市民充分发挥其在城市发展中的作用。② 低碳城市发展的核心应是培育城

---

① A. Ramaswami & T. Hillman. A Demand centered, Hybridlife-cycle Methodology for City-scale Greenhouse Gas Inventories[J]. Environmental Science & Technology, 2008, 42(17): 6455-6461.

② G. P. Peters, E. G. Hertwich, CO_2 Embodied in International Trade with Implications for Global Climate Policy[J]. Environmental Science & Technology, 2008, 42(5): 1401-1407.

③ Wee-Kean Fong. Energy Consumption and Carbon Dioxide Emission Consider Actions in the Urban Planning Process.

④ Y. R. Jabareen. Sustainable Urban Forms: Their Typologies, Models, and Concepts[J]. Journal of Planning Education and Research, 2006, 26(1): 38-52.

市低碳文化,即通过低碳政策、制度的建设,推广低碳理念,在全社会形成低碳文化。③城市的发展离不开产业的发展,低碳产业的发展离不开技术的进步,因此低碳城市发展的支撑应是低碳技术推动低碳能源的使用、低碳产业的发展。在低碳城市发展过程中需要大量的资金投入,来自金融机构的低碳金融支持十分重要。此外,低碳城市的规划对于低碳城市发展的全局性、长远性而言具有重要意义,因此是低碳城市发展的重要支撑。在制定低碳城市规划时,可充分借鉴国外学者的研究,立足城市实际情况,探索紧凑型城市模式。④ 低碳城市发展的外在表现体现在绿色交通、低碳建筑、公众低碳消费等方面。

三、低碳城市发展的实践比较分析

欧洲发达国家是低碳城市发展实践较早的地区,我们以欧洲低碳城市发展比较成功的两所城市——丹麦的哥本哈根[①]和英国的伦敦[②]同中国低碳城市发展的试点城市上海[③]、保定[④]进行比较分析,可以得到如下几点结论:

(1)从低碳文化的培育方面,国外的政府十分注重低碳理念的推广,重视公众低碳意识的培育,且取得了一定的成效。而我国政府在低碳文化的宣传方面效果不明显,并且在公众心目中并未自发形成节能减排的低碳意识。

(2)在低碳城市发展支撑方面,国外政府重视政策和市场的有机结合,通过激励措施,运用市场手段发展低碳经济;在低碳城市建设投入上,国外均有专门的支持资金,为低碳城市的发展提供了足够的保障。我国低碳城市发展主要靠政府主导,市场的支持力度还不够;相对于国外先进的技术,低碳技术瓶颈也是制约我国低碳城市发展的重要因素。

(3)在低碳城市发展的举措方面,国外的措施较为系统和细致,并且通过实践的检验已取得了一定的成效,我国低碳城市发展的相关措施尚停留在规划阶段。

表1 国内外低碳城市发展的实践比较分析

城市	低碳文化的培育	低碳城市发展支撑	低碳城市发展的具体举措
丹麦哥本哈根	市政府通过提供信息、咨询和培训等方式来提高公众的低碳意识,改变人们的思维方式。其中,培养新一代的"气候公民"被列为灯塔计划的重要内容。	政府政策与市场机制的有机结合。政府提供一系列有效的市场化激励机制,发展新技术,提高可再生能源比重,逐步淘汰矿物燃料;政府为能源技术研发提供资金支持,支持市场对能源新技术的推广应用。	交通方面,改善交通指示灯系统及停车位预报系统,以减少交通拥堵;使用LED节能路灯。其中,重点计划将风能作为电动汽车和氢气动力汽车的充电来源,并为这类新能源汽车提供免费停车优惠。极力推行"自行车代步"。建筑方面,通过通风、温度控制、照明、噪音控制四个维度进行节能管理。规定市内所有新建筑都必须符合节能标准,发展太阳能建筑,等等。

① Gustavo Ribeiro, Solveig Nielsen, Wang Xiaojing. Copenhagen X: Shaping Urban Discourses and Practices on Urban Spaces in Copenhagen[J]. Architectural Journal, 2011(1).

② Greater London Authority. Action Today to Protect Tomorrow: The Mayor's Climate Change Action[EB/OL]. http://www.london.gov.uk/mayor/environment/climate-change/docs/ccap_fullreport.pdf. [2008-5-28].

③ 刘文玲,王灿.低碳城市发展实践与发展模式[J].中国人口·资源与环境,2010(4):17-22.

④ 保定市市政府.保定市政府关于建设低碳城市的实施意见.[EB/OL]. http://www.heb.chinanews.com/baoding/news/xyjj/2008-12-12/34883.shtml.

城市	低碳文化的培育	低碳城市发展支撑	低碳城市发展的具体举措
英国伦敦	推行“绿色家居计划”，向市民提供家庭节能咨询服务，培育市民的节能意识。	为了推动英国尽快向低碳经济转型，英国政府于 2001 年设立“碳信托基金会”与“能源节约基金会”，联合推动英国的“低碳城市项目”。	发展低碳及分散的能源供应。在伦敦市内发展热电冷联供系统、小型可再生能源装置（风能和太阳能）等，代替部分由国家电网供应的电力，从而减少长距离输电的损耗。降低地面交通运输的排放。引进碳价格制度，根据二氧化碳排放水平，向进入市中心的车辆征收费用。
中国保定	通过低碳城市研究会的成立，深入宣传低碳理念，提高全社会的低碳意识。	保定市政府制定了《保定市低碳城市发展规划纲要（2008—2020年）》。这是中国首个以政府文件形式提出的促进低碳城市发展的文件，受到中央政府的认可。	六大重点工程的建设，即“中国电谷”建设工程、“太阳能之城”建设工程、城市生态环境建设工程、办公楼低碳化运行示范工程、低碳化社区示范工程和低碳化械市交通体系整合工程。
中国上海	紧抓世博会契机，通过“绿色世博”的宣传，推广低碳理念。	世界自然基金会（WWF）“中国低碳城市发展项目”试点城市。依托上海丰富的人才优势、技术优势以及资金优势。	已着手在南汇区临港新城、崇明岛等地建立“低碳经济实践区”，推动低碳经济发展，将充分利用这两地的后发优势，建立和完善实现低碳发展的政策框架，在两地建设若干低碳社区、低碳商业区和低碳产业园区等低碳发展综合实践区，以促进低碳技术的集成应用，带动两地低碳经济的发展，为上海建设低碳城市探索新的发展模式。

四、结论与建议

通过对国内学者理论研究成果的总结和国内外实践的比较分析，我们对低碳城市的发展提出以下几点建议。

（1）低碳城市的发展应有系统的观点，既要从整体上把握城市发展的大方向，也要细化到城市发展涉及的各个环节，注重各环节之间的联系，做好合理的城市规划。

（2）低碳城市的发展离不开城市中的各个参与主体的共同作用，政府应当充分发挥引导作用，通过制度、政策的建立，推广低碳理念，在全社会形成一种低碳文化，使各主体的低碳行为都能自发产生。

（3）低碳城市的发展离不开各个方面的支持，技术、资金是目前我国低碳城市发展遇到的最大瓶颈，应通过政策制定与市场推广的结合，大力推进这方面工作的改进。

（4）我国低碳城市的发展尚处在规划探讨阶段，目前只在小范围内进行试点，应充分关注试点城市的发展，发现发展中存在的问题，找到合理的解决措施。在前一段时期的研究过程中，学者们比较注重低碳城市发展的理论研究，在未来的低碳城市发展研究中，应当更加注重实践行为的研究，并且进一步深入到影响低碳城市发展的各个领域，探索低碳城市发展的更加具体有效的政策措施。

低碳城市发展研究

——以苏州市为例[①]

张 坷 韩 坚

随着世界工业经济的发展、人口的剧增以及城市化进程地快速推进，由二氧化碳等温室气体的大量排放而带来的全球气候变暖已成为威胁人类社会发展越来越严重的问题。从2005年《京都议定书》生效，到2007年“巴厘岛路线图”以及2009年末的哥本哈根联合国气候变化大会，都体现了近年来国际社会对于解决气候问题所做出的努力。在此背景之下，大力发展低碳经济逐渐在各国达成共识。城市是全球温室气体排放的重要源头，因此，低碳城市的建设是发展低碳经济的重要手段之一，自2007年起，城市的发展模式和发展轨迹成为全球低碳发展的关注焦点。2008年1月28日，世界自然基金会正式启动“中国低碳城市发展项目”，建设低碳城市成为发展低碳经济的重点。苏州作为中国最典型的现代化城市之一，具有良好的经济基础和建设低碳城市的条件。作为全国第一批循环经济试点单位，近年来，苏州市政府十分重视苏州低碳经济的发展，编制了《苏州发展低碳经济规划》，为苏州建设低碳城市提供了发展方向。苏州建设低碳城市的步伐已经迈出，然而，为更好地建设低碳城市，必须对苏州目前的低碳城市发展水平做出评价，本文将制定合理的评价指标体系，并将苏州同社会经济发展水平相近的五个城市进行比较分析，从而发现苏州目前在低碳城市建设过程中的优势和劣势，并给出具体的建议。

一、低碳城市评价指标体系的建立

1. 指标构建原则

为了全面客观地反映低碳城市发展的水平，应该构建一个反映低碳城市发展水平的评价指标体系。构建这个指标体系必须遵守以下几个基本的原则：①可比性原则，在评价指标体系中尽量选择可比性较强的相对指标和区域间具有共性特征的可比指标；②数据可得性原则，指标体系的建立是为了进行实证研究，因此，选择指标时，数据应该可以从各级统计年鉴、统计局公布的数据中获得，以便进行研究；③代表性、综合性原则，选择的指标应该是具有代表意义的，能够反映所要说明的问题。

2. 低碳城市评价指标体系的设计

笔者在深入研究低碳城市特征的基础上，参照中国科学院2009年的中国可持续发展战略报告、中国2010年上海世博会环境报告以及目前国内外评价低碳城市发展的指标构成，

---

① 本文刊发于《经济研究导刊》2012年第21期。

基于上述原则，构建了本文的评价指标体系（见表1）。

二、基于因子分析法的比较

数据选取及分析过程。本文数据选自2011年苏州统计年鉴、上海统计年鉴、南京统计年鉴、无锡统计年鉴以及常州统计年鉴，并经整理测算而得。

因子分析法步骤：

第一步：首先收集整理5个城市巧个指标的相应数值，由于各指标之间的计量单位与数量级不一样，为了准确地评价各市低碳城市发展水平，需要对原始数据进行无量纲化处理，本文采用的方法是：标准化方法（Z Scored）

公式：$x'_{ij}=(x_{ij}\bar{x}_j)/\sigma^j$，其中：$\bar{x}_j=\frac{1}{n}\sum_{i=1}^{n}x_{ij}$，$\sigma=\sqrt{(x_{ij}-x_j)^2/(n-1)}$

表1　低碳城市发展水平评价指标体系

目标	一级指标	二级指标	指标性质
低碳城市发展水平	低碳经济发展 A	人均 GDP（A_1）	正
		城镇居民人均可支配收入（A_2）	正
		第三产业占 GDP 比重（A_3）	正
		高新技术产业占工业产值比重（A_4）	正
		科技支出占财政支出比重（A_5）	正
	低碳社会发展 B	每万人拥有公交车数（B_1）	正
		每百户家庭家用汽车拥有数量（B_2）	负
		人均生活用电量（B_3）	负
		人口密度（B_4）	负
	低碳资源环境 C	单位工业增加值能耗（C_1）	负
		单位工业产值废气排放量（C_2）	负
		工业固体废物综合利用率（C_3）	正
		人均公园绿地面积（C_4）	正
		建成区绿化覆盖率（C_5）	正
		环境投入占 GDP 比重（C_6）	正

第二步：求R的特征值以及贡献率。根据标准化后的数据建立相关系数矩阵R并得到其特征向量。采用统计软件SPSS 15.0进行分析，得出R的特征值和献率（见表2）。

表2　Total Variance Explained（总方差分解）

Component	Extraction Sums of Squared Loadings			Rotation Sums of Squared Loadings		
	Total	% of Variance	Cumulative%	Total	% of Variance	Cumulative%
1	6.226	41.504	41.504	5.199	34.657	34.657
2	4.293	28.618	70.122	4.980	33.197	67.854
3	3.672	24.480	94.602	4.012	26.748	94.602

Extraction Method：Principal Component Analysis.

变量相关系数矩阵共有三大特征根——5.199、4.908、4.012,它们在一起解释了变量标准化方差的94.602%。因此,前三个主因子提供了原始数据所能表达出的足够的信息。

第三步:建立因子载荷矩阵。对所提取的四个主因子F1,F2,F3建立因子载荷矩阵(见表3)

表3 Rotated Component Matrix(a)(旋转后的因子载荷矩阵)

	Component		
	1	2	3
人均GDP(A_1)	-0.132	0.653	0.606
城镇居民人均可支配收入(A_2)	-0.981	-0.032	0.104
第三产业占GDP比重(A_3)	-0.821	-0.468	-0.326
高新技术产业占工业产值比重(A_4)	0.770	0.271	-0.566
科技支出占财政支出比重(A_5)	-0.611	-0.424	0.646
每万人拥有公交车数(B_1)	-0.469	-0.770	-0.427
每百户家庭家用汽车拥有数量(B_2)	-0.199	-0.741	-0.125
人均生活用电量(B_3)	0.894	-0.091	-0.315
人口密度(B_4)	0.863	0.170	0.471
单位工业增加值能耗(C_1)	-0.109	0.944	-0.310
单位工业产值废气排放量(C_2)	0.360	0.913	-0.184
工业固体废物综合利用率(C_3)	-0.179	0.958	0.211
人均公园绿地面积(C_4)	-0.042	0.289	0.956
建成区绿化覆盖率(C_5)	0.762	-0.413	0.491
环境投入占GDP比重(C_6)	0.137	-0.040	0.971

Extraction Method: Principal Component Analysis. Rotation Method: Varimax with Kaiser Normalization.

a Rotation converged in 6 iterations.

表3给出了旋转后的因子载荷矩阵,由表3可以看出,第一主因子由高新技术产业占工业产值比重(A_4)、人均生活用电量(B_3)、人口密度(B_4)、建成区绿化覆盖率(C_5)决定;第二主因子由人均GDP(A_1)、单位工业产值废气排放量(C_2)、工业固体废物综合利用率(C_3)决定;第三主因子第三产业占GDP比重(A_3)、科技支出占财政支出比重(A_5)、每万人拥有公交车数(B_1)、每百户家庭家用汽车拥有数量(B_2)、人均公园绿地面积(C_4)、环境投入占GDP比重(C_6)决定。通过计算可以得出各因子所占权重即各自方差贡献率占累计方差贡献率的比重,并由此得到低碳城市发展水平评价的综合指数F:

$$F—41.504/94.602\ F_1+28.618/94.602\ F_2+24.480/94.602\ F_3$$

将标准化的数据代入前式可得出五个城市的低碳城市发展水平得分及排序。一般来说,综合得分越高,低碳城市发展水平就越高;得分大于0意味着该城市低碳城市发展水平在五个城市平均水平之上,反之则在平均水平之下,需要积极调整发展思路以促进低碳城

市的发展。最后通过计算得出 2010 年苏州同沪、宁、锡、常五个城市的得分,综合得分及排序结果如下(见表 4):

表 4

城市	因子得分及排名						因子总得分	排名
	F_1	排名	F_2	排名	F_3	排名		
苏州	-0.06222	4	0.6879	1	1.50515	1	0.57028408829	1
上海	-1.61407	5	0.15208	4	-0.73917	4	-0.85339651847	5
南京	0.20762	3	-1.75581	5	0.27151	2	-0.36980344284	4
无锡	0.36739	2	0.48476	2	0.01803	3	0.31249223737	3
常州	1.10128	1	0.43106	3	-1.05551	5	0.34042319824	2

通过因子分析法,将苏州与沪、宁、锡、常四个城市低碳城市发展水平进行比较分析,结果显示苏州目前低碳城市发展水平居于五个城市之首,常州次之。这说明苏州近几年在建设低碳城市方面已经做出了很大的努力,取得了一定的成绩。从上述表格可以看出,苏州在因子 2 与因子 3 的排名均为第一,而从因子 2 和因子 3 所涉及的指标来看,这些指标涉及低碳生产、低碳消费、政府对环保的投入等方面,最能直接反映低碳城市发展的情况,苏州作为全国第一批循环经济试点单位,近几年在低碳方面的投入已经取得了一定的成效。不过在因子 2、因子 3 各指标中,苏州也有落后的方面,如第三产业占 GDP 比重,苏州仅有 41.4%,在五个城市中位列最后。苏州的人均拥有汽车数量位于五个城市之首,而每万人拥有公交车数却最低,这种交通方式显然与低碳交通的理念不相符合。然而苏州在因子 1 的排名却不高,从原始数据来看,苏州的高新技术产业占比还不高,产业结构还有待进一步调整。人均用电量在 5 个城市中仅次于上海,这说明居民节能减排的意识还有待进一步提高。

三、建议

1. 优化产业结构,加快高新技术产业和服务业的发展

低碳城市的建设离不开产业的低碳化,产业低碳化要求产业技术密集程度进一步提高,高新技术产业比例大幅度提升,产业能耗少、水耗少、排污少、运量少、占地少,产品附加值高,再生资源产业和环保产业得以发展,第三产业比重大大提高。然而苏州目前仍然是第二产业占较大比重,第三产业的比重同周边城市相比还不高,这种产业结构十分不利于低碳城市的建设,因此苏州应加快产业结构的调整步伐,政府应提供相关政策鼓励和扶持高新技术产业、节能环保产业以及服务业的发展。

2. 大力发展低碳交通

在城市交通规划中,加大公交投入力度,加快公共交通发展步伐,完善公共交通线网,增加公共交通密度。加快城市的轻轨和地铁建设,打造高速立体交通网络。推广使用新能源汽车,降低汽油燃料比重。逐步限制私家车使用,提高私家车在城市繁忙路段的用车停车成本。加速推进城市综合交通节能体系建设,引进和开发运输新技术。

3. 提高全民节能减排意识

减少碳排放不仅是政府的责任,更应该是每个人的责任。在建设低碳城市的过程中,应该极力倡导低碳消费模式,即在维持高水准生活的同时尽量使用节能低碳的产品和工具。政府应大力宣传低碳理念,教育市民形成良好的低碳生活意识,号召市民从日常生活细节做起,平时注意节水节电,分类处理垃圾,尽量选择公共交通出行,努力实现个人生活的低排放、零放。

参考文献

[1] 金石. WWF启动中国低碳城市发展项目[J]. 环境保护,2008(2A):22.

[2] 夏望堡. 发展低碳经济,实现城市可持续发展[J]. 环境保护,2008(2A):33-35.

[3] 陈飞,诸大建. 低碳城市研究的内涵、模型与目标策略确定[J]. 城市规划学刊,2009(4):8-13.

[4] 崔耀杰. 基于快速公共交通发展下的低碳城市发展模式研究[J]. 中国人口,2009(19):11-16.

[5] 辛玲. 低碳城市评价指标体系的构建[J]. 统计与决策,2011(7):78-80.

[6] 付允,刘怡君,汪云林. 低碳城市的评价方法与支撑体系研究[J]. 中国人口·资源与环境,2010(8):45-47.

附录：苏州大学社会发展研究院资助项目一览

2011 年度资助项目：

1. 夏永祥:苏南地区城乡一体化发展与“新苏南模式”再演进(重点)
2. 许冠亭:苏州商会参与城市公共事务的历史经验与现实作用研究(重点)
3. 张　明:苏南社会管理体制改革与创新研究(重点)
4. 田芝健:深化苏州城乡一体化发展的目标、问题与对策研究(重点)
5. 马卫中:高校学科专业调整与社会发展研究(委托)
6. 陈小明:社会主义新农村建设的实践与思考(委托)
7. 宋言奇:苏州市建设生态文明城市研究(一般)
8. 高　峰:城乡一体化发展背景下的社区服务建设研究(一般)
9. 张劲松:突发公共事件中的地方政府与社会良性互动机制研究(一般)

2012 年度资助项目：

1. 高祖林:新时期群众工作创新研究(重点)
2. 芮国强:苏州社会建设与社会管理实证研究(重点)
3. 陈　一:媒介变革与城市创新发展——苏州传媒与文化产业发展趋势研究(重点)
4. 高　峰:苏南社区建设和社区治理创新研究(重点)
5. 江　波:新生代农民工心理及社会支持研究(重点)
6. 乔耀章:区域社会管理——以苏南社会管理为例(一般)
7. 郭彩琴:苏州市城乡居民精神文化生活比较研究(一般)
8. 孙文基:促进我省江苏社会养老服务体系建设的财政政策研究(一般)
9. 韩　坚:机构转型、空间治理与低碳生态城市建构研究——以苏州为例(一般)
10. 段进军:苏州在苏南自主创新示范区中的功能定位与实现路径研究(一般)
11. 陈　霖:当代青年亚文化传播价值取向的嬗变(一般)
12. 周　毅:苏州信息内容产业发展策略研究——国际经验及其对苏州的借鉴(一般)
13. 张建初:城市文化产业发展政策比较及优化研究——以苏州市为例(委托)
14. 姜建明:苏州的高等教育与苏州社会经济发展(委托)
15. 薛　辉:区域社会经济助推地方高校发展途径初探——以苏大为例(委托)

2013 年度资助项目：

1. 叶继红:城市边缘社区治理与构建社会稳定长效机制——以苏南地区为例(重点)
2. 张　晨:新型城镇化背景下的城市公共治理转型——基于苏州社会管理创新实践的考察(重点)
3. 梁君林:应对新生代农民工问题的社会管理创新研究——基于苏州的困境和路径调

研(重点)

4. 宋言奇:苏州农民工市民化研究(一般)

5. 孙文基:统筹我省城乡医疗保障体系的研究(一般)

6. 杨　慧:方言资源在吴文化产品开发中的应用(一般)

7. 朱　妍:新型城镇化背景下的江苏省产业转型研究(一般)

8. 秦炜炜:苏州创新人才的供给模式和升级路径研究(一般)

9. 陈羿君:社会转型期城市单亲家庭异性缺失对子女性别角色及社会适应的影响研究(一般)

10. 刘　亮:苏州推进城乡一体化发展的金融支持研究(一般)

11. 何　艳:文化产业发展的金融支持研究

12. 沈　能:苏州建设创新型城市进程综合评价报告(一般)

13. 张腊娥:江苏省环太湖地区绿色低碳发展和美丽太湖建设研究——基于产业转型的视角(一般)

14. 汪许莹:苏州文化软实力提升之昆曲影视发展研究(一般)

15. 于莉莉:苏州城市宣传片对城市形象塑造的研究(一般)

16. 朱新福:苏州园林文化的自然生态思想(一般)

17. 周玉玲:高校干部教育培训的理论与实践研究——以苏州大学为例(一般)